PHILOSOPHIE DE L'ESPRIT
II

TEXTES-CLÉS

PHILOSOPHIE DE L'ESPRIT

Problèmes et perspectives

Textes réunis par
Denis Fisette et Pierre Poirier

PARIS
LIBRAIRIE PHILOSOPHIQUE J. VRIN
6, place de la Sorbonne, V^e
2003

F. DRETSKE, « Misrepresentation », dans R. Bogdan (dir.), *Belief : Form, Content, and Function*, 1986, p. 17-36,
© Oxford University Press

J. A. FODOR et Z. W. PYLYSHYN, « Connectionism and Cognitive Architecture : A Critical Analysis », dans *Cognition*, vol. 28, 1988, p. 3-71
© Elsevier

T. van GELDER, « Dynamics and Cognition », dans J. Haugeland (dir.) *Mind Design II*, 1988, p. 421-450
© The MIT Press

J. LEVINE, « On leaving out what it's like », dans M. Davies et G. Humphreys (dir.), *Consciousness. Psychological and Philosophical Essays*, 1993,
p. 121-136
© Blackwell Publishing

H. PUTNAM, « The Meaning of "Meaning" », dans K. Gunderson (dir.), *Language, Mind, and Knowledge*, 1967, p. 131-193,
© University of Minnesota Press

D. ROSENTHAL, « Two Concepts of Consciousness », dans *Philosophical Studies*, vol. 49, 1986, p. 329-359,
© Kluwer Academic Publishers

P. SMOLENSKY, « On the Proper Treatment of Connectionism », dans *Behavioral and Brain Sciences*, vol. 11, 1988, p. 1-23,
© Cambridge University Press

S. STICH, « Is Man a Rational Animal ? », dans D. Kolak (dir.), *Questioning Matters. An Introduction to Philosophical Analysis*, Mayfield Publishing, 2000,
p. 221-236,
© The McGraw-Hill Companies

© *Librairie Philosophique J. VRIN*, 2003
Imprimé en France
ISBN 2-7116-1617-7

REMERCIEMENTS

Nous tenons à remercier en premier lieu tous ceux qui ont généreusement contribué à la traduction des textes du présent ouvrage. Nous remercions par-dessus tout Dominique Boucher, qui, en plus d'avoir traduit plusieurs textes de l'ouvrage, nous a aidés à revoir l'ensemble des traductions et la relecture des textes. Sans son travail professionnel et rigoureux, cet ouvrage n'aurait jamais vu le jour. Nos remerciements vont à tous nos étudiants qui ont contribué à élaborer la bibliographie qui figure à la fin du premier tome : à Benoît St-Pierre, qui a accompli le gros du travail, Jean-Frédéric de Pasquale et Jimmy Plourde ; à Gaétan Piché, qui a assuré la mise en pages. Nous exprimons aussi notre gratitude à David Rosenthal pour ses précieux conseils sur le choix des textes, de même qu'au Comité des publications de l'UQÀM et au Conseil de recherche en sciences humaines du Canada pour leur soutien financier.

Enfin, nous remercions les auteurs et les maisons d'édition de nous avoir autorisés à publier la traduction française des textes que nous reproduisons dans cet ouvrage :

1. SELLARS, Wilfrid (1963), « Philosophy and the Scientific Image of Man », *Science, Perception and Reality*, Londres, Routledge, p. 1-40.

2. CHURCHLAND, Paul M. (1981), «Eliminative Materialism and the Propositional Attitudes», *The Journal of Philosophy*, vol. LXXVIII, p. 67-90.

3. DENNETT, Daniel C. (1991), «Real Patterns», *The Journal of Philosophy*, vol. LXXXVIII, p. 27-51.

4. HEMPEL, Carl G. (1935), «L'analyse logique de la psychologie», *Journal de Synthèse*, vol. 10, p. 27-42.

5. QUINE, Willard V. O. (1975), «Mind and Verbal Dispositions», *Mind and Language* (sous la dir. de S. Guttenplan), Oxford, Oxford University Press, p. 83-95.

6. DAVIDSON, Donald (1970), «Mental Events», *Essays on Action and Events*, Oxford, Oxford University Press, 1980, p. 207-227.

7. PUTNAM, Hilary (1967), «The Nature of Mental States», *Art, Mind, and Religion* (sous la dir. de W. H. Capitan et D. D. Merrill), Pittsburgh, Pittsburgh University Press, p. 37-48.

8. LEWIS, David (1978), «Mad Pain and Martian Pain», *Readings in the Philosophy of Psychology* (sous la dir de N. Block), Londres, Methuen, p. 216-222.

9. FODOR, Jerry A. (1987), «Why There Still has to be a Language of Thought», *Psychosemantics*, Cambridge, Mass., MIT Press, p. 135-154.

10. PUTNAM, Hilary (1975), «The Meaning of "Meaning"», *Language, Mind, and Knowledge* (sous la dir. de K. Gunderson), Minneapolis, University of Minnesota Press, p. 131-193.

11. DRETSKE, Fred I. (1986), «Misrepresentation», *Belief: Form, Content, and Function* (sous la dir. de R. Bogdan), Oxford, Oxford University Press, p. 17-36.

12. STICH, Stephen P. (2000), «Is Man a Rational Animal?», *Questioning Matters. An Introduction to Philosophical Analysis* (sous la dir. de D. Kolak), Mountain View, Mayfield Publishing, p. 221-236.

13. ROSENTHAL, David (1986), «Two Concepts of Consciousness», *Philosophical Studies*, vol. 49, p. 329-359.

14. LEVINE, Joseph (1993), «On leaving out what it's like», *Consciousness. Psychological and Philosophical Essays* (sous la dir. de M. Davies et G. Humphreys), Oxford, Blackwell, p. 121-136.

15. FODOR, Jerry A. et PYLYSHYN, Zenon W. (1988), « Connectionism and Cognitive Architecture : A Critical Analysis », *Cognition*, vol. 28, p. 3-71.

16. SMOLENSKY, Paul (1988), « On the Proper Treatment of Connectionism », *Behavioral and Brain Sciences*, vol. 11, p. 1-23.

17. GELDER, Timothy van (1998), « Dynamics and Cognition », *Mind Design II* (sous la dir. de J. Haugeland), Cambridge, (MA), MIT Press, p. 421-450.

PRÉFACE

La philosophie de l'esprit est la discipline qui étudie la nature de l'esprit et ses manifestations. Pour paraphraser le mot d'Ebbinghaus à propos de la psychologie, la philosophie de l'esprit a une longue tradition qui remonte au *De anima* d'Aristote, et elle s'est transmise sous le nom de psychologie philosophique, psychologie rationnelle ou tout simplement philosophie de la psychologie. Cependant, l'histoire de cette discipline telle que nous la connaissons aujourd'hui est relativement récente. Elle commence en effet avec la naissance des sciences cognitives vers le début des années 1950[1]. Nous réunissons quelques-uns des textes *philosophiques* qui ont marqué l'évolution de la réflexion sur le thème de l'esprit et de la cognition depuis la fin des années 1950. Ce sont des textes clés en ce qu'ils témoignent tant des efforts déployés par les premiers théoriciens de l'esprit afin de donner forme à cette discipline et d'en délimiter le domaine d'étude que des développements

1. Quelques-uns des textes clés des sciences cognitives ont été rassemblés, traduits et commentés dans le recueil préparé par Aline Pélissier et Alain Tête et publié sous le titre *Sciences cognitives. Textes fondateurs (1943-1950)*, Paris, P.U.F., 1995. Voir aussi le recueil de Alan Ross Anderson (dir.) 1964. *Minds and Machines*, Englewood Cliffs (NJ), Prentice Hall, trad. par P. Blanchard, *Pensée et machine*, Seyssel, Champ Vallon, 1983 ; voir aussi le recueil de Daniel Andler (dir.), *Introduction aux sciences cognitives*, Paris, Gallimard, 1992.

décisifs qu'elle a connus jusqu'à aujourd'hui. Le choix des textes
a été fait en fonction de deux critères généraux. La vocation
première de cet ouvrage consiste en effet à cartographier le vaste
espace accidenté qu'est la philosophie de l'esprit en identifiant
les questions centrales, les enjeux philosophiques, les débats qui
ont orienté son évolution et les tendances générales qui se
dessinent à l'horizon. Nous voulions en outre que ceux qui ont
directement contribué au développement de cette discipline
soient représentés. Pour ce faire, nous disposions de peu
d'espace. Du moins pouvons-nous renvoyer le cas échéant à la
traduction française de quelques classiques de la philosophie de
l'esprit, publiés çà et là dans les revues spécialisées[1], qui représentent autant de compléments aux textes réunis dans le présent
ouvrage. La plupart des textes que nous publions ici figurent
dans les *textbooks* généraux et spécialisés en langue anglaise.
Ils ont tous connu une fortune critique importante et ils représentent pour la plupart des références incontournables dans les
ouvrages récents des philosophes et scientifiques[2].

L'ouvrage est divisé en deux tomes. Le premier tome, dont
le sous-titre est *Psychologie du sens commun et sciences de
l'esprit*, comprend deux sections portant respectivement sur le
statut de la psychologie du sens commun en philosophie et sur les

---

1. On consultera la bibliographie des titres en français qui est reproduite à la
fin volume. Quelques-uns de ces textes ont été publiés dans le recueil préparé par
D. Hofstadter et D. C. Dennett (dir.), *The Mind's I : Fantasies and Reflections on
Self and Soul*, New York, Basic Books, 1984. Trad. par J. Henry, *Vues de l'esprit :
Fantaisies et réflexions sur l'être et l'âme*, Paris, InterÉditions, 1987.

2. Les recueils généraux qu'il est important de signaler ici sont les suivants :
les deux volumes de Ned Block 1980. *Readings in the Philosophy of Psychology*,
Cambridge (MA), MIT Press ; John Haugeland (dir.), *Mind Design*, Cambridge
(MA), MIT Press, 1981 ; David Rosenthal (dir.), *Materialism and the Mind-Body
Problem*, Englewood Cliffs (NJ), Prentice Hall, 1971 ; David Rosenthal (dir.), *The
Nature of Mind*, Oxford, Oxford University Press, 1991 ; William Lycan (dir.),
Mind and Cognition, Oxford, Blackwell, 1990 ; A. I. Goldman (dir.), *Readings in
Philosophy and Cognitive Science*, Cambridge (MA), MIT Press, 1993 ;
W. O'Donohue et R. P Kitchener (dir.), *The Philosophy of Psychology*, London,
Sage, 1996 ; C. MacDonald et G. MacDonald (dir.), *Philosophy of Psychology*,
Oxford, Blackwell, 1995.

conceptions les plus représentatives de l'esprit depuis la fin des années 1950. La première section s'intitule *La psychologie populaire : mythe ou réalité ?* et elle regroupe des textes des philosophes Wilfrid Sellars, Paul Churchland et Daniel Dennett traitant de différents aspects de cette psychologie grâce à laquelle nous attribuons spontanément à autrui des états mentaux lorsque nous cherchons à comprendre son comportement. Nous avons coiffé du titre *Conceptions de l'esprit* la deuxième section, qui réunit ces quelques pionniers de la discipline que sont Willard Quine, Donald Davidson, Hilary Putnam, David Lewis, Jerry Fodor et Carl Hempel. Ces textes donnent une bonne idée de la diversité des approches (béhaviorisme, fonctionnalisme, théorie représentationnelle de l'esprit, etc.) et des problèmes auxquels elles sont confrontées (l'identité psychophysique, par exemple). Ce premier volume, comme le deuxième, comprend une bibliographie générale des titres disponibles en français, soit des ouvrages originaux soit des traductions, qui portent sur différents aspects de la philosophie de l'esprit. En outre, l'ouvrage contient un index des notions et des noms propres.

Le deuxième tome, intitulé *Problèmes et perspectives*, comprend les sections III et IV de l'ouvrage, qui portent respectivement sur les problèmes fondamentaux de la philosophie de l'esprit et sur les perspectives actuelles s'ouvrant aux modèles de la cognition. Le titre de la section III, *Intentionnalité, rationalité et conscience*, renvoie aux traits que l'on attribue traditionnellement à la pensée. Il n'est donc pas étonnant qu'ils fassent écho aux questions les plus générales auxquelles doive répondre la philosophie de l'esprit. C'est pourquoi nous avons retenu les textes « classiques » de Hilary Putnam et de Fred Dretske dans le but d'exposer certains aspects du problème de l'intentionnalité, et un texte plus récent de Stephen Stich, qui résume les enjeux philosophiques autour de la question de la rationalité. Enfin, le thème de la conscience, le plus discuté à l'heure actuelle, fait l'objet des textes de David Rosenthal et de Joseph Levine. La section IV, intitulée *Modèles de la cognition*, a pour thème les débats qui ont cours actuellement dans les sciences cognitives et en philosophie de l'esprit concernant les modèles appropriés à l'étude de l'esprit ou de la cognition en général, soit le fonction-nalisme computationnel classique, le connexionnisme et les modèles dynamiques. L'article co-signé par Jerry Fodor et Zenon Pylyshyn est à la fois une défense du computationnalisme classique et une critique de la version du connexionnisme que présente par ailleurs Paul Smolensky dans son texte. Le dernier texte de cette section présente la seule véritable option de rechange au connexionnisme et au computationnalisme, du moins si l'on en croit Timothy van Gelder. Ce deuxième volume, tout comme le premier, comprend, outre une bibliographie générale des ouvrages en langue française portant sur la philo-sophie de l'esprit, un index des notions et des noms propres et une introduction générale aux sections.

INTRODUCTION
AU TOME II

À travers les articles classiques de Putnam, Lewis et Fodor, le premier tome de cet ouvrage a vu la position fonctionnaliste se démarquer de ses concurrentes béhavioristes et réductionnistes, si bien que celle-ci constitue depuis les années 1970 la position dominante en philosophie de l'esprit et en sciences cognitives. Car au-delà de l'idée très générale selon laquelle les concepts mentalistes et psychologiques ne réfèrent pas à des états ou structures, ou à quoi que ce soit d'autre, mais plutôt à des fonctions, idée que nous pourrions nommer la thèse centrale du fonctionnalisme, le fonctionnalisme n'est pas une doctrine monolithique : il s'agit plutôt d'une famille de doctrines rassemblées autour de la thèse centrale. Et si, à la lecture des textes retenus dans la première partie du second volume, nous prendrons connaissance de plusieurs attaques formulées contre l'une ou l'autre version particulière de la doctrine, il ne faudrait pas en déduire que le fonctionnalisme n'a plus la faveur des philosophes de l'esprit : c'en est simplement une version particulièrement forte, et naguère populaire, qui a été battue en brèche. Bien que le fonctionnalisme demeure la position ontologique dominante chez les philosophes de l'esprit de même que chez les chercheurs en sciences cognitives, il semble toutefois qu'aucune version particulière n'a su s'imposer et remplacer la version jadis dominante.

Sans être essentielle à la définition même du fonctionnalisme, une autre idée pourrait également mériter le titre de thèse centrale, soit la thèse voulant que chaque occurrence d'un événement mental est identique à une occurrence d'un événement cérébral. C'est que le fonctionnalisme, qui est déjà une forme de dualisme conceptuel, est compatible tant avec le dualisme ontologique qu'avec le monisme matérialiste que privilégient les scientifiques contemporains. En ajoutant cette thèse faible d'identité psychophysique, les fonctionnalistes contemporains assurent que leur dualisme conceptuel n'entraîne pas un dualisme ontologique. Conjointement, ces deux thèses caractérisent l'ensemble des positions fonctionnalistes (une sous-famille au sein de la grande famille fonctionnaliste) qui a reçu le plus d'attention chez les philosophes de l'esprit dans la seconde moitié du XXᵉ siècle : les concepts mentalistes et psychologiques ne réfèrent pas à des états ou structures du cerveau mais plutôt à des *fonctions de haut niveau de l'activité cérébrale*. Parce que certains des textes contenus dans la première partie de ce second tome s'attaqueront en particulier à certaines de ces thèses sans s'attaquer à d'autres, il sera utile d'isoler les thèses caractérisant le fonctionnalisme qui nous occupera ici. Nommons « fonctionnalisme matérialiste-neurologique » toute forme de fonctionnalisme acceptant ces deux thèses centrales :

1. *Thèse centrale du fonctionnalisme* : Les concepts mentalistes et psychologiques dénotent des fonctions.
2. *Conception faible de l'identité psychophysique (identité entre occurrences)* : Chaque occurrence d'événement mental ou psychologique est identique à une occurrence d'événement cérébral.

Sous l'action conjuguée de la métaphore de l'ordinateur et des sciences cognitives telles qu'elles avaient cours durant les années 1960-1980, une forme particulière de fonctionnalisme matérialiste neurologique a dominé le terrain en philosophie de l'esprit. Comme les philosophes s'en sont rapidement aperçus, la métaphore de l'ordinateur peut être aisément insérée au sein du fonctionnalisme : il s'agit simplement de restreindre la classe des fonctions de haut niveau que l'on peut attribuer aux états cérébraux aux fonctions de calcul que pourrait avoir un ordinateur, que ce soit un ordinateur en particulier ou, plus communément, un ordinateur général abstrait comme une machine de Turing. Ce qui nous conduit à une troisième thèse.

3. *Computationnalisme* : Les fonctions de haut niveau remplies par les événements cérébraux sont de nature computationnelle, lesquelles ne s'appliquent aux états mentaux qu'en vertu de leurs propriétés syntaxiques ou formelles.

Il faut apporter bien des précisions pour comprendre les états mentaux, traditionnellement conçus comme des attitudes propositionnelles, comme des fonctions computationnelles de haut niveau de l'activité cérébrale, mais ce n'est pas notre propos ici (voir cependant Fisette et Poirier, 2000). Il suffit de préciser que c'est cette classe de conceptions fonctionnalistes de l'esprit, les « fonctionnalismes matérialistes neurologiques computationnels » (pour faire court, nous dirons simplement le *fonctionnalisme computationnel*), qui dominera les discussions en philosophie de l'esprit durant la période couverte par les articles contenus ici. Certains philosophes attaqueront avec véhémence cette forme de fonctionnalisme alors que d'autres la défendront avec acharnement : c'est ce débat que rapportent les textes du second volume de ce recueil et que nous présenterons dans cette introduction.

PRÉSENTATION DES TEXTES DE LA SECTION I : PROBLÈMES EN PHILOSOPHIE DE L'ESPRIT

Nous avons expliqué que la conception faible de l'identité psychophysique est une composante importante du fonctionnalisme contemporain, puisque sans elle, le fonctionnalisme

contemporain pourrait être une forme de dualisme ontologique
– position ontologique qui ne s'accorde guère avec les présupposés ontologiques de la science contemporaine. En raison de
son importance, il est normal que les opposants au fonctionnalisme s'y attaquent, et c'est ce que Putnam fera avec brio dans
« La signification de "signification" » (Putnam, 1975), critique
qui sera reprise plusieurs fois par son auteur tout en la centrant
davantage sur le fonctionnalisme (Putnam, 1980, 1988, 1992).
Rappelons que Putnam, on l'a vu dans le premier volume,
était jusqu'alors un des grands apôtres du fonctionnalisme.
Cependant, l'argument qu'il développe dans cet article lui fera
changer d'option. Comme Putnam, les fonctionnalistes ont tôt
fait de reconnaître l'importance de la critique de Putnam (voir
par exemple Fodor, 1975) et s'affaireront tout au long des années
1980 à y trouver une solution. Nous y reviendrons après avoir
succinctement présenté l'argument de Putnam.

Pour le fonctionnaliste, les croyances, désirs et autres attitudes propositionnelles constituent sinon le modèle de tous les
états mentaux, du moins ceux parmi tous les types d'états
mentaux dont il faut d'abord rendre compte. Or Putnam soutien-
dra que celles-ci ne peuvent être identiques à des états cérébraux.
L'intentionnalité d'une attitude propositionnelle s'épuise dans la
proposition qui la compose et Putnam montrera que son contenu
dépend d'une manière essentielle de l'environnement dans
lequel se trouve le sujet de l'attitude. Pour ce faire, il développera
une expérience de pensée ingénieuse, et désormais classique.
Il nous demande ainsi d'imaginer un monde, nommé Terre-
Jumelle, qui est tout à fait identique à la Terre à ceci près que la
substance qu'on y nomme « eau » possède une structure atomique différente de celle de l'eau sur Terre, disons XYZ. XYZ
possède toutes les propriétés superficielles de l'eau : il est sans
couleur, inodore, désaltérant, etc. Imaginons de plus que les
résidents de la Terre et ceux de la Terre-Jumelle ne disposent pas
de la chimie moderne qui leur permettrait de distinguer H_2O et
XYZ au plan moléculaire. Dans ces conditions, Putnam croit que,
même si les résidents de la Terre-Jumelle utilisent le mot « eau »

exactement comme le font les résidents de la Terre, ceux-ci n'ont pas des pensées au sujet de l'eau mais uniquement au sujet de l'eau-jumelle (*mutatis mutandis* pour les résidents de la Terre). Puisque, par hypothèse, les résidents de la Terre-Jumelle sont en tous points identiques à ceux de la Terre, la différence entre leurs états mentaux dépend non pas de leurs cerveaux mais de leur environnement.

La séparation des deux idées générales du fonctionnalisme contemporain nous permet de constater que l'argument de Putnam n'affecte en rien l'idée centrale du fonctionnalisme identifiant les états mentaux et psychologiques à des fonctions. Il faut également noter que cet argument n'affecte qu'une version de la thèse faible de l'identité psychophysique : celle identifiant les états mentaux et psychologiques à des fonctions de haut niveau des états cérébraux. En fait, l'argument de Putnam nous oblige à préciser notre vocabulaire et distinguer l'identité *psychoneuronale*, thèse battue en brèche par l'argument de Putnam, d'une identité psychophysique plus libérale qui ne spécifierait pas à quel(s) élément(s) du monde physique on doit identifier les états mentaux ou psychologiques. Force est d'admettre toutefois que bien qu'il ne s'agisse que d'une version de la thèse faible de l'identité, l'identité psychoneuronale représente la version qui, intuitivement à tout le moins, paraît la plus valide : à quels éléments physiques peut-on identifier des états mentaux ou psychologiques, sinon des états du cerveau ? Nous verrons à l'instant que le fonctionnaliste computationnel peut offrir une réponse à cette question, une réponse qui, de surcroît, en a convaincu plus d'un.

L'article de Putnam de même que les articles et ouvrages subséquents consacrés par Putnam à cette question, notamment *Réalisme et représentation* (Putnam, 1988), ont beaucoup contribué à l'établissement d'une position connue en philosophie de l'esprit sous le nom d'externalisme (ou anti-individualisme). Selon celle-ci, il existe des événements mentaux qui ne surviennent pas seulement sur des événements physiques internes au corps de l'agent, mais qui surviennent en plus sur des évé-

nements environnementaux. Plusieurs philosophes ont développé l'argument de Putnam pour y inclure tous les états
mentaux constitués de concepts sociaux, historiques, et même
des événements mentaux non conceptuels. Ces articles, comme
plusieurs autres importants, se retrouvent dans un recueil publié
par Andrew Pessin et Sanford Goldberg (1996)*.

                              *

Si, formellement, l'argument externaliste de Putnam ne
touche en rien la thèse centrale du fonctionnalisme, il est évident
que celle-ci paraîtra peu plausible tant qu'on ne saura pas à quels
éléments physiques identifier les états mentaux. Nous avons
signalé que l'argument de Putnam interdit l'identification à
des fonctions de l'activité cérébrale. Mais celui-ci n'empêche
aucunement l'identification à une structure plus complexe du
monde physique, par exemple un élément physique interne ou
cérébral nomologiquement lié à un élément externe, par exemple
environnemental ou même historique. Bref, il s'agit de montrer

* Lectures suggérées :

De Putnam

Putnam, H. (1975), *Mind, Language, and Reality*, Cambridge, Cambridge
University Press.

Putnam, H. (1988), *Representation and Reality*, Cambridge, Mass., MIT
Press.

Développements ou critiques :

Burge, T. (1979), « Individualism and the Mental », *Midwest Studies in
Philosophy IV: Studies in Metaphysic*, (sous la dir. de P. French et coll.),
Minneapolis, University of Minnesota Press.

Burge, T. (1982), « Other Bodies », *Thought and Object* (sous la dir. de
A. Woodfield), Oxford, Oxford University Press.

Millikan, R. (1984), *Language, Thought and Other Biological Categories*,
Cambridge, Mass., MIT Press.

Dretske, F. (1988), *Explaining Behavior*, Cambridge, Mass., MIT Press.

Dretske, F. (1995), *Naturalizing the Mind*, Cambridge, Mass., MIT Press.

Tye, M. (1995), *Ten Problems of Consciousness. A Representational Theory
of the Phenomenal Mind*, Cambridge, Mass., MIT Press.

Pessin, A. et Goldberg, S. (1996), *The Twin Earth Chronicle. Twenty Years of
Reflection on Hilary Putnam's « The Meaning of "Meaning" »*, Armonk, N. Y.,
M. E. Sharpe.

qu'un fonctionnaliste peut en toute cohérence être *externaliste*. Pour Jerry Fodor (1987), un fonctionnalisme adoptant la théorie représentationnelle de l'esprit peut y parvenir. Selon la théorie représentationnelle de l'esprit, les états mentaux sont constitués de deux éléments bien distincts, un élément psychologique dont la fonction serait de médiatiser la relation entre les entrées sensorielles et les sorties motrices et un élément représentationnel, une représentation mentale, liant l'élément psychologique à une situation du monde. Pour rendre compte de l'externalisme, il s'agira alors de restreindre la portée du fonctionnalisme à la seule définition de l'élément psychologique des états mentaux et de définir les propriétés sémantiques des représentations mentales de manière à montrer qu'elles dépendent de l'environnement comme celles des attitudes propositionnelles ; bref, il s'agira de construire une sémantique externaliste des représentations mentales. C'est ce que fera Fred Dretske (1986) dans son article « Représentation erronée ».

En fait, Dretske a déjà jeté les bases d'une telle sémantique dans un ouvrage précédent intitulé *Knowledge and the Flow of Information* (Dretske, 1981). Dans cet ouvrage, Dretske développe une forme de sémantique fondée sur la notion d'information ou *sémantique informationnelle*. La relation fondamentale de ces sémantiques est celle d'indication : un événement en indique un autre (ou porte de l'information au sujet de celui-ci) si sa probabilité d'occurrence, étant donné l'occurrence de l'autre, est de 1. Au fil des années, la définition de cette relation se modifiera un peu, si bien qu'on parle aujourd'hui de co-variation nomique plutôt que de probabilités : un événement en indique un autre si, sous l'action d'une certaine loi (naturelle ou conventionnelle), il co-varie avec lui. Ainsi, l'occurrence d'une représentation mentale est un événement qui en indique un autre si, sous l'action d'une loi naturelle, elle co-varie avec lui. L'idée fondamentale des sémantiques informationnelles sera d'expliquer les propriétés propositionnelles d'une représentation mentale en termes de ço-variation nomique entre celle-ci et sa condition de vérité. Une représentation mentale donnée signifie que le chien aboie parce qu'elle co-varie avec le chien qui aboie. Ainsi, les résidents de la Terre-Jumelle ont des états mentaux au sujet de l'eau-jumelle parce que les représentations mentales constituant leurs états mentaux indiquent (au sens précédemment défini) *XYZ* et non H_2O.

Il est manifeste que ces sémantiques, telles que nous venons de les formuler, se heurtent à une foule de problèmes que leurs partisans s'affaireront à résoudre. Dans l'article traduit dans le présent volume, Dretske s'attaque à l'un de ces problèmes : la représentation erronée. Qui dit condition de vérité dit aussi condition de fausseté : si le chien qui aboie est la condition de vérité d'une certaine représentation, alors cette représentation sera fausse lorsque appliquée à un chien qui n'aboie pas ou à un perroquet imitant l'aboiement d'un chien. Mais si, dans certaines circonstances, la représentation mentale en question co-varie avec l'aboiement imité du perroquet, alors, par définition, elle indiquera cet événement. Si la vérité se réduit à l'indication, telle que définie, alors nous devrons dire que la représentation mentale est vraie du perroquet qui « aboie ». Mais, par hypothèse, nous avons posé que cette représentation signifie que le chien aboie ; or, cette représentation ne peut être vraie d'un perroquet imitant l'aboiement d'un chien. Les sémantiques informationnelles, telles que définies jusqu'à présent, ne permettent pas de rendre compte de la représentation erronée.

Pour Dretske, la raison en est que l'indication est une condition nécessaire mais non suffisante pour définir les propriétés sémantiques des représentations mentales. L'indication correspond à ce qu'il nomme la signification naturelle (signification$_n$). Or les représentations mentales, outre leur capacité d'indiquer (de signifier$_n$), ont aussi une signification fonctionnelle, laquelle peut rendre compte de la représentation erronée. L'occurrence d'une représentation mentale signifie fonctionnellement (signification$_f$) que *p* si elle a pour fonction d'indiquer que *p* et remplit cette fonction par son occurrence. Ainsi, une représentation mentale signifiant fonctionnellement que le chien aboie sera fausse lorsque appliquée au perroquet de tout à l'heure parce que ce n'est pas sa fonction d'indiquer cet événement. Cela dit, il reste à expliquer comment une représentation mentale peut acquérir une fonction déterminée, et ce sans faire intervenir l'action d'un agent intentionnel (puisque nous voulons expliquer les propriétés sémantiques des représentations mentales d'une manière qui respecte le programme de naturalisation dans lequel elles s'inscrivent). Dretske expliquera que seuls les états d'un système cognitif suffisamment complexe possédant des besoins, divers indicateurs d'une même condition et enfin la capacité d'apprentissage associatif pourront posséder de telles fonctions.

Deux ans plus tard, avec la publication de *Explaining Behavior* (Dretske, 1988), Dretske précisera davantage les thèses contenues dans le présent article tout en leur demeurant fidèle. Avec cet ouvrage, il définira avec Ruth Millikan (1984, 1986) la branche téléologique des sémantiques informationnelles, faisant reposer la condition ajoutée à l'indication sur la fonction biologique, apprise chez Dretske, innée chez Millikan, de l'indicateur. Il appliquera aussi une conception similaire du contenu intentionnel pour définir le contenu de certains états sensoriels (Dretske, 1995). Bien qu'il ait jadis défendu lui-même une conception téléologique des sémantiques informationnelles (Fodor, 1990), Fodor deviendra leur plus sévère critique (Fodor, 1991) et il leur opposera sa propre conception des sémantiques informationnelles, fondée sur la notion de dépendance asymétrique (Fodor, 1987, 1991). La plupart des articles importants sur la question ont été publiés dans le recueil *Mental Representation. A Reader*. En français, on pourra lire l'excellente étude d'Élisabeth Pacherie, *Naturaliser l'intentionnalité**.

* Lectures suggérées :

Dretske, F. (1981), *Knowledge and the Flow of Information*, Cambridge, Mass., MIT Press.

Dretske, F. (1988), *Explaining Behavior*, Cambridge, Mass., MIT Press.

Fodor, J. A. (1987), *Psychosemantics*, Cambridge, Mass., MIT Press.

Fodor, J. A. (1991), *A Theory of Content and Other Essays*, Cambridge, Mass., MIT Press.

*

Depuis Aristote, on considère l'homme comme un animal rationnel et on explique cette rationalité en termes de capacité à se conformer aux règles de la logique (d'abord syllogistique puis, de nos jours, formelle). Comme le souligne Jerry Fodor, le fonctionnaliste optant pour cette conception formaliste de la rationalité humaine et adoptant par ailleurs l'hypothèse voulant que les représentations mentales soient de nature symbolique pourra aisément expliquer la nature rationnelle de l'homme. Celui-ci pourra en effet soutenir que les symboles en question expriment des propositions et que les programmes opérant sur ces représentations sont configurés pour respecter la théorie de la preuve (théorie expliquant comment produire des raisonnements valides). Il y a bien ces moments, évidemment, où nous sommes bien loin de la rationalité canonique, comme lorsque nous sommes ivres ou enragés, mais, comme le souligne Steven Stich dans son article « L'homme est-il un animal rationnel ? », ces errements temporaires peuvent être attribués à des problèmes de performance plutôt que de compétence.

Selon Fodor, cette explication de la rationalité humaine constitue la plus importante avancée dans notre compréhension de l'esprit depuis Descartes. Bien sûr, l'explication fonctionnaliste computationnelle de la rationalité humaine n'est une avancée dans notre compréhension de l'esprit humain que s'il est bien vrai que l'homme est un animal rationnel (en science et en philosophie, on n'obtient pas de mérite pour avoir su expliquer un phénomène inexistant). Or certains travaux contemporains en psychologie de l'inférence mettent en doute la conception aristotélicienne de l'humain comme animal rationnel. Dans l'article que nous avons retenu pour cet ouvrage,

Millikan, R. G. (1984), *Language, Thought and other Biological Categories*, Cambridge, Mass., MIT Press.

Stich, S. et Warfield, T. (1994), *Mental Representation. A Reader*, Oxford, Blackwell.

Pacherie, É. (1993), *Naturaliser l'intentionnalité*, Paris, Presses Universitaires de France.

Steven Stich évalue cette question et conclut que nous ne sommes pas en mesure d'y répondre puisqu'elle est insuffisamment précise. Ce que nous appelons rationalité humaine correspond à une multitude de capacités, dont certaines sont excellentes alors que d'autres sont plutôt mauvaises.

Pour en arriver à cette conclusion, Stich rappelle quelques-uns des résultats qui ont amené les psychologues à adopter une vision très pessimiste de la rationalité humaine. Il rappelle ainsi comment des sujets par ailleurs instruits faillissent lamentablement à la tâche de sélection de Wason (Wason, 1966). Dans cette expérience, des sujets doivent évaluer la vérité d'une règle conditionnelle comme la suivante : *Si une carte porte une voyelle d'un côté, alors il y a un nombre impair de l'autre.* (Rappelons que pour évaluer une telle règle, il faut s'assurer qu'en aucun cas l'antécédent n'est vrai alors que le conséquent est faux). Or il semble que si les sujets peuvent aisément reconnaître qu'il est nécessaire de vérifier le cas où une voyelle est visible au recto de la carte (l'antécédent est vrai) pour s'assurer qu'il n'y a pas un nombre pair au verso (le conséquent est faux), très peu reconnaissent qu'il faut également vérifier le cas où il y a un nombre pair au recto (le conséquent est faux) pour s'assurer qu'il n'y a pas une voyelle écrite au verso (l'antécédent est vrai).

Pendant près de trois décennies, des résultats semblables ont convaincu plusieurs psychologues, et certains philosophes, que l'homme n'est *pas* un animal rationnel. Plus récemment, toutefois, des psychologues ont réévalué la question du point de vue de la psychologie évolutionniste. Selon cette perspective, l'esprit humain serait composé d'une multitude de modules[1] distincts, peut-être des centaines de milliers, retenus par l'action de la sélection naturelle pour effectuer une tâche cognitive bien précise, et

---

1. Il ne faut pas confondre ces modules avec les boîtes caractéristiques des diagrammes représentant, en psychologie cognitive, l'*information flow*. Les modules dont il est question sont des systèmes isolés de traitement d'information capables d'analyser de l'information en provenance de domaines précis et de produire rapidement une réponse appropriée (voir Fodor, 1983, pour une description détaillée de la nature des modules).

nos processus de raisonnement résulteraient de l'action de ces modules. Plusieurs expériences montrent que lorsque la tâche évaluée par les psychologues est *écologiquement valide*, c'est-à-dire correspond au domaine cognitif pour lequel le module évalué aurait été sélectionné, alors la performance du module est adéquate (*satisficing*). Les résultats précédents montrant l'irrationalité humaine mesureraient dès lors davantage le manque de validité écologique des expériences que la performance de nos processus cognitifs. Cependant, comme le note Stich, nous ne vivons plus à l'âge de pierre et nous devons fréquemment utiliser nos processus d'inférence dans des situations qui ne sont pas écologiquement valides. La question est de déterminer comment utiliser les acquis de la psychologie évolutionniste, mais aussi de l'anthropologie, des sciences de l'éducation et de la philosophie, pour rendre nos processus de raisonnement plus conformes à des normes de la rationalité valides dans un monde fait de stations spatiales et de casinos électroniques.

Contrairement aux autres articles compris dans le présent recueil, l'article de Stich est plutôt récent et résume les travaux des philosophes et psychologues qui l'ont précédé. On y trouvera donc plusieurs références aux ouvrages importants sur la question, que ce soit chez les psychologues (Kahneman, Slovic et Tversky, 1982; Nisbett et Ross, 1980; Wason, 1966) ou chez les philosophes (Cherniak, 1986; Cohen, 1986; Davidson, 1985; Mele, 1987; Nozick, 1993; Stein, 1996). L'article de Stich fait suite à son excellent livre sur la question de la rationalité, *The Fragmentation of Reason* (Stich 1990), et à un article de 1985, « Could man be an irrational animal? »[*].

---

[*] Lectures suggérées :
La rationalité chez les philosophes
Cherniak, C. (1986), *Minimal Rationality*, Cambridge, Mass., MIT Press.
Cohen, L. J. (1986), *The Dialogue of Reason*, Cambridge, Cambridge University Press.
Davidson, D. (1995), « Could there be a science of rationality? », *International Journal of Philosophical Studies*, vol. 3, p. 1-16.
Nozick, R. (1993), *The Nature of Rationality*, Princeton, Princeton University Press.

*

Les premiers fonctionnalistes ont suivi Brentano en voyant dans l'intentionnalité la marque de l'esprit et ils ont suivi leurs maîtres béhavioristes en refusant systématiquement d'étudier la conscience. De sorte qu'au début des années 1980, on semblait en voie de construire une théorie naturaliste de l'esprit expliquant de manière passablement détaillée comment un état mental peut être dirigé vers le monde et comment il peut s'inscrire dans une séquence d'opérations que l'on peut dire rationnelle, mais n'ayant rien à dire au sujet de la conscience. Si, avec Brentano, on accepte que l'intentionnalité est la marque du mental et si, avec les béhavioristes, on nie que l'introspection consciente donne un accès privilégié à l'esprit, il ne s'ensuit pas qu'il faille exclure la conscience du domaine des phénomènes mentaux à expliquer. C'est pourquoi plusieurs philosophes ont fait remarquer aux fonctionnalistes que leurs théories étaient foncièrement inadéquates pour rendre compte de la conscience. Ainsi, on a fait remarquer qu'une théorie fonctionnaliste de l'esprit capable d'expliquer une multitude de phénomènes et capacités mentales pourrait être néanmoins vraie d'un zombi, soit un être dépourvu de conscience phénoménale. Bref, il

Stein, E. (1996), *Without Good Reason. The Rationality Debate in Philosophy and Cognitive Science*, Oxford, Oxford University Press.

Stich, S. (1990), *The Fragmentation of Reason*, Cambridge, Mass., MIT Press.

La rationalité chez les psychologues :

Cosmides, L. (1989), « The Logic of Social Exchange : Has Natural Selection shaped how Humans reason ? Studies with the Wason Selection Task », *Cognition*, vol. 31, p. 187-276.

Cosmides, L. et Tooby, J. (1992), « Cognitive Adaptations for Social Exchange », *The Adapted Mind* (sous la dir. de J. Barkow, L. Cosmides et J. Tooby), New York, Oxford University Press.

Kahneman, D., Slovic, P. et Tversky, A. (dir.) (1982), *Judgment under Uncertainty. Heuristics and Biases*, Cambridge, Cambridge University Press.

Nisbett, R. et Ross, L. (1980), *Human Inference. Strategies and Shortcomings of Social Judgment*, Prentice-Hall.

Wason, P. (1966), « Reasoning » (sous la dir. de B.M. Foss), *New Horizons in Psychology*, Harmondworth, Penguin.

semble qu'une théorie fonctionnaliste ne peut distinguer un individu chez qui cela fait quelque chose d'être ce qu'il est, pour reprendre le mot de Nagel, d'un autre dont l'expérience mentale n'a aucune saveur phénoménale particulière.

Les réponses furent aussi variées, tant chez les fonction- nalistes que chez leurs opposants. Chez les fonctionnalistes, les époux Churchland en ont conclu à la fausseté du fonctionnalisme de l'époque, à saveur symbolique et s'appuyant fortement sur notre conception populaire de l'esprit : seul un fonctionnalisme s'inspirant du formalisme mathématique des réseaux de neurones et s'appuyant sur les recherches en neurobiologie nous permettra de rendre compte de la conscience. Daniel Dennett, quant à lui, en a conclu à la nécessité d'éliminer nos conceptions pré-scientifiques de la conscience : celles-ci, trop imprégnées d'anciennes conceptions populaires et philosophiques fausses, seraient trop confuses pour servir les intérêts d'une étude ration- nelle ou scientifique de la conscience : mieux vaut se débarrasser tout de suite de ces conceptions et laisser les sciences construire les concepts qu'elles jugeront utiles pour comprendre les phénomènes associés à la conscience.

Certains psychologues et philosophes fonctionnalistes se sont toutefois retroussé les manches et ont cherché à montrer qu'une théorie fonctionnaliste peut fort bien rendre compte de la conscience et que les limites rencontrées précédemment n'était qu'une affaire d'intérêt de recherche, et non de principe. C'est le cas par exemple de Fred Dretske (1995), qui étendra sa théorie fonctionnaliste de l'esprit pour rendre compte des expériences sensorielles, ou de Daniel Schacter, qui proposera une théorie de la conscience identifiant celle-ci à un rôle particulier dans un diagramme de traitement d'information. C'est aussi le cas de David Rosenthal dans l'article que nous avons retenu pour le présent ouvrage. Dans « Deux concepts de conscience », il construit une théorie fonctionnaliste traditionnelle (représenta- tionnaliste et propositionnelle) de la conscience. Selon cette théorie, un état mental est conscient si une pensée de niveau supérieur qui le prend pour objet se présente à l'esprit. Une douleur, par exemple, est consciente lorsque nous avons une pensée à son propos : nous avons mal lorsque nous pensons à notre douleur ; cette pensée au sujet d'un état mental devenant par le fait même une pensée de second ordre. Il convient de souligner la simplicité désarmante de cette théorie de la conscience, et Rosenthal, qui en est conscient, occupera la majeure partie de son article non pas à la présenter ou la définir mais à lui préparer le terrain et à la défendre contre des objections possibles. Ainsi, pour reprendre l'exemple de la douleur, la théorie des pensées de niveau supérieur implique qu'une douleur peut être inconsciente, soit lorsque nous n'avons aucune pensée à son sujet. Or certains philosophes, pensons à Kripke ou Sartre, ont soutenu qu'une telle position est tout simplement absurde : une douleur est la conscience que nous en avons ; dans le cas des douleurs, leur être n'est vraiment rien d'autre qu'être perçu. Rosenthal répondra que, lorsque nous souffrons d'un mal de tête pendant un certain temps, nous n'en souffrons pas continuellement. Or la position de Kripke ou Sartre conduit à l'idée, tout aussi absurde, que ce que nous nommons « mal de tête » n'existe pas vraiment et n'est constitué que d'une séquence de courts maux de têtes. S'il n'existe pas un mal de tête continu persistant même lorsque nous n'avons pas conscience du mal, comment alors expliquer que ces courts maux de tête se regroupent ainsi en une séquence ?

Contrairement aux autres arguments anti-fonctionnalistes présentés dans ce volume, l'argument fondé sur la possibilité de concevoir des zombis a rassemblé une variété d'opposants au traitement scientifique de la conscience et de l'esprit en général. Certains, comme Kripke (1972) ou Jackson (1982, 1986), ont interprété l'incapacité générale des théories de l'esprit (de quelque nature qu'elles soient) d'expliquer la conscience comme une marque du caractère non matériel de la conscience et, par conséquent, comme une preuve de la fausseté du matérialisme. Pour McGinn (1989, 1991), en revanche, cette incapacité s'expliquerait par les limites mêmes de l'esprit humain : bien qu'il existe en principe une science naturelle capable d'expliquer la conscience, cette science est hors de la portée des capacités cognitives humaines. D'autres, comme Searle (1992) ou Varela (1995), y ont vu plutôt l'incapacité du schème impersonnel de la science pratiquée à la troisième personne de rendre compte de l'ensemble des phénomènes naturels.

Enfin, d'autres, plus prudents, ont conclu à la fausseté de l'attitude épistémique naturaliste voulant que les sciences naturelles puissent en principe expliquer tous les phénomènes. Dans son article de 1993, « Omettre ce que cela fait », Levine explique en effet que Kripke et Jackson commettent une erreur en inférant la fausseté du matérialisme à partir de notre incapacité d'expliquer la conscience. Depuis Descartes, les arguments dualistes ou anti-matérialistes procéderaient tous de la même façon : on pose des prémisses portant sur ce qu'il est possible de concevoir, ou d'imaginer, ou d'expliquer, bref des prémisses d'ordre épistémique portant sur notre capacité de connaître, pour en tirer des thèses ontologiques portant sur ce qui existe. Pour Levine, des arguments comme ceux de Kripke ou Jackson ne montrent pas qu'il existe un élément de la réalité qui est foncièrement insaisissable par les explications scientifiques de l'esprit ou de la conscience. Plutôt, ces arguments, de nature épistémiques, ont des conséquences épistémiques. Prenons la situation de Mary, la neurologue hypothétique de Jackson, élevée depuis sa naissance dans une pièce en noir et blanc mais qui a développé par ses recherches une connaissance parfaite des tous les mécanismes neurologiques sous-jacents à la perception de la couleur. Selon Levine, cette situation ne montre pas qu'il existe une *chose* que ne peuvent expliquer les neurosciences de Mary, mais bien que les neurosciences ne peuvent pas expliquer pourquoi, lorsque nous sommes dans tel ou tel état neurophysiologique, nous avons les expériences phénoménales que nous avons. Les explications scientifiques ne disposeraient pas des ressources nécessaires pour expliquer l'expérience phénoménale vécue lorsque nous sommes dans certains états neurologiques ou fonctionnels. Lorsqu'elles expliquent comment l'eau n'est au fond qu'une combinaison moléculaire d'oxygène et d'hydrogène, toutes les propriétés macroscopiques de l'eau trouvent une explication en termes microscopiques. Mais lorsqu'elles expliquent que tel état mental n'est au fond que tel état neurologique ou fonctionnel, il semble qu'il y aura toujours une propriété macroscopique de l'état mental, soit ce que cela fait d'être dans cet état, que les explications microscopiques ne pourront saisir. C'est cette incapacité d'expliquer l'effet que cela fait d'être dans un état mental que Levine nomme le fossé dans l'explication (*explanatory gap*).

La littérature sur la conscience est abondante. Le lecteur désirant s'y initier pourra d'abord consulter l'excellente anthologie de Ned Block et ses collaborateurs, *The Nature of Consciousness*. La plupart des acteurs importants en philosophie y sont représentés, mentionnons Dennett, Chalmers, Block, Searle, Rosenthal, Dretske, Nagel, McGinn, Tye et Jackson. Cet ouvrage contient en outre une longue introduction rédigée par Güzeldere servant également de revue de la littérature philosophique et psychologique contemporaine sur la question*.

---

* Lectures suggérées :

Block, N., Flanagan, O. et Güzeldere, G. (1996), *The Nature of Consciousness,* Cambridge, Mass., MIT Press.

Sur les argurments antimatérialistes

Kripke, S. A. (1972), *Naming and Necessity,* Cambridge, Mass., Harvard University Press.

Jackson, F. (1982), « Epiphenomenal Qualia », *Philosophical Quarterly*, vol. 32, p. 127-136.

Jackson, F. (1986), « What Mary didn't know », *Journal of Philosophy*, vol. LXXXIII, p. 291-295.

Sur le fossé dans l'explication

Block, N. et S. Stalnaker (1999), « Conceptual Analysis and the Explanatory Gap », *The Philosophical Review*, vol. 109, p. 1-46.

Levine, J. (1983), « Materialism and Qualia : The Explanatory Gap », *Pacific Philosophical Quarterly*, vol. 64, p. 354-361.

Sur la fermeture cognitive

McGinn, C. (1991), *The Problem of Consciousness. Essays Toward a Resolution,* Oxford, Blackwell.

Sur l'ontologie à la première personne ou la phénoménologie à la troisième

Dennett, D. C. (1982), « How to study Human Consciousness empirically, or, Nothing comes to Mind », *Synthese*, vol. 53, p. 159-180.

Nagel, Th. (1974), « What is it like to be a Bat ? », *Philosophical Review*, vol. 4, p. 435-450.

Présentation des textes de la section II :
Problèmes en philosophie de l'esprit

Le fonctionnalisme dont il a été question dans les articles précédents est à la fois représentationnaliste et symbolique. Les articles de Dretske et de Rosenthal datent tous deux de 1986 et, si l'on en croit leurs auteurs, ce fonctionnalisme est en voie de résoudre les deux problèmes fondamentaux de l'esprit que sont l'intentionnalité et la conscience. Or cette même année 1986 verra la publication d'un nouveau type d'attaques contre le fonctionnalisme traditionnel, une attaque qui, surtout dans les milieux scientifiques, aura beaucoup plus d'impact que les critiques précédentes. En effet, depuis la publication en 1986 de l'ouvrage en deux volumes de James McClelland et David Rumelhart, *Parallel Distributed Processing. Explorations in the Microstructure of Cognition*, une nouvelle conception de l'esprit, le connexionnisme, prétend elle aussi expliquer les propriétés fondamentales de l'esprit[1]. Fodor répondra à cette attaque en 1988, avec la parution d'un article écrit en collaboration avec Zenon Pylyshyn, autre grand prêtre du cognitivisme (Pylyshyn, 1984), « Le connexionnisme et l'architecture cognitive : une analyse critique ». Le cognitivisme place les connais-

Nagel, Th. (1986), *The View from Nowhere*, Oxford, Oxford University Press.

Searle, J. R. (1989), « Consciousness, Unconsciousness, and Intentionality », *Philosophical Topics*, vol. 17, p. 193-209.

Searle, J. R. (1992), *The Rediscovery of the Mind*, Cambridge, Mass., MIT Press.

Sur les conceptions fonctionnalistes de la conscience

Dennett, D. C. (1991), *Consciousness Explained*, Boston, Little, Brown.

Dretske, F. (1995), *Naturalizing the Mind*, Cambridge, Mass., MIT Press.

Rosenthal, D. M. (1993), « Thinking that one thinks », *Consciousness. Psychological and Philosophical Essays* (sous la dir. de M. Davies et G. Humphreys), Oxford, Blackwell.

Rosenthal, D. M. (1997), « A Theory of Consciousness », *The Nature of Consciousness* (sous la dir. de N. Block, O. Flanagan et G. Guzeldere), Cambridge, Mass., MIT Press.

1. Cette conception de l'esprit a vu le jour à la même époque que le cognitivisme mais, après un engouement initial, est restée dans l'ombre du cognitivisme jusqu'en 1986.

sances contribuant aux comportements intelligents dans les représentations symboliques (connaissances explicites) et les règles ou programmes agissant sur celles-ci (connaissances tacites). Le connexionniste, qui ne distingue pas les règles des représentations, situe plutôt ces connaissances dans les *connexions* entre unités de calcul, simples et identiques, d'où le nom associé à sa doctrine. Pour comprendre l'argument de Fodor et Pylyshyn, il faut savoir que l'expression « connexionnisme » désigne un ensemble de doctrines variées, partageant l'utilisation des réseaux neuronaux comme modèle. Le genre se divise en deux espèces se distinguant par l'interprétation accordée à l'activation des neurones dans les réseaux. Si chaque neurone représente un concept ou une proposition et que son activation possible se résume à 0 (aucune activation) et 1, alors les réseaux de neurones réalisent un traitement symbolique de l'information et possèdent toutes les propriétés fondamentales des machines symboliques. Plus on s'éloigne de ce cas limite, plus les réseaux de neurones perdent les propriétés distinctives des systèmes symboliques et acquièrent de nouvelles propriétés, dont nous parlerons à l'instant. Dès lors qu'on a compris la variété des doctrines connexionnistes possibles, l'argument de Fodor et Pylyshyn se résume à un dilemme. L'esprit possède certaines propriétés fondamentales, celles énoncées dans « Pourquoi il doit y avoir un langage de la pensée ». De deux choses l'une : ou bien les modèles connexionnistes décrivent tout simplement la réalisation cérébrale de la machine symbolique qu'est l'esprit humain, selon Fodor et Pylyshyn, ou elles ne le font pas. Dans le premier cas, ces modèles manifestent les propriétés fondamentales en question mais ne sont d'aucun intérêt pour les sciences cognitives, lesquelles s'intéressent à l'esprit et non à une de ses réalisations possibles. Dans le second cas, ils ne manifestent pas les propriétés fondamentales de l'esprit et, par conséquent, ne sont d'aucun intérêt pour les sciences cognitives. Bref, dans un cas comme dans l'autre, les sciences cognitives et l'étude philosophique de l'esprit n'ont rien à apprendre du connexionnisme.

L'article de Fodor et Pylyshyn a lui aussi donné lieu à une littérature abondante, presque entièrement vouée à expliquer comment et pourquoi Fodor et Pylyshyn font erreur. Certains rejettent la première prémisse de Fodor et Pylyshyn en affirmant que la systématicité et la productivité ne sont pas des propriétés fondamentales de l'esprit : ou bien ce sont des propriétés de haut niveau résultant de l'action même de l'esprit, ou bien ce ne sont tout simplement pas des propriétés de l'esprit, du moins pas la forme extrême de systématicité présupposée par l'argument de Fodor et Pylyshyn. L'esprit disposerait d'une productivité limitée, qu'il parviendrait à étendre au moyen d'outils culturels et technologiques : les mathématiques et la logique formelle, du papier et des crayons. D'autres rejettent la seconde prémisse de Fodor en maintenant la fausseté du second membre de l'alternative : des systèmes connexionnistes qui ne sont pas simplement des réalisations de machines symboliques peuvent manifester les capacités jugées fondamentales par Fodor et Pylyshyn*.

*

Paul Smolensky est l'un de ceux qui rejettent la seconde prémisse de Fodor. Son article « Le traitement approprié du connexionnisme » veut présenter une conception du connexion-

* Lectures suggérées :

Butler, K. (1995), « Compositionality in Cognitive Models. The Real Issue », *Philosophical Studies*, vol. 78, p. 153-162.

Chalmers, D. J. (1993), « Connectionism and Compositionality. Why Fodor and Pylyshyn were wrong », *Philosophical Psychology*, vol. 6, p. 305-319.

Cummins, R. (1996), « Systematicity », *Journal of Philosophy*, t. XCIII, p. 591-614.

Cummins, R., Blackmon, J., Byrd, D., Poirier, P., Roth, M. et Schwarz, M. (2001), « Systematicity and the Cognition of Structured Domains », *Journal of Philosophy*, t. XCVIII, n° 4, p. 1-19.

Gelder, T. van (1990), « Compositionality. A Connectionist Variation on a Classical Theme », *Cognitive Science*, vol. 14, p. 355-384.

Horgan, T. et Tienson, J. (1991), « Structured Representations in Connectionist Systems ? », *Connectionism. Theory and Practice* (sous la dir. de S. Davis), Oxford, Oxford University Press.

nisme qui soit suffisamment cohérente pour résister aux objections de principe, comme celle de Fodor et Pylyshyn, tout en étant suffisamment compréhensive pour relever les nombreux défis empiriques et théoriques des sciences cognitives. Nous avons dit que les modèles connexionnistes de l'esprit reposent sur un formalisme mathématique particulier, les réseaux neuronaux, composé d'unités simples de calcul communiquant leur activité par le biais de liens pondérés. Il a été démontré que ces formalismes peuvent calculer approximativement la valeur de toute fonction continue à un degré arbitraire de précision ne dépendant que du nombre d'unités simples de calcul et du temps consacré pour l'entraînement du réseau. Pour comprendre ces formalismes comme des modèles de l'activité cognitive ou nerveuse, il faut cependant interpréter les différents éléments du formalisme. Il faut par exemple préciser si les unités de calcul représentent l'activité de neurones, de colonnes neuronales ou de modules cérébraux. C'est à cette tâche que s'attaque Smolensky, en expliquant comment les modèles connexionnistes conçoivent l'esprit et le cerveau, et comment cette conception se rapporte aux autres approches en sciences cognitives, en particulier à l'approche symbolique, représentée dans cette anthologie par les articles de Fodor, et l'approche neurologique.

À cette fin, Smolensky définit trois niveaux d'analyse des systèmes cognitifs : symbolique, sous-symbolique et neuronal. Le niveau d'analyse neuronal correspond au niveau d'analyse propre aux neurosciences : on y traite de potentiels d'action, de potentialisation à long terme, de sérotonine, de collatérales, de cartes topographiques, etc. Pour comprendre la distinction que Smolensky forge entre les niveaux d'analyse symbolique et sous-symbolique, il faut connaître la différence entre la syntaxe et la sémantique d'un système formel, c'est-à-dire entre les opérations formelles appliquées aux éléments du système et le sens ou l'interprétation assignée à ceux-ci. Le niveau d'analyse symbolique, caractéristique du cognitivisme, lie la syntaxe et la sémantique au niveau du symbole : celui-ci est à la fois l'argument des opérations formelles et le porteur de l'information conceptuelle ou propositionnelle traitée par le système. Le niveau sous-symbolique, caractéristique, selon Smolensky, de l'approche connexionniste, se distingue du niveau symbolique en dissociant la sémantique de la syntaxe : les arguments des fonctions ne reçoivent plus d'interprétation. Dans les systèmes proprement connexionnistes, tel que les conçoit Smolensky, les fonctions s'appliquent à des valeurs numériques sans signification et l'interprétation est assignée à des ensembles de valeurs numériques qui ne sont l'argument d'aucune fonction définie dans le système. Cette dissociation de la sémantique et de la syntaxe peut paraître triviale, mais elle est en fait lourde de conséquences, dont plusieurs sont explicitées et évaluées par Smolensky. Parmi celles-ci, on peut mentionner qu'il sera désormais possible d'utiliser des fonctions continues pour caractériser le fonctionnement cognitif et, comme le souligne Smolensky, de concevoir les systèmes cognitifs comme de véritables systèmes dynamiques. Les concepts et les propositions, du moins tels qu'on les conçoit traditionnellement, sont discrets (ou bien ceci est une chaise ou bien ceci n'en est pas une). L'analyse symbolique doit par conséquent décrire la cognition au moyen de fonctions discrètes (des fonctions de vérité, par exemple). Libéré de cette contrainte, le niveau sous-symbolique peut décrire des processus cognitifs au moyen de fonctions continues, et par conséquent intégrables, sur des nombres réels. Nous reviendrons dans un instant à la question des systèmes dynamiques, puisque c'est le thème central du dernier texte de la présente section. Soulignons simplement pour l'instant qu'un système dynamique est un système dont l'état présent dépend de ses états antérieurs et que ces systèmes ne manifestent pas la panoplie des propriétés émergeantes qu'on associe aux systèmes complexes ou chaotiques (attracteurs, phases, changements de phases, bifurcations ou catastrophes, etc.) que lorsqu'ils sont décrits au moyen de fonctions continues. Bref, la dissociation de la sémantique et de la syntaxe ouvre la voie au vocabulaire utilisé avec tant de succès pour décrire les systèmes physiques complexes : la théorie des systèmes dynamiques non linéaires*.

L'article de Smolensky a montré que le cognitivisme, parce qu'il repose sur une analyse liant syntaxe et sémantique au niveau du symbole, doit décrire la cognition humaine au moyen de fonctions discrètes. La conception connexionniste de l'esprit, du fait qu'elle dissocie la syntaxe de la sémantique, peut quant à elle décrire la cognition au moyen de fonctions continues et ainsi tirer pleinement parti de la théorie des systèmes dynamiques.

* Lectures suggérées :

Sur le débat Smolensky-Fodor

Fodor, J. A. et Z. W. Pylyshyn (1988), « Connectionism and Cognitive Architecture », *Cognition*, vol. 28, p. 3-71.

Fodor, J. A. et, B. P. McLaughlin (1990), « Connectionism and the Problem of Systematicity : Why Smolensky's Solution doesn't work », *Cognition*, vol. 35, p. 183-205.

Fodor, J.A. (1997), « Connectionism and the Pproblem of Systematicity (Continued) : Why Smolensky's Solution still doesn't work », *Cognition*, vol. 62, p. 109-119.

Smolensky, P. (1987), « The Constituent Structure of Connectionist Mental States », *Southern Journal of Philosophy Supplement*, vol. 26, p. 137-160.

Smolensky, P. (1991), « Connectionism, Constituency and the Language of Thought », *Meaning in Mind. Fodor and his Critics* (sous la dir. de B. Loewer et G. Rey), Oxford, Blackwell.

Smolensky, P. (1995), « Constituent Structure and Explanation in an Integrated Connectionist/Symbolic Cognitive Architecture », *Connectionism. Debates on Psychological Explanation* (sous la dir. de C. Macdonald), Oxford, Blackwell.

Sur la nature du connexionnisme

Bechtel, W. et A. A. Abrahamsen (1993), *Le Connexionnisme et l'esprit*. Paris, La Découverte.

Clark, A. (1989), *Microcognition*, Cambridge, Mass., MIT Press.

Clark, A. (1993), *Associative Engines. Connectionism, Concepts, and Representational Change*. Cambridge, Mass., MIT Press.

Cummins, R. et G. Schwarz (1987), « Radical Connectionism », *Southern Journal of Philosophy Supplement, vol. 26*, p. 43-61.

Horgan, T. et J. Tienson (1996), *Connectionism and the Philosophy of Psychology*, Cambridge, Mass., MIT Press.

Macdonald, C. (1995), *Connectionism. Debates on Psychological Explanation*, Oxford, Blackwell.

Ramsey, W., S. P. Stich et D. Rumelhart (dir.) (1991), *Philosophy and Connectionist Theory*, Hillsdale, N.J., Lawrence Erlbaum.

Dans son article, « Théorie dynamique et cognition », Tim van Gelder abonde dans le même sens, mais juge l'option connexion-niste encore trop empreinte de cognitivisme. Les vecteurs d'activation des réseaux sont les états dynamiques des systèmes connexionnistes, et nous avons expliqué que c'est la possibilité d'interpréter conceptuellement ces vecteurs qui définit ce niveau comme sous-conceptuel, en donnant à l'activation des consti-tuantes du vecteur le statut de « sous-concepts ». Van Gelder admet que certains vecteurs d'activation peuvent s'interpréter comme le suggère Smolensky, mais soutient que cette possibilité ne saurait caractériser le niveau approprié pour décrire la cognition. Alors que Smolensky insiste sur l'aspect sémantique de ce niveau d'analyse et souligne au passage que l'activité, ou la « syntaxe », s'y décrit dans les termes de la théorie des systèmes dynamiques, van Gelder insiste plutôt sur la description dyna-mique et souligne en passant que certains états s'interprètent conceptuellement. Van Gelder et Smolensky, ce dernier repré-sentant une branche importante de l'approche connexionniste, ne s'opposent donc pas fondamentalement mais insistent sur des aspects différents de la cognition vue comme le produit d'un système dynamique.

Malgré cette parenté entre les deux conceptions de l'esprit, van Gelder a choisi d'insister ici sur les divergences entre l'approche dynamique et l'approche cognitiviste en cherchant à répondre à la question : La cognition pourrait-elle ne pas être du calcul symbolique (computation)? L'article retenu ici est d'ailleurs une version remaniée d'un article publié dans *The Journal of Philosophy* intitulé justement « What might Cogni-tion be if not Computation? » (van Gelder, 1995). Les défenseurs de l'approche cognitiviste justifient souvent leur position en soulignant que seule celle-ci peut rendre compte adéquatement de la cognition humaine. Les deux défenses originelles de l'approche cognitiviste dont nous avons parlé plus tôt (Fodor, 1975 ; Newell et Simon, 1976) avancent d'ailleurs toutes deux cet argument, et nous avons été témoin d'un usage plus récent du même argument dans l'article de Fodor et Pylyshyn. En 1975,

Fodor en a même fait la devise du cognitivisme lorsqu'il a placé en exergue au chapitre introduisant cette conception de l'esprit la phrase prononcée par le président américain Lyndon B. Johnson : *I'm the only President you've got*. La critique anticognitiviste de van Gelder suit en gros celle de Smolensky et s'en démarque surtout en offrant une option de rechange plus radicale qui, comme nous l'avons dit, n'insiste plus sur la nécessité d'interprétation conceptuelle des états des systèmes dynamiques. En ce sens, elle ouvre la voie à la première conception franchement antireprésentationnaliste de l'esprit depuis le béhaviorisme, dont le rejet, ironiquement, unit toutes les sciences cognitives et la philosophie contemporaine de l'esprit.

L'article de van Gelder s'inscrit dans une jeune école de philosophes et psychologues anglo-saxons insistant sur le caractère dynamique de la cognition et rejetant le primat accordé à la représentation dans la tradition cognitiviste (Clark, 1996; Brooks, 1991). Tous ces auteurs s'inscrivent ainsi dans la foulée de la critique de l'intelligence artificielle et du cognitivisme instiguée par Dreyfus (1972) puis par son étudiant John Haugeland (1985). Plusieurs des représentants de cette école ont cependant critiqué l'antireprésentationnalisme de van Gelder (Eliasmith, 1996). Ces chercheurs ne rejettent pas tant le représentationnalisme qu'une certaine forme de représentation, mise en avant par le cognitivisme (conceptuelle, propositionnelle). Pour van Gelder, les philosophes contemporains de l'esprit ont bien tiré les leçons des critiques anticartésiennes formulées par les contemporains de Descartes. Mais ils ont négligé les critiques phénoménologiques et herméneutiques de la conception cartésienne de l'esprit et les partisans de la théorie dynamique de la cognition doivent corriger cette omission. Le lecteur reconnaîtra dans cette nouvelle école, critique du primat accordé à la représentation dans la conception cartésienne de l'esprit, l'écho d'auteurs qui lui sont déjà familiers, nous pensons bien sûr à Martin Heidegger (1932) et Merleau-Ponty (1939, 1942). Le lecteur qui verrait là une raison de se réfugier dans les classiques et d'ignorer les recherches contemporaines en philosophie de l'esprit et en sciences et neurosciences cognitives commettrait cependant une erreur. La conception dynamique de la cognition, et dans une certaine mesure le connexionnisme, offre une première occasion d'étudier scientifiquement l'esprit tel que le concevaient peut-être les auteurs de ces classiques. Il est assuré que les recherches à venir développeront et étendront les intuitions théoriques de ces auteurs, mais aussi les corrigeront là où l'imagination leur a fait défaut. *There are more things in heaven and earth, Horatio, than are dreamt of in your philosophy**.

* Lectures suggérées :

Sur la conception dynamiciste de l'esprit

Brooks, R. A. (1991), «Intelligence Without Representation», *Artificial Intelligence Journal*, vol. 47, p. 139–159.

Clark, A. (1997), *Being There*, Cambridge, Mass., MIT Press.

Eliasmith, C. (1996), « The Third Contender : A Critical Examination of the Dynamicist Theory of Cognition», *Journal of Philosophical Psychology*, vol. 9, p. 441-463.

Eliasmith, C. (1997), «Computation and Dynamical Models of Mind», *Minds and Machines*, vol. 7, p. 531-541.

Gelder, T. van et Port, R. (1995), *Mind as Motion. Explorations in the Dynamics of Cognition*, Cambridge, Mass., MIT Press.

Giunti, M. (1996), *Computers, Dynamical Systems, and the Mind*, Oxford, Oxford University Press.

Horgan, T. et Tienson, J. (1996), *Connectionism and the Philosophy of Psychology*, Cambridge, Mass., MIT Press.

Scott Keslo, J. A. (1995), *Dynamic Patterns*, Cambridge, Mass., MIT Press.

LA SIGNIFICATION
DE « SIGNIFICATION » [1]

Le langage est le premier pan important des capacités cognitives humaines dont nous commençons à avoir une description qui ne soit pas par trop simpliste. Grâce aux travaux des linguistes transformationnels contemporains[2], on assiste à l'élaboration d'une description très subtile d'au moins certaines langues humaines. Il semble bien que certains traits de ces langues soient *universels*. Et si certains de ces traits se révèlent en effet « spécifiques à l'espèce » – de sorte qu'ils « ne s'expliquent pas par des raisons générales, telles l'utilité fonctionnelle ou la simplicité, qui vaudraient pour tout système arbitraire remplissant les mêmes fonctions que le langage » –, cela pourrait jeter un éclairage nouveau sur la structure de l'esprit. Bien qu'il soit extrêmement difficile de dire jusqu'à quel point la structure ainsi mise au jour se révélera être une structure universelle du *langage*, et non pas de stratégies d'apprentissage générales

1. Traduction partielle de « Meaning of "Meaning" », paru dans *Mind, Language and Reality. Philosophical Papers*, vol. 2, Cambridge, Cambridge University Press, p. 215-271. Une première traduction de ce texte due à Jean Khalfa, elle aussi partielle, a paru dans la revue *Philosophie*, février 1985. Nous en avons repris des extraits, non sans modifications.

2. Les personnes ayant contribué à ce champ sont trop nombreuses pour les nommer toutes. Ses pionniers sont bien entendu Zellig Harris et Noam Chomsky.

innées[1], le fait même que la discussion puisse avoir lieu témoigne de la richesse et de la généralité des descriptions que les linguistes commencent à nous fournir. Cela témoigne en outre de la profondeur de leur analyse, dans la mesure où les traits linguistiques qui apparaissent comme « spécifiques à l'espèce » n'appartiennent pas à la catégorie des traits de surface ou phénoménologiques, mais relèvent de la structure profonde.

L'inconvénient le plus grave de cette analyse, aux yeux du philosophe, c'est qu'elle ne se soucie en rien de la signification des mots. L'analyse de la structure profonde des formes linguistiques nous donne une description incomparablement plus puissante de la *syntaxe* des langues naturelles que toutes celles dont nous disposions auparavant. Mais en dépit des efforts héroïques qui ont été à plusieurs reprises tentés en ce sens, la dimension du langage que capte le mot « signification » demeure tout aussi obscure.

Dans cet essai, je veux m'attarder à la question de savoir pourquoi. À mon avis, si ce qu'il est convenu d'appeler la sémantique est dans un piètre état en comparaison de la théorie syntaxique, cela tient au fait que le concept *préscientifique* sur lequel s'appuie la sémantique – soit le concept préscientifique de *signification* – est lui-même dans un plus piètre état que le concept préscientifique de syntaxe. D'une manière générale, en philosophie, nourrir des doutes sceptiques à l'égard d'un concept ne contribue pas davantage à éclaircir ou améliorer la situation que les belles assurances des philosophes conservateurs proclamant que tout va pour le mieux dans le meilleur des mondes. On n'éclaircit donc pas la raison pour laquelle le concept préscientifique de signification est dans un piètre état en fournissant un vaste argument sceptique ou nominaliste voulant que les significations n'existent pas. Pour tout dire, ce que je prétends montrer au terme de cette discussion, c'est que les significations n'existent pas tout à fait à la manière dont nous tendons à le penser. Mais les électrons non

1. Sur cette question, consulter H. Putnam, « The "Innateness" Hypothesis… », *Synthese*, n° 17, p. 12-22, 1967, et N. Chomsky, *Problems of Knowledge and Freedom*, New York, 1971.

plus n'existent pas tout à fait à la manière dont Bohr le pensait. Il y a un monde entre cette assertion et celle que les significations (ou les électrons) « n'existent pas ».

Je vais parler ici presque exclusivement de la signification des mots plutôt que de celle des phrases parce que j'ai le sentiment que notre concept de signification des mots est plus faible que notre concept de signification des phrases. [...] Étant donné que je considère les théories de la signification traditionnelles comme grevées de mythes (notons que la « signification » fait partie de ces sujets en philosophie à propos desquels on ne dispose de rien sinon d'opinions théoriques, en ce sens qu'il n'y a littéralement rien que l'on puisse décrire ou moquer comme le « point de vue du sens commun »), il me faudra discuter et chercher à démêler toute une série de sujets à propos desquels l'opinion reçue est à mes yeux erronée. Dans cette tâche d'éclaircissement, le lecteur me rendra un bien grand service s'il a l'obligeance de se rappeler que *rien* n'est d'entrée de jeu clair.

SIGNIFICATION ET EXTENSION

Depuis le Moyen Âge au moins, ceux qui se sont penchés sur la théorie de la signification se sont proposés de découvrir une ambiguïté inhérente au concept ordinaire de signification et ont opposé une paire de termes – *extension* et *intension*, *Sinn* et *Bedeutung*, etc. – pour lever cette ambiguïté. L'*extension* d'un terme, ont coutume d'expliquer les logiciens, est tout simplement l'ensemble des choses pour lesquelles le terme est vrai. Ainsi, « lapin », dans son sens français le plus commun, est vrai de tous les lapins et seulement des lapins, de sorte que l'extension de « lapin » est précisément l'ensemble des lapins. Cependant, même cette notion – et de toutes les notions agitées ici, c'est la moins problématique – soulève des difficultés. Outre qu'elle hérite des problèmes que soulève la notion parente de *vérité*, l'exemple précédent de « lapin » *dans son sens français le plus commun* illustre bien à quelles difficultés elle se heurte :

à proprement parler, « lapin » n'est pas un terme mais une paire ordonnée consistant en un terme et un « sens » (ou une occasion d'usage, ou quelque autre chose qui distingue un terme en un sens du même terme en un autre sens) ayant une extension. Ce n'est pas tout. Un « ensemble », au sens mathématique du terme, est quelque chose de tranché. Pour tout objet donné, si S est un ensemble, ou bien l'objet appartient à S, ou bien il n'y appartient pas. Mais il n'en est pas de même pour les mots des langues naturelles. Il y a des choses que l'on peut à l'évidence décrire comme des « arbres » et des choses que l'on ne peut à l'évidence décrire tels, mais il y a aussi un tas de cas limites. Pire, la ligne qui sépare les cas clairs des cas limites est elle-même floue. C'est dire combien l'idéalisation inhérente à la notion d'*extension* – car c'est bien d'idéalisation qu'il s'agit quand on suppose qu'il y a une chose telle que l'*ensemble* des choses pour lesquelles le terme « arbre » est vrai – est rigoureuse.

[...]

On règle généralement le problème des divers sens d'un mot en traitant chacun des sens comme s'il s'agissait de mots distincts (ou plutôt en traitant le mot comme si lui étaient attachés des indices invisibles, donc comme si « lapin$_1$ », signifiant animal d'une certaine espèce, et « lapin$_2$ », signifiant homme prolifique, étaient des mots tout différents). Là encore, on assiste à deux idéalisations fort rigoureuses (au moins deux, s'entend) : on suppose que les mots ont plusieurs sens discrets ; on suppose que le répertoire entier des sens est fixé une fois pour toutes. Paul Ziff s'est récemment penché sur l'ampleur des distorsions qu'imposent ces idéalisations par rapport à la réalité[1], mais nous allons continuer de les faire ici.

Considérons maintenant les termes « créature ayant un cœur » et « créature ayant un rein ». Si tant est que toute créature dotée d'un cœur possède également un rein et *vice versa*, l'extension de ces deux termes est exactement la même. Mais leurs

1. Voir P. Ziff, *Understanding Understanding*, New York, 1972, en particulier chapitre VII.

significations diffèrent manifestement. À supposer qu'il y ait un sens de « signification » où « signification » = « extension », il doit y avoir un autre sens au mot « signification » en vertu duquel la signification d'un terme n'est pas son extension mais quelque chose d'autre, disons le « concept » associé à ce terme. Appelons ce quelque chose d'autre *intension* du terme. Le concept de créature ayant un cœur est à l'évidence différent de celui de créature ayant un rein. Ainsi, les deux termes ont des intensions différentes. Quand nous disons qu'ils ont des « significations » différentes, « signification » = « intension ».

INTENSION ET EXTENSION

Dans n'importe quel exposé standard des notions d'intension et d'extension, on trouvera des explications du même ordre que celles dont je viens de faire état. Mais elles sont loin d'être satisfaisantes. Et pourquoi donc ? Tout le propos de cet essai est de le montrer. Mais on peut d'emblée établir quelques points. Premièrement, sur quoi se base-t-on pour affirmer qu'« extension » est l'un des sens du mot « signification » ? Il est d'usage d'expliquer que, par exemple, « en un sens, "signification" signifie *extension*, en un autre sens, "signification" signifie *intension* ». Le fait est que si la notion d'extension est définie de manière précise en ce qu'on la fait dépendre de la notion de *vérité* (et cela en vertu d'idéalisations fort rigoureuses, comme on l'a relevé plus haut), la notion d'intension demeure tout aussi vague (et, on le verra, prête tout autant à confusion) que la notion de « concept ». C'est comme si on expliquait la notion de probabilité en disant : « En un sens, "probabilité" veut dire fréquence, et en un autre sens, cela veut dire *propension* ». « Probabilité » ne veut *jamais* dire « fréquence », et « propension » est au moins aussi peu clair que « probabilité ».

Bien qu'obscure, la doctrine traditionnelle voulant que la notion de « signification » recèle l'ambiguïté extension/ intension entraîne un certain nombre de conséquences typiques.

Traditionnellement, la plupart des philosophes considéraient que les concepts étaient d'ordre mental. Ainsi, la doctrine voulant que la signification d'un terme (la signification « au sens d'intension ») soit un concept entraînait que les significations sont des entités mentales. Frege et, plus récemment, Carnap et ses disciples se rebellèrent cependant contre ce « psychologisme ». Pressentant que les significations sont une propriété *publique* – que la *même* signification peut être « saisie » par plus d'une personne et par des personnes vivant à des époques différentes –, ils identifièrent les concepts (et donc les « intensions » ou significations) à des entités abstraites plutôt que mentales. Cependant, « saisir » ces entités abstraites demeurait un acte psychologique individuel. Car aucun de ces philosophes ne doutait que comprendre un mot (connaître son intension) ne soit qu'une question d'état psychologique (un peu au sens où savoir factoriser des nombres mentalement n'est jamais qu'un état psychologique très complexe).

Deuxièmement, l'exemple rebattu des termes « créature ayant un rein » et « créature ayant un cœur » montre bien que deux termes peuvent avoir la même extension et néanmoins avoir une intension différente. Mais l'impossibilité de la réciproque semblait aller de soi (deux termes ne peuvent différer en extension et avoir la même intension). Il est intéressant de constater qu'aucun argument en faveur de cette impossibilité n'a jamais été avancé. Cela reflète probablement la tradition philosophique antique et médiévale présumant que le concept correspondant à un terme n'était qu'une conjonction de prédicats; ce dernier devait par conséquent *toujours* fournir une condition nécessaire et suffisante pour appartenir à l'extension du terme[1].

---

1. Cette tradition est née de ce que *le* terme dont l'analyse a suscité toutes ces analyses était « Dieu », lequel, pensait-on, se définissait par la conjonction des termes « infiniment bon », « tout-puissant », « omniscient », etc., ce qu'on appelait les « perfections ». L'ennui, c'est que Dieu était censé être un, ce qui excluait que son essence soit complexe : « Dieu » avait pour définition une conjonction de termes, mais Dieu (sans guillemets) ne pouvait être le produit logique de Ses propriétés non plus que l'unique chose en laquelle s'instancie le produit logique de propriétés *distinctes* […]. Il est amusant de constater que des théories qui

Pour les philosophes qui, tel Carnap, acceptaient la théorie vérifi-cationniste de la signification, le concept correspondant à un terme fournissait (dans le cas idéal où le terme possède une « signification complète ») un critère d'appartenance à l'exten-sion de ce terme (non seulement au sens de « condition nécessaire et suffisante », mais aussi au sens fort de *manière de reconnaître* si une chose donnée appartient ou non à cette extension). La théorie de la signification en vint ainsi à reposer sur deux présupposés incontestés :

(I) Connaître la signification d'un terme consiste seulement à être dans un certain état psychologique (« état psychologique » au sens où des états de la mémoire et des dispositions psycho-logiques sont des « états psychologiques » ; personne ne pensait, bien sûr, que connaître la signification d'un mot fût un état de conscience continu).

(II) La signification d'un terme (au sens d'intension) détermine son extension (en ce sens que l'identité de l'intension entraîne l'identité de l'extension).

Je soutiendrai ici qu'aucune notion, et donc, *a fortiori*, aucune notion de signification, ne peut satisfaire à la fois à ces deux présupposés. Le concept traditionnel de signification repose sur une théorie fausse.

« ÉTAT PSYCHOLOGIQUE » ET SOLIPSISME MÉTHODOLOGIQUE

Afin de le montrer, il nous faut d'abord clarifier la notion traditionnelle d'« état psychologique ». En un sens, un état est tout simplement un prédicat à deux places dont les arguments sont un individu et un moment. *Mesurer un mètre cinquante*, *avoir mal*, *connaître l'alphabet* et même *être à mille cinq cents*

demeurent aujourd'hui intéressantes telles le conceptualisme et le nominalisme ont d'abord eu pour but de résoudre le problème de la prédication dans le cas de Dieu. Il l'est tout autant que les conséquences découlant de ce choix théologique continuent d'informer la philosophie du langage de nos jours.

kilomètres de Paris sont en ce sens tous des états. (Notons que le *moment* demeure le plus souvent implicite ou « contextuel »; si elle était entièrement explicitée, la forme des énoncés atomiques contenant de tels prédicats serait « x *est à 1500 kilomètres de Paris au moment* t », etc.). En science, cependant, on a coutume de n'appliquer le mot « état » qu'aux propriétés des individus définies en des termes obéissant aux paramètres fondamentaux du point de vue de la science qui en use. Ainsi, mesurer un mètre cinquante est un état (du point de vue de la physique); avoir mal est un état (au moins du point de vue de la psychologie men-taliste); peut-être connaître l'alphabet est-il un état (du point de vue de la psychologie cognitive), quoiqu'il soit difficile de trancher la question. Mais être à mille cinq cents kilomètres de Paris ne fait pas partie des propriétés qu'on rangerait naturel-lement parmi les états. En un sens, un état psychologique est tout simplement un état qu'étudie ou décrit la psychologie. À ce titre, il peut être trivialement vrai que, disons, *connaître la signifi-cation du mot « eau »* est un « état psychologique » (du point de vue de la psychologie cognitive). Mais ce n'est pas le sens d'« état psychologique » qui était en jeu dans le présupposé (I).

Lorsque, traditionnellement, les philosophes ont parlé d'états psychologiques (ou d'états « mentaux »), ils se sont appuyés sur un présupposé que nous pourrions appeler le solip-sisme méthodologique. Le solipsisme méthodologique veut qu'un état psychologique, à proprement parler, ne présuppose l'existence d'aucun individu outre le sujet à qui l'état est attribué. (En fait, il veut qu'aucun état psychologique ne présuppose même l'existence du *corps* du sujet; si *P* peut à bon droit être décrit comme un état psychologique, alors il doit être logi-quement possible pour un « esprit désincarné » d'être dans l'état *P*). Ce présupposé apparaît explicitement chez Descartes, mais il est implicite dans presque toute la psychologie philosophique traditionnelle. S'appuyer sur ce présupposé, c'est, bien entendu, adopter un *programme restrictif* – programme qui borne délibé-rément la portée et la nature de la psychologie de manière à cadrer avec certaines préconceptions mentalistes, voire, dans certains cas, avec une reconstruction idéaliste de la connaissance et du monde. Le plus souvent, on ne remarque pas assez à quel point ce programme est restrictif. Par exemple, des états psychologiques aussi communs ou banals qu'*être jaloux* doivent être reconstruits pour que le solipsisme méthodologique tienne toujours. Car dans son usage ordinaire, x *est jaloux de* y entraîne que y existe, et x *est jaloux des égards que* y *a pour* z entraîne que tant *x* que *y* existent (de même que *x*, bien entendu). Ainsi, *être jaloux* et *être jaloux des égards que quelqu'un a pour quelqu'un d'autre* ne sont pas des états psychologiques admissibles en vertu du solipsisme méthodologique. (Nous appellerons de tels états « états psychologiques au sens large » et désignerons les états admissibles en vertu du solipsisme méthodologique sous le nom d'« états psychologiques au sens étroit »). La reconstruction que requiert la solipsisme méthodologique nous contraint à concevoir la *jalousie* de telle manière que je puisse être jaloux d'hallucinations, de créations nées de mon imagination, etc. Ce n'est que si l'on présume que les états psychologiques au sens étroit autorisent une clôture causale (de sorte que se borner à parler des états psychologiques au sens étroit rendra plus facile la formulation de *lois* psychologiques) qu'il y a quelque sens à se livrer à une telle reconstruction ou à adhérer au solipsisme méthodologique. Mais les trois siècles d'échecs qu'a connus la psychologie mentaliste constituent à mon sens une preuve éclatante du contraire.

Quoi qu'il en soit, nous pouvons reprendre de manière plus précise l'affirmation sur laquelle se terminait la section précédente. Soit *A* et *B* deux termes dont l'extension diffère. En vertu du présupposé (II), ils doivent avoir une signification différente (au sens d'« intension »). En vertu du présupposé (I), *connaître la signification de* A et *connaître la signification de* B sont des états psychologiques au sens étroit – car c'est bien ainsi que nous devons interpréter le présupposé (I). *Mais ces états psychologiques doivent déterminer l'extension des termes* A *et* B *tout aussi bien que les significations («intensions»).*

Pour le voir, faisons les présupposés contraires. Bien entendu, il ne peut pas y avoir deux termes A et B tels que *connaître la signification de* A est le même état que *connaître la signification de* B même si A et B ont une extension différente. Car *connaître la signification de* A, ce n'est pas seulement « saisir l'intension » de A, quoi que cela veuille dire. C'est aussi savoir que l'« intension » que l'on a « saisie » est l'intension de A. (Ainsi, on peut présumer que celui qui connaît la signification de « roue » « saisit l'intension » de son synonyme allemand *Rad*, mais s'il ne sait pas que l'intension en question est l'intension de *Rad*, on ne dira pas qu'il « connaît la signification de *Rad* »). Si A et B sont des termes différents, alors *connaître la signification de* A est un état différent de *connaître la signification de* B, peu importe que la signification de A et celle de B soient la même ou bien diffèrent. Mais en vertu du même argument, si I_1 et I_2 sont des intensions différentes et que A est un terme, alors *savoir que* I_1 *est la signification de* A est un état différent de *savoir que* I_2 *est la signification de* A. Ainsi, il ne peut y avoir deux mondes logiquement possibles L_1 et L_2 tels que, disons, Oscar est dans le *même* état psychologique au sens étroit du terme dans L_1 et dans L_2 (à tous égards), sauf que dans L_1, Oscar comprend A comme ayant la signification I_1, et dans L_2, Oscar comprend A comme ayant la signification I_2. (Car si tel était le cas, alors dans L_1, Oscar serait dans l'état psychologique *savoir que* I_1 *est la signification de* A et dans L_2, Oscar serait dans l'état psychologique *savoir que* I_2 *est la signification de* A. Or ce sont des états psychologiques au sens étroit différents et même – à supposer que A ait tout juste *une* signification pour Oscar dans chacun des mondes – incompatibles).

Bref, si S est le genre d'états psychologiques dont nous avons discuté – soit un état de la forme *savoir que* I *est la signification de* A, où I *est* une intension et A un terme –, alors la *même* condition nécessaire et suffisante pour tomber dans l'extension de A « agit » dans *tout* monde logiquement possible où le locuteur est dans l'état psychologique S. Car l'état S détermine l'intension de I; or, en vertu du présupposé (II), l'intension n'est nulle autre qu'une condition nécessaire et suffisante d'appartenance à l'*extension*.

Si notre interprétation de la doctrine traditionnelle de l'intension et de l'extension rend justice à Frege et Carnap, alors tout le débat opposant le psychologisme au platonisme fait figure de tempête dans un verre d'eau, s'agissant de la théorie de signification. (Bien entendu, le problème demeure tout aussi important si l'on reste dans le cadre de la philosophie des mathématiques). Car même si les significations sont des entités « platoniciennes » plutôt que mentales, suivant le point de vue de Frege et Carnap, on peut présumer que « saisir » ces entités est un état psychologique (au sens étroit). Qui plus est, cet état psychologique détermine de manière unique l'entité « platonicienne ». Aussi apparaît-il que considérer ou bien l'entité « platonicienne » ou bien l'état psychologique comme la « signification » est au fond affaire de convention. Considérer l'état psychologique comme la signification pourrait difficilement avoir la conséquence que Frege redoutait, à savoir que les significations cesseraient d'être publiques. Car les états psychologiques sont « publics » au sens où des gens différents (et même des gens vivant à des époques différentes) peuvent être dans le *même* état psychologique. En effet, l'argument de Frege contre le psychologisme interdit seulement qu'on identifie des concepts à des particuliers d'ordre mental, pas à des entités mentales en général.

Le caractère « public » des états psychologiques entraîne, en particulier, que si Oscar et Elmer comprennent un mot A de manière différente, alors ils doivent être dans un état psychologique *différent*. Car *savoir que l'intension de* A *est* I est le *même* état, peu importe qui de Oscar ou Elmer en est affecté. Ainsi, deux locuteurs ne peuvent être dans le même état à tous égards et comprendre le terme de manière différente ; l'état psychologique du locuteur détermine l'intension (et donc, en vertu du présupposé (II), l'extension de A).

C'est cette dernière conséquence de la conjonction des présupposés (I) et (II) que nous affirmons être fausse. Nous affirmons qu'il est possible pour deux locuteurs d'être exactement dans le même état psychologique (au sens étroit) même si l'extension du terme *A* dans l'idiolecte de l'un diffère de l'extension du terme *A* dans l'idiolecte de l'autre. L'extension n'est pas déterminée par l'état psychologique.

Cela, je le montrerai en détail dans les sections suivantes. Si ces remarques sont justes, deux avenues s'ouvrent à qui veut sauver au moins l'un des deux présupposés traditionnels : ou bien abandonner l'idée selon laquelle un état psychologique (au sens étroit) détermine l'intension, ou bien abandonner l'idée selon laquelle l'intension détermine l'extension. Nous examinerons plus loin les deux branches de l'alternative.

LES SIGNIFICATIONS SE TROUVENT-ELLES DANS LA TÊTE ?

Pour montrer qu'un état psychologique ne détermine pas l'extension, nous allons nous aider de la science-fiction. Nous allons donc supposer qu'il existe quelque part dans la galaxie une planète que nous appellerons la Terre-Jumelle. La Terre-Jumelle ressemble beaucoup à la Terre : en fait, des habitants y parlent même français. Et exception faite des différences que nous spécifierons dans nos exemples de science-fiction, le lecteur peut supposer que la Terre-Jumelle ressemble *exactement* à la Terre. S'il le veut, il peut même supposer qu'il y possède un *Doppelgänger* – une copie conforme –, encore que mes histoires n'en dépendent pas.

Bien que certains des habitants de la Terre-Jumelle (disons ceux qui se décrivent comme des « Français », ceux qui se décrivent comme des « Belges », ceux qui se décrivent comme des « Québécois », etc.) parlent français, il y a – on ne s'en étonnera pas – quelques petites différences que nous nous proposons maintenant de décrire entre les dialectes parlés sur Terre-Jumelle et le français standard. Ces différences sont elles-mêmes liées aux particularités de la Terre-Jumelle.

L'une de ces particularités est que le liquide appelé « eau » sur Terre-Jumelle n'est pas de l'H_2O mais un liquide différent dont la formule chimique est fort longue et fort complexe. J'abrégerai cette formule chimique par la simple expression *XYZ*. Je supposerai que le *XYZ*, à des températures et des pressions normales, ne peut être distingué de l'eau. Je supposerai aussi que les océans, lacs et mers de la Terre-Jumelle contiennent du *XYZ* et non de l'eau, etc.

Si jamais un vaisseau spatial en provenance de la Terre visite la Terre-Jumelle, on y supposera d'abord qu'« eau » a la même signification sur Terre et sur Terre-Jumelle. Cette supposition sera corrigée lorsqu'on découvrira que l'« eau » sur Terre-Jumelle est du *XYZ*, et le vaisseau spatial terrien fera à peu près le rapport suivant :

Sur Terre-Jumelle, le mot « eau » signifie *XYZ*.

(Incidemment, c'est ce genre d'usages du mot « signifie » qui motive la doctrine voulant qu'extension soit l'un des sens de « signification ». Mais […] si le verbe « signifie » signifie parfois « a pour extension », le substantif « signification » ne signifie *jamais* « extension »).

Symétriquement, si un vaisseau spatial venu de la Terre-Jumelle visite la Terre, on y supposera d'abord qu'« eau » a la même signification sur Terre et sur Terre-Jumelle. Cette supposition sera corrigée lorsqu'on découvrira que l'« eau » sur Terre est de l'H_2O, et le vaisseau spatial terre-jumellien rapportera :

Sur Terre, le mot « eau » signifie H_2O.

Notons qu'il n'y a pas de problème concernant l'extension du terme « eau » : le mot a simplement (comme on dit) deux significations différentes : au sens où on l'utilise sur Terre-Jumelle, au sens eau$_{TJ}$, ce que nous appelons « eau » n'est tout simplement pas de l'eau, alors qu'au sens où on l'utilise sur Terre, le sens eau$_T$, ce que les Terre-Jumelliens appellent « eau » n'est tout simplement pas de l'eau. L'extension d'« eau » au sens d'eau$_T$ est quelque chose comme l'ensemble de toutes les totalités composées de molécules d'H_2O; l'extension d'« eau » au sens eau$_{TJ}$ est quelque chose comme l'ensemble de toutes les totalités composées de molécules de XYZ.

Maintenant, remontons dans le temps jusqu'à 1750 environ. Le francophone terrien typique ne savait pas alors que l'eau est composée d'hydrogène et d'oxygène, et le francophone terre-jumellien typique ne savait pas que l'« eau » est composée de XYZ. Appelons Oscar$_1$ le francophone terrien typique de cette époque et Oscar$_2$ sa réplique sur Terre-Jumelle. On peut supposer qu'Oscar$_1$ n'entretenait à propos de l'eau aucune croyance qu'Oscar$_2$ n'ait entretenue à propos de l'« eau ». On peut même supposer, si on le désire, qu'Oscar$_1$ et Oscar$_2$ étaient des doubles exacts, par l'apparence, les sentiments, la pensée, le monologue intérieur, etc. Pourtant, l'extension du terme « eau » sur Terre en 1750 était H_2O tout comme en 1950, et l'extension du terme « eau » sur Terre-Jumelle en 1750 était XYZ tout comme en 1950. Oscar$_1$ et Oscar$_2$ comprenaient le terme « eau » de manière différente en 1750, et ce bien qu'ils fussent dans le même état psychologique et qu'étant donné l'état de la science à cette époque, il faudrait encore cinquante ans à la communauté scientifique de chacune des planètes pour découvrir qu'ils comprenaient le terme « eau » de manière différente. Ainsi, l'extension du terme « eau » (et, en fait, sa signification, dans l'usage pré-analytique intuitif du terme) n'est *pas* fonction du seul état psychologique du locuteur.

Mais, pourrait-on objecter, pourquoi admettre que le terme « eau » ait eu la même extension en 1750 qu'en 1950 (sur les deux Terres)? La logique des noms d'espèces naturelles est chose complexe, mais voici une ébauche de réponse. Supposons que je désigne un verre d'eau et que je dise « ce liquide est appelé eau ». Ma « définition ostensive » de l'eau contient le présupposé empirique suivant : le liquide que je désigne entretient un rapport d'identité (par exemple, x *est le même liquide que* y, ou x *est le même$_L$ que* y) avec l'essentiel de ce que moi-même et d'autres locuteurs de ma communauté linguistique avons appelé « eau » en d'autres circonstances. Si ce présupposé est faux parce que je pointe sans le savoir un verre de gin, par exemple, et non un verre d'eau, alors je n'entends pas que ma définition ostensive soit acceptée. Ainsi, la définition ostensive contient ce que l'on pourrait appeler une condition nécessaire et suffisante « révocable » : la condition nécessaire et suffisante pour être de l'eau est d'entretenir la relation *même*$_L$ avec la substance qui se trouve dans le verre, mais encore faut-il que le présupposé empirique soit satisfait. Dans le cas contraire intervient une condition appartenant à une série de conditions pour ainsi dire en « réserve ».

L'essentiel ici est que la relation *même*$_L$ est d'ordre théorique : déterminer si quelque chose est ou non le même liquide que *ceci* peut requérir une somme indéterminée de recherches scientifiques. Qui plus est, même si on est parvenu à une réponse « concluante » au terme de recherches scientifiques ou grâce à l'application d'un test relevant du sens commun, notre réponse peut être révoquée : de futures recherches pourraient bouleverser nos certitudes. Ainsi, le fait qu'un francophone de 1750 aurait pu appeler « eau » du *XYZ* alors que lui-même ou ses descendants ne l'auraient pas fait en 1800 ou 1850 ne signifie pas que dans l'intervalle, la « signification » d'« eau » ait changé pour le locuteur moyen. En 1750, 1850 ou 1950, on aurait pu désigner par exemple le liquide contenu dans le lac Michigan comme un exemple d'« eau ». Ce qui a changé, c'est qu'en 1750, nous aurions cru à tort que le *XYZ* entretenait la relation *même*$_L$ avec le liquide emplissant le lac Michigan, alors qu'en 1800 ou 1850, nous aurions su que tel n'était pas le cas. (Je ne tiens évidemment pas compte de ce qu'il est douteux qu'on puisse appeler eau le liquide contenu dans le lac Michigan en 1950 !).

Modifions maintenant notre histoire de science-fiction. Je ne sais s'il est possible de fabriquer des marmites et des casseroles de molybdène ni, le cas échéant, si on pourrait les distinguer sans peine des marmites et des casseroles en aluminium. (Je ne sais rien de tout cela même si j'ai acquis le mot « molybdène »). Supposons que seul un expert arrive à distinguer les marmites et casseroles de molybdène de celles d'aluminium. (Ce qui, pour ce que j'en sais, pourrait bien être vrai. A *fortiori* si l'on considère ma seule « connaissance de la signification » des mots « aluminium » et « molybdène »). Nous supposerons maintenant que le molybdène est aussi répandu sur Terre-Jumelle que l'aluminium sur Terre et que l'aluminium est aussi rare sur Terre-Jumelle que le molybdène sur Terre. Nous supposerons en particulier que les marmites et casseroles d'« aluminium » sont faites de molybdène sur Terre-Jumelle. Enfin, nous supposerons que les mots « aluminium » et « molybdène » sont permutés sur Terre-Jumelle, de sorte qu'« aluminium » est le nom du *molybdène* et « molybdène » celui de l'*aluminium*.

Cet exemple partage certains traits avec l'exemple précédent. Les occupants d'un vaisseau spatial terrien venus visiter la Terre-Jumelle ne soupçonneraient probablement pas que les marmites et casseroles d'« aluminium » sur Terre-Jumelle ne sont pas en aluminium, d'autant que les Terre-Jumelliens les diraient faites d'« aluminium ». Mais il y a une différence importante entre les deux cas. Un métallurgiste terrien pourrait très facilement déterminer que l'« aluminium » est du molybdène, et un métallurgiste terre-jumellien pourrait tout aussi facilement déterminer que l'aluminium est du « molybdène ». (Dans la phrase qui précède, les guillemets indiquent l'usage terre-jumellien des termes). Mais alors qu'en 1750, personne, qu'il soit Terrien ou Terre-Jumellien, n'aurait pu distinguer l'eau de l'« eau », la confusion entre aluminium et « aluminium » ne concerne qu'une partie des communautés linguistiques en question.

Cet exemple sert à établir le même point que le précédent. Si Oscar$_1$ et Oscar$_2$ sont respectivement des locuteurs standards du français terrien et du français terre-jumellien et que ni l'un ni l'autre n'a une connaissance poussée de la chimie ou de la métallurgie, alors il ne peut y avoir aucune différence entre leurs états psychologiques lorsqu'ils utilisent le mot « aluminium »; néanmoins, nous devons dire qu'« aluminium » a l'extension *aluminium* dans l'idiolecte d'Oscar$_1$, et l'extension *molybdène* dans l'idiolecte d'Oscar$_2$. (Il faut aussi dire qu'« aluminium » ne signifie pas la même chose pour Oscar$_1$ et Oscar$_2$, qu'« alumi-nium » sur Terre a une signification différente d'« aluminium » sur Terre-Jumelle, etc.). Nous constatons à nouveau que l'état psychologique du locuteur ne détermine *pas* l'extension (*ou*, en termes préanalytiques, la « signification ») du mot.

Avant de poursuivre l'analyse de cet exemple, en voici un autre qui ne relève pas de la science-fiction. Peut-être êtes-vous comme moi incapable de distinguer un orme d'un hêtre. Nous n'en dirons pas moins que l'extension d'« orme » dans mon idiolecte est la même que celle d'« orme » dans l'idiolecte de quiconque, à savoir l'ensemble des ormes, et que l'ensemble des hêtres est l'extension de « hêtre » dans nos *deux* idiolectes. Ainsi, « orme », dans mon idiolecte, a une extension différente de celle de « hêtre » dans votre idiolecte (comme il se doit). Peut-on croire que cette différence d'extension soit due à une différence de *concept*? Mon *concept* d'orme est rigoureusement identique à mon concept de hêtre (je rougis de l'avouer). (Ce qui démontre, incidemment, qu'on ne saurait identifier la signification « au sens d'intension » au *concept*). Si quelqu'un essaie héroïque-ment de maintenir que la différence entre l'extension d'« orme » et celle de « hêtre », dans *mon* idiolecte, s'explique par une différence dans mon état psychologique, nous pourrons toujours réfuter cette idée en construisant un exemple du type Terre-Jumelle : il suffit que les mots « orme » et « hêtre » soient per-mutés sur Terre-Jumelle (à la façon dont « aluminium » et « molybdène » l'étaient dans l'exemple précédent). Bien plus, supposons que j'aie sur Terre-Jumelle un *Doppelgänger* « iden-tique » à moi-même, à la molécule près. Si vous êtes dualiste, supposez en outre que mon *Doppelgänger* ait les mêmes pensées verbalisées que moi, les mêmes données sensorielles, les mêmes dispositions, etc. Il est absurde de penser que son état psycho-logique soit en quoi que ce soit différent du mien. Pourtant, quand il dit « orme », il « veut dire » hêtre, et lorsque je dis « orme », *je* « veux dire » orme. Vous aurez beau retourner le pro-blème dans tous les sens, rien à faire, les « significations » ne sont pas dans la tête !

Hypothèse sociolinguistique

Les deux derniers exemples reposent sur un fait de langage qui, étonnamment, n'a jamais été relevé, à savoir qu'*il y a division du travail linguistique*. Nous pourrions difficilement utiliser des mots tels qu'« orme » et « aluminium » si personne n'arrivait à distinguer les ormes parmi les arbres ou l'aluminium parmi les métaux. Mais ce ne sont pas tous ceux pour qui cette distinction a de l'importance qui doivent être en mesure de la faire. Considérons un nouvel exemple, celui de l'or. L'importance de l'or tient à plusieurs raisons : c'est un métal précieux ; on en fait des pièces de monnaie ; il a une valeur symbolique (pour la plupart des gens, il est important que l'alliance en or qu'ils portent soit *bel et bien* en or et n'en ait pas tout au plus l'*apparence*), etc. Considérons notre communauté comme une « fabrique » : dans cette « fabrique », certains ont pour « tâche » *le port d'une alliance en or*, d'autres celle de *vendre des alliances en or* et d'autres encore celle de *déterminer si quelque chose est ou non de l'or*. Il n'est ni nécessaire ni utile que toute personne portant un anneau d'or (ou des boutons de manchettes en or, etc.), discutant de l'étalon or, etc., ne soit impliqué dans l'achat ou la vente d'or. Il n'est ni nécessaire ni utile que toute personne achetant ou vendant de l'or soit en mesure de dire si quelque chose est bel et bien en or dans une société où il est rare qu'on trompe les gens sur une telle marchandise et où il est facile de consulter un expert en cas de doute. Et il n'est *certainement* pas nécessaire ni utile que toute personne ayant l'occasion d'acheter ou de porter de l'or puisse affirmer avec un certain degré de fiabilité si une chose est en or ou non.

Les faits dont il vient d'être fait état ne sont que des exemples d'une division pratique du travail (au sens large). Mais ils engendrent une division du travail linguistique : quiconque attache de l'importance à l'or, quelle qu'en soit la raison, doit *acquérir* le mot « or », mais il n'a pas à acquérir une méthode pour reconnaître l'or. Il peut s'appuyer pour cela sur une sous-classe de locuteurs. Les traits que l'on associe communément à un nom général – conditions nécessaires et suffisantes pour appartenir à l'extension du terme, manières de savoir si quelque chose appartient à l'extension, etc. – sont tous présents dans la communauté linguistique *considérée comme un corps collectif*, mais ce corps collectif divise le « travail » consistant à connaître et utiliser ces différentes parties de la « signification » d'« or ».

Bien entendu, cette division du travail linguistique repose sur une division du travail *non* linguistique sans laquelle elle ne serait pas possible. Si seuls les gens capables de dire si un métal quelconque est bel et bien de l'or ont une raison d'acquérir le mot « or », alors le mot « or » sera ce qu'était le mot « eau » en 1750 pour cette sous-classe de locuteurs, et les autres ne l'acquerront pas du tout. Et il y a des mots pour lesquels ne se manifeste aucune division du travail linguistique, par exemple « chaise ». Mais à mesure que s'accroît la division du travail au sein de la société et que la science progresse, de plus en plus de mots tendent à refléter une telle division du travail. « Eau », par exemple, ne reflétait pas de division du travail linguistique avant les progrès de la chimie. Aujourd'hui, il est à l'évidence nécessaire que tout locuteur soit en mesure de reconnaître l'eau (de manière fiable dans des circonstances normales), et il est même probable que tout locuteur adulte sache que la condition nécessaire et suffisante pour que quelque chose soit de l'eau, c'est qu'elle soit de l'H_2O, mais seuls quelques locuteurs adultes peuvent distinguer l'eau des liquides qui présentent superficiellement la même apparence. En cas de doute, les autres locuteurs auront recours au jugement de ces locuteurs « experts ». C'est ainsi que la méthode d'identification détenue par ces locuteurs « experts » appartient aussi, par leur intermédiaire, au corps collectif, même si elle n'appartient pas à chacun des membres. C'est de cette façon que le fait le plus « recherché »[1] concernant l'eau peut entrer dans la signification du mot tout en étant inconnu de presque tous les locuteurs qui l'acquièrent.

---

1. En français dans le texte.

Il m'apparaît important que les sociolinguistes se penchent sur le phénomène de la division du travail linguistique. À cet égard, j'aimerais avancer l'hypothèse suivante :

Hypothèse de l'universalité de la division du travail linguistique :

> Toute communauté linguistique manifeste le genre de division du travail linguistique que je viens de décrire, c'est-à-dire qu'elle possède au moins quelques termes dont les « critères » associés ne sont connus que d'un sous-ensemble des locuteurs acquérant ces termes et dont l'usage par les autres locuteurs dépend d'une coopération structurée entre eux et les locuteurs appartenant aux sous-ensembles pertinents.
>
> Il serait intéressant, en particulier, de découvrir si certains peuples extrêmement primitifs font ici exception (ce qui tendrait à montrer que la division du travail linguistique est un produit de l'évolution sociale), ou si ce trait se manifeste même chez eux, auquel cas, on peut faire l'hypothèse que la division du travail, y compris celui d'ordre linguistique, est un trait de notre espèce.

Il est aisé de voir comment ce phénomène rend compte des exemples sur lesquels achoppent les présupposés (I) et (II). Lorsqu'un terme fait l'objet d'une division du travail linguistique, le locuteur « moyen » qui l'acquiert n'acquiert rien qui en fixe l'extension. En particulier, il est *certain* que son état psychologique individuel ne fixe pas cette extension. Seul l'état sociolinguistique du corps collectif linguistique auquel le locuteur appartient fixe l'intension.

En résumé, on pourrait dire qu'il existe deux types d'outils : ceux qui, tels le marteau et le tournevis, peuvent être utilisés par une seule personne ; ceux qui, tels le paquebot, requiert la coopération de plusieurs personnes pour fonctionner. On n'a que trop eu tendance à considérer les mots comme appartenant à la première catégorie.

INDEXICALITÉ ET RIGIDITÉ

Le premier de nos exemples de science-fiction – « eau » sur Terre et sur Terre-Jumelle en 1750 – ne comportait pas de division linguistique du travail, du moins pas à la manière d'« aluminium » et « orme ». À cette époque, notre version de l'histoire ne prévoit pas d'« experts » en eau ni sur Terre, ni sur Terre-Jumelle. (On peut cependant interpréter notre exemple de telle manière qu'il y a division du travail à travers le temps. Je ne le ferai pas ici). Mais cet exemple met en jeu des questions d'une importance fondamentale pour une théorie de la référence de même que pour celle de la vérité nécessaire. Nous allons maintenant les examiner.

Il existe deux moyens évidents de dire à quelqu'un ce qu'on entend par un terme d'espèce naturelle comme « eau », « tigre » ou « citron ». On peut lui fournir une définition dite ostensive : « Ceci (ce liquide) est de l'eau » ; « Ceci (cet animal) est un tigre » ; « Ceci (ce fruit) est un citron », ou les termes du type *liquide*, *animal* et *fruit* que l'on peut y adjoindre sont des « marqueurs sémantiques »[1]. Ou encore on peut lui fournir une *description*, laquelle contient généralement un ou plusieurs marqueurs de même qu'un stéréotype[2], soit une description standardisée de traits typiques, « normaux » ou à tout le moins

---

1. Les marqueurs sémantiques occupent une place centrale dans nos définitions ostensives et nos descriptions, explique Putnam, dans la mesure où c'est sur eux que repose tout notre système de classification. « Animal » constitue un tel marqueur dans notre description du tigre, ce qui n'est pas le cas d'« ayant le pelage rayé ». En effet, tandis qu'on n'a pas de peine à concevoir qu'un tigre puisse ne pas être rayé (il pourrait être atteint d'albinisme, par exemple), il nous est beaucoup plus difficile de concevoir des situations qui nous obligeraient à ne plus classer les tigres parmi les animaux. Cette centralité des marqueurs sémantiques ne les rend pas pour autant non révisables : on pourrait découvrir que ce que nous prenions auparavant pour des animaux sont en fait depuis toujours des robots. Voir à ce propos la section « Semantic Markers », dans « Meaning of "Meaning" », p. 266-268 (N. d. T.).

2. Sur la notion de stéréotype, consulter Putnam, « Is Semantics Possible ? », *Mind, Language and Reality. Philosophical Papers*, vol. 2, Cambridge, Cambridge University Press, 1975.

stéréotypés[1]. Les traits centraux du stéréotype sont généralement des *critères* – soit des traits qui, dans des conditions normales, constituent des moyens de reconnaître si une chose appartient à l'espèce ou, à tout le moins, des conditions nécessaires (ou probables) d'appartenance à l'espèce. Tous les critères dont se sert la communauté linguistique n'entrent pas dans le stéréotype, lequel peut être très faible. Ainsi (à moins que je ne sois un locuteur fort atypique), le stéréotype d'orme est tout simplement d'être un arbre à feuilles caduques commun. Ces traits sont en effet des conditions nécessaires d'appartenance à l'espèce (j'emploie ici le mot « nécessaires » dans un sens lâche ; je ne pense pas que « les ormes sont des arbres à feuilles caduques » soit *analytique*), mais il s'en faut de beaucoup qu'ils constituent un moyen de reconnaître les ormes. En revanche, le stéréotype de tigre nous permet de reconnaître les tigres (à moins qu'ils ne soient albinos, par exemple) et celui de citron nous permet en général de reconnaître les citrons. Dans les cas extrêmes, le stéréotype peut n'être nul autre que le marqueur : ainsi, peut-être le stéréotype de molybdène est-il seulement *métal*. Examinons l'une et l'autre de ces manières de faire entrer un terme dans le vocabulaire de quelqu'un.

Supposons que je pointe un verre de liquide et dise « *ceci* est de l'eau » afin d'enseigner à quelqu'un le mot « eau ». (Nous ne présumons *pas* que le *liquide* contenu dans le verre est le même dans les deux mondes). Nous avons déjà décrit quelques-uns des présupposés empiriques sur lesquels s'appuie cet acte d'explication d'une signification et comment ce dernier est révocable. Poursuivons notre travail de clarification.

1. La plupart des stéréotypes parviennent bel et bien à cerner les traits que possèdent les éléments paradigmatiques de la classe en question. Même quand ils sont erronés, la distorsion qu'ils comportent jette un éclairage sur la contribution normale des stéréotypes à la communication. Le stéréotype de l'or, par exemple, contient le trait *jaune* bien que l'or chimiquement pur soit quasi blanc. Mais l'or entrant dans la fabrication des bijoux est le plus souvent jaune (en raison de la présence de cuivre), de sorte que la présence de ce trait dans le stéréotype se révèle en fait utile pour les profanes.

Je considérerai ici la notion de « monde possible » comme un primitif. [...] Je présumerai en outre qu'il y a des cas où il est possible de dire d'un individu qu'il existe dans plus d'un monde possible[1]. (L'exposé ci-dessous s'appuie lourdement sur les travaux de Saul Kripke, bien que nous soyons parvenus aux mêmes conditions indépendamment).

Soit W_1 et W_2 deux mondes possibles où j'existe, où ce verre existe et où j'explique une signification en pointant ce verre et en disant : « Ceci est de l'eau ». Supposons que dans W_1, le verre est plein d'H_2O et que dans W_2, il est plein de *XYZ*. Nous supposerons de plus que W_1 est le monde actuel et que *XYZ* est la substance qu'il est convenu d'appeler « eau » dans W_2 (de sorte que la relation qui unit les locuteurs francophones dans W_1 et ceux dans W_2 est exactement la même qu'entre les locuteurs francophones de la Terre et ceux de la Terre-Jumelle). On peut alors avoir deux théories sur la signification d'« eau ».

(1) On peut estimer qu'« eau » est relatif à un monde mais que sa signification est constante (autrement dit, le mot a une signification relative constante). Selon cette théorie, « eau » signifie la même chose dans W_1 et W_2 ; seulement, l'eau est de l'H_2O dans W_1 et du *XYZ* dans W_2.

(2) On peut estimer que l'eau est de l'H_2O dans tous les mondes (ce qu'on appelle « eau » dans W_2 n'est pas de l'eau) mais qu'« eau » n'a pas la même signification dans W_1 et W_2.

Si les remarques concernant la Terre-Jumelle sont correctes, c'est à l'évidence la théorie (2) qui est juste. Quand je dis « ceci (ce liquide) est de l'eau », je fais pour ainsi dire un usage *de re* du démonstratif. La force de mon explication réside en ce qu'« eau » est ce qui entretient une certaine relation d'équivalence (dite ci-dessus relation *même$_L$*) avec le liquide dénoté *dans le monde actuel* par le démonstratif.

---

1. Ce qui n'est pas indispensable dans le cadre de cette discussion. En revanche, on doit présumer que la même *espèce naturelle* peut exister dans plus d'un monde possible.

Nous pouvons symboliser la différence entre les deux théories en montrant que c'est une question de portée. Suivant la théorie (1) :

(1') (Pour tout monde W) (Pour tout x dans W) (x est de l'eau ssi x entretient la relation $même_L$ avec l'entité désignée à l'aide du démonstratif dans W).

Suivant la théorie (2) :

(2') (Pour tout monde W) (Pour tout x dans W) (x est de l'eau ssi x entretient la relation $même_L$ à l'entité désignée par le démonstratif dans le monde actuel W_1).

(Je parle de différence de portée parce que dans (1'), « l'entité désignée par le démonstratif » est dans la portée de (Pour tout monde W), alors que dans (2'), « l'entité désignée par le démonstratif » signifie « l'entité désignée par le démonstratif *dans le monde actuel* », de sorte qu'il a une référence *indépendante* de la variable liée W).

Kripke qualifie un désignateur de « rigide » (dans une phrase donnée) si (dans cette phrase) il dénote le même individu dans tout monde possible où le désignateur désigne quelque chose. Si nous étendons la notion de rigidité aux noms de substances, alors nous pouvons rendre la théorie de Kripke et la mienne en disant que lorsque je donne la définition ostensive « ceci (ce liquide) est de l'eau », mon démonstratif est *rigide*.

Kripke est le premier à avoir observé que cette théorie de la signification (ou de l'usage, ou de ce qu'on voudra) a des conséquences stupéfiantes pour une théorie de la vérité nécessaire.

Pour le montrer, qu'il me soit permis de présenter la notion de relation « transmondaine » (*cross-world*). Une relation à deux termes R est dite transmondaine quand on la conçoit de telle manière que son extension est une paire ordonnée d'individus n'appartenant pas tous au même monde possible. Par exemple, on concevra sans peine que la relation *de même taille que* soit une relation transmondaine. Il suffit de la concevoir ainsi : Si x occupe le monde W_1 et mesure un mètre cinquante (dans W_1) et que y occupe W_2 et mesure un mètre cinquante (dans W_2), alors la paire ordonnée x, y appartient à l'extension de *de même taille que*. (Puisqu'un individu peut avoir différentes tailles dans les divers mondes où le même individu existe, ce n'est pas à proprement parler la paire ordonnée x, y qui constitue un élément de l'extension de *de même taille que*, mais plutôt la paire ordonnée x-*dans-le-monde*-W_1, y-*dans-le-monde*-W_2).

De la même manière, nous pouvons concevoir la relation *même$_L$* (même liquide que) comme une relation transmondaine, de sorte qu'un liquide dans le monde W_1 qui possède les mêmes propriétés physiques importantes (dans W_1) qu'un liquide dans W_2 entretient la relation *même$_L$* à ce dernier.

En résumé, on peut dire qu'une entité x, dans quelque monde possible arbitrairement choisi, est de l'*eau* si, et seulement si, elle entretient la relation *même$_L$* (conçue comme une relation transmondaine) avec ce que *nous* appelons « eau » dans le monde actuel.

Supposons maintenant que je ne sois pas encore parvenu à identifier les propriétés physiques importantes de l'eau (dans le monde actuel), de sorte que je ne sais toujours pas que l'eau est de l'H_2O. Je puis disposer de divers moyens efficaces pour *reconnaître* l'eau (bien entendu, je puis commettre un petit nombre d'erreurs que je ne parviendrai à détecter qu'à un stade ultérieur du développement scientifique), mais ne pas connaître la microstructure de l'eau. Si je conviens qu'un liquide dont les propriétés superficielles sont celles de l'eau mais dont la microstructure diffère *n'est pas vraiment de l'eau*, alors les moyens dont je dispose pour reconnaître l'eau (ma « définition opérationnelle », en quelque sorte) ne peuvent être considérés comme une spécification analytique de *ce que c'est que d'être* de l'eau. Bien plutôt, la définition opérationnelle, à l'instar de la définition ostensive, n'est jamais qu'un moyen de pointer un étalon en ce qu'elle pointe la substance *dans le monde actuel* telle que, pour que x soit de l'eau, *dans quelque monde que ce soit*, x doit entretenir la relation *même$_L$* avec les éléments *normaux* de la classe des entités *locales* satisfaisant à la définition opérationnelle.

L'«eau» sur Terre-Jumelle n'est pas de l'eau, même si elle
satisfait à la définition opérationnelle d'«eau», parce qu'elle
n'entretient pas la relation *même*$_L$ à la substance *locale* satisfaisant à cette définition. Quant à la substance locale qui satisfait
à la définition opérationnelle d'«eau» mais dont la microstructure diffère des autres échantillons de substance locale
satisfaisant à cette définition, ce n'est pas de l'eau non plus, parce
qu'elle n'entretient pas la relation *même*$_L$ avec les échantillons
normaux d'«eau» locale.

Supposons que je découvre enfin la microstructure de l'eau
et sache qu'il s'agit d'H_2O. Dès lors, je serai en mesure de dire
que la substance sur Terre-Jumelle que je *prenais* auparavant
pour de l'eau n'en est pas véritablement. De la même manière, si
on décrit non pas une autre planète dans cet univers mais un autre
univers possible où il y a une substance dont la formule chimique
est *XYZ*, substance qui satisfait à la définition opérationnelle
d'«eau», il nous faudra dire qu'il ne s'agit pas d'eau mais tout
simplement de *XYZ*. On n'aura pas décrit un monde possible où
«l'eau est du *XYZ*», mais un monde possible où il y a des lacs de
XYZ, où les gens boivent du *XYZ* (et non pas de l'eau), etc. En fait,
dès que nous avons découvert la nature de l'eau, il n'y a pas de
monde possible où l'eau ne soit pas de l'H_2O. En particulier, si,
par énoncé « logiquement possible », on entend un énoncé tenant
dans quelque « monde logiquement possible », *il n'est pas logiquement possible que l'eau ne soit pas de l'H_2O.*

Par ailleurs, il nous est parfaitement possible d'imaginer des
expériences qui nous persuaderaient (et rendraient rationnelle la
croyance) que l'eau n'est *pas* de l'H_2O. En ce sens, il est concevable que l'eau ne soit pas de l'H_2O. Cela est concevable mais
pas logiquement possible ! La concevabilité n'est pas une preuve
de possibilité logique.

Kripke qualifie d'*épistémiquement nécessaires* les énoncés
rationnellement non révisables (si tant est qu'il y en a). Il qualifie
de nécessaires (ou de « métaphysiquement nécessaires ») les
énoncés vrais dans tous les mondes possibles. Ainsi peut-on
reformuler dans cette terminologie l'argument que je viens

d'exposer : un énoncé peut être (métaphysiquement) nécessaire et épistémiquement contingent. L'intuition humaine n'a pas d'accès privilégié à la nécessité métaphysique.

[…]

Toutefois, dans cet article, ce qui nous intéresse, c'est la théorie de la signification, pas la théorie de la vérité nécessaire. Or, on a pu tirer des conclusions analogues à celles de Kripke à l'aide de la notion d'*indexicalité*[1]. Il est admis depuis longtemps que des mots comme « maintenant », « ceci », « ici » sont *indexicaux* ou *relatifs à des occurrences* (*token-reflexive*), c'est-à-dire que leur extension varie d'un contexte à l'autre ou d'une occurrence à l'autre. Nul n'a jamais suggéré à propos de ces mots que, conformément à la théorie traditionnelle, « l'intension détermine l'extension ». Pour reprendre notre exemple de la Terre-Jumelle, si j'ai un *Doppelgänger* sur Terre-Jumelle, quand je pense « j'ai mal à la tête », *il* pense alors « j'ai mal à la tête ». Mais l'extension de cette occurrence particulière du pronom dans sa pensée verbalisée, c'est lui-même (ou sa classe unitaire, pour être plus précis), tandis que l'extension de l'occurrence du pronom dans ma pensée verbalisée est moi-même (ou ma classe unitaire, pour être plus précis). Ainsi, un même mot, « je », a deux extensions différentes dans deux idiolectes différents. Mais il ne s'ensuit pas que le concept que j'ai de moi-même diffère en quoi que ce soit du concept que mon *Doppelgänger* a de lui-même.

Nous soutenons donc que l'indexicalité s'étend au-delà des mots et morphèmes (par exemple les temps de verbes) manifestement indexicaux. Notre théorie peut se résumer en disant que des mots comme « eau » ont une composante indexicale demeurée inaperçue : l'« eau » est la substance qui entretient une certaine relation de similarité avec l'eau qu'on trouve *autour de nous*. L'eau en un autre temps ou un autre lieu ou même dans un autre monde possible doit entretenir la relation *même$_L$* avec *notre* « eau » *pour être de l'eau*. Ainsi, la théorie qui veut que, (I), les

---

1. C'est ce que j'ai fait dans des conférences prononcées à l'université de Washington et à l'université du Minnesota en 1968.

mots ont des « intensions », lesquelles s'apparentent à des concepts associés aux mots par les locuteurs, et, (II), que l'intension détermine l'extension ne peut être vraie des termes d'espèces naturelles comme « eau », et cela pour la même raison qu'elle ne peut l'être d'indexicaux comme « je ».

Toutefois, la théorie selon laquelle des noms d'espèces naturelles comme « eau » sont indexicaux ne permet pas de décider s'il faut dire ou bien qu'« eau » dans le dialecte français terre-jumellien a la même signification qu'« eau » dans le dialecte terrien et une extension différente (ainsi que nous le disons normalement de « je » dans des idiolectes différents) – abandonnant par là la doctrine suivant laquelle « la signification (l'intension) détermine l'extension » –, ou bien que, comme nous avons choisi de le faire, la différence d'extension est *ipso facto* une différence de signification des termes d'espèces naturelles – abandonnant par là la doctrine voulant que les significations soient des concepts ou des entités mentales de quelque autre type.

Il devrait être clair, cependant, que la doctrine de Kripke, qui pense les termes d'espèces naturelles comme des désignateurs rigides, et notre doctrine, qui les pense comme des indexicaux, ne sont que deux manières de dire la même chose. [...]

SOYONS RÉALISTES

Je voudrais maintenant opposer mon point de vue à une opinion populaire, au moins parmi les étudiants (il semble qu'elle apparaisse spontanément). Pour les fins de cette discussion, prenons pour exemple de terme d'espèce naturelle le mot « or ». Nous ne distinguerons pas « or » de ses mots apparentés en grec, en latin, etc. C'est au sens de métal à l'état solide qu'« or » retiendra notre attention. Cela convenu, nous soutenons qu'« or » n'a pas changé d'extension (ou en tout cas pas de manière significative) en deux mille ans. Certes, nos méthodes d'identification de l'or se sont extraordinairement raffinées. Mais l'extension de χρυσος dans le dialecte grec que parlait Archimède est la même que celle d'*or* dans le dialecte français utilisé dans ces pages.

Il est possible (et nous supposerons ici que c'est le cas) que de même qu'il y a des bouts de métal dont on n'aurait pas pu déterminer qu'ils n'étaient *pas* de l'or avant Archimède, il y a des bouts de métal dont on n'aurait pas pu déterminer qu'ils n'étaient *pas* de l'or à l'époque d'Archimède, bouts de métal que nous parviendrions sans peine à distinguer de l'or grâce aux techniques modernes. Soit *X* un tel bout de métal. À l'évidence, *X* n'appartient pas à l'extension d'« or » en français standard. Je suis d'avis qu'il n'appartenait pas davantage à l'extension de χρυσος en grec attique, même si les Grecs anciens auraient *à tort* pris *X* pour de l'or (ou plutôt du χρυσος).

L'autre point de vue veut qu'« or » *signifie* ce qui satisfait à la définition opérationnelle *contemporaine* d'*or*. Il y a cent ans, « or » signifiait ce qui satisfaisait à la « définition opération-nelle » d'or il y a cent ans ; « or » signifie aujourd'hui ce qui satisfait à la définition opérationnelle d'or en 1973 (date de rédaction de l'article) ; χρυσος signifiait ce qui satisfaisait à la définition opérationnelle de χρυσος en usage *alors*.

Le motif qui anime généralement ce point de vue est un certain scepticisme vis-à-vis de la vérité. Selon le point de vue que je défends, lorsque Archimède affirmait que quelque chose était de l'or (χρυσος), il ne disait pas simplement que cela avait en surface les caractéristiques de l'or (dans des cas exception-nels, quelque chose peut appartenir à une espèce naturelle et en fait ne pas avoir en surface les caractéristiques d'un membre de cette espèce naturelle) ; il disait que cela avait la structure générale cachée (la même « essence », en quelque sorte) que n'importe quel bout normal d'or local. Archimède aurait dit que notre morceau de métal *X* était de l'or, mais il se serait *trompé*. Mais *qui peut dire* qu'il se serait trompé ?

À l'évidence, *nous* (en nous appuyant sur la meilleure théorie dont nous disposions aujourd'hui). Pour la plupart des gens, ou bien la question posée a du mordant, et la réponse n'en a pas, ou bien notre réponse a du mordant, et la question n'en a pas.

Pourquoi donc ? La raison en est, je pense, qu'intuitivement, les gens tendent à être ou bien fortement antiréalistes, ou bien fortement réalistes. Pour qui est intuitivement fortement anti-réaliste, il y a quelque chose d'insensé à prétendre que dans la bouche d'Archimède, l'extension du mot χρυσος doive être déterminée à l'aide de *notre* théorie. Car l'antiréaliste ne consi-dère pas notre théorie et celle d'Archimède comme deux descrip-tions approximativement correctes d'entités indépendantes de toute théorie appartenant à un domaine fixe, et il tend à être sceptique devant l'idée de convergence en science : il ne croit pas que notre théorie soit une description *supérieure* des *mêmes* entités que celles qu'Archimède décrivait. Mais si notre théorie n'est justement *rien d'autre* que *notre* théorie, il est tout aussi arbitraire de décider que c'est à l'aide de *cette* théorie qu'on déterminera si oui ou non X appartient à l'extension de χρυσος que ce le serait de se servir pour cela d'une théorie des hommes de Neanderthal. La seule théorie à laquelle il ne soit pas arbitraire de recourir est celle à laquelle le locuteur lui-même souscrit.

L'ennui, c'est que pour l'antiréaliste, la *vérité* ne peut être qu'une notion intrathéorique. Il peut certes se servir de la notion de vérité dans le cadre d'une « théorie de la redondance », mais il ne dispose pas des notions de vérité et de référence *extrathéo-riques*. Or *l'extension est liée à la notion de vérité*. L'extension est tout simplement ce pour quoi un terme est vrai. Plutôt que de concilier vaille que vaille la notion d'extension avec une forme d'opérationnalisme, l'antiréaliste devrait rejeter tant la notion d'extension que celle de vérité extrathéorique. À l'instar de Dewey, par exemple, il peut se rabattre sur la notion d'« asserta-bilité garantie » (*warranted assertability*) plutôt que sur celle de vérité (relativisée à la méthode scientifique, s'il pense qu'il y a une méthode scientifique fixe, ou aux meilleures méthodes dont on dispose à son époque, si, comme Dewey, il pense que la méthode scientifique elle-même évolue). Ainsi, il pourra dire que l'assertabilité de « X est de l'or (χρυσος) » était garantie à l'époque d'Archimède et qu'elle ne l'est pas aujourd'hui (c'est là le plus petit dénominateur commun sur lequel puissent s'entendre le réaliste et l'antiréaliste), mais il rejettera l'assertion que X était dans l'extension de χρυσος comme dénuée de signification, de même qu'il niait que l'assertion « X est de l'or (χρυσος) » ait été vraie. […] [Il ne saurait] faire un usage extra-théorique des notions de vérité et d'extension (et donc considérer ces notions comme valant pour des théories couchées dans d'autres langues que la nôtre) [sans] accepter la perspective réaliste à laquelle ces notions appartiennent. Douter que nous puissions dire que X n'appartient pas à l'extension d'« or » dans la bouche de Dupont, c'est douter que l'on puisse à bon droit dire de l'énoncé prononcé par Dupont qu'il est *vrai ou faux* (et non pas que « son assertabilité est garantie pour Dupont et pas pour nous »). Faire cadrer la notion de vérité, qui est essentiellement réaliste, avec des préjugés antiréalistes en adoptant une théorie de la signification intenable ne nous fait en rien progresser.

Un second motif sous-tend l'opérationnalisme extrême, soit l'aversion pour les hypothèses invérifiables. De prime abord, il peut sembler que nous disons que l'énoncé « X est de l'or (χρυσος) » était faux à l'époque d'Archimède bien qu'Archimède ne pouvait pas *en principe* savoir que ce l'était. Pas tout à fait. Le fait est que *nous* pouvons décrire un tas de situations (en nous servant de la théorie même voulant que X n'est pas de l'or) où X se serait comporté de manière bien différente de tout ce qu'Archimède aurait par ailleurs classé parmi l'or. Peut-être X se serait-il séparé en deux métaux si on l'avait fait fondre, ou sa conductivité aurait-elle été différente, ou se serait-il vaporisé à une température différente, etc. Si nous avions procédé à nos expériences sous l'œil d'Archimède, il aurait pu ne pas connaître notre théorie mais être capable d'observer régulièrement qu'« à plusieurs égards, X se comporte différemment de tout ce que je classe par ailleurs parmi l'or ». Éventuellement, il en aurait conclu que « X n'est pas de l'or ».

Ainsi, même si quelque chose remplit les critères auxquels à une époque donnée on reconnaît l'or, il peut dans certaines situations se comporter différemment de ce qui par ailleurs remplit ces critères. Cela ne prouve peut-être pas qu'il ne s'agit pas d'or, mais cela met en branle l'hypothèse qu'il pourrait ne pas s'agir d'or, même en l'absence de théorie. Si nous entreprenions ensuite d'informer Archimède que l'or a telle ou telle structure moléculaire (mais pas X) et que X s'est comporté de manière différente en raison de sa structure moléculaire différente, est-il douteux qu'il aurait convenu avec nous que X n'est pas de l'or? Pourquoi se faire du mauvais sang sous prétexte que la thèse voulant que quelque chose puisse être vrai (à un moment donné) sans pouvoir être vérifié (à ce moment) est problématique? [...]

Nous avons jusqu'ici abordé les raisons *métaphysiques* de rejeter notre explication. Mais on pourrait ne pas être d'accord sur les faits empiriques concernant les intentions des locuteurs. Ce serait le cas si, par exemple, quelqu'un pensait qu'Archimède (dans la *Gedankenexperiment* que nous venons de décrire) aurait dit : « Peu importe que X se comporte de manière différente des autres bouts d'or. X est de l'or parce qu'il a telle et telle propriétés, et il n'en faut pas plus pour être de l'or ». Bien qu'on ne puisse savoir avec certitude si les propriétés des noms d'espèces naturelles en grec ancien étaient les mêmes que celles des noms correspondants en français moderne, les propriétés de ces derniers ne font guère de doute. Si on met tout préjugé philosophique de côté, alors je crois que nous savons pertinemment qu'aucune définition opérationnelle ne fournit de condition nécessaire et suffisante à l'application d'un tel mot. On peut bien fournir une « définition opérationnelle », citer un amas de propriétés, etc., mais ce n'est jamais avec l'intention de faire d'un nom le synonyme d'une description. Nous faisons plutôt un usage rigide du nom pour référer à ce qui partage la *nature* de ce qui satisfait normalement à la description.

[...]

LA SIGNIFICATION

Voyons maintenant où nous en sommes quant à la notion de signification. Nous avons vu que l'extension n'est pas fixée par un concept qu'un locuteur individuel a dans la tête, et cela est vrai à la fois parce que l'extension est en général déterminée socialement – il y a division du travail linguistique de même qu'il y a division du « vrai » travail – et parce que l'extension est en partie déterminée indexicalement. L'extension de nos termes dépend de la nature réelle des choses particulières qui servent de paradigme, nature qui n'est généralement pas entièrement connue du locuteur. La théorie sémantique traditionnelle oublie seulement deux facteurs contribuant à la détermination de l'extension : l'apport de la société et celui du monde réel !

Nous avons vu d'entrée de jeu que la signification ne peut être identifiée à l'extension. Et pourtant, nous ne pouvons pas non plus l'identifier à l'« intension » si on entend par là quelque chose comme le *concept* qu'aurait un locuteur donné. Que faire ?

Deux avenues s'ouvrent à nous. La première nous conduit à continuer d'identifier la signification au concept et à renoncer dès lors à l'idée que la signification détermine l'extension. Si c'est la voie que nous empruntons, il nous est loisible de dire qu'« eau » a la même *signification* sur Terre et sur Terre-Jumelle mais une *extension* différente. (Pas seulement une extension *locale* différente, mais une extension *globale*. Le *XYZ* sur Terre-Jumelle n'est pas dans l'extension des occurrences d'« eau » que je prononce, mais il est dans l'extension des occurrences d'« eau » que mon *Doppelgänger* prononce. Cela ne tient pas seulement au fait que la Terre-Jumelle se trouve loin de moi, puisque les molécules de H_2O se trouvent dans l'extension des occurrences d'« eau » que je prononce si éloignées qu'elles soient de moi dans le temps et dans l'espace. De plus, ce que je puis contrefactuellement supposer être la nature de l'eau diffère de ce que mon *Doppelgänger* peut contrefactuellement supposer être la nature de l'eau). Pour un mot *absolument* indexical comme « je », c'est cette voie qu'il faut suivre. Mais il ne semble pas qu'il en aille de même pour les mots dont nous avons discuté. Considérons les noms « orme » et « hêtre », par exemple. S'ils étaient permutés sur Terre-Jumelle, nous ne dirions certes *pas* qu'« orme » a la même signification sur Terre et sur Terre-Jumelle, même si le stéréotype qu'attache mon *Doppelgänger* au

hêtre (ce qu'il appelle « orme ») est identique à mon stéréotype
du hêtre. Nous dirions plutôt qu'« orme » dans l'idiolecte de mon
Doppelgänger signifie *hêtre*. Pour cette raison, il semble préférable d'emprunter une voie différente et d'identifier la « signification » à une paire ordonnnée (ou peut-être à un *n*-tuplet)
d'entités, *dont l'extension*. (On précisera plus loin quelles
sont les autres composantes du « vecteur de signification »). Ce
faisant, il devient trivialement vrai que la signification détermine
l'extension (autrement dit, une différence d'extension est *ipso
facto* une différence de signification), mais on abandonne aussi
l'idée qu'une différence dans la signification que mon *Doppelgänger* et moi-même assignons à un mot implique nécessairement une différence entre nos concepts (ou entre nos états
psychologiques). Selon cette voie, nous pouvons dire que mon
Doppelgänger et moi-même voulons dire quelque chose de
différent lorsque nous disons « orme », mais cela ne constituera
pas une assertion sur nos états psychologiques. Tout simplement,
les occurrences du mot qu'il prononce ont une extension
différente de celles que je prononce, mais cette différence ne
reflète en rien une différence dans la compétence de chacun de
nous pris isolément.

Si, comme je le crois, ces remarques sont justes, le problème
traditionnel de la signification se dédouble. Il s'agit d'abord de
rendre compte de la *détermination de l'extension*. Puisque, dans
bien des cas, l'extension est déterminée socialement et non pas
individuellement, en raison de la division du travail linguistique,
je pense que ce problème relève à proprement parler de la
sociolinguistique. Pour le résoudre, il faudrait analyser en détail
le fonctionnement de la division du travail linguistique. La
théorie de la référence dite causale que Kripke a énoncée dans un
premier temps dans le cas des noms propres et que nous avons
étendue aux noms d'espèces naturelles […] tombe dans ce
domaine. Dans bien des contextes, nous assignons aux occurrences des noms que j'énonce la dénotation que nous assignons
aux occurrences du même nom prononcées par le locuteur qui

m'a appris ce nom (de sorte que la dénotation se transmet de locuteur en locuteur, à commencer par les locuteurs qui assistaient à la « cérémonie de nomination », même si aucune description fixe n'est transmise). Ce n'est là qu'un cas particulier de coopération sociale dans la détermination de la dénotation.

Mais il nous faut aussi décrire la *compétence individuelle*. Dans bien des cas, on peut déterminer socialement l'extension, mais on n'assigne pas l'extension standard aux occurrences d'un mot *M* que prononce Dupont *peu importe l'usage* qu'il en fait. Dupont doit avoir certaines idées et maîtriser certaines habiletés en rapport avec *M* pour jouer son rôle dans la division linguistique du travail. Une fois que nous abandonnons l'idée que la compétence individuelle doive être suffisamment forte pour déterminer effectivement l'extension, nous pouvons commencer à étudier cette compétence à nouveaux frais.

À cet égard, on observera que des noms comme « tigre » et « eau » sont très différents des noms propres. On peut utiliser le nom propre « Sanders » correctement sans rien savoir de sa dénotation sinon qu'elle s'appelle Sanders, et encore. (« Il était une fois, il y a maintenant très longtemps, c'est-à-dire vendredi dernier à peu près, un nounours appelé Winnie-l'Ourson qui vivait tout seul dans la forêt sous le nom de Sanders »). Mais on ne peut utiliser le mot « tigre » correctement, sinon par accident, sans savoir passablement de choses sur les tigres ou, du moins, sur une certaine conception que l'on se fait des tigres. En ce sens, les concepts ont en effet à voir avec la signification.

De même que le premier problème relevait de la sociolinguistique, celui-ci relève de la psycholinguistique. Nous allons maintenant nous y consacrer.

STÉRÉOTYPES ET COMMUNICATION

Supposons qu'un locuteur sache tout au plus que « tigre » a pour extension un ensemble d'objets physiques. Si sa compétence linguistique est par ailleurs normale, il peut alors utiliser

« tigre » dans *certaines* phrases, par exemple : « Les tigres ont
une masse » ; « Les tigres occupent de l'espace » ; « Donne-moi
un tigre » ; « Est-ce un tigre ? », etc. Qui plus est, l'extension
socialement déterminée de « tigre » dans ce cas serait standard,
soit l'ensemble des tigres. Pourtant, on ne considérait pas que le
locuteur « connaît la signification » de « tigre ». Pourquoi donc ?

Avant de répondre à cette question, reformulons-la quelque
peu. On dira de quelqu'un qu'il a *acquis* le mot « tigre » s'il peut
s'en servir de telle manière que : (1) l'usage qu'il en fait « passe »
(de sorte que les gens ne diront pas de lui qu'« il ne sait pas ce
qu'est un tigre » ; « il ne connaît pas la signification du mot
"tigre" », etc.) ; (2) son insertion dans le monde et dans sa
communauté linguistique est telle que l'extension socialement
déterminée du mot « tigre » dans son idiolecte est l'ensemble des
tigres. La condition (1) signifie en gros que les locuteurs du type
que je viens de décrire ne sont pas considérés comme ayant
acquis le mot « tigre ». On pourrait dans certains cas dire d'eux
qu'ils ont *partiellement acquis* le mot, mais laissons cela pour le
moment. La condition (2) signifie que les locuteurs sur Terre-
Jumelle qui ont les mêmes habitudes linguistiques que nous ne
sont considérés avoir acquis le mot « tigre » que si l'extension de
« tigre » dans leur idiolecte est l'ensemble des tigres. Tout le
propos des sections précédentes était de montrer qu'il ne s'ensuit
pas de ce que les Terre-Jumelliens ont les mêmes habitudes
linguistiques que nous que « tigre » a pour extension dans le
dialecte (ou les idiolectes) terre-jumellien l'ensemble des tigres :
la nature des « tigres » de la Terre-Jumelle est également pertinente. (Si les organismes de la Terre-Jumelle sont à base de
silicium et non pas de carbone, par exemple, alors les « tigres » de
la Terre-Jumelle n'en sont pas même s'ils ont vraiment l'air de
tigres, et ce bien que l'usage du locuteur profane de la Terre-
Jumelle corresponde exactement à celui des locuteurs terriens).
Ainsi, la condition (2) signifie que dans ce cas, nous ne pouvons
dire des locuteurs de Terre-Jumelle qu'ils ont acquis le mot
« tigre » (bien qu'ils aient acquis un mot qui s'écrit et se prononce
de la même manière).

Si nous parlons ici d'« acquisition » d'un mot, c'est que la question même « Connaît-il la signification du mot "tigre"? » indique qu'on penche en faveur de la théorie voulant qu'acquérir un mot revienne à posséder une chose appelée sa « signification ». Qu'on identifie cette chose à un concept, et on retrouve la théorie suivant laquelle une condition suffisante pour acquérir un mot est de l'associer au bon concept (ou, plus généralement, d'être dans l'état psychologique approprié), celle-là même que nous avons longuement réfutée. Il est donc désormais entendu que nous « acquérons » les mots et non pas que nous « apprenons leur signification ».

Nous pouvons dès lors reformuler la question sur laquelle s'ouvrait cette section. L'usage du locuteur que nous avons décrit ne « passe » pas sans pourtant être tel qu'il nous faille assigner une extension non standard au mot « tigre » dans son idiolecte. Pourquoi son usage ne passe-t-il pas ?

Supposons que notre locuteur pointe une boule de neige et demande : « Est-ce un tigre ? ». Manifestement, il ne sert pas à grand-chose de discuter de tigres avec *lui*. Pour qu'il y ait communication significative, il faut que les gens connaissent quelque chose à ce dont ils parlent. Certes, on entend tous les jours des gens « communiquer » à propos de sujets dont à l'évidence ils ignorent tout. Mais celui qui pointe une boule de neige et demande : « Est-ce un tigre ? » manifeste à propos des tigres une ignorance qui n'a aucune mesure avec celle d'un individu qui pense que Vancouver est sur le point de gagner la coupe Stanley ou que la guerre du Vietnam avait pour but de venir en aide aux Sud-Vietnamiens. Le problème de ceux qui s'imaginent que Vancouver va gagner ou que la guerre du Vietnam visait à aider les Sud-Vietnamiens, c'est que manifestement, on ne peut remédier à leur ignorance grâce à l'adoption de conventions linguistiques. Mais on peut prévenir, et on prévient à peu près toujours, l'ignorance proprement stupéfiante dont fait preuve notre locuteur hypothétique en lui inculquant des conventions linguistiques. Ce que je soutiens ici, c'est qu'on *exige* des locuteurs qu'ils connaissent quelque chose aux tigres (stéréo-

typiques) pour qu'on considère qu'ils ont acquis le mot « tigre »,
qu'ils connaissent quelque chose aux ormes (ou, du moins, au
stéréotype s'y rapportant) pour qu'on considère qu'ils ont acquis
le mot « orme », etc.

Voilà qui ne devrait pas trop surprendre. Après tout, nous
n'autorisons pas les gens à rouler sur les autoroutes sans leur
faire passer au préalable quelques tests destinés à vérifier qu'ils
ont un niveau *minimal* de compétence, et nous ne dînons pas avec
qui n'a pas appris à se servir d'un couteau et d'une fourchette.
La communauté linguistique a elle aussi ses normes minimales
en matière de syntaxe et de « sémantique ».

Toutefois, le niveau minimal de compétence requis dépend
pour une large part et de la culture et de l'objet. Dans notre
culture, on exige des locuteurs qu'ils sachent à quoi ressemblent
les tigres (s'ils acquièrent le mot « tigre », ce qui est pratiquement
obligatoire) ; on n'exige pas d'eux qu'ils aient une connaissance
détaillée de l'apparence des ormes (par exemple de la forme des
feuilles). Leur communauté linguistique exige des francophones
qu'ils sachent distinguer les tigres des léopards, elle n'exige pas
d'eux qu'ils sachent distinguer les ormes des hêtres.

Il aurait très bien pu en être autrement. Imaginons une tribu
amérindienne, que nous appellerons les Chéroquois, où l'on
désigne respectivement les ormes et les hêtres sous le nom de
uhaba' et de *wa'rabi* et pour qui il est obligatoire de connaître la
différence. D'un Chéroquoi incapable de reconnaître un orme,
on dira qu'il ne sait pas ce qu'est un *uhaba'*, qu'il ne connaît pas
la signification du mot *uhaba'* (peut-être qu'il ne connaît pas ce
mot ou qu'il n'*a* pas ce mot), de même qu'on dirait d'un locuteur
francophone qui ne soupçonnerait pas que les tigres sont rayés
qu'il ne sait pas ce qu'est un tigre, qu'il ne connaît pas la signification de « tigre » (bien entendu, s'il sait au moins que les tigres
sont de grands félins, nous pourrions dire qu'il connaît une partie
de la signification ou qu'il en a une connaissance partielle), etc.
Ainsi, traduire *uhaba'* par « orme » et *wa'rabi* par « hêtre » serait,
de notre point de vue, tout au plus *approximativement* correct.

En ce sens, la traduction radicale pose des difficultés réelles, mais pas celles d'ordre abstrait dont parle Quine. [...]

LA SIGNIFICATION DE « SIGNIFICATION »

Nous pouvons résumer ce qui a été dit sous la forme d'une proposition touchant la manière de reconstruire la notion de « signification ». Cette proposition n'est pas la seule qui soit compatible avec les idées que nous avons soumises, mais elle peut servir à résumer les points les plus importants. En outre, j'ai le sentiment qu'elle permet de préserver à peu près tout ce qui peut l'être dans l'usage que font du mot « signification » tant le sens commun que la linguistique. Puisque, à mon sens, des opinions du même ordre que les présupposés (I) et (II) sont intimement liées à l'usage commun et que la conjonction de ces présupposés est incompatible avec les faits, il ne peut y avoir de reconstruction qui n'ait pas de conséquences contre-intuitives.

En quelques mots, ma proposition consiste à définir la « signification » non pas en sélectionnant un objet que l'on identifiera à la signification (encore que, si on y tient, on puisse le faire dans le style habituel de la théorie des ensembles), mais en décrivant la forme normale (ou plutôt le *type* de forme normale) que prend la description d'une signification. Si nous savons quelle « forme normale » prend la description de la signification d'un mot, alors j'estime pour ma part que nous savons ce qu'est la signification en un sens scientifiquement intéressant du terme, quel que soit ce sens.

Je propose que l'on considère la description de forme normale d'une signification comme une séquence finie, ou « vecteur », dont les composantes devraient à coup sûr comprendre les éléments suivants (auxquels il pourrait être souhaitable d'ajouter des composantes d'autres types) : (1) les marqueurs syntaxiques s'appliquant au mot, par exemple « nom commun » ; (2) les marqueurs sémantiques s'appliquant au mot, par exemple « animal », « période de temps » ; (3) le cas échéant, une des-

cription des traits que contient en outre le stéréotype ; (4) une
description de l'extension.

Suivant notre proposition, il est convenu que les composantes du vecteur constituent toutes des hypothèses sur la compétence du locuteur individuel, *à l'exception de l'extension*. Ainsi,
une partie de la description de la forme normale d'«eau»
pourrait être :

MARQUEURS SYNTAXIQUES	MARQUEURS SÉMANTIQUES	STÉRÉOTYPE	EXTENSION
nom de masse, concret ;	*espèce naturelle ; liquide ;*	*incolore ; transparent ; sans goût ; désaltérant ; etc.*	*$H2O$ (aux impuretés près)*

Ce qui ne signifie *pas* que l'on impute au locuteur ni même à
la société la connaissance du fait que l'eau est de l'H_2O. Cela
signifie que (disons-*nous*) l'extension du terme «eau» tel qu'*eux*
(les locuteurs en question) l'utilisent est *en fait* de l'H_2O. À ceux
qui diraient : «Mais qui sommes-*nous* pour dire ce qu'est en fait
l'extension de *leur* terme ?», nous renvoyons à la section
«Soyons réalistes» (p. 68-72). À noter qu'il s'agit essentiellement d'une objection opposée à la notion de vérité et que
l'extension est apparentée à la vérité, de sorte que l'une hérite des
problèmes de l'autre.

Qualifions d'*équivalentes* deux descriptions qui ne diffèrent
que par la description de l'extension et qui sont coextensives.
Ainsi, si l'ensemble que décrivent chacune à sa manière les deux
descriptions est *en fait* l'extension du mot en question et que les
autres composantes de la description sont des caractérisations
correctes des diverses facettes de la compétence qu'elles représentent, les descriptions sont *toutes deux* considérées comme
correctes. Deux descriptions équivalentes sont ou bien toutes
deux correctes, ou bien toutes deux incorrectes. Tout cela sert
à établir que bien que nous devions utiliser une *description*
de l'extension pour *fournir* l'extension, nous considérons la

composante en question comme l'*extension* (l'*ensemble*), et non pas comme la description de l'extension.

En particulier, la représentation des mots « eau » dans les dialectes terrien et terre-jumellien aurait été la même, si ce n'est qu'en décrivant la forme normale de la signification d'« eau » sur Terre-Jumelle, on aurait vu apparaître *XYZ* et non pas H_2O dans la dernière colonne. C'est dire que nous attribuons la *même* compétence linguistique aux locuteurs terriens et terre-jumelliens typiques, mais néanmoins une extension différente au mot qu'ils utilisent.

La proposition que nous soumettons signifie que nous conservons le présupposé (II) que nous décrivions au début. La signification détermine l'extension – par construction, en quelque sorte. Mais nous abandonnons le présuposé (I) : l'état psychologique du locuteur ne détermine pas « ce qu'il veut dire ».

Dans la plupart des contextes, cette proposition s'accordera avec nos manières de parler, je pense. Mais un paradoxe surgit : supposons qu'Oscar soit bilingue et parle français et allemand. Selon notre point de vue, dans la collection totale de ses dialectes, les mots « hêtre » et *Buche* sont d'*exacts synonymes*. Les descriptions de la forme normale de leurs significations seraient identiques. Mais il pourrait fort bien ne pas savoir qu'il s'agit de synonymes. Un locuteur peut disposer de deux synonymes dans son vocabulaire et ne pas le savoir !

Il est instructif de constater que ce qui fait achopper l'énoncé en apparence évident « Si S_1 et S_2 sont synonymes et qu'Oscar comprend et S_1 et S_2, alors Oscar sait que S_1 et S_2 sont synonymes » est à notre sens lié à la fausseté du présupposé (I). On aurait pu, comme le fait me semble-t-il David Lewis[1], omettre l'extension parmi les composantes du vecteur de signification. Mais alors, on aurait été devant un autre paradoxe, soit qu'« orme » et « hêtre » ont la *même signification* mais des extensions différentes.

---

1. Dans son ouvrage de 1969 : *Convention*, paru chez Harvard University Press, où, croit comprendre Putnam, Lewis a lui aussi aperçu l'incompatibilité des présupposés (I) et (II). (N.d. T.).

Dans à peu près toutes les théories matérialistes, croire une proposition implique selon toute vraisemblance le traitement de quelque *représentation* de cette proposition, qu'il s'agisse d'une phrase dans une langue, d'un fragment de « code cérébral », d'une forme de pensée, ou quoi encore. Les matérialistes, et ils ne sont pas les seuls, réchignent à penser que l'on puisse croire une proposition tout court. Cependant, même les matérialistes tendent à estimer que si l'on croit une proposition, la représentation dont on se sert est, si j'ose dire, de peu de poids. Si tant S_1 que S_2 sont des représentations dont je *dispose*, alors si je crois la proposition exprimée par S_1 sous la représentation S_1, je dois également y croire sous la représentation S_2 – du moins si j'ai quelque prétention à la rationalité. Mais comme nous venons de le voir, il n'en est rien. Oscar peut bien croire que *ceci* est un « hêtre » (c'est le nom inscrit sur l'écriteau apposé sur l'arbre) et ne pas croire qu'il s'agit ou croire qu'il ne s'agit pas d'un *Buche*. Le hic, ce n'est pas seulement que la croyance est un processus mettant en jeu des représentations : Oscar croit une proposition (si l'on tient à parler de « propositions ») sous une représentation, et pas sous une autre.

Ce qu'il y a de stupéfiant, c'est la longévité – et la force – des conceptions philosophiques erronées dont la théorie de la signification a fait l'objet. Les uns après les autres, les philosophes ont identifié la signification à des conditions nécessaires et suffisantes. Et les uns après les autres, les philosophes de tradition empiriste l'ont identifiée à la méthode de vérification. Non pas que ces conceptions aient eu le mérite de s'exclure mutuellement : ils ne sont pas rares les philosophes qui ont posé l'équation : signification = méthode de vérification = condition nécessaire et suffisante.

D'autre part, il est stupéfiant de constater combien les faits ont eu peu de prise sur ces philosophes. Après tout, dans cet essai, nous n'avons guère fait que rapporter quelques vérités familières sur la façon dont nous utilisons les mots et sur ce que nous savons (à vrai dire pas grand-chose) de la façon dont les nous les utilisons effectivement. J'ai moi-même naguère soutenu avec une belle assurance que la signification d'un mot était une « batterie de règles sémantiques »[1] avant de me demander comment on pouvait ainsi rendre compte d'un mot aussi commun qu'« or ». Non pas que les philosophes ne se soient jamais penchés sur de tels exemples. Locke, par exemple, se sert précisément de ce mot et l'idée que sa signification soit une condition nécessaire et suffisante ne le trouble pas !

Pourquoi, touchant un sujet qui relève après tout de l'expérience de chacun et sur lequel nous disposons de plus de données que nous n'en pouvons traiter, sujet dont, une fois que nous avons laissé tomber nos préconceptions, nous avons une intuition passablement claire, l'opinion savante et profane a-t-elle à ce point erré ? Ce doit être lié au fait que les erreurs grossières que comportent depuis toujours nos points de vue sur le langage reflètent deux tendances centrales en philosophie : la tendance à traiter de la cognition comme de quelque chose de purement individuel et la tendance à ne pas tenir compte du *monde* dans la mesure où il est davantage que les « observations » de l'individu. Négliger la division du travail linguistique, c'est négliger la dimension sociale de la cognition ; négliger ce que j'ai appelé l'indexicalité de la plupart des mots, c'est négliger la contribution de l'environnement. La philosophie du langage traditionnelle, comme presque toute la tradition philosophique, a exclu autrui et le monde ; une philosophie et une science du langage supérieures devra les comprendre tous deux.

HILARY PUTNAM

Traduit de l'anglais par Dominique Boucher

1. Voir à propos « How not to talk about meaning », *Mind, Language and Reality. Philosophical Papers*, vol. 2, Cambridge, Cambridge University Press, 1975, p. 117-131.

REPRÉSENTATION ERRONÉE

L'épistémologie s'intéresse à la connaissance : comment arrivons-nous à saisir les choses correctement ? Une autre question va plus loin : comment arrivons-nous à saisir les choses incorrectement ? Comment est-il possible pour des systèmes physiques de mal représenter l'état de leur environnement ?

Le problème n'est pas de savoir comment, par exemple, un diagramme, d, peut mal représenter le monde, m. Car si nous disposons d'un autre système, r, possédant déjà des pouvoirs représentationnels, d peut alors être utilisé par r à titre d'instrument ou d'outil expressif, et prendre part par le fait même aux succès et aux échecs représentationnels de r. Le cas échéant, d peut en venir à signifier que m est F bien qu'en fait m ne soit pas F, ce qu'il signifie, en définitive, découlant de r. Un schéma traçant la courbe du chômage au cours des dix dernières années peut faussement représenter cet état de chose, mais la capacité que possède le schéma de mal représenter un état du monde découle du rôle qu'il joue en tant qu'instrument d'expression pour des agents, des locuteurs d'un langage, qui possèdent déjà ce pouvoir.

Non, le problème concerne plutôt les pouvoirs représentationnels d'un système dans la mesure où ces pouvoirs ne
dérivent pas des efforts de représentation provenant d'une autre
source. À moins de posséder un indice quelconque révélant
comment une telle situation est possible, nous n'avons aucune
idée de la façon dont les systèmes biologiques qui ont évolué de
manière naturelle aient pu acquérir la capacité de former des
croyances. Car la croyance, du moins je le supposerai, est une
capacité représentationnelle non dérivée dont la mise en œuvre
peut donner lieu à une mauvaise représentation.

La capacité à mal représenter n'est qu'une partie, peut-
être seulement infime, du problème plus général de la signification ou de l'intentionnalité. Une fois la signification à notre
disposition, nous sommes à même, dans nos descriptions et nos
explications du comportement humain et animal, et peut-être
même celui de machines, d'en faire largement usage à l'égard
des systèmes que nous décrivons. Une fois l'intentionnalité à
notre disposition, nous sommes à même (pour emprunter le
langage de Dennett) d'adopter la pose intentionnelle[1]. Mais
qu'est-ce qui (à part l'intentionnalité) nous donne (à nous et non
pas, disons, aux machines) le pouvoir d'adopter cette pose?
Notre capacité à adopter la pose intentionnelle est une *manifestation* de l'intentionnalité, non son analyse. La signification
d'emprunt de systèmes envers lesquels nous adoptons des attitudes appropriées ne nous en dit pas plus sur la capacité initiale
de mal représenter qu'une épingle placée sur une carte militaire.
Ce que nous recherchons, pour ainsi dire, c'est la manière dont la
nature elle-même se trompe, ce à quoi la mauvaise représentation est finalement imputable. Ce n'est qu'à compter du
moment où nous comprendrons cela que nous serons à même
de comprendre comment la matière grise peut mal représenter le
temps qu'il fera demain pour le pique-nique.

---

1. Daniel C. Dennett (1978). « Intentional Systems », in *Brainstorms*,
Cambridge, MIT Press.

1. SIGNES NATURELS

Les signes advenant de façon naturelle font sens, et ce sans le moindre concours de notre part[1]. L'eau ne coule pas en amont; donc, une rivière coulant vers le nord signifie qu'il y a une inclinaison vers le bas dans cette direction. Des ombres projetées vers l'est signifient que le soleil est à l'ouest. Une force subite exercée dans une certaine direction sur les passagers signifie que le train accélère en direction inverse. L'aptitude que possèdent ces événements ou ces conditions à signifier ce qu'elles signifient est indépendante de la manière dont nous les interprétons – ou même de ce que nous les interprétions ou les reconnaissions. Une dentiste peut avoir recours à une radiographie afin de diagnostiquer l'état de votre molaire supérieure droite, mais les traces ombragées s'y trouvant signifient qu'un état de carie avancé est survenu – que la dentiste, ou quiconque, soit ou non à même de l'apprécier. Un métal en expansion indique un accroissement de la température (et à ce titre signifie que la température augmente), qu'on en vienne ou non à le croire en l'observant. C'est ce que cela signifiait avant que des organismes intelligents, capables d'exploiter ce fait (en fabriquant des thermomètres), n'aient habité la Terre. Si nous sommes à la recherche de la source ultime de la signification, si nous voulons comprendre le pouvoir de mauvaise représentation que possède un système, il semble bien que nous ayons ici un point de départ prometteur.

Les signes naturels sont des indicateurs, plus ou moins fiables, et ce qu'ils signifient est ce qu'ils indiquent être le cas. Le pouvoir que possède un signe naturel de signifier quelque chose

---

1. Cette assertion devrait être nuancée, mais devrait suffire pour le moment. Ce qu'un signe naturel signifie dépend souvent de nous, de ce que nous savons des possibilités de rechange pertinentes dont nous avons connaissance, ou de la manière dont nous *employons* un dispositif correspondant. Mais si nous ne savons rien, ou si le signe intervient dans l'opération d'un dispositif n'ayant aucun usage normal, le signe n'en signifie pas moins quelque chose – mais tout simplement pas la signification spécifique que nous lui attribuons dans des conditions épistémiques (ou fonctionnelles) plus riches. Je reviendrai sur ce point plus bas, à la note 4 page 95.

– que Julie a la rougeole, par exemple – est étayé par certaines
contraintes objectives, certaines relations nomologiques, entre le
signe (ou le fait que le signe possède une certaine propriété) et
l'état qui constitue sa signification (le fait que Julie ait la
rougeole). Dans la plupart des cas, cette relation est causale ou
nomologique, et est à même de résister à un énoncé contrefactuel
suivant lequel si l'un des états ne s'était pas réalisé (si Julie
n'avait pas eu la rougeole), l'autre ne se serait pas réalisé non
plus (elle n'aurait pas eu toutes ces taches rouges au visage).
Parfois il n'y a que de simples régularités, prépondérantes bien
que non nomologiques, qui contribuent à établir la connexion
entre le signe et ce qu'il signifie. C'est en partie le fait, vraisemblablement de soi non nomologique, que les animaux (les
écureuils et les pic épeiches, par exemple) ne sonnent pas
régulièrement aux portes alors qu'ils cherchent de quoi se nourrir
qui fait en sorte qu'une sonnette qui retentit *signifie* que
quelqu'un (c'est-à-dire une *personne* quelconque) est à la porte.
Si les écureuils modifiaient leurs habitudes (parce que les
sonnettes étaient faites à base de noix, disons), alors une sonnette
qui retentit ne signifierait plus ce qu'elle signifie maintenant.
Mais la situation est *à présent* telle que nous pouvons
(d'ordinaire) dire que la sonnette ne retentirait pas à moins que
quelqu'un ne soit à la porte, que la sonnette indique la présence
de quelqu'un à la porte, et que, par conséquent, c'est ce que le
retentissement de la sonnette signifie. Mais le fait que cette
dépendance entre le retentissement de la sonnette et la présence
de quelqu'un à la porte soit exprimée au conditionnel reflète une
régularité qui, bien que non conventionnelle, n'est pas complètement nomologique non plus. La sonnette conserve toutefois sa
signification naturelle pour peu que cette régularité ait cours.

Au delà de ce qui précède, je n'ai rien de très systématique à
dire à propos de ce qui constitue la signification naturelle d'un
événement ou d'un état[1]. Je vais poursuivre avec une notion
qui sera, je l'espère, raisonnablement familière, m'appuyant

---

1. J'en donne une description plus complète aux chapitres 1 et 2 de mon
livre *Knowledge and the Flow of Information*, Cambridge, MIT Press, 1981.

(lorsque nécessaire) sur des exemples concrets. Le projet est de voir jusqu'où on peut aller afin de comprendre la mauvaise représentation – le pouvoir qu'a une condition (un état, un événement, une situation) r de *faussement* signifier (indiquer, disons) que m est F (et par le fait même représenter m de manière erronée) – en termes d'un signe naturel signifiant que m est F. Ce ne sera qu'à partir du moment où le projet atteindra son but, ou à tout le moins en montrera des signes raisonnablement prometteurs, qu'il deviendra nécessaire de considérer plus attentivement ce qui a été introduit subrepticement dès le départ.

Bien que la signification naturelle soit un point de départ prometteur, il est difficile de voir comment mettre les choses en branle. Les signes naturels, bien qu'ils signifient quelque chose et qu'ils soient à même (en ce sens) de représenter m (en indiquant, ou en signifiant, que m est F), sont incapables de représenter *de manière erronée* quoi que ce soit. De deux choses l'une : ou ils réalisent leur tâche correctement, ou ils ne la réalisent pas du tout. Les taches au visage de Julie peuvent certainement signifier qu'elle a la rougeole, mais elles ne le signifient *que* lorsqu'elle a la rougeole. Si elle n'a pas la rougeole, les taches n'ont pas cette signification. Le cas échéant, tout ce qu'elles signifient, peut-être, c'est que Julie a mangé trop de sucreries.

Grice formule ce point en indiquant qu'une occurrence (l'occurrence d'un signe naturel quelconque) signifie (au sens naturel du terme, comme il l'appelle – ci-après signification$_n$) que P seulement si P[1]. Il distingue ce type de signification de la signification non naturelle, où un signe peut signifier que P même si P est faux. Si nous réservons le terme « signification » (sans indice) pour les cas où quelque chose peut signifier que m est F lorsque m n'est pas F – le type de signification qui rend possible la représentation erronée – alors la signification$_n$ apparaît comme une bien piètre candidate pour qui cherche à comprendre ce qu'est la signification.

1. Paul Grice (1957), « Meaning », *Philosophical Review*, 66, p. 377-388.

Dans la mesure où je parle de signes ainsi que de leur signification naturelle, on devrait toujours entendre que je fais référence à des événements, des conditions ou des états *particuliers* : *cette* trace-ci, *ces* nuages-là, *cette* fumée-là. Un signe-type (la fumée, par exemple) peut bien signifier, en un sens naturel, qu'il y a du feu même lorsque chacune des occurrences de ce type manque à le signifier$_n$ (parce qu'à l'occasion, il n'y a pas de feu). Mais peu importe son analyse précise, un tel cas de signification associée à un type ne peut nous aider à comprendre la fausse représentation que si les occurrences individuelles de ce type possèdent bien la signification associée à ce type – que si les bouffées de fumée particulières signifient$_n$ qu'il y a du feu alors qu'il n'y en a pas. Cela n'est cependant pas le cas. Une jauge d'essence qui marque « vide » (ce type d'événements) peut signifier que le réservoir est vide, mais lorsqu'il ne l'est pas, aucune instance particulière de la jauge marquant « vide » ne signifie$_n$ que le réservoir est vide. Par conséquent, aucune marque particulière de la jauge ne représente faussement la quantité d'essence dans le réservoir (en signifiant$_n$ qu'il est vide alors qu'il ne l'est pas).

L'incapacité des signes naturels (particuliers) à représenter de manière erronée quoi que ce soit est parfois masquée par la manière dont nous en tirons parti à l'aide de dispositifs manufacturés. Curieux de savoir si m devient F, et le cas échéant à quel moment, nous fabriquons un dispositif d, dont les états variés sont conçus pour fonctionner à titre de signes naturels de l'état de m. Puisque nous utilisons le dispositif à ces fins, nous avons tendance à déclarer, en présence d'une lecture particulière du marqueur indiquant que d est G (supposant qu'il s'agisse là du signe naturel pour les cas où m est F), que cela signifie que m est F même lorsque le système, en raison d'une défaillance ou d'un usage inadéquat, manque à accomplir sa tâche convenablement et que m n'est pas F. Il est clair, cependant, que ce n'est pas ce que la position particulière du marqueur sur le dispositif signifie$_n$. C'est ce qu'elle est censée signifier$_n$, ce qu'elle a été conçue pour signifier$_n$, ce que (peut-être) des occurrences d'un type signifient$_n$, mais ce n'est pas ce qu'elle signifie$_n$ en fait.

Lorsque survient un court-circuit, le retentissement d'une sonnette (indépendamment de ce qu'il a été conçu pour indiquer, ou même de ce qu'il indique normalement) n'indique pas que le bouton de sonnette est pressé. Le retentissement signifie$_n$ (indique) toujours qu'il y a du courant électrique qui se déplace dans le circuit de la sonnette (ce qu'entre autre il signifie$_n$ en permanence), mais ce dernier ne signifie$_n$ plus que le bouton de sonnette est pressé. Ce que le déplacement du courant signifie$_n$ *à présent* – et c'est sans l'ombre d'un doute un jugement que nous porterions si nous étions à même de voir que le bouton de sonnette n'est pas pressé – est que le système est défaillant, ou qu'un court-circuit est survenu quelque part dans l'installation électrique. L'énoncé « Il y a quelqu'un à la porte » peut signifier qu'il y a quelqu'un à la porte bien que personne ne s'y trouve, mais le retentissement de la sonnette ne peut le signifier alors que personne n'y est. Du moins, pas lorsque nous considérons la signification$_n$. Si le bouton de sonnette n'est pas pressé, nous devons chercher ailleurs afin de déceler ce que le retentissement de la sonnette signifie$_n$. Souvent, nous nous rabattons sur une signification$_n$ proximale, soit un état de chose se trouvant au sein de la chaîne des antécédents causals habituels qui est en fait réalisé (le déplacement du courant ou ce qui le cause – un court-circuit, par exemple), et nous le désignons comme la signification$_n$ de la sonnerie.

2. SIGNIFICATION FONCTIONNELLE

Quelqu'un pourrait toujours admettre que le retentissement de la sonnette ne peut signifier$_n$ que quelqu'un est à la porte alors que personne ne s'y trouve, mais néanmoins soutenir qu'en un sens apparenté de signification, la sonnerie signifie cela même s'il n'y a personne. S'il ne s'agit pas de signification naturelle (signification$_n$), il s'agit certainement d'un parent proche.

Qu'il s'agisse ou non d'une acception apparentée, il y a certainement un type de signification lié à des systèmes, ou à des composantes de systèmes, qui ont des *fonctions* identifiables. Examinons à nouveau la jauge d'essence. Elle a une fonction : acheminer de l'information sur la quantité d'essence. Lorsque tout se déroule bien, la position de l'aiguille est un signe naturel du contenu du réservoir. Lorsqu'elle pointe vers la gauche, cela signifie$_n$ que le réservoir est vide. Lorsqu'elle pointe vers la droite, cela signifie$_n$ que le réservoir est plein. Et ainsi de suite pour les positions intermédiaires. Mais parfois, rien ne va plus : les connexions se desserrent, l'accumulateur tombe à plat, les fils se brisent. La jauge se met à marquer « vide » alors que le réservoir est encore plein. Lorsque cela se produit, nous avons tendance à dire que la jauge représente de manière erronée [*misrepresents*] le contenu du réservoir. La jauge dit que le réservoir est vide alors qu'il ne l'est pas. Elle *signifie* (pas signifie$_n$, bien entendu, mais elle signifie tout de même, en un certain sens) que le réservoir est vide.

Lorsque le fait que d est G [*d's being G*] est normalement un signe naturel de ce que m est F [*m's being F*], lorsque normalement c'est ce qu'il signifie$_n$, on dira alors qu'il le signifie – que m soit ou non F – si d a pour fonction d'indiquer l'état de m. Appelons ce type de signification signification$_f$ – l'indice indiquant qu'il s'agit de signification dérivée fonctionnellement.

> (S_f) le fait que d est G [*d's being G*] signifie$_f$ que m est F = d a pour fonction d'indiquer l'état de m, et la manière dont il s'acquitte de cette fonction est, en partie, en indiquant que m est F par le fait qu'il (d) est G.

La position de l'aiguille sur la jauge défaillante signifie$_f$ que le réservoir est vide parce que la jauge a pour fonction d'indiquer la quantité d'essence dans le réservoir, et la manière dont elle s'acquitte de cette fonction est, en partie, en indiquant un réservoir vide lorsqu'elle marque « vide »[1]. Au même titre, et pour

---

1. Il sera évident, je l'espère, que mon propos ici ne porte pas sur le mot "vide" (ou sur la lettre "V") qui pourrait apparaître sur la jauge. Ce symbole signifie

la même raison, le retentissement de la sonnette exprime (c'est-à-dire signifie$_f$) que quelqu'un est à la porte même lorsque personne ne s'y trouve.

La réponse à la question de savoir si (S_f) marque ou non un pas en avant relativement à notre démarche visant à naturaliser la signification (et ainsi comprendre le pouvoir non-dérivé de représentation erronée que possède un système) dépend de ce que les dites fonctions sont oui ou non elles-mêmes susceptibles d'être entendues, ou saisies, de façon naturelle. Si elles sont (ce que je nommerai) des fonctions *assignées*, alors la signification$_f$ sera entachée des buts, des intentions et des croyances de ceux et celles qui assignent la fonction d'où la signification$_f$ dérive sa capacité de fausse représentation[1]. Ce faisant, nous n'aurons pas réussi, dans la mesure où cela implique la capacité de représenter de manière erronée, à suivre la trace de la signification jusqu'à son point d'origine. Nous serons tout simplement revenus, quoique par un chemin quelque peu oblique, à l'énigme de *notre propre* capacité de représenter.

Pour mieux saisir ce que j'entends par fonction *assignée*, de même que la manière dont nous sommes impliqués (nos intentions, nos buts et nos croyances) lorsqu'un système possède une telle fonction, examinons le cas suivant. Imaginons une balance à ressort extrêmement sensible, calibrée au centième de grammes près, conçue et utilisée afin de déterminer le poids de menus objets. À l'insu des concepteurs et des utilisateurs, l'instrument indique l'altitude, et ce de manière tout aussi sensible. Comme son marqueur indique un poids réduit pour les objets au fur et à mesure que l'altitude augmente (N. B.: le poids d'un objet est fonction de son altitude au-dessus du niveau de la mer), l'instrument pourrait être utilisé à titre d'altimètre rudimentaire si l'utilisateur y joignait un poids standard et notait ses variations selon le changement d'altitude. Supposons maintenant que dans

---

"vide" peu importe comment la jauge se comporte, mais cela est purement conventionnel. Mon propos porte sur ce que la position de l'aiguille signifie$_n$ peu importe ce que nous choisissons d'afficher sur l'instrument.

1. Dans son article «Functions» (*Philosophical Review*, 82, 1973, p. 139-168), L. Wright les appelle fonctions «conscientes».

des conditions normales en laboratoire, l'instrument défaille et marque 0,98 g pour un objet pesant 1 g. L'instrument représente-t-il de manière erronée le *poids* de l'objet? Représente-t-il faussement son *altitude*? Que signifie la lecture de 0,98 g? Si nous considérons la signification$_n$, il est clair que la lecture ne signifie$_n$ pas que l'objet pèse 0,98 g. Et elle ne signifie$_n$ pas non plus que le laboratoire est situé à 14000 mètres au-dessus du niveau de la mer. Si cependant nous considérons la signification$_f$, il semble alors raisonnable de dire que le marqueur de l'instrument exprime, ou indique (c'est-à-dire signifie$_f$) que l'objet pèse 0,98 g. Cet instrument a pour fonction de nous signaler le poids d'un objet, et il nous signale (incorrectement, en l'occurrence) que cet objet pèse 0,98 g.

Mais l'altitude est-elle faussement représentée? Non. Il faut noter que l'instrument ne peut faussement représenter à la fois l'altitude et le poids, puisqu'une représentation (ou une représentation *erronée*) de l'un présuppose l'invariance (et donc, la *non*-représentation) de l'autre[1]. Bien que l'instrument pourrait servir d'altimètre, on ne s'en sert *pas* ainsi. Il ne s'agit pas là de sa fonction. Sa fonction consiste à marquer le poids. C'est là la fonction que nous lui assignons; la raison pour laquelle il a été fabriqué; ce qui explique pourquoi il a été fabriqué de cette façon et non d'une autre. Aurions-nous eu d'autres buts, il eût pu signifier$_f$ quelque chose d'autre. Mais tel n'est pas le cas.

De temps à autre nous modifions la fonction assignée d'un instrument. Lorsque nous le calibrons, par exemple, nous cessons de l'utiliser afin de mesurer ce qu'il mesure normalement. Nous le confrontons plutôt à des quantités connues afin d'utiliser ce qu'il indique comme signe (naturel) marquant sa possible défaillance ou imprécision. En ce cas, une lecture de 0,98 g (pour un poids que l'on sait être de 1 g) indique que les caractéristiques du ressort ont changé, que l'aiguille a fléchi, ou qu'une autre composante est déréglée. Nous nous retrouvons avec une nouvelle signification fonctionnelle parce que notre

---

1. Une sonnette, par exemple, ne peut signifier$_n$ à la fois qu'il y a quelqu'un à la porte et qu'il y a un court-circuit.

connaissance d'arrière-plan, maintenant altérée (qui résulte normalement d'intentions et de buts différents), a pour effet de modifier ce que le comportement du marqueur signifie$_n$. Avec les fonctions *assignées*, les significations$_f$ changent au fur et à mesure que nos buts changent[1].

Nous utilisons parfois des animaux de la même façon que nous utilisons les instruments. Les chiens ont l'odorat fin. Les douaniers tirent parti de ce fait en utilisant des chiens afin de déceler de la marijuana. Lorsqu'un chien agite la queue, aboie ou accomplit ce qu'il a été dressé pour accomplir lorsqu'il flaire de la marijuana, son comportement sert de signe naturel – un signe à l'effet que les bagages contiennent de la marijuana. Mais cela ne signifie pas que le comportement du chien (ou l'état neuronal qui déclenche ce comportement) peut représenter de manière erronée le contenu. Le comportement du chien peut conduire la douanière à croire (à tort) qu'il y a de la marijuana dissimulée dans les bagages, mais ce comportement ne le signifie$_f$ que de manière dérivée. Si le chien est tout particulièrement doué, n'aboyant qu'en présence de marijuana, nous pouvons dire que son aboiement indique (c'est-à-dire signifie$_n$) la présence de marijuana. En outre, c'est ce que l'aboiement signifie$_n$ – qu'on l'interprète comme tel ou non; que nous utilisions ou non ce signe naturel pour nos propres fins. Mais lorsqu'il n'y a pas de marijuana, lorsque le chien aboie en présence d'une anodine caisse d'aromates, l'aboiement ne signifie$_n$ *pas* la présence de

1. Ce n'est pas la modification du but ou de l'objectif seule qui modifie ce que quelque chose signifie$_n$ (et donc signifie$_f$). C'est le fait que ce changement d'usage s'accompagne d'une connaissance d'arrière-plan altérée, et que la significationn change au fur et à mesure que la connaissance d'arrière-plan change. Si, par exemple, A dépend à la fois de B et de C, un changement en A peut signifiern que C a changé *si* nous savons que B est demeuré constant. Si nous savons que C est constant, cela peut signifiern que B a changé. Mais si nous ne possédons pas cette connaissance, cela signifie seulement que soit B, soit C a changé. La signification naturelle est en ce sens relative, mais la dérelativiser (en ne tenant pas compte de ce dont nous avons connaissance et comment nous utilisons un dispositif) ne la fera pas disparaître pour autant. Cela n'aura tout simplement pour effet que ce que les choses signifient$_n$ sera moins déterminé. Pour une discussion plus soutenue sur ce point, voir le chapitre 3 de Dretske (1981), *op. cit.*

marijuana. Il ne le signifie$_f$ pas non plus en un quelconque sens qui serait indépendant de nos efforts interprétatifs. Nous pouvons bien entendu exprimer ce que l'aboiement signifie *pour nous* (qu'il y a de la marijuana dissimulée dans la valise), mais cette façon de parler révèle tout simplement le rôle que nous jouons dans l'attribution de la signification du comportement du chien. Nous lui attribuons cette signification parce qu'il s'agit de l'information qui nous *intéresse*, l'information que nous *prévoyons* obtenir en utilisant le chien de cette façon, l'information que le chien a été dressé à transmettre. Mais si nous laissons de côté nos buts et nos intérêts, il n'y a *pas* de sens où l'aboiement du chien signifie qu'il y a de la marijuana dissimulée dans les bagages alors *qu'il n'y en a pas*. Le seul genre de représentation erronée advenant en ce cas est du type dérivé auquel les cartes, les instruments et le langage nous ont familiarisés.

Il s'ensuit que si S$_f$ doit servir d'explication naturaliste de la représentation, y compris les cas de représentations *erronées*, les fonctions en question doivent être des fonctions naturelles, des fonctions qui sont indépendantes de *nos* intentions et de *nos* buts interprétatifs. Ce que nous recherchons, c'est des fonctions qui impliquent un système de signes naturels et qui confèrent un contenu à ces signes, et donc une signification (c'est-à-dire une signification$_f$) qui n'est parasitaire ni de la manière dont nous les exploitons lors d'activités consistant à recueillir de l'information, ni de celle dont nous choisissons de les interpréter[1].

Nous avons donc besoin d'une description des fonctions naturelles d'un système. Plus particulièrement, puisque nous nous intéressons à la fonction qu'un système de signes pourrait avoir, nous recherchons ce qu'un signe est *censé* signifier$_n$, le

1. Je pense qu'une bonne partie de nos propos concernant les capacités représentationnelles des ordinateurs est de ce type assigné, et donc dérivé. Cela ne nous dit rien au sujet du pouvoir intrinsèque que possède une machine à représenter ou à représenter de manière erronée quoi que ce soit. En conséquence, cela ne nous dit rien du caractère cognitif de ses états internes. Cummins, je crois, saisit les choses parfaitement bien en distinguant la *cognition (une version de la signification assignée) de la cognition authentique. Cf. Robert Cummins, *The Nature of Psychological Explanation*, Cambridge, MIT Press, 1983.

terme « censé » étant interprété en termes de la fonction de ce signe (ou de ce système de signes) dans l'économie cognitive propre à l'organisme. Nous voulons savoir comment le chien représente le contenu des bagages – ce que l'odeur qu'il flaire signifie$_f$ pour lui.

3. BESOINS

Afin de déceler des fonctions naturelles, on regardera de toute évidence du côté de systèmes biologiques possédant un ensemble d'organes, de mécanismes et de processus qui ont été développés (enrichis, préservés) *à cause* du rôle vital qu'ils ont joué dans l'adaptation d'une espèce à son environnement. Une fonction liée à la cueillette d'information, essentielle dans la plupart des cas à la satisfaction d'un besoin biologique, ne peut être réalisée adéquatement que dans un système capable d'occuper des états qui servent de signes naturels des conditions externes (et parfois aussi *d'autres* conditions internes). Pour que l'amoncellement de photorécepteurs que nous appelons la rétine remplisse sa fonction (peu importe comment nous l'appréhendons exactement), les divers états de ces récepteurs doivent signifier$_n$ quelque chose concernant le caractère et la distribution du champ optique d'un système. Ce que les divers états de ces récepteurs signifient$_f$ sera déterminé (conformément à S_f) par deux choses : (1) ce que le système de récepteurs a pour fonction d'indiquer ; (2) la signification$_n$ des divers états qui permettent au système de remplir cette fonction.

Afin d'illustrer la façon dont S_f est censée fonctionner, il sera utile de considérer des organismes simples ayant des besoins biologiques manifestes – soit une chose et un état sans quoi ils ne pourraient survivre. J'affirme que cette façon d'aborder le problème de la représentation erronée est commode parce qu'elle trouve son application la plus attrayante à propos de mécanismes cognitifs servant à remplir des besoins biologiques de base. La prise en considération de systèmes *primitifs* nous confère en outre l'avantage supplémentaire d'éviter le genre de circularité qui risquerait d'affliger l'analyse si nous faisions appel à des types de «besoins» (le besoin d'un traitement de texte, par exemple) qui résultent de désirs (le désir de produire une copie au propre plus rapidement, disons). Nous ne pouvons pas faire appel aux désirs à ce stade-ci de l'analyse, puisqu'ils possèdent déjà le type de contenu représentationnel que nous cherchons à comprendre.

Certaines bactéries marines possèdent des aimants internes (appelés magnétosomes) qui fonctionnent comme les aiguilles d'une boussole, s'alignant (et alignant les bactéries par le fait même) en parallèle au champ magnétique de la Terre[1]. Puisque ces lignes magnétiques tendent vers le bas (en direction du Nord géomagnétique) dans l'hémisphère nord (et vers le haut dans l'hémisphère sud), les bactéries vivant dans l'hémisphère nord se déplacent, orientées par leurs magnétosomes, en direction du nord géomagnétique. Bien que la valeur de survie de la magnétotaxie (le nom de ce mécanisme sensoriel) ne soit pas manifeste, il est légitime de supposer que son rôle est de permettre aux bactéries d'éviter les eaux de surface. Puisque ces organismes ne peuvent vivre qu'en l'absence d'oxygène, un mouvement en direction du Nord diamagnétique les protège des eaux de surface riches en oxygène en les orientant vers les sédiments situés plus bas, lesquels en sont relativement dépourvus. Les bactéries vivant dans l'hémisphère Sud ont leurs magnétosomes inversés, ce qui leur permet de se déplacer en direction du Sud géomagnétique tout aussi avantageusement. Si l'on déplace une bactérie australe vers l'Atlantique Nord, elle va s'anéantir en se déplaçant vers le haut (en direction du Sud magnétique), et donc vers l'environnement toxique, riche en oxygène, des eaux de surface.

Si un aimant orienté en direction opposée à celle du champ magnétique de la Terre est placé à proximité de ces bactéries, elles peuvent être entraînées vers un environnement létal. Bien que je reviendrai sur ce point plus bas (afin de remettre en question ce raisonnement), il semble bien que nous ayons là un

---

1. La source de cet exemple se trouve dans R. P. Blakemore et R. B. Frankel (1981), « Magnetic Navigation in Bacteria », *Scientific American*, 245, p. 6.

cas vraisemblable de représentation erronée. Puisque dans l'habitat ordinaire des bactéries, l'orientation interne de leurs magnétosomes signifie$_n$ qu'il y a relativement peu d'oxygène dans *cette* direction, et puisque l'organisme a précisément besoin de cette information pour survivre, il semble raisonnable d'affirmer que ce mécanisme sensoriel a pour fonction de permettre la satisfaction de ce besoin, de transmettre cette information, d'indiquer que l'entourage dépourvu d'oxygène se trouve dans *cette* direction. Si c'est là ce qu'il est censé signifier$_n$, c'est ce qu'il signifie$_f$. En conséquence, en présence d'un aimant et conformément à S$_f$, l'état sensoriel de l'organisme représente de manière erronée l'emplacement des eaux dépourvues d'oxygène.

Cela ne veut pas dire, bien entendu, que les bactéries ont la croyance qu'il y a peu ou pas d'oxygène dans *cette* direction. L'aptitude à représenter de manière erronée n'est qu'*un* aspect de l'intentionnalité, qu'*une* des propriétés qu'un système représentationnel doit posséder pour être un système de croyances. Pour être une croyance, un état représentationnel doit aussi manifester (entre autres choses) l'opacité particulière aux attitudes propositionnelles, et à moins qu'elle ne soit augmentée de quelque manière, la signification$_f$ ne comporte pas (encore) ce niveau d'intentionnalité. Notre projet, cependant, est plus modeste. Nous recherchons une forme naturalisée de représentation erronée, et bien que nous n'ayons pas encore une explication de la croyance *fausse*, nous avons, il semble bien, une explicitation naturaliste du *contenu* faux.

À part quelques fioritures terminologiques et une manière quelque peu différente d'aborder le problème près, rien de ce que j'ai dit jusqu'à présent n'est particulièrement original. Je n'ai fait que retracer les étapes, certaines d'entre elles importantes, que d'autres ont déjà parcourues. Je pense tout particulièrement à l'analyse de la représentation linguistique de Stampe, selon laquelle le contenu (éventuellement faux) d'une représentation est identifié à ce qui serait la cause de ce que cette représentation possède les propriétés qu'elle possède dans des conditions de

fonctionnement optimal[1] ; au développement de certaines idées
fonctionnelles, proposées par Enç afin d'expliquer l'intentionnalité des états cognitifs[2] ; à l'application de notions téléo-
logiques, avancée par Fodor afin de produire une sémantique
pour son « langage de la pensée »[3] ; et à la puissante analyse de la
signification, que Millikan décrit en termes de cette variété
de fonctions adéquates qu'un événement reproductible (tel un
son ou un geste) peut avoir[4]. J'ai moi-même vaguement tenté
d'exploiter des idées fonctionnelles dans mon analyse de la
croyance en définissant le contenu sémantique d'une structure en
termes de l'information qu'elle a été développée pour véhiculer
(et qu'elle a donc pour fonction de véhiculer)[5].

4. L'INDÉTERMINATION DES FONCTIONS

Bien que cette approche du problème de la signification – et
donc de la représentation erronée – ait été exploitée jusqu'à un
certain point, certaines difficultés demeurent et font obstacle à ce
qu'elle ne soit tenue ne serait-ce que pour une ébauche prometteuse, *a fortiori* d'une étude achevée, de la manière dont la nature
commet une erreur.

Il y a tout d'abord le problème qui consiste à comprendre
comment un système est à même de représenter de manière
erronée quelque chose dont elle n'a pas biologiquement besoin.
Si O n'a pas besoin de F (ou n'a pas besoin d'éviter F), aucun
de ses systèmes cognitifs (suivant la présente approche) ne
peut avoir pour fonction *naturelle* de lui signaler la présence

1. Dennis Stampe (1977), « Towards a Causal Theory of Linguistic
Representation », *Midwest Studies in Philosophy*, 2, p. 42-63.

2. Berent Enç (1982), « Intentional States of Mechanical Devices », *Mind*, 91,
p. 161-82. Enç identifie le contenu d'un état fonctionnel avec les (la construction
des) propriétés de l'événement auquel le système a pour fonction de répondre.

3. Jerry Fodor (1986), « Why Paramecia don't have Mental Representations », *Midwest Studies in Philosophy*, 10, pp. 3-23.

4. Ruth Millikan (1984), *Language, Thought, and other Biological Categories*, Cambridge, MIT Press.

5. Fred Dretske (1981), *op. cit.*, troisième partie.

(l'absence, l'emplacement, l'approche, l'identité) de F. Et en l'absence de telles fonctions, il n'y a aucune possibilité de représenter de manière erronée quelque chose *en tant que* F. Quelque état interne pourrait toujours signifier$_n$ la présence d'un F (de la même façon que le système de détection de Fido signifie$_n$ que les bagages contiennent de la marijuana), mais cet état interne ne peut pas le signifier$_f$. Ce que nous avons jusqu'à présent est une manière de comprendre comment un organisme peut représenter de manière erronée la présence de nourriture, d'un obstacle, d'un prédateur ou d'un partenaire (quelque chose qui est biologiquement nécessaire de se procurer ou d'éviter)[1], mais nous ne comprenons toujours pas comment nous pouvons représenter de manière erronée quelque chose en tant que, disons, ouvre-boîte, raquette de tennis, tulipe ou valet de carreau. Même si nous supposons que notre système nerveux est suffisamment sophistiqué pour indiquer (dans des conditions normales) la présence de tels objets, ces états neuronaux n'ont certainement pas pour fonction *naturelle* de signaler la présence – et encore moins la présence de sortes spécifiques – d'ustensiles de cuisine, d'équipement sportif, de fleurs et de cartes à jouer.

Bien qu'il s'agisse là d'une difficulté redoutable, elle n'est *pas*, je pense, insurmontable. Car manifestement, un système cognitif peut être formé afin de servir, et ainsi avoir pour fonction naturelle de servir, un certain besoin biologique sans pour autant que ses activités représentationnelles (même erronées) ne soient confinées à ces besoins. Dans le but d'identifier son prédateur naturel, un organisme pourrait former des détecteurs de couleur, de forme, et de mouvement d'un pouvoir discriminatoire considérable. Muni alors de cette capacité de différencier les couleurs, les formes et les mouvements, l'organisme acquiert, à titre d'avantage subsidiaire, pourrait-on dire, la capacité d'identifier (et donc, de mal identifier) des choses dont il n'a pas biologiquement besoin. L'organisme peut n'avoir aucun besoin

---

1. Quelque chose pour lequel il y a, pour parler comme Dennett naguère, une « continuation efférente appropriée ». Voir Daniel Dennett (1969), *Content and Consciousness*, London, Routledge & Kegan Paul.

de feuilles vertes, mais son besoin de fleurs roses a conduit à la formation d'un système cognitif dont les états variés peuvent, à cause de leur signification$_f$ reliée au besoin en question, signifier$_f$ la présence de feuilles vertes. Bien que n'ayant aucun besoin de feuilles vertes, l'organisme a peut-être même développé un goût pour ces feuilles, et donc un moyen de les représenter à l'aide d'éléments possédant déjà une signification$_f$.

Il y a cependant une objection plus sérieuse à cette approche du problème de la représentation erronée. Considérons à nouveau les bactéries. Nous avons dit que leur système magnéto-tactique avait pour fonction d'indiquer l'emplacement d'environnements dépourvus d'oxygène. Mais pourquoi décrire la fonction de ce système de cette manière ? Pourquoi ne pas dire que ce système a pour fonction d'indiquer la direction du Nord *géo*magnétique ? Plus modestement, nous devrions peut-être même assigner à ce détecteur la fonction d'indiquer l'emplacement (la direction) du Nord magnétique (et pas nécessairement du Nord géomagnétique). Ce mécanisme sensoriel élémentaire fonctionne, après tout, parfaitement bien lorsque, influencé par un aimant, il entraîne son détenteur vers un environnement toxique. Lorsque cela se présente, il y a bien entendu *quelque chose* qui ne va pas, mais je ne vois aucune raison de faire porter le blâme sur le mécanisme sensoriel, aucune raison de dire qu'il ne remplit pas *sa* fonction. On pourrait tout aussi bien reprocher à une jauge d'essence de ne pas remplir sa fonction lorsque le réservoir est rempli d'eau (et que la conductrice est conséquemment induite en erreur concernant la quantité d'*essence* qui lui reste). En de pareilles circonstances anormales, l'instrument s'acquitte de ses tâches de façon parfaitement satisfaisante – c'est-à-dire en indiquant la quantité de liquide dans le réservoir. Ce qui a fait défaut est quelque chose dont l'instrument lui-même ne saurait être tenu responsable, à savoir une brèche au sein des corrélations normales (entre la quantité de liquide et la quantité d'essence dans le réservoir) qui permettent à la jauge de servir de jauge d'*essence*, qui lui permettent (lorsque les conditions sont normales) de signifier$_n$ qu'il y a de l'essence dans le réservoir. De la même manière, rien ne fait défaut dans votre système perceptif lorsque vous consultez une horloge qui prend du retard et vous trompez donc sur l'heure qu'il est. Vos yeux ont pour fonction de vous dire ce que *l'horloge indique; l'horloge* a pour fonction d'indiquer l'heure qu'il est. Saisir les choses correctement concernant ce que vous avez besoin de connaître est souvent une responsabilité *partagée*. Vous devez saisir G correctement, et G doit saisir F correctement. En conséquence, même si c'est de F que vous avez besoin, ou que vous avez besoin de connaître, votre système perceptif peut n'avoir pour fonction que de vous informer à propos de G.

Si nous appliquons ce raisonnement au système sensoriel de la bactérie, sa fonction est alors d'aligner l'organisme au champ magnétique prévalent. C'est la tâche du Nord magnétique, en quelque sorte, que d'être la direction conduisant à des eaux dépourvues d'oxygène. En déplaçant une bactérie boréale dans l'hémisphère Sud, nous pouvons certes tout bouleverser, mais *pas* parce qu'un déplacement hémisphérique entraîne une désorientation *sensorielle*. Non, le système magnétotactique fonctionne tel qu'il est censé fonctionner, tel qu'il a été (vraisemblablement) développé au fil de l'évolution afin de fonctionner. Tout au plus, on pourrait affirmer qu'il y a une certaine erreur *cognitive* (de sa condition sensorielle, la bactérie « infère » à tort que les eaux dépourvues d'oxygène se trouvent dans cette direction). Mais ce genre de réponse est circulaire en ce qu'elle présuppose que l'organisme possède déjà la capacité conceptuelle ou représentationnelle de représenter quelque chose *en tant que* direction des eaux dépourvues d'oxygène. Notre question est de savoir *si* oui ou non l'organisme possède cette capacité et, le cas échéant, d'en connaître la provenance[1].

---

1. Fodor (dans une version manuscrite de « Why Paramecia don't have Mental Representations »; voir Jerry Fodor *Psychosemantics*, Cambridge, MIT Press, 1987) distingue des organismes pour lesquels une théorie représentationnelle de l'esprit n'est pas appropriée (les paramécies, par exemple) de ceux pour lesquels elle l'est (nous, par exemple), en termes de l'habileté de ces derniers à répondre à des propriétés non nomiques d'un stimulus (des propriétés qui ne sont pas détectables par un transducteur). Nous sommes capables, contrairement aux

Les bactéries boréales, il est vrai, n'éprouvent pas le besoin de vivre dans un climat nordique en tant que tel. Et donc, décrire la fonction des détecteurs d'une bactérie en termes du rôle qu'ils jouent dans l'identification du Nord géomagnétique n'est pas les décrire de manière à révéler *comment* cette fonction est reliée à la satisfaction de ses besoins. Mais nous n'avons pas à décrire la fonction d'un mécanisme en termes des besoins biologiques ultimes de son détenteur[1]. Le cœur a pour fonction d'assurer la circulation sanguine. Précisément *pourquoi* le sang a besoin de circuler peut être un mystère.

Alors la question épineuse est la suivante : *étant donné* qu'un système a besoin de F, et *étant donné* qu'un mécanisme M rend l'organisme capable de détecter, identifier ou reconnaître F, *comment* le mécanisme s'acquitte-t-il de cette fonction ? Est-ce en représentant les F avoisinants en tant que F avoisinants, ou est-ce, peut-être, en les représentant simplement comme des G avoisinants, laissant à la nature (la corrélation entre F et G) le

paramécies, de représenter quelque chose comme chemise chiffonnée, disons, et être une chemise chiffonnée n'est pas une propriété projectible. Dans cet article, Fodor ne s'intéresse pas à la question de savoir d'*où* provient cet extraordinaire pouvoir représentationnel (il suggère que ce pouvoir requiert des capacités inférentielles). Il ne s'y intéresse que dans la mesure où ce pouvoir lui sert à nous distinguer d'une variété d'autres systèmes perceptifs et quasi cognitifs.

Je suis d'accord avec Fodor concernant l'importance et la pertinence de cette distinction, mais mon intérêt ici est de comprendre *comment* un système peut acquérir le pouvoir de représenter quelque chose de cette façon. Le pouvoir de représenter quelque chose en tant que chemise chiffonnée (où cela implique la capacité corrélative de sa représentation erronée) n'est certainement pas inné.

1. Enç (1982), p. 168, dit qu'un photorécepteur dans la drosophile a pour fonction de rendre la mouche capable d'accéder à des lieux humides (en vertu de la corrélation entre les lieux sombres et les lieux humides). Je n'ai aucune objection à décrire les choses de cette manière. Toutefois, la question demeure : *comment* le photorécepteur remplit-il cette fonction ? Nous pouvons répondre à cette question sans supposer qu'il y ait de mécanisme dans la mouche ayant pour fonction d'indiquer le degré d'humidité. Le mécanisme sensoriel peut s'acquitter de cette fonction pour peu qu'il y ait quelque chose pour indiquer la luminosité – c'est-à-dire un photorécepteur. *Cela* rendra la mouche capable d'accéder à des lieux humides. De la même manière, le sens magnétotactique des bactéries les rend *capables* (et, disons, a pour *fonction* de les rendre capable) d'éviter les eaux riches en oxygène. Mais il le fait (pourrait-on argumenter) à l'aide d'un détecteur qui indique, et a pour fonction d'indiquer, la direction du champ magnétique.

soin de satisfaire ses besoins ? Décrire un mécanisme cognitif en tant que détecteur de F (et, donc, comme un mécanisme jouant un rôle vital pour la satisfaction des besoins d'un organisme) ne nous fournit pas encore la trame fonctionnelle à l'aide de laquelle ce mécanisme s'acquitte de sa tâche. Tout ce que nous savons, lorsque nous savons que O a besoin de F et que M rend O capable de détecter F, est que M *ou bien* signifie$_f$ la présence de F, *ou bien* signifie$_f$ la présence de G, où G est, dans l'environnement naturel de O, un signe naturel de la présence de F (où G signifie$_n$ F)[1]. Si j'ai besoin de vitamine C, on ne devrait pas automatiquement attribuer à mon système perceptif-cognitif la capacité de reconnaître les objets *en tant qu*'ils contiennent de la vitamine C (en tant qu'ils signifient$_f$ qu'ils contiennent de la vitamine C) simplement parce qu'il ne fournit pas l'information requise pour satisfaire mon besoin. Représenter les choses en tant qu'oranges et citrons fera très bien l'affaire.

Le problème auquel nous sommes confrontés n'est autre que celui de rendre compte des pouvoirs de représentation erronée que possède un système *sans*, pour ce faire, *exagérer* de manière factice les fonctions naturelles de ce système. Nous avons besoin d'un principe [*principled way*] nous permettant d'établir ce qu'est la fonction naturelle d'un mécanisme, ce que ses divers états non seulement *signifient$_n$*, mais ce qu'ils signifient$_f$. Il semble un peu forcé (de mon point de vue, du moins) de décrire le mécanisme sensoriel des bactéries comme indiquant, et ayant

1. Pour parler comme Fodor (voir Jerry Fodor, (1990), « Psychosemantics : Or where do Truth Conditions come from », *Mind and Cognition*, sous la direction de W. Lycan, Oxford, Basil Blackwell), ceci n'est qu'une façon de dire qu'identifier la sémantique de M (quelque représentation mentale) avec les conditions entrantes (relatives à un ensemble de conditions de normalité) laisse tout de même un jeu. Nous pouvons dire que la condition entrante est l'absence (la présence) d'oxygène *ou* une orientation spécifique du champ magnétique. Faire appel à l'histoire sectionnelle de ce mécanisme ne pourra décider *quelle* est la spécification appropriée des conditions intrantes – et donc, ne nous dira pas si les bactéries sont capables ou non de représenter de manière erronée quoi que ce soit. Fodor, je pense, constate ce résidu d'indétermination et fait la remarque allusive (n. 9) que ce problème est analogue à celui qui consiste, pour les théories de la perception, à spécifier l'objet perceptuel.

la fonction d'indiquer, l'emplacement d'oxygène. Car cela revient à dire que le mécanisme ne remplit pas sa fonction dans des conditions trompeuses (en présence d'un aimant, par exemple). Il s'agit, après tout, d'un détecteur *magnéto*tactique, et non pas *chimio*tactique. Mais si nous choisissons de décrire la fonction de ce senseur de cette manière plus modeste, nous n'avons plus dès lors l'exemple d'un système susceptible d'avoir une représentation erronée. Une bactérie boréale (déplacée dans l'hémisphère Sud) ne pourra faussement représenter quoi que ce soit lorsque, guidée par son détecteur magnétotactique, elle se déplacera vers le haut (vers le nord géomagnétique), en direction de l'environnement létal des eaux de surface. L'alignement de ses magnétosomes signifiera$_n$ ce qu'il a toujours signifier$_n$, ce qu'il a pour fonction de signifier$_n$, ce qu'il est censé signifier$_n$: à savoir que le Nord magnétique se trouve dans cette direction. La catastrophe peut être attribuée à l'environnement anormal. Nous ne pouvons pas non plus récupérer un quelconque reste de capacité de représenter de manière erronée en supposant que la bactérie, influencée par l'aimant, représente faussement la direction du Nord *géo*magnétique. Car, encore une fois, le même problème se présente : pourquoi supposer que le mécanisme a pour fonction d'indiquer la direction du nord géomagnétique, et non pas, tout simplement, la direction du champ magnétique prévalent ? Si nous décrivons la fonction seulement de cette dernière façon, il devient impossible de duper l'organisme, impossible de faire en sorte qu'il représente de manière erronée quoi que ce soit. Car ses états internes signifient$_f$ seulement que le champ magnétique se trouve dans *cette* direction, et (comme une boussole) cela est toujours juste.

5. Détermination fonctionnelle

Dans le but d'éclaircir la question, j'ai jusqu'à présent limité la discussion à des organismes simples possédant des capacités représentationnelles élémentaires. Il n'est donc pas surprenant de ne trouver à ce niveau aucune capacité de représentation erronée qui soit claire et non équivoque. Car ce pouvoir – de même, vraisemblablement, que la capacité qui en dépend de former des croyances – requiert un certain niveau de complexité des moyens de traitement de l'information dont un système dispose. Quelque part entre l'organisme unicellulaire et l'être humain, nous franchissons ce seuil. Le but de cette dernière partie est de décrire la nature de ce seuil, de décrire le *genre* de complexité responsable de la capacité de représentation erronée manifestée par les organismes supérieurs.

Supposons qu'un organisme (à la différence de notre bactérie) ait deux façons de détecter la présence d'une certaine substance toxique F. Ceci peut être parce que l'organisme est pourvu de deux modes sensoriels, chacun étant (à sa façon) sensible à F (ou à un quelconque signe naturel de F spécifique à l'un ou l'autre des modes sensoriels), ou parce qu'un mode sensoriel unique exploite divers signes (ou indices) extérieurs de F. On peut illustrer ce dernier point en considérant comment, par exemple, nous pourrions visuellement identifier un chêne de l'une de deux manières : par le motif caractéristique de ses feuilles (en été), ou par la texture et le motif caractéristiques de son écorce (en hiver). Nous avons donc deux états ou conditions internes, I_1 et I_2, chacun étant le produit d'une chaîne différente d'événements antérieurs qui sont des signes naturels de la présence de F. Chacun des deux états signifie_n la présence de F. Supposons, en outre, que puisque l'organisme a besoin d'échapper à la substance toxique F, ces états internes soient attelés à un troisième état, appelons-le R, lequel déclenche ou occasionne un comportement de fuite. Le schéma 1 réunit tous les détails pertinents. R, bien entendu, est aussi un signe naturel de F. Dans des conditions normales, R ne survient qu'en présence de F. f_1 et f_2 sont des propriétés typiques de F ordinaires. s_1 et s_2 sont des stimuli proximaux.

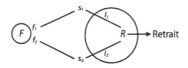

Si maintenant nous exposons le système à un quelconque ersatz de F (analogue à l'aimant dans le cas de la bactérie), quelque chose qui affiche certaines des propriétés de F (f_1, disons), nous déclenchons une chaîne d'événements (s_1, I_1, R, et la fuite) qui normalement ne survient, et n'est vraiment appropriée, qu'en présence de F. Si nous considérons l'état interne R et demandons ce qu'il signifie$_f$ dans ces conditions trompeuses, nous nous voyons incapables de dire (comme nous le pouvions dans le cas des bactéries) qu'il signifie$_f$ quoi que ce soit (c'est-à-dire une des conditions proximales) si ce n'est F lui-même. Bien que s_1 déclenche (par l'entremise de I_1) l'occurrence de R, R ne signifie$_n$ pas (et donc, ne peut signifier$_f$) que s_1 (ou f_1) survient. R est comparable à une ampoule qui est reliée à des interrupteurs branchés en parallèle et qui s'allume pour peu que l'un *ou* l'autre soit activé. Lorsque l'ampoule s'allume, cela ne signifie$_n$ pas que l'interrupteur n 1 est actionné, même si c'est l'activation de cet interrupteur qui en est la cause. Cet événement ne peut le signifier$_n$, parce qu'il n'y a pas de corrélation régulière entre l'ampoule qui s'allume et l'activité de l'interrupteur n 1 (dans 50 pour cent des cas, c'est l'activation de l'interrupteur n 2 qui en est la cause).

Si nous attribuons au système détecteur décrit ci-dessus la fonction de rendre l'organisme capable de détecter F, les multiples façons dont il dispose pour ce faire ont alors pour conséquence que certains états internes (R, par exemple) peuvent indiquer (et donc signifier$_f$) la présence de F sans indiquer quoi que ce soit au sujet des conditions intermédiaires (c'est-à-dire f_1 ou s_1) qui lui « disent » qu'il est en présence de F. Notre problème avec les bactéries était de trouver un moyen de faire en sorte que l'orientation de leurs magnétosomes signifie$_f$ que les eaux dépourvues d'oxygène se trouvaient dans une certaine direction sans pour autant exclure *arbitrairement* la possibilité qu'elle puisse signifier$_f$ que le champ magnétique était aligné dans cette direction. Nous sommes maintenant en mesure de voir qu'avec les ressources multiples illustrées par le schéma 1, cette possibilité peut être non arbitrairement exclue. R ne peut *pas* signifier$_f$ que f$_1$ ou s$_1$ surviennent, parce que même dans des conditions optimales, il ne peut pas le signifier$_n$. Nous pouvons donc prétendre avoir trouvé un cas de représentation erronée non dérivé (c'est-à-dire un cas où R signifie$_f$ la présence de F même en son absence) que l'on ne saurait écarter en redécrivant ce que R signifie$_f$ de manière à éliminer toute apparence de représentation erronée. Le danger d'une inflation des significations$_f$ possibles, résultant de la variété de façons dont la fonction naturelle d'un système pourrait être décrite, a été neutralisé.

Nous ne sommes tout de même pas *forcés* de tenir ce cas de représentation erronée pour authentique, dira-t-on, si nous sommes disposés à reconnaître que R possède une signification$_n$ disjonctive. Lorsque l'ampoule (reliée à des interrupteurs branchés en parallèle) s'allume, l'événement ne signifie$_n$ certes pas qu'un interrupteur en particulier est activé, mais il indique toutefois qu'*un* des interrupteurs l'est. De la même manière, on pourrait dire que bien que le mécanisme comportant *R* comme état final ait pour fonction d'alerter l'organisme de la présence de F, il ne remplit cette fonction que parce que R indique, et a pour fonction d'indiquer, l'occurrence d'une certaine condition disjonctive – nommément, f$_1$ ou f$_2$ (ou s$_1$ ou s$_2$). Notre organisme hypothétique fuit F à tort *non pas* parce qu'il représente de manière erronée l'ersatz de F en tant que F, mais parce que ce qu'il indique correctement (c'est-à-dire que l'ersatz de F est f$_1$ ou f$_2$) n'est plus corrélé de manière normale avec le fait que quelque chose soit F.

Peu importe la polyvalence que nous pourrions concevoir pour un système détecteur, peu importe le nombre de voies d'accès de l'information dont nous pourrions doter un organisme, il sera toujours possible de décrire sa fonction (et donc la signification$_f$ de ses divers états) comme étant la détection de quelque propriété hautement disjonctive de l'intrant proximal. À tout le moins, cela sera toujours possible *si* nous avons un ensemble déterminé d'éléments disjoints sur lequel nous rabattre.

Supposons cependant que nous ayons un système capable d'une forme d'apprentissage associatif. Supposons, pour le dire autrement, que suite à une exposition répétée à SC (un stimulus conditionné) en présence de F, un changement survienne. R (et, donc, le comportement de fuite) peut maintenant être déclenché par l'occurrence de SC seul. Qui plus est, il est clair qu'il n'y a pratiquement aucune limite quant au type de stimulus pouvant acquérir cette efficacité « déplacée » à déclencher R et le comportement de fuite qui s'ensuit. Presque n'importe quel s peut devenir un SC, prenant ainsi le « contrôle » de R, en fonctionnant (au niveau de l' « expérience » de l'organisme) en tant que signe de F.

Nous avons dès lors un mécanisme cognitif qui non seulement transforme une variété d'intrants sensoriels (s_i) en un seul état qui détermine l'extrant (R), mais est aussi capable de modifier le caractère des divers intrants responsables de l'extrant au fil du temps. Si nous nous en tenons aux intrants sensoriels (le s_1 du schéma 1), R signifie$_n$ une chose au temps t_1 (s_1 ou s_2, par exemple), autre chose à t_2 (s_1 ou s_2, ou, suite à un apprentissage, sc_3, par exemple), et autre chose encore à un moment ultérieur. Ce que R signifie$_n$ précisément dépendra de l'histoire de l'apprentissage de l'individu – de quel s_1 est devenu sc_1 *pour lui*. Il n'y a pas de signification$_n$ qui soit temporellement invariante pour R ; donc, rien qu'il ne pourrait avoir, au fil du temps, la fonction d'indiquer. En termes du s_1 qui produit R, R ne peut avoir de signification$_f$ temporellement invariante.

Tout au long de ce processus, R continue d'indiquer la présence de F, bien entendu. Il le fait parce que, par hypothèse, tout nouvel s_i auquel R est conditionné est un signe naturel de F. L'apprentissage est un processus au cours duquel les stimuli indiquant la présence de F sont à leur tour indiqués par un certain état interne de l'organisme (R dans le cas présent). En conséquence, si nous nous représentons ces mécanismes cognitifs comme ayant une fonction temporellement invariante (ce qui découle de leur entretien continu – et, suite à l'apprentissage, certes plus efficient – du besoin correspondant), nous *devons* alors nous représenter cette fonction non pas comme indiquant la nature des conditions proximales (ou même distales) qui déclenchent des réponses positives (s_1 et f_1), mais comme indiquant la condition (F) dont ces divers stimuli sont des signes. Le mécanisme qu'on vient de décrire a pour fonction naturelle d'indiquer la présence de F. En conséquence, l'occurrence de R signifie$_f$ la présence de F. Elle ne signifie$_f$ pas que s_1 ou s_2 ou... s_x est réalisé, même si, à toute phase donnée du développement, elle le signifiera$_n$ pour une valeur définie de x.

Un système comportant ce niveau de complexité, ayant non seulement de multiples voies d'accès à ce qu'il a besoin de connaître, mais aussi les ressources nécessaires à l'accroissement de ses moyens de recueillir de l'information, possède, et c'est là ma thèse, un pouvoir authentique de représentation erronée. Lorsqu'une brèche au sein de la chaîne normale des signes naturels intervient, lorsque, disons, sc_7 (un signe de F appris) survient en des circonstances où il ne signifie$_n$ pas la présence de F (de la même manière que l'horloge défectueuse ne signifie$_n$ pas qu'il est 3h 30), R signifie$_f$ toujours (quoi qu'il ne signifie$_n$ pas, bien entendu) la présence de F. Il le signifie$_f$ parce que c'est là ce qu'il est *censé* signifier$_n$, ce qu'il a pour fonction naturelle de signifier$_n$, et qu'aucune autre condition qu'il serait susceptible de signifier$_f$ n'est disponible[1].

FRED DRETSKE

Traduit de l'anglais par Robert Lantin

1. Je suis reconnaissant à Berent Enç, Dennis Stampe et Jerry Fodor pour leurs critiques à la fois constructives et destructives des versions antérieures de ce texte.

L'HOMME EST-IL UN ANIMAL RATIONNEL ?

Dans l'étude du raisonnement humain, on considère généralement que nous pouvons adopter deux approches très différentes. L'une est descriptive ou empirique. Ceux qui l'adoptent
cherchent à caractériser la façon dont les gens s'y prennent pour
raisonner ainsi qu'à découvrir les mécanismes et processus
psychologiques qui sous-tendent les formes de raisonnement
qu'ils observent. Cette approche descriptive est le plus souvent
pratiquée par des psychologues, quoique des anthropologues
aient aussi fait des travaux très intéressants pour savoir si et, le
cas échéant, dans quelle mesure des gens qui appartiennent à des
cultures différentes raisonnent différemment. L'autre approche
de l'étude du raisonnement est normative. Ceux qui l'adoptent
ne s'intéressent pas à la façon dont les gens raisonnent vraiment,
mais plutôt à la façon dont ils devraient raisonner. Leur but est de
découvrir des règles ou principes spécifiant ce qu'est raisonner
correctement ou rationnellement. Depuis l'Antiquité, l'approche
normative du raisonnement a été pratiquée par des logiciens et des
philosophes et, plus récemment, des statisticiens ainsi que des
théoriciens des probabilités et de la décision ont joint leurs rangs.

Les buts et les méthodes de ces deux types d'étude du raisonnement sont très différents. Quoi qu'il en soit, certaines des thèses les plus intéressantes et les plus chaudement débattues à propos du raisonnement humain ont trait à la question de savoir dans quelle mesure tel ou tel groupe de gens raisonne rationnellement. Ces thèses sont intrinsèquement hybrides ou interdisciplinaires. Pour les évaluer, nous devons savoir à la fois ce qu'est raisonner rationnellement et comment le groupe de personnes en question raisonne vraiment. La thèse la plus célèbre de ce type est celle d'Aristote, selon laquelle l'homme est un animal rationnel. La rationalité, selon Aristote, est une propriété essentielle de l'espèce humaine; c'est ce qui distingue l'homme de la bête. Un des buts centraux de cet essai est de réexaminer la thèse d'Aristote à la lumière des études empiriques récentes sur le raisonnement humain. Aristote avait-il raison? Les humains sont-ils vraiment des animaux rationnels?

Pour répondre sérieusement à cette question, nous devons d'abord fournir une interprétation plus précise de la thèse d'Aristote. Il est évident que les humains ne sont pas toujours rationnels. Lorsque les gens sont ivres, épuisés ou sous le coup d'une rage incontrôlable, ils raisonnent en fait médiocrement. Et, bien sûr, Aristote le savait. Lorsqu'il disait que les humains sont des animaux rationnels, il n'a sûrement jamais voulu nier que les gens peuvent raisonner et raisonnent parfois de façon irrationnelle. Mais que voulait-il dire alors? À la section II, nous verrons comment nous pouvons commencer à fournir une interprétation assez précise et en fait assez troublante de la thèse d'Aristote en empruntant une idée aux sciences cognitives contemporaines, soit l'idée que les gens ont des «compétences» sous-jacentes dans des domaines variés, même si ces compétences ne se reflètent pas toujours dans leur comportement. Une interprétation séduisante de la thèse d'Aristote est que les humains normaux ont une compétence rationnelle dans le domaine du raisonnement.

Pour expliquer la notion de compétence rationnelle, il nous faudra cependant faire plus qu'expliquer la notion de compétence; nous devrons aussi dire ce qu'est une compétence rationnelle. À la section III, nous examinerons une tentative élégante et influente d'expliquer ce qu'est une forme de raisonnement rationnelle, l'approche qui fait appel à la notion d'équilibre réfléchi.

Ayant interprété la thèse d'Aristote comme l'affirmation que les gens normaux possèdent une compétence de raisonnement rationnelle, notre attention se portera, à la section V, sur les études descriptives du raisonnement. Dans cette section, nous examinerons quelques découvertes empiriques fascinantes et intrigantes qui semblent suggérer qu'Aristote avait tort parce que la plupart des gens ne possèdent pas la compétence de raisonner rationnellement sur divers types de questions ! Ces découvertes ne remettent pas uniquement en question la thèse optimiste d'Aristote concernant la rationalité humaine, elles semblent également menacer l'explication de la rationalité en termes d'équilibre réfléchi. La section V commencera par expliquer pourquoi les découvertes empiriques posent un problème pour l'explication en termes d'équilibre réfléchi et elle se poursuivra en examinant quelques réponses possibles.

Dans la section VI, nous reviendrons à la littérature empirique à propos du raisonnement humain, cette fois en portant notre attention sur quelques études très récentes des psychologues évolutionnistes qui prennent comme point de départ l'idée que les composantes ou « organes » de l'esprit ont été façonnés par la sélection naturelle tout comme les composantes ou organes des (autres) parties du corps l'ont été. Cette perspective les conduit à s'attendre à ce que nos esprits parviennent à des résultats assez satisfaisants lorsqu'ils raisonnent à propos de problèmes du type de ceux qui auraient été importants dans l'environnement dans lequel notre espèce a évolué, et ils ont produit quelques raisons très intéressantes de penser que c'est en fait bien le cas.

Finalement, à la section VII, nous nous demanderons ce que ces études récentes nous disent à propos de la thèse d'Aristote. Est-ce qu'elles montrent, comme certains le prétendent, qu'Aristote avait après tout raison ? Je soutiendrai alors que la réponse est que ni la position d'Aristote ni celle de ses adversaires ne sont justifiées par la recherche empirique. Ce que ces études montrent plutôt est que les questions que nous nous sommes posées à propos de la rationalité humaine – des questions comme « Est-ce que l'homme est un animal rationnel ? » – sont par trop simplistes. Si nous voulons des réponses plausibles construites sur une base scientifique solide, nous devrions apprendre à poser des questions meilleures et plus élaborées.

II. Compétence et performance

Tous s'entendent pour dire que les gens sont parfois très irrationnels. Ainsi, par exemple, il arrive que des gens qui sont ivres, hors d'eux-mêmes ou sous l'influence de drogues raisonnent et prennent des décisions en empruntant des voies qui ne sont sanctionnées par aucune théorie sérieuse à propos des principes gouvernant le bon raisonnement et la prise de décision. Puisque c'est un fait si évident et aucunement controversé, comment quiconque peut-il néanmoins prétendre que les humains sont des animaux rationnels ? Qu'est-ce que cela peut bien vouloir dire ? Une réponse très séduisante peut être donnée en exploitant la distinction entre compétence et performance.

La distinction compétence/performance a d'abord été introduite en sciences cognitives par Chomsky, qui l'utilisa dans sa présentation des stratégies explicatives des théories linguistiques. En testant les théories linguistiques, une source de données importante provient des « intuitions » ou jugements non réflexifs que les locuteurs d'une langue ont (ou font) à propos de la grammaticalité des phrases et de diverses propriétés linguistiques (par exemple « Est-ce que la phrase est ambiguë ? », « Est-ce que ce syntagme est le sujet de ce verbe ? »). Pour expliquer ces intuitions, et aussi la façon dont les locuteurs s'y prennent pour produire et comprendre des phrases de leur langue, Chomsky proposa ce qui est devenu une des hypothèses sur l'esprit qui compte parmi les plus importantes de l'histoire des sciences cognitives[1]. Ce que cette hypothèse stipule est qu'un locuteur d'une langue possède une « grammaire générative » internalisée de cette langue. Une « grammaire générative » est un ensemble intégré de règles et de principes – nous pouvons nous la représenter comme analogue à un système d'axiomes – qui implique un nombre infini d'énoncés à propos de cette langue. Pour chacune des phrases de la langue du locuteur, la grammaire internalisée du locuteur indique qu'elle est grammaticale ; pour chaque phrase ambiguë, la grammaire internalisée indique qu'elle est ambiguë, etc. Lorsque les locuteurs portent un jugement que nous nommons « intuition linguistique », ils ont accès et se fient à l'information de cette grammaire internalisée, quoique ni le processus ni la grammaire internalisée ne soient accessibles à l'introspection consciente. Puisque la grammaire internalisée joue un rôle central dans la production des intuitions linguistiques, ces intuitions peuvent servir d'importante source de données pour les linguistes qui veulent spécifier quels sont les règles et principes de la grammaire internalisée.

Les intuitions d'un locuteur ne sont cependant pas une source d'informations infaillible à propos de la grammaire de sa langue, parce que les règles internalisées de la grammaire ne peuvent à elles seules produire les intuitions linguistiques. La production des intuitions est un processus complexe où la grammaire internalisée doit interagir avec divers autres mécanismes cognitifs, y compris ceux qui sont responsables de la perception, de la motivation, de l'attention, de la mémoire à court terme et peut-être une foule d'autres. Dans certaines circonstances, l'activité de n'importe lequel de ces mécanismes peut donner lieu à un jugement sur une phrase qui ne s'accorde pas avec ce que la grammaire indique à son propos. Le mécanisme d'attention offre un exemple clair de ce phénomène. Il est très probable que la grammaire internalisée des locuteurs typiques du français indique qu'un nombre indéfini de phrases de la forme :

---

1. Voir N. Chomsky (1965), *Aspects of the Theory of Syntax*, Cambridge, Mass., MIT Press.

A dit que B pense que C croit que D soupçonne que E pense...
que p.

sont grammaticales dans la langue du locuteur. Cependant,
si on vous demandait de juger la grammaticalité d'une phrase
contenant quelques centaines d'enchâssements de ce type ou
même quelques douzaines, il y a de bonnes chances que vos
jugements ne refléteraient pas ce que votre grammaire indique,
puisque dans des cas comme ceux-là, l'attention s'égare facilement. La mémoire à court terme fournit un exemple plus
intéressant de la façon dont un jugement grammatical peut
échouer à représenter ce que contient vraiment la grammaire.
Il existe de solides raisons de penser que les mécanismes de la
mémoire à court terme ont du mal à manipuler des structures
enchâssées par le centre. Ainsi, il peut bien se trouver qu'une
grammaire internalisée indique que la phrase anglaise suivante
est grammaticale :

> What What What he wanted cost would buy in Germany was
> amazing.

en dépit du fait que les intuitions de la plupart des gens
suggèrent, crient en fait, qu'elle ne l'est pas.

Dans la terminologie que Chomsky a introduite, les règles et
les principes de la grammaire générative internalisée d'un
locuteur constituent la compétence linguistique du locuteur ; les
jugements qu'un locuteur fait à propos des phrases, de même que
les phrases produites par ce locuteur, font partie de sa performance linguistique. De plus, comme nous venons tout juste de
le voir, quelques-unes des phrases produites par le locuteur et
quelques-uns des jugements que celui-ci fait à propos de ces
phrases ne reflètent pas fidèlement sa compétence linguistique.
Dans ces cas, le locuteur commet des erreurs de performance.

Il y a des analogies évidentes entre les phénomènes étudiés
par la linguistique et ceux qui sont étudiés par les cognitivistes
qui s'intéressent au raisonnement. Dans les deux cas, les gens
sont capables de traiter spontanément et inconsciemment une
classe ouverte d'*inputs* – ils sont capables de comprendre un

nombre indéterminé de phrases et de tirer des inférences à partir d'un nombre indéfini de prémisses. À la lumière de cette analogie, on peut explorer l'idée que le mécanisme sous-jacent à notre habileté à raisonner est similaire au mécanisme sous-jacent à notre capacité à traiter la langue. Si Chomsky a raison à propos de la langue, alors l'hypothèse analogue à propos du raisonnement suggérerait que les gens ont un ensemble intégré de règles et de principes internalisés – une « psycho-logique » comme on l'a appelée – auquel ils ont accès et auquel il se fient habituellement lorsqu'ils tirent des inférences ou portent des jugements à leur propos. Comme dans le cas de la langue, nous devrions nous attendre à ce que ni les processus impliqués ni les principes de la psycho-logique internalisés ne soient accessibles immédiatement à la conscience. Nous devrions également nous attendre à ce que les inférences et les jugements des gens ne soient pas des guides infaillibles au sujet de ce que la psycho-logique sous-jacente indique à propos de la validité ou de la plausibilité d'une inférence donnée, parce que ici, comme dans le cas de la langue, les règles et principes internalisés doivent interagir avec beaucoup d'autres mécanismes. L'activité de ces mécanismes peut donner lieu à des erreurs de performance – des inférences ou des jugements qui ne reflètent pas la psycho-logique qui constitue la compétence à raisonner d'une personne.

Nous sommes finalement en position d'exposer une interprétation de la thèse d'Aristote qui est fort compatible avec le fait indubitable que, parfois du moins, les gens raisonnent de façon très irrationnelle. Ce que cette thèse stipule, c'est que les gens normaux ont une compétence rationnelle à raisonner. Les règles ou les principes de raisonnement qui constituent leur psycho-logique sont rationnels ou normativement appropriés; ils spécifient la façon de raisonner correctement. Selon cette interprétation, lorsque les gens font des erreurs dans le raisonnement ou lorsqu'ils raisonnent irrationnellement, leurs erreurs sont des erreurs de performance qui peuvent être dues à la fatigue, au manque d'attention, à la confusion ou à une foule d'autres facteurs. Mais aussi communes qu'elles puissent être, les erreurs de performance ne reflètent pas les règles de raisonnement qui constituent la compétence de raisonnement d'une personne normale. Dire que l'homme est un animal rationnel, selon cette interprétation, c'est dire que la compétence de raisonnement des gens normaux est rationnelle même si parfois leur performance en cette matière ne l'est pas.

III. QU'EST-CE QUE LA RATIONALITÉ?
UNE EXPLICATION EN TERMES D'ÉQUILIBRE RÉFLÉCHI

Qu'est-ce qui justifie un ensemble de règles ou de principes pour le raisonnement? Qu'est-ce qui rend les règles de raisonnement rationnelles? Il y a environ quarante ans, dans un des passages les plus influents de la philosophie analytique du XXᵉ siècle, Nelson Goodman suggérait d'élégantes réponses à ces questions. Dans ce passage, Goodman décrivait le processus d'harmonisation entre les jugements à propos des inférences particulières et les principes généraux de raisonnement. Dans l'harmonie ainsi établie, soutient Goodman, se trouve toute la justification désirée, et toute la justification possible, pour les principes inférentiels qui sont apparus. D'autres philosophes, notamment John Rawls, ont adopté une version modifiée du processus de Goodman comme procédure pour savoir si des principes moraux sont corrects. Nous devons à Rawls le terme d'équilibre réfléchi, qui a été largement utilisé pour caractériser un système de principes et de jugements qui ont été rendus cohérents les uns avec les autres de la façon décrite par Goodman.

Il est difficile d'imaginer la notion d'équilibre réfléchi expliquée de façon plus éloquente que dans les termes de Goodman. Aussi, qu'il me soit permis de citer un peu longuement ce qu'il en dit:

> Comment justifier une *dé*duction? Tout simplement en illustrant sa conformité aux règles générales des inférences déductives. À partir du moment où un argument se conforme à ces règles, il est justifié et valide, en dépit de la fausseté éventuelle de sa

conclusion. S'il viole une de ces règles, il est faux, même si sa conclusion est vraie. Aucune connaissance des faits n'est donc nécessaire à la justification d'un argument déductif. En outre, lorsqu'il appert qu'un argument est conforme aux règles de l'inférence déductive, on le considère habituellement comme justifié et valide, sans se demander ce qui justifie ces règles. De la même manière, le but premier de la justification de l'inférence inductive consiste à montrer qu'elle se conforme aux règles générales de l'*in*duction. Cela reconnu, une grande étape est franchie dans la clarification du problème. Il faut tout de même justifier les règles. La validité d'une déduction dépend en effet non pas de sa conformité avec n'importe quelles règles arbitraires, mais avec un ensemble de règles valides. Quand on parle *des* règles d'inférence, on parle des règles valides, ou, mieux encore, de *certaines* règles valides, puisqu'il peut exister plusieurs ensembles de règles aussi valides les unes que les autres. Comment alors déterminer la validité des règles ? Ici encore, certains philosophes vous diront que ces règles proviennent d'un axiome évident, alors que d'autres tenteront de démontrer leur enracinement dans la nature même de l'esprit humain. Je ne crois pas qu'on ait à chercher la réponse si loin. Les principes de l'inférence déductive sont justifiés par leur conformité à la pratique déductive courante. Leur validité dépend de leur compatibilité avec les inférences déductives particulières que nous faisons effectivement et que nous ratifions. Si une règle engendre des inférences inacceptables, nous la considérons comme invalide et nous l'abandonnons. La justification de règles générales se dégage donc des jugements d'acceptabilité des inférences déductives particulières.

Nous semblons tourner en rond de façon flagrante. Les inférences déductives sont justifiées par leur conformité aux règles générales valides, qui sont elles-mêmes justifiées par leur conformité aux inférences valides. Il ne s'agit pas cette fois-ci d'un cercle vicieux : les règles, comme les inférences particulières, sont toutes deux justifiées par leur conformité réciproque. *On modifie une règle si elle engendre une inférence que nous ne sommes pas prêts à accepter; on rejette une inférence si elle viole une règle que nous ne sommes pas prêts à modifier.* La justification est un délicat processus d'ajustement mutuel entre les règles et les

> inférences acceptées, et cet accord constitue la seule justification dont chacun ait besoin.
>
> Tout cela s'applique aussi à l'induction. Une inférence inductive est justifiée par sa conformité aux règles générales de l'induction, qui sont elles-mêmes justifiées par leur conformité à des inférences inductives reconnues [1].

Selon l'explication de Goodman, du moins selon la lecture que j'en propose, passer le test de l'équilibre réfléchi est (comme les philosophes le disent parfois) constitutif de la justification ou de la validité des règles d'inférence. Être rationnel pour un système de règles inférentielles et d'inférences qui s'accordent avec ces dernières consiste simplement à être en équilibre réfléchi. Mais quel est le statut de cette assertion ? Pourquoi passer le test de l'équilibre réfléchi est-il constitutif de la justification ou de la rationalité des règles inférentielles ? La réponse, je crois, est que Goodman la prend pour une vérité conceptuelle – elle découle de la signification de termes comme « justifié » ou « rationnel » ou de l'analyse du concept de ratio nalité. On peut soutenir que ce concept est un peu (plus qu'un peu) vague et que l'analyse en termes d'équilibre réfléchi ne fait rien pour saisir ce caractère vague. Il cherche plutôt à mettre de l'ordre dans le flou et de préciser (spécifier) le concept. Il est ainsi peut-être préférable de voir chez Goodman l'idée que l'explication en termes d'équilibre réfléchi saisit quelque chose comme notre concept ordinaire de rationalité, et que c'est la meilleure façon de rendre ce concept précis.

Toutes les pièces sont maintenant en place pour interpréter la thèse d'Aristote. L'homme est un animal rationnel, selon l'interprétation proposée, signifie que les humains normaux ont une compétence pour le raisonnement – un ensemble mentalement représenté de règles ou de principes pour le raisonnement – et que ces règles sont rationnelles – elles passeraient le test de l'équilibre réfléchi. Interrogeons-nous maintenant sur la plausi-

---

1. N. Goodman (1984), *Faits, fictions et prédictions*, Paris, Minuit, p. 79-80.

bilité de cette thèse. Pour ce faire, il nous faut tourner notre attention vers les études empiriques du raisonnement humain.

IV. QUELQUES FAITS TROUBLANTS À PROPOS DE LA FAÇON DONT LES HUMAINS RAISONNENT

Nous commencerons notre exploration de l'aspect psychologique du raisonnement humain en portant notre attention sur des études dont certains auteurs pensent qu'elles présentent un sombre tableau de la rationalité des gens ordinaires. Toutes ces études concernent des sujets normaux (souvent des étudiants universitaires) qui ne sont ni épuisés ni stressés émotionnellement. Néanmoins, plusieurs d'entre eux parviennent à de piètres résultats dans les tâches de raisonnement qu'on leur demande de résoudre.

La tâche de sélection

En 1966, Peter Wason fit état des premières expériences concernant un ensemble de problèmes de raisonnement que l'on en est venu à nommer « tâche de sélection ». Un recueil de textes récent sur le raisonnement décrit ces tâches comme « le problème sur lequel on a fait les recherches les plus intenses de toute l'histoire de la psychologie du raisonnement »[1]. Un exemple typique du problème de la tâche de sélection est le suivant :

> Voici quatre cartes. Chacune porte une lettre sur un côté et un nombre sur l'autre. Deux de ces cartes apparaissent du côté lettre et deux du côté nombre :
>
> E C 5 4
>
> Indiquer quelle carte il vous faut tourner pour vérifier l'affirmation suivante : Si une carte porte une voyelle d'un côté, alors elle porte un nombre impair de l'autre côté.

---

1. J. Evans, S. Newstead et R. Byrne (1993), *Human Reasoning. The Psychology of Deduction*, Hove, Erlbaum, p. 99.

Ce que Wason et de nombreux autres chercheurs ont découvert, c'est que les gens ordinaires parviennent en général à des
résultats médiocres pour des questions comme celles-là. La
plupart des sujets répondent, correctement, que la carte E doit
être retournée, mais plusieurs jugent que la carte 5 doit être
retournée aussi, en dépit du fait que la carte 5 ne peut falsifier
l'énoncé, quoi qu'il y ait de l'autre côté. Une grande majorité des
sujets jugent également qu'il ne faut pas retourner la carte[1],
même s'il n'y a pas moyen de savoir s'il y a une voyelle de l'autre
côté sans la retourner. Les sujets ne sont cependant pas toujours
aussi médiocres dans les problèmes de la tâche de sélection. Un
grand nombre de variations dans le motif de base ont été essayées,
et dans quelques versions du problème un grand pourcentage de
sujets répond correctement. Ces résultats forment un motif
déroutant, puisqu'il n'y a pas de caractéristiques ou de groupes de
caractéristiques évidentes qui séparent les versions où les sujets
parviennent à des résultats satisfaisants de celles où les résultats
sont médiocres. Comme nous le verrons à la section VI, quelques
psychologues évolutionnistes ont soutenu que ces résultats
s'expliquent si nous nous concentrons sur les sortes de mécanismes mentaux qui auraient été cruciaux pour le raisonnement à
propos des échanges sociaux (ou de « altruisme réciproque »)
dans l'environnement de nos ancêtres hominidés. Les versions de
la tâche de sélection pour lesquelles nous sommes bons, selon ce
que soutiennent ces théoriciens, sont seulement celles pour
lesquelles nos mécanismes auraient été conçus.

L'erreur de la conjonction

En novembre 1980, Ronald Reagan est élu président des
États-Unis. Au cours du mois suivant, Amos Tversky et Daniel
Kahneman ont administré un questionnaire à 93 sujets qui

1. A. Tversky et D. Kahneman (1982), « Judgments of and by Represen-
tativeness », *Judgment under Uncertainty. Heuristics and Biases* (sous la dir. de
D. Kahneman, P. Slovic et A. Tversky), Cambridge, Cambridge University Press,
p. 84-98.

n'avaient jamais eu de formation en statistiques. Les instructions du questionnaire étaient les suivantes :

Dans ce questionnaire, on vous demande d'évaluer la probabilité d'événements variés qui pourraient se produire pendant 1981. Chaque problème comprend quatre événements possibles. Votre tâche est d'ordonner ces événements selon leur degré de probabilité, en inscrivant 1 pour l'événement le plus probable, 2 pour le second, 3 pour le troisième et 4 pour l'événement le moins probable.

Voici une des questions présentées aux sujets :

Ordonnez les événements suivant selon la probabilité qu'ils se produisent en 1981 :

(a) Reagan coupera l'aide fédérale aux gouvernements locaux.
(b) Reagan fournira une aide fédérale aux mères célibataires.
(c) Reagan va augmenter le budget de la défense de moins de 5 %.
(d) Reagan fournira une aide fédérale aux mères célibataires et coupera l'aide fédérale aux gouvernements locaux.

Le résultat déconcertant fut que 68 % des sujets estimèrent que (d) était plus probable que (b), en dépit du fait que (d) ne peut pas se produire sans que (b) se produise. Dans une autre expérience, qui est depuis lors devenue célèbre, Tversky et Kahneman présentèrent aux sujets la tâche suivante[1] :

Linda a 31 ans, elle est célibataire, franche et très brillante. Elle a une majeure en philosophie. Quand elle était étudiante, elle était très préoccupée par les questions de discrimination et de justice sociale, et elle a aussi participé à des manifestations antinucléaires.

Ordonnez les énoncés suivants selon leur probabilité, en inscrivant 1 pour le plus probable et 8 pour le moins probable.

(a) Linda enseigne dans une école primaire.
(b) Linda travaille dans une librairie et prend des leçons de yoga.
(c) Linda est active dans le mouvement féministe.
(d) Linda est une travailleuse sociale en milieu psychiatrique.
(e) Linda est membre de la ligue des électrices.

1. *Ibid.*

(f) Linda est guichetière dans une banque.

(g) Linda est vendeuse d'assurances.

(h) Linda est guichetière dans une banque et active dans le mouvement féministe.

Dans un groupe de sujets naïfs sans formation en probabilités et statistiques, 89 % ont jugé que l'énoncé (h) était plus probable que l'énoncé (f). Lorsque la même question fut présentée à des sujets habitués aux statistiques – des étudiants des cycles supérieurs du programme de science de la décision de l'École de commerce de Stanford – 85 % ont porté le même jugement ! Des résultats de cette nature, dans lesquels les sujets jugent qu'un événement ou un état de choses composé est plus probable qu'un de ses composants, se sont produits de façon répétée depuis les études fondatrices de Kahneman et Tversky.

L'oubli de la fréquence de base

Selon une explication bayesienne familière, la probabilité d'une hypothèse à propos d'une évidence particulière dépend, en partie, de la probabilité antérieure de l'hypothèse[1]. Cependant, dans une série d'expériences, Kahneman et Tversky ont montré que les sujets sous-évaluaient souvent sérieusement l'importance des probabilités antérieures[2]. Une de ces expériences présente à la moitié des sujets l'histoire suivante :

> Un comité de psychologues a interviewé et administré des tests de personnalité à 30 ingénieurs et 70 avocats ayant tous du succès dans leur domaine respectif. Sur la base de cette information, des vignettes décrivant les 30 ingénieurs et les 70 avocats ont été écrites. Vous trouverez sur vos formulaires cinq descriptions

1. Le théorème de Bayes, nommé en l'honneur du révérend Thomas Bayes, stipule que $p(H/D) = p(D/H) \times p(H)/ p(D)$, où $p(H/D)$ est la « probabilité conditionnelle » de l'hypothèse, H, étant donné que D (les données) est vraie, $p(D/H)$ est la probabilité conditionnelle de D, étant donné que H est vrai, $p(H)$ est la probabilité « antérieure » que H soit vraie et $p(D)$ est la probabilité que D soit vraie.

2. D. Kahneman et A. Tversky (1973), « On the Psychology of Prediction », *Psychological Review*, n° 80, p. 237-251. Repris dans *Judgment under Uncertainty. Heuristics and Biases* (sous la dir. de D. Kahneman, P. Slovic et A. Tversky), Cambridge, Cambridge University Press, 1982, p. 48-68.

choisies au hasard parmi les 100 descriptions disponibles. Pour chaque description, veuillez indiquer la probabilité, sur une échelle allant de 0 à 100, que la personne décrite soit un ingénieur.

On présentait à l'autre moitié des sujets le même texte, à l'exception du fait que les fréquences de base étaient inversées. On leur disait que les tests de personnalité avaient été administrés à 70 ingénieurs et 30 avocats. Quelques-unes des descriptions qu'on leur offrait étaient conçues pour être compatibles avec le stéréotype de l'ingénieur que les sujets pouvaient avoir, mais pas avec leur stéréotype de l'avocat. D'autres étaient conçues pour concorder avec leur stéréotype de l'avocat, mais pas avec celui de l'ingénieur. Enfin, une autre série de descriptions était neutre, ne donnant aux sujets aucune information pouvant être utilisée pour prendre leur décision. Voici deux exemples, le premier conçu pour dénoter plutôt un ingénieur, le second conçu en termes neutres :

> Jack est un homme de 45 ans. Il est marié et a quatre enfants. Il est conservateur, consciencieux et ambitieux. Il ne montre aucun intérêt pour les problèmes politiques ou sociaux et consacre la majeure partie de ses temps libres à plusieurs passe-temps dont la menuiserie, la voile et les casse-tête mathématiques.
>
> Dick est un homme de 30 ans. Il est marié, sans enfant. C'est un homme d'une grande habileté et hautement motivé, il est promis au succès dans son domaine. Il est très aimé de ses collègues.

Comme on s'y attendait, les sujets des deux groupes ont pensé que la probabilité que Jack soit un ingénieur était assez élevée. De plus, dans ce qui semble une violation claire des principes bayesiens, la différence dans les histoires entre les deux groupes de sujets n'a eu presque aucun effet. L'oubli de l'information concernant la fréquence de base était encore plus frappant dans le cas de Dick. Cette description était construite pour être totalement dénuée d'informations eu égard à la profession de Dick. Ainsi, la seule véritable information utile que les sujets avaient était celle touchant la fréquence de base contenue dans l'histoire. Mais cette information était totalement négligée. L'estimé de probabilité médian dans les deux groupes de sujets était de 50 %.

Les sujets de Kahneman et Tversky n'étaient cependant pas complètement insensibles à l'information concernant la fréquence de base. À la suite des cinq descriptions de leur formulaire, les sujets pouvaient trouver la description « nulle » suivante :

> Supposons maintenant qu'on ne vous donne aucune information concernant un individu choisi au hasard dans l'échantillon. La probabilité que cet homme soit un des 30 ingénieurs [ou pour l'autre groupe de sujets : un des 70 ingénieurs] dans un échantillon de 100 est de ——— %.

Dans ce cas, les sujets s'appuient entièrement sur la fréquence de base ; l'estimé médian fut de 30 % pour le premier groupe de sujet et de 70 % pour le second. Dans leur discussion de ces expériences, Nisbett et Ross présentent l'interprétation suivante :

> L'implication de ce contraste entre les conditions « aucune information » et les conditions « une information totalement non diagnostique » semble claire. Lorsque aucune évidence spécifique à propos d'un cas cible n'est fournie, les probabilités antécédentes sont utilisées de façon appropriée ; lorsque des évidences spécifiques sans valeur sont données, les probabilités antécédentes sont en général ignorées, et les gens répondent comme s'il n'y avait pas de base pour estimer qu'il y a des différences entre les probabilités relatives. La compréhension qu'ont les gens de la pertinence de l'information concernant la fréquence de base doit être très faible s'ils peuvent devenir réticents à l'utiliser du fait de la présence d'informations inutiles dans les cas cibles [1].

Avant de quitter le sujet de l'oubli de la fréquence de base, je voudrais présenter un exemple supplémentaire illustrant le genre de conséquences pratiques sérieuses que le phénomène peut avoir. Voici un problème que Casscells *et alii* ont présenté à un groupe de professeurs, d'employés et d'étudiants de quatrième année de l'École de médecine de Harvard [2] :

---

1. R. Nisbett et L. Ross, 1980, *Human Inference. Strategies and Shortcomings of Social Judgment*, Englewood Cliffs, Prentice-Hall, p. 145-146.
2. Dans W. Casscells, A. Schoenberger et T. Grayboys (1978), « Interpretation by Physicians of Clinical Laboratory Results », *New England Journal of Medicine*, n° 299, p. 999-1000.

Si un test pour détecter une maladie dont la prévalence est 1/1000 a un taux de faux positifs de 5%, quelle est la probabilité qu'une personne qui a un résultat positif ait vraiment la maladie, étant entendu que vous ne savez rien à propos des symptômes de cette personne ? ——— %.

Selon l'interprétation la plus plausible du problème, la réponse bayesienne correcte est 2 %. Mais seulement dix-huit pour cent du groupe de Harvard donna une réponse de l'ordre de 2 %. Quarante-cinq pour cent de ce groupe distingué ignora complètement l'information concernant la fréquence de base et affirma que la réponse était 95 %. (Si, comme la plupart des médecins de Harvard, vous ne voyez pas pourquoi 2 % est la bonne réponse, continuez votre lecture. Après avoir lu la section VI, la raison pour laquelle c'est la bonne réponse deviendra beaucoup plus claire). Il est un peu alarmant, pour ne pas dire plus, que les mêmes sujets expérimentaux aient posé des diagnostics concernant de vrais patients et leur offraient des conseils sur des questions telles que les traitements à suivre et la pertinence d'une opération.

La confiance excessive

Un des groupes de phénomènes les plus abondamment étudiés et les plus inquiétants qui aient été explorés par les psychologues intéressés par le raisonnement et le jugement met en cause le degré de confiance que les gens ont dans leurs réponses à des questions factuelles – des questions comme :

Dans chacune des paires suivantes, quelle ville a le plus d'habitants ?

a) Las Vegas	b) Miami
a) Sydney	b) Melbourne
a) Hyderabad	b) Islamabad
a) Bonn	b) Heidelberg

Dans chacune des paires suivantes, quel événement s'est produit le premier?

a) La signature de la Grande Charte   b) La naissance de Mahomet
a) La mort de Napoléon   b) L'achat de la Louisiane
a) L'assassinat de Lincoln   b) La naissance de la reine Victoria

Après chaque réponse, on demandait également aux sujets :

À quel point êtes-vous confiant que votre réponse est correcte?

　　　50 % 60 % 70 % 80 % 90 % 100 %

Dans une expérience utilisant des questions relativement difficiles, on découvre souvent que pour des cas où les sujets disent être confiants à 100 %, seulement 80 % de leurs réponses sont correctes; pour les cas où ils se disent confiants à 90 %, seulement 70 % de leurs réponses sont correctes; dans les cas où ils se disent confiants à 80 %, seulement 60 % de leurs réponses sont correctes. Cette tendance à la confiance excessive semble très forte. Le fait d'avertir les sujets que les gens sont parfois excessivement confiants n'a pas d'effet significatif, non plus que le fait de leur offrir de l'argent (ou des bouteilles de champagne) en récompense. Qui plus est, le phénomène a été démontré pour un grand nombre de groupes différents, comprenant des étudiants de premier cycle, des étudiants des cycles supérieurs, des médecins et même des analystes de la C. I. A.[1].

Les découvertes empiriques dont nous venons de rendre compte ne sont qu'un petit échantillon de l'immense littérature empirique qui a été publiée au cours des vingt-cinq dernières

---

1. Pour un survol de la littérature, voir S. Lichtenstein, B. Fischoff et L. Phillips (1982), « Calibration of Probabilities : The State of the Art to 1980 », *Judgment under Uncertainty. Heuristics and Biases* (sous la dir. de D. Kahneman, P. Slovic et A. Tversky), Cambridge, Cambridge University Press, 1982, p. 306-334.

années sur les défauts dans le raisonnement humain[1]. Une conséquence apparemment inévitable de ce vaste corps de découvertes expérimentales est que la performance des gens dans un vaste domaine de problèmes inférentiels laisse beaucoup à désirer. Les réponses données par plusieurs sujets expérimentaux s'éloignent substantiellement et systématiquement des réponses qui seraient en accord avec un ensemble rationnel de principes inférentiels. Bien sûr, il se pourrait que toutes ces erreurs soient simplement des erreurs de performance et qu'elles ne reflètent pas exactement les principes de raisonnement qui forment la compétence sous-jacente du raisonnement ou la « psycho-logique » des sujets. Mais de nombreux auteurs ont proposé une interprétation beaucoup plus troublante de ces résultats expérimentaux. Ces auteurs soutiennent que dans des expériences comme celles décrites dans cette section, les gens raisonnent de fait en suivant des formes qui reflètent leur psycho-logique. Ces sujets n'utilisent pas les principes corrects simplement parce qu'ils n'y ont pas accès ; ces principes ne font pas partie de la compétence en raisonnement internalisée des sujets. Ce dont ils disposent plutôt, selon ce point de vue, est une collection de principes plus simples, ou « heuristiques », qui peuvent souvent donner lieu à la bonne réponse, mais souvent aussi conduire à une réponse erronée. Selon cette hypothèse, les sujets font des erreurs parce que leur psycho-logique est normativement défectueuse ; leurs principes de raisonnement internalisés ne sont pas des principes rationnels.

1. Pour des aperçus plus détaillés de la littérature sur ce qui est parfois appelé la tradition des « heuristiques et préjugés », voir R. Nisbett et L. Ross (1980), *Human Inference. Strategies and Shortcomings of Social Judgment*, Englewood Cliffs, Prentice Hall ; J. Baron (1988), *Thinking and Deciding*, Cambridge, Cambridge University Press ; M. Piattelli-Palmarini (1994), *Inevitable Illusions. How Mistakes of Reason Rule Our Minds*, New York, John Wiley & Sons ; R. Dawes (1988), *Rational Choice in an Uncertain World*, Orlando, Harcourt Brace Jovanovich ; S. Sutherland (1994), *Irrationality. Why We Don't Think Straight!,* New Brunswick, Rutgers University Press. L'ouvrage dirigé par D. Kahneman, P. Slovic et A. Tversky (1982), *Judgment under Uncertainty. Heuristics and Biases*, Cambridge, Cambridge University Press, constitue une anthologie très utile.

Daniel Kahneman et Amos Tversky, qui sont largement reconnus comme les fondateurs et des chercheurs de pointe dans la tradition des heuristiques et préjugés, expliquent ce phénomène de la manière suivante :

> En faisant des prédictions et des jugements en situation d'incertitude, les gens ne semblent pas suivre le calcul des chances ou la théorie statistique de la prédiction. Au contraire, ils s'en remettent à un nombre limité d'heuristiques, qui parfois conduisent à des jugements raisonnables, et parfois à des erreurs graves et systématiques[1].

Slovic, Fishhoff et Lichtenstein, d'importants chercheurs dans cette veine expérimentale, sont encore plus catégoriques. « Il semble, écrivent-ils, que les gens n'ont pas les bons programmes pour plusieurs tâches de jugement importantes […]. Nous n'avons pas eu l'opportunité d'acquérir à travers le processus de l'évolution un intellect capable de faire face conceptuellement à l'incertitude »[2]. Stephen J. Gould, théoricien de l'évolution bien connu et auteur de nombreux ouvrages réputés sur la science, est du même avis. Après avoir décrit l'expérience de la « guichetière de banque », il demande : « Pourquoi faisons-nous constamment cette simple erreur de logique ? ». Sa réponse est la suivante : « Tversky et Kahneman ont soutenu, correctement selon moi, que nos esprits ne sont pas construits (pour quelque raison que ce soit) pour utiliser les règles de la probabilité »[3]. Si ces auteurs ont raison, alors Aristote a tort. L'homme n'est pas un animal rationnel.

1. D. Kahneman et A. Tversky, 1973, « On the Psychology of Prediction », *Psychological Review*, n° 80, p. 237.

2. P. Slovic, B. Fischhoff et S. Lichtenstein (1976), « Cognitive Processes and Societal Risk Taking », *Cognition and Social Behavior* (sous la dir. de J. S. Carol et J. W. Payne), Hillsdale, Erlbaum, p. 174.

3. S. J. Gould (1992), *Bully for Brontosaurus. Further Reflections in Natural History*, Londres, Penguin Books, p. 469.

V. Un défi pour l'explication de la rationalité
en termes d'équilibre réfléchi

À la section précédente, nous avons examiné quelques résultats expérimentaux qui mettent en péril l'évaluation optimiste d'Aristote au sujet de la rationalité humaine. Un certain nombre de philosophes et de psychologues pensent aussi que de telles découvertes posent un défi majeur à l'explication par l'équilibre réfléchi, que nous avons ébauchée à la section III. L'argument justifiant cette conclusion est assez simple. Il commence par reconnaître que certaines des formes de raisonnement douteuses qu'on trouve dans la littérature peuvent être en équilibre réfléchi pour nombre de gens. Lorsque les principes sous-tendant les inférences sont rendus explicites et que les sujets peuvent réfléchir sur eux et sur leur propre pratique inférentielle, ils peuvent bien accepter à la fois les inférences et les principes. (Cette thèse trouve une illustration étonnante dans certains textes de logique au XIXᵉ siècle dans lesquels des principes problématiques sont explicitement adoptés[1]. Les auteurs de ces textes acceptaient sans doute réflexivement à la fois les principes et les inférences qui s'accordaient avec ceux-ci). Si tel est le cas, si les principes sous-tendant des formes d'inférences douteuses mentionnées dans la littérature psychologique sont vraiment en équilibre réfléchi pour de nombreuses personnes, alors, soutiennent les critiques, l'explication de la rationalité en termes d'équilibre réfléchi est erronée. Parce que selon cette explication, être rationnel consiste justement à passer le test de l'équilibre réfléchi. Si cette explication est correcte, alors l'erreur de la conjonc-

---

1. Par exemple, dans *Elements of Logic* (édition révisée, Philadelphie, H. Butler & Co., 1974), Henry Coppée approuve explicitement la fameuse « erreur du parieur » (*Gambler's Fallacy*). Voici ce qu'il dit : « Ainsi, lorsque nous lançons un dé, nous ne pouvons pas être certains qu'aucune face ou combinaison de faces apparaîtra ; mais si, à la suite de plusieurs lancers, une face particulière n'est pas apparue, ses chances d'apparaître deviennent de plus en plus fortes, jusqu'à ce qu'elles approchent très près de la certitude. Cela doit se produire ; et à chaque lancer où elle n'apparaît pas, la certitude de son occurrence devient de plus en plus grande ».

tion, l'oubli de la fréquence de base ou d'autres formes de raisonnement problématiques seraient rationnels pour ces gens.

Bien entendu, chaque exemple de principe inférentiel malheureux qui pourrait apparemment passer le test de l'équilibre réfléchi peut être remis en question. La question de savoir si les principes douteux qui semblent guider les pratiques inférentielles survivent ou non à la minutie réflexive qu'exige le test de Goodman est empirique. Et pour toute règle donnée, un tenant de l'explication en termes d'équilibre réfléchi pourrait soutenir que le cas empirique n'a pas été défini adéquatement. Je suis enclin à penser que ceux qui construisent leur défense de cette façon risquent d'être dépassés par l'abondance croissante des découvertes empiriques. Mais l'argument ne dépend pas nécessairement du fait que ce soupçon s'avérera fondé, parce que même la possibilité que mes soupçons se confirment pose un sérieux problème à la thèse de l'équilibre réfléchi. Ce n'est assurément pas une vérité nécessaire que les principes inférentiels étranges échoueront au test de l'équilibre réfléchi pour tous les sujets. Et si on nous accorde, comme on doit clairement le faire, que la fréquence de base ou l'erreur de la conjonction (ou n'importe quel autre principe inférentiel qui a retenu l'attention des psychologues ces dernières années) peut passer le test de l'équilibre réfléchi pour un groupe de sujets quelconque, cela suffit à jeter un doute sur l'idée que l'équilibre réfléchi est constitutif de la rationalité. Sûrement, la plupart d'entre nous ne sommes pas portés à dire qu'il est rationnel d'utiliser n'importe quel principe inférentiel – si bizarre qu'il soit – simplement parce qu'il s'accorde avec nos pratiques inférentielles réflexives.

Cela n'est pas, je m'empresse de le préciser, un argument décisif contre l'explication de la rationalité en termes d'équilibre réfléchi ; il est difficile de produire des arguments décisifs dans ce domaine. Quand il appert que l'erreur de la conjonction, celle de l'oubli de la fréquence de base ou quelque autre principe que désapprouvent la plupart des théoriciens normatifs pourraient passer le test de l'équilibre réfléchi pour un quelconque groupe de gens réels ou hypothétiques, certains philo-

sophes durcissent leur position et insistent sur le fait que si le
principe en question est en équilibre réfléchi pour un groupe de
gens, alors ce principe est en fait justifié ou rationnel pour eux.
Cette évaluation, insistent-ils, s'accorde assez bien avec au
moins un sens des notions de justification ou de rationalité pour
qu'on ait affaire à une « précisification » de celles-ci plutôt qu'à
des notions protéiformes.

Bien que s'entêter et insister sur le fait que l'explication en
termes d'équilibre réfléchi saisit (ou précisifie) un sens de la
rationalité ne constitue peut-être pas une position intenable,
celle-ci présente manifestement des désavantages sérieux, le
plus évident étant la conséquence très contre-intuitive qu'à peu
près n'importe quelle règle de raisonnement, si loufoque qu'elle
soit, pourrait être rationnelle pour une personne, pour autant
qu'elle s'accorde avec sa pratique inférentielle réflexive. Cela a
amené de nombreux philosophes à construire une explication
assez différente de ce qu'est un principe de raisonnement rationnel. Dans grand nombre d'explications, la notion de vérité joue
un rôle central. Les tenants de ces explications considèrent
d'entrée de jeu que le but véritable de la pensée et du raisonnement est de construire une explication exacte de la façon dont les
choses sont dans le monde. Ce que nous voulons vraiment, ce sont
des croyances vraies. Et si cela est juste, nous devrions employer
des principes de raisonnement et de formation de croyances qui
peuvent produire des croyances vraies. Ainsi, selon ces
explications, un principe inférentiel est rationnel ou justifié si la
personne qui l'utilise peut avoir des croyances vraies.

Malheureusement, de nombreuses explications de la rationalité articulées autour de la notion de vérité ont elles aussi des
conséquences contre-intuitives. Peut-être la façon la plus facile
de les voir est-elle d'invoquer une variation sur le thème du
Malin Génie de Descartes. Imaginez deux personnes qui sont
soudainement la proie du Malin Génie et qui reçoivent à partir de
ce moment des *inputs* perceptuels systématiquement trompeurs
ou illusoires. Supposons de plus qu'une de ces victimes a utilisé
des processus inférentiels assez semblables aux nôtres et que

ceux-ci ont produit des croyances vraies, alors que les processus inférentiels de l'autre victime sont assez fous (selon ce que nous pouvons juger) et n'ont pas réussi à produire des croyances vraies. Nous pouvons même imaginer que la seconde victime est internée dans un asile de fous et qu'elle est tourmentée par des hallucinations. Dans leur nouvel environnement créé par le Malin Génie, cependant, le système de principes inférentiels sain – celui qui est comme le nôtre – conduit à un tissu croissant de fausses croyances. L'autre système, par contre, fera un bien meilleur travail, produisant des croyances vraies et évitant les fausses croyances, puisque ce que le Malin Génie fait, c'est donner à la victime des apparences radicalement trompeuses – des apparences que seul un lunatique pourrait prendre comme preuve de ce qui se produit vraiment. Selon l'explication de la rationalité en fonction de la vérité, les principes inférentiels du lunatique seraient rationnels dans cet environnement, alors que les nôtres seraient plutôt irrationnels. Cela semble à plusieurs un résultat sérieusement contre-intuitif. Les tenants de l'explication par la vérité ont proposé diverses stratégies pour éviter des cas comme ceux-ci, quoiqu'on débatte encore beaucoup du taux de succès de ces stratégies.

Où cela nous laisse-t-il ? Le seul point sur lequel, je crois, il y a un large consensus, c'est qu'il n'y a pas de réponse non problématique et généralement acceptée aux questions par lesquelles nous avons ouvert la section III : « Qu'est-ce qui justifie un ensemble de règles ou de principes pour le raisonnement ? Qu'est-ce qui rend les règles de raisonnement rationnelles ? ». La nature de la rationalité est encore très discutée. De nombreux philosophes s'entendent également pour dire que les études empiriques sur le raisonnement (comme celles dont nous avons rendu compte à la section IV) imposent des contraintes importantes au genre de réponses qui peut être apporté à ces questions, bien qu'on ne sache encore trop quelles sont ces contraintes. Dans la section qui suit, nous retournerons à l'étude empirique du raisonnement et examinerons quelques résultats récents de la psychologie évolutionniste qui mettent en question la conclusion pessimiste à propos de la rationalité humaine que certains pourraient tirer des études dont nous avons rendu compte à la section IV. En interprétant ces résultats, nous n'avons d'autre choix que de nous en remettre à nos intuitions sur la rationalité, puisqu'il n'y a pas de théorie généralement acceptée sur ce qu'est la rationalité.

VI. LES HUMAINS SONT-ILS DES ANIMAUX RATIONNELS APRÈS TOUT ? LES DONNÉES DE LA PSYCHOLOGIE ÉVOLUTIONNISTE

Même si le champ interdisciplinaire de la psychologie évolutionniste est trop nouveau pour avoir développé un corps de doctrine précis et largement accepté, on s'entend sur trois thèses fondamentales : la première est que l'esprit humain contient un grand nombre de systèmes destinés à des fins particulières – souvent appelés « modules » ou « organes mentaux ». Ces modules sont invariablement conçus comme un type de mécanisme computationnel spécialisé ou spécifique à un domaine. La seconde thèse centrale de la psychologie évolutionniste est que, contrairement à ce qu'ont soutenu certains éminents chercheurs en sciences cognitives[1], la structure modulaire de l'esprit n'est pas limitée aux « systèmes d'*inputs* » (ceux qui sont responsables de la perception et du traitement du langage) et aux « systèmes d'*outputs* » (ceux qui sont responsables de la production des mouvements du corps). Selon les psychologues évolutionnistes, les modules servent plusieurs capacités dites « centrales », comme le raisonnement et la formation des croyances. La troisième thèse est que les modules mentaux sont ce que les biologistes évolutionnistes ont appelé des adaptations – ils ont été, comme l'écrivent Tooby et Cosmides, « inventés par la sélection naturelle pendant l'évolution de notre espèce pour

---

1. Plus particulièrement Jerry Fodor, dans *The Modularity of Mind*, Cambridge, Mass., MIT Press, 1983.

produire des fins adaptatives dans l'environnement naturel de l'espèce »[1]. Voici un passage dans lequel Tooby et Cosmides offrent une image particulièrement vive de ces thèses centrales de la psychologie évolutionniste :

> Notre architecture cognitive ressemble à une confédération de centaines de milliers d'ordinateurs fonctionnels (souvent appelés modules) conçus pour résoudre des problèmes adaptatifs endémiques pour nos ancêtres chasseurs-cueilleurs. Chacun de ces mécanismes possède son propre ordre du jour et impose sa propre organisation à différents fragments du monde. Il y a des systèmes spécialisés dans l'induction de la grammaire, dans la reconnaissance des visages, dans le positionnement dans l'espace, dans la construction des objets et dans la reconnaissance des émotions à partir des expressions faciales. Il y a des mécanismes pour détecter le caractère animé des choses, la direction des yeux et la tricherie. Il y a un module de la « théorie de l'esprit » [...] une variété de modules d'inférence sociale [...] et une multitude d'autres élégantes machines[2].

Si la plus grande partie de la cognition centrale est en fait servie par des modules cognitifs qui ont été conçus pour faire face aux problèmes adaptatifs posés par l'environnement dans lequel nos ancêtres primates ont vécu, il faut s'attendre à ce que les modules responsables du raisonnement ne fonctionnent jamais aussi bien que quand l'information qui leur est acheminée se trouve dans un format similaire à celui dans lequel l'information était accessible dans l'environnement ancestral. Et, comme l'a soutenu Gerd Gigerenzer, même s'il y avait une quantité d'information probabiliste disponible dans cet environnement, cette information aurait été représentée « en termes de fréquences d'événements, encodée séquentiellement au fur et à mesure des

---

1. J. Tooby et L. Cosmides (1995), « Foreword », *in* S. Baron-Cohen (1995), *Mindblindness. An Essay on Autism and Theory of Mind*, Cambridge, Mass., MIT Press, p. XIII.

2. *Ibid.*, p. XIV.

rencontres – par exemple, 3 sur 20 par opposition à 15 %…»[1].
Cosmides et Tooby soutiennent à peu près la même chose :

> Nos ancêtres hominidés étaient plongés dans un flot de fréquences observables qui pouvaient être utilisées pour améliorer la prise de décision et ils développaient leurs façons de faire en fonction d'elles. Ainsi, si nous avons des adaptations pour le raisonnement inductif, elles doivent prendre l'information en termes de fréquence comme input[2].

Sur la base de ces considérations évolutionnistes, Gigerenzer, Cosmides et Tooby ont proposé et défendu une hypothèse psychologique à laquelle ils réfèrent comme l'hypothèse fréquentiste : «Certains de nos mécanismes de raisonnement inductif incorporent des aspects du calcul des probabilités, mais ils sont conçus pour prendre l'information en termes de fréquence comme *input* et produire des fréquences comme *output* »[3].

Cette idée a conduit Cosmides et Tooby à poursuivre une intéressante série d'expériences dans laquelle le « problème de l'École de médecine de Harvard » que nous avons discuté à la section IV a été systématiquement transformé en un problème dans lequel à la fois la question et la réponse doivent être formulées en termes de fréquences. Voici un exemple de leur étude dans lequel l'information concernant la fréquence est rendue particulièrement manifeste :

> Un Américain sur 1000 a une maladie X. Un test a été mis au point pour détecter cette maladie. Chaque fois que le test est administré à une personne qui a la maladie, le test est positif. Mais parfois le test est aussi positif lorsqu'il est administré à une personne qui est en parfaite santé. Plus précisément, dans chaque groupe de 1000 personnes en parfaite santé, 50 recevront un diagnostic positif.

1. G. Gigerenzer (1994), « Why the Distinction between Single-event Probabilities and Frequencies is Important for Psychology (and vice versa) », *Subjective Probability* (sous la dir. de G. Wright et P. Atron), New York, John Wiley, p. 142.

2. L. Cosmides et J. Tooby (1996), « Are Humans Good Intuitive Statisticians after all? Rethinking some Conclusions from the Literature on Judgment under Uncertainty », *Cognition*, vol. 58, n° 1, p. 1-73, ici p. 15-16.

3. *Ibid.*, p. 3.

Imaginez que nous ayons réuni au hasard un échantillon de 1000 Américains, choisis par tirage au sort. Ceux qui ont fait le tirage n'avaient aucune information sur l'état de santé de ces gens.

Étant données les informations mentionnées, en moyenne, combien de gens dont le diagnostic est positif pour la maladie l'ont-ils vraiment? —— sur —— .

À la différence de l'expérience originale de Casscells *et alii*, dans laquelle seulement 18 % des sujets avaient la réponse bayesienne correcte, 76 % des sujets de Cosmides et Tooby ont cette fois donné la bonne réponse.

Cela n'est pas seulement un cas isolé dans lequel une « version fréquentiste » des problèmes de raisonnement probabiliste permet des niveaux de performance élevés. Au contraire, il s'avère que dans de nombreux cas, lorsque les problèmes sont formulés en termes de fréquences plutôt que de probabilités, les sujets tendent à raisonner plus rationnellement. Dans une étude de 1988, Fiedler a montré que le pourcentage de sujets qui commettaient l'erreur de la conjonction pouvait être radicalement réduit si le problème était formulé en termes fréquentistes[1]. Utilisant le problème de la « guichetière féministe », Fiedler contraste le libellé rapporté à la section IV avec un problème qui se lit comme suit :

Linda a 31 ans, elle est célibataire, franche et très brillante. Elle a une majeure en philosophie. Quand elle était étudiante, elle était très préoccupée par les questions de discrimination et de justice sociale, et elle a aussi participé à des manifestations antinucléaires.
Il y a deux cents personnes à qui cette description convient. Combien seront :
guichetières de banque

…

guichetières de banque et actives dans le mouvement féministe ?

…

1. K. Fiedler (1988), « The Dependence of the Conjunction Fallacy on Subtle Linguistic Factors », *Psychological Research*, n° 50, p. 123-129.

Dans la formulation originale du problème, 91 % des sujets ont jugé que le cas de la guichetière féministe est plus probable que le cas de la guichetière. Toutefois, dans la version fréquentiste présentée ci-dessus, seulement 22 % des sujets jugent qu'il y aura plus de guichetières féministes que de guichetières.

Des études sur la confiance excessive ont également été conduites pour étayer l'hypothèse fréquentiste. Dans une de celles-ci, Gigerenzer, Hoffrage et Kleinbölting rapportent que la sorte de confiance excessive décrite à la section IV peut « disparaître » si on fait répondre les sujets à des questions formulées en termes de fréquences[1]. Gigerenzer et ses collègues donnèrent une liste de 50 questions similaires à celles que nous avons vues à la section IV, à ceci près qu'en plus d'évaluer leur confiance après chaque réponse (ce qui, en effet, leur demande de juger la probabilité d'un événement singulier), on posait également au sujet des questions à propos de la fréquence de réponses correctes : « À combien de ces 50 questions pensez-vous avoir donné une bonne réponse ? ». Dans deux expériences, la moyenne de confiance excessive était environ de 15 % lorsque la confiance en des événements singuliers était comparée à la fréquence relative réelle de réponses correctes, reproduisant le genre de données présenté à la section IV. Cependant, comparer « la fréquence estimée avec la fréquence réelle de bonnes réponses » des sujets « faisait disparaître la « confiance excessive » […]. Les fréquences estimées étaient pratiquement identiques aux fréquences actuelles… L'"illusion cognitive" avait disparu »[2].

À la section IV, nous avons vu une version de la tâche de sélection des quatre cartes de Wason, pour laquelle la plupart des sujets parvenaient à des résultats médiocres. On avait noté

1. G. Gigerenzer, U. Hoffrage et Kleinbölting (1991), « Probabilistic Mental Models : A Brunswikean Theory of Confidence », *Psychological Review*, n° 98, p. 506-528.
2. G. Gigerenzer (1991), « How to make Cognitive Illusions disappear : Beyond "Heuristics and Biases" », *European Review of Social Psychology*, n° 2, p. 83-115.

qu'alors que les résultats étaient tout aussi médiocres dans de nombreuses autres versions de la tâche de sélection, il y avait des versions où la performance des sujets s'améliorait radicalement. Voici un exemple de Griggs et Cox [1].

> Dans leur lutte contre l'ivresse au volant, les officiers de police du Massachusetts ne cessent de retirer des permis de conduire. Vous êtes videur dans un bar de Boston et vous perdrez votre emploi si vous n'appliquez pas la loi suivante :
> « Pour boire de la bière, il faut avoir plus de 20 ans ».
> Les cartes ci-après portent des renseignements sur quatre personnes assises à une table dans votre bar. Sur un côté de chaque carte se trouve la nature de la consommation et sur l'autre, l'âge de la personne. N'identifiez que les cartes que vous devez absolument retourner pour savoir si l'une de ces personnes enfreint la loi.
>
> BIÈRE   COCA   25 ANS   16 ANS

D'un point de vue logique, ce problème semble structurellement identique au problème de la section IV, mais le contenu des problèmes a clairement un effet majeur sur la correction des réponses données. À peu près 75 % des étudiants de collège ont donné la bonne réponse à cette version de la tâche de sélection, alors que 25 % ont eu la bonne réponse dans l'autre version. Quoiqu'il y ait eu des douzaines d'études explorant cet « effet de contenu » sur la tâche de sélection, jusqu'à tout récemment ces résultats étaient relativement incompréhensibles puisqu'il n'y avait pas de propriété évidente ou un groupe de propriétés partagées par ces versions de la tâche de sélection pour lesquelles le taux de réponses correctes était élevé. Cependant, dans plusieurs articles récents, Cosmides et Tooby ont soutenu que l'analyse évolutionniste nous permet de déceler un motif surprenant dans ce qui autrement constitue des résultats déroutants [2].

---

1. R. Griggs et J. Cox (1982), « The Elusive Thematic-materials Effect in Wason's Selection Task », *British Journal of Psychology*, n° 73, p. 407-420.

2. Voir L. Cosmides (1989), « The Logic of Social Exchange : Has Natural Selection shaped how Humans reason ? Studies with Wason Selection Task », *Cognition*, n° 31, p. 187-276 ; L. Cosmides et J. Tooby (1992), « Cognitive Adap-

Le point de départ de leur analyse évolutionniste est l'observation que dans l'environnement dans lequel nos ancêtres ont évolué (mais aussi dans le monde moderne) il arrivait souvent que des individus non apparentés participent à ce que les théoriciens des jeux ont appelé des échanges à « somme non nulle », dans lesquels les bénéfices du récipiendaire (mesurés en termes d'adaptation reproductive) étaient beaucoup plus grands que les coûts pour le donneur. Dans une société de chasseurs-cueilleurs, par exemple, il arrivera parfois qu'un chasseur a été chanceux un jour donné et qu'il a de la nourriture en abondance, alors qu'un autre chasseur a été malchanceux et meurt de faim. Si le chasseur chanceux donne un peu de sa viande au chasseur malchanceux plutôt que s'en gaver, cela peut avoir un petit effet négatif sur l'adaptation du donneur puisque ces quelques grammes supplémentaires de gras corporel qu'il aurait pu consommer auraient pu être utiles dans le futur, mais le bénéfice pour le récipiendaire est beaucoup plus grand. Il y a quand même un quelconque coût pour le donneur; il se tirerait un peu mieux d'affaire s'il n'avait pas aidé ces individus non apparentés. Il est quand même clair que les gens aident parfois ceux qui ne leur sont pas apparentés, et il y a des raisons de penser que les primates non humains (ainsi que les chauves-souris) font de même. À première vue, cette sorte d'« altruisme » semble un casse-tête pour les évolutionnistes puisque si un gène qui rend un organisme moins enclin à aider les individus non apparentés apparaît dans une population, ceux qui auront ce gène seront un petit peu mieux adaptés, de sorte que ce gène se répandra graduellement dans la population.

Une solution a été proposée par Robert Trivers[1], qui avait noté que, alors que l'altruisme unidirectionnel était une mauvaise idée d'un point de vue évolutionniste, il en allait tout autrement avec

tations for Social Exchange », *The Adapted Mind. Evolutionary Psychology and the Generation of Culture* (sous la dir. de J. H. Barkow, L. Cosmides et J. Tooby), 1992, p. 163-228.

1. R. Trivers (1971), « The Evolution of Reciprocal Altruism », *Quarterly Review of Biology*, n° 46, p. 35-56.

l'altruisme réciproque. Si deux chasseurs (qu'ils soient des humains ou des chauves-souris) peuvent compter l'un sur l'autre lorsque l'un a de la nourriture en abondance et que l'autre n'en a pas, alors cela devrait profiter à tous deux à long terme. Ainsi, les organismes avec un gène ou une suite de gènes qui les rend enclins à participer à des échanges réciproques avec des non-parents (des « échanges sociaux », comme on les nomme parfois) seraient mieux adaptés que les membres de la même espèce qui n'ont pas ces gènes. Mais, bien sûr, les arrangements d'échange réciproque sont exposés à la tricherie. Dans le cours de la maxi-misation de l'adaptation, les individus s'en tireront mieux si on leur offre régulièrement et s'ils acceptent de l'aide quand ils en ont besoin mais ne rendent jamais la pareille lorsque les autres ont besoin d'aide. Cela suggère que si des arrangements d'échanges sociaux peuvent exister, les organismes impliqués doivent avoir des mécanismes qui leur permettent de détecter les tricheurs et d'éviter de les aider dans le futur. Et puisque les humains sont apparemment capables de participer à des relations d'échanges sociaux stables, cette analyse a conduit Cosmides et Tooby à faire l'hypothèse que nous avons un ou plusieurs modules ou organes mentaux dont le travail consiste à recon-naître les arrangements d'échanges réciproques et à détecter les tricheurs qui acceptent les bénéfices de tels arrangements, mais qui n'en paient pas les coûts. Bref, l'analyse évolutionniste conduit Cosmides et Tooby à faire l'hypothèse de l'existence d'un ou plusieurs modules de détection des tricheurs. J'appel-lerai cela l'hypothèse de la détection des tricheurs.

Si cette hypothèse est correcte, nous devrions découvrir quelque trace de l'existence de ces modules dans la pensée des humains contemporains. C'est ici que la tâche de sélection fait son entrée. En fait, selon Cosmides et Tooby, quelques versions de la tâche de la sélection utilisent un ou plusieurs module mentaux conçus pour détecter les tricheurs dans les situations d'échange social. D'autres versions de la tâche n'activent pas les modules d'échanges sociaux et de détection des tricheurs. Puisque nous n'avons pas de modules mentaux pour venir à bout de ces problèmes, les gens les trouveront plus difficiles, et leurs performances seront beaucoup moins bonnes. Le problème du videur du bar de Boston présenté plus tôt est un exemple d'une tâche de sélection qui déclenche un mécanisme de détection des tricheurs. Le problème des voyelles et des nombres impairs qui est présenté à la section IV est un exemple de tâche de sélection qui ne déclenche pas de module de détection de tricheurs.

Afin d'étayer leur théorie, Cosmides et Tooby ont réuni un ensemble de données impressionnant. L'hypothèse de la détection des tricheurs soutient que les échanges sociaux ou les « contrats sociaux » donneront lieu à une bonne performance aux tâches de sélection, et cela nous permet de déceler un motif clair dans cette littérature expérimentale déconcertante qui s'est développée avant que leur hypothèse ne soit formulée.

> Lorsque nous avons entrepris notre recherche en 1983, la littérature sur la tâche de sélection de Wason était remplie de rapports au sujet d'une grande variété d'effets de contenu, et il n'y avait pas de théorie satisfaisante ou de généralisation empirique qui pouvait rendre compte de ces effets. Quand nous avons catégorisé ces effets de contenu selon qu'ils se conforment ou non aux contrats sociaux, un motif frappant est apparu. On n'a trouvé des effets de contenu solides et qu'on peut reproduire que pour les règles qui lient des termes qui sont reconnaissables comme bénéfice et coût/obligation dans le format des contrats sociaux standards […]. Aucune règle thématique qui n'était pas un contrat social n'a jamais produit un effet de contenu aussi solide… Étant donné ce que nous savons, pour les problèmes thématiques de contrats non sociaux, 3 expériences ont produit un substantiel effet de contenu, 2 ont produit un effet de contenu faible, et 14 n'ont produit aucun effet de contenu. En revanche, 16 expériences sur 16 qui se conformaient au critère pour les contrats sociaux standard […] ont provoqué des effets de contenu substantiels [1].

Depuis la formulation de l'hypothèse de la détection des tricheurs, de nombreuses autres expériences ont été élaborées pour tester l'hypothèse et éliminer les autres possibilités. Et

---

1. L. Cosmides et J. Tooby (1992), art. cit, p. 183.

même si l'hypothèse a toujours de nombreux critiques, il n'y a pas de doute que certaines de ces expériences impressionnent par leur caractère concluant.

De tels résultats ont favorisé le retour de l'optimisme aristotélicien. Selon le point de vue des optimistes, les théories et découvertes de la psychologie évolutionniste suggèrent que le raisonnement humain est servi par d'« élégantes machines » qui ont été conçues et raffinées par la sélection naturelle pendant des millions d'années, et c'est pourquoi toute inquiétude quant à une quelconque irrationalité systématique serait dénuée de fondement. Le titre que Cosmides et Tooby ont choisi pour le texte dans lequel ils font état de leurs données concernant le problème de l'Ecole de médecine de Harvard est un bon indicateur de cet optimisme : « Est-ce que les humains sont de bons statisticiens intuitifs après tout ? Repenser certaines conclusions de la littérature sur le jugement en situation d'incertitude ». Cinq ans plus tôt, alors que la recherche de Cosmides et Tooby était toujours en cours, Gigerenzer avait rapportés quelques-unes de leurs premières découvertes dans un article au titre provocateur : « Comment faire disparaître les illusions cognitives : au-delà des "heuristiques et préjugés" ». Chacun de ces deux titres suggère clairement que les découvertes dont il est fait état attaquent de front le pessimisme caractéristique de la tradition des heuristiques et préjugés. Et il ne s'agit pas que des titres. Article après article, Gigerenzer a fait des déclarations du type : « il nous faut être plus optimiste »[1] ou « nous ne devons pas forcément nous en faire à propos de la rationalité humaine »[2], et il a soutenu qu'on peut considérer « l'intuition comme fondamentalement rationnelle »[3]. Au vu de commentaires de ce genre, il n'est guère

1. G. Gigerenzer (1991), « On Cognitive Illusions and Rationality », *Poznan Studies in the Philosophy of the Sciences and the Humanities*, vol. 21, p. 225-249, ici p. 245.

2. G. Gigerenzer (1998), « The Modularity of Social Intelligence », *Machiavellian Intelligence II* (sous la dir. de A. Whiten et R. Byrne), Cambridge, Cambridge University Press, p. 280.

3. G. Gigerenzer (1991), « On Cognitive Illusions and Rationality », p. 242.

étonnant qu'un commentateur ait dit de Gigerenzer et de ses collègues qu'ils ont « adopté une position empirique contre l'idée entretenue par certains psychologues que les gens sont plutôt stupides »[1].

VII. LA PSYCHOLOGIE ÉVOLUTIONNISTE MONTRE-T-ELLE QU'ARISTOTE AVAIT RAISON ?

Les théories préconisées par les psychologues évolutionnistes sont très controversées (si ce n'est plus), et même leurs expériences n'ont pas été sans soulever des contestations. Mais supposez qu'il s'avère que les psychologues évolutionnistes aient raison à propos des mécanismes mentaux qui sous-tendent le raisonnement humain. Est-ce que cela montrerait vraiment que la thèse d'Aristote était correcte ? La réponse est, je crois, pas du tout. Pour voir pourquoi, commençons par rappeler comment nous interprétons la thèse d'Aristote. L'affirmation selon laquelle les humains sont des animaux rationnels, comme nous l'avons expliqué à la section II, signifie que les gens normaux ont une compétence de raisonnement rationnelle. Cette compétence est un ensemble de règles ou de principes de raisonnement mentalement représenté – une psycho-logique – et la thèse d'Aristote est que ces règles sont rationnelles ou normativement appropriées ; elles spécifient la façon correcte de raisonner. Ainsi, lorsque les gens font des erreurs de raisonnement ou qu'ils raisonnent irrationnellement, les erreurs sont des erreurs de performance qui ne reflètent pas les principes représentés mentalement qui sous-tendent le raisonnement.

La première chose à dire au sujet de la relation entre la psychologie évolutionniste et la thèse d'Aristote est que si la psychologie évolutionniste a raison, alors notre interprétation de la thèse d'Aristote est trop simpliste pour s'accorder avec les

---

1. Lopes, cité par B. Bower (1996), « Rational Mind Design : Research into the Ecology of Thought Treads on Contested Terrain », *Science News*, n° 150, p. 24-25.

faits. Selon le modèle de l'esprit qu'ont les psychologues évolutionnistes, les gens n'ont pas *une* compétence de raisonnement,
ils en ont beaucoup, et chacun de ces modules mentaux « à tâche
spécifique » possède son propre ensemble de règles. Ainsi, il n'y
a pas une seule psycho-logique non plus ; il y en a beaucoup. On
pourrait penser que cela ne pose qu'un problème mineur aux
défenseurs de l'optimisme aristotélicien. Plutôt qu'affirmer
qu'il n'y a qu'un mécanisme sous-tendant le raisonnement et
qu'il comprend un ensemble de règles rationnellement ou
normativement appropriées, ils pourraient soutenir qu'il y a de
nombreux mécanismes sous-tendant le raisonnement et que tous
utilisent des règles normativement appropriées. Mais, et cela est
un fait déterminant, la psychologie évolutionniste n'étaie pas
cette affirmation. La psychologie évolutionniste maintient que
la sélection naturelle nous a équipés d'un nombre de mécanismes
de raisonnement bien conçus qui emploient des principes
rationnellement ou normativement appropriés pour le genre de
problèmes qui étaient importants dans l'environnement des
chasseurs-cueilleurs qu'étaient nos ancêtres. Il y a toutefois de
nombreuses sortes de problèmes de raisonnement qui sont
importants dans le monde moderne – problèmes impliquant la
probabilité d'événements uniques, par exemple – que ces mécanismes ne sont pas conçus pour résoudre. Dans plusieurs cas,
suggèrent les psychologues évolutionnistes, les élégants mécanismes de raisonnement spécifique à une tâche conçus par la
sélection naturelle ne pourront même pas traiter ces problèmes.
Plusieurs des problèmes étudiés par la littérature de « heuristiques et préjugés » étaient de ce genre. Et la psychologie
évolutionniste ne nous donne aucune raison de supposer que les
gens ont des règles rationnelles représentées mentalement pour
faire face à des problèmes comme ceux-là.

Selon l'interprétation de la littérature expérimentale sur le
raisonnement que je défends, rien ne justifie ni l'optimisme
aristotélicien ni le pessimisme de ceux qui ont suggéré que nos
esprits n'étaient équipés que d'un « programme de mauvaise
qualité ». Nous avons et utilisons quelques programmes remar-

quablement bons pour venir à bout des problèmes qui étaient importants dans l'environnement où notre espèce a évolué. Mais il y a également des lacunes importantes dans le genre de problèmes dont notre esprit peut venir à bout. Le défi pour les philosophes, psychologues et éducateurs des prochaines décennies sera de concevoir de meilleures façons pour nos esprits de l'âge de pierre de traiter les problèmes de raisonnement que nous rencontrons à l'âge des voyages spatiaux, des réseaux d'ordinateurs globaux et des armes nucléaires.

STEPHEN STICH

Traduit de l'anglais par Luc Faucher et François Latraverse

DEUX CONCEPTS DE CONSCIENCE

Aucun phénomène mental n'est plus central à la compréhension adéquate de l'esprit que la conscience. Et aucun phénomène mental ne semble plus rétif à un examen théorique que cette dernière.

La conscience joue un rôle à ce point fondamental dans notre façon de concevoir l'esprit qu'on pourrait être tenté de croire qu'aucun état mental n'existe qui ne soit conscient. En effet, on aurait peine à comprendre ce que pourrait être un état mental s'il n'était pas conscient. Selon cette façon de voir, si un état mental quelconque est dépourvu de conscience, il renvoie à un cas exceptionnel qui appelle une explication ou une qualification particulière. Peut-être existe-t-il des états dispositionnels ou cognitifs qui ne sont pas conscients et qui, néanmoins, sont considérés comme des états mentaux. Si tel était le cas, ces états ne seraient mentaux que de façon dérivée, n'ayant droit à leur statut mental que dans la mesure où ils sont reliés à des états conscients. En outre, il sied sans doute de postuler un pendant non conscient aux états mentaux ordinaires, comme le font certaines théories psychologiques. Par contre, si la conscience est, comme on insiste ici, au centre même de l'essence de l'esprit, de tels états ne sont au mieux que des exemples dégradés du mental (*mentality*) et se trouvent ainsi à la périphérie de notre concept d'esprit.

Cette façon de voir est à la fois attrayante et familière. Cependant, il existe d'autres aspects de notre façon habituelle de comprendre l'esprit qui engendrent une conception passablement différente de la relation entre la conscience et le mental. Nous savons assez souvent, sans qu'on nous le dise, ce qu'une autre personne pense ou sent. Et parfois, nous le savons même lorsque cette personne ne se rend pas vraiment compte, à tout le moins d'emblée, qu'elle a ces sentiments ou pensées. Ces cas n'ont rien d'anormal ou d'incompréhensible. Même si nous ne connaissons que rarement les états mentaux des autres mieux qu'ils ne les connaissent eux-mêmes, il n'en demeure pas moins que, lorsque c'est le cas, les états mentaux en question ne sont pas des exemples dégradés ou dérivés du mental. Qui plus est, les états conscients ne sont que des états mentaux dans lesquels nous sommes conscients de nous trouver. Ainsi, lorsqu'on est conscient (*aware*) du fait que quelqu'un pense ou sent quelque chose sans qu'il s'en rende d'abord compte, ces pensées et sentiments sont au début des états mentaux qui ne sont pas également conscients. Ces considérations semblent indiquer une façon de voir qui n'offre pas plus de raisons d'identifier les états mentaux aux états conscients qu'il y en a d'identifier les objets physiques aux objets physiques perçus par quelqu'un. La conscience est un trait que partagent plusieurs états mentaux, mais, selon la position présentée ici, elle n'est ni nécessaire ni même centrale au fait qu'un état soit mental. La conscience ne semble au centre du mental que parce qu'elle est au fondement de la façon dont on connaît ses propres états mentaux. Cependant, la façon dont on connaît les choses est souvent un guide peu fiable à l'établissement de leur nature.

Ces deux positions distinctes sur le lien qui unit la conscience et le mental ont des répercussions différentes quant à l'explication possible de ce que signifie pour un état mental que d'être conscient. Si l'on adopte la position selon laquelle la conscience n'est pas un attribut nécessaire des états mentaux, alors il ne sera pas possible de définir les états mentaux comme des états conscients. En conséquence, l'on devra trouver une autre explication de ce qui définit un état en tant qu'état mental. Et lorsque l'on a en main une explication du mental qui ne fait pas appel à la conscience, on peut alors tenter d'expliquer ce que sont les états conscients en s'appuyant sur une telle explication du mental. De façon plus particulière, il convient ainsi de tenter une formulation des conditions non triviales qui soient nécessaires et suffisantes pour qu'un état mental soit conscient. Conformément à cette conception du mental et de la conscience, il nous est loisible de procéder de façon séquentielle en définissant d'abord le mental et ensuite la conscience.

Cependant, une telle procédure n'est pas possible si nous adoptons plutôt la position selon laquelle l'état mental et l'état conscient sont foncièrement équivalents, car nous ne serions alors plus en mesure d'expliquer le caractère conscient des états conscients en faisant appel à une conception préalable du mental, puisque selon cette perspective le mental présuppose la conscience elle-même. Toute tentative d'expliquer la conscience en formulant des conditions nécessaires et suffisantes pour qu'un état mental soit conscient sera irrémédiablement vouée à l'échec. Si la conscience est constitutive du mental, toute explication de cette sorte sera non informative; si elle ne l'est pas, la conception de l'esprit sur laquelle se fonde notre explication de la conscience sera alors, selon la présente perspective, inéluctablement déficiente, et ce, de façon radicale. Il est manifeste que le tiers est exclu; il n'y a rien de mental qui puisse aider à expliquer la conscience. Si la conscience est alors essentielle au mental, il ne peut ainsi aucunement y avoir d'explication informative et non triviale de la conscience. Qui plus est, puisqu'il n'est pas possible de procéder de façon séquentielle en expliquant d'abord le mental pour passer ensuite à la conscience, il apparaîtra impossible de combler le gouffre qui semble séparer l'esprit et la conscience du reste de la réalité. Thomas Nagel exprime cette position de façon succincte lorsqu'il écrit que « la conscience est ce qui rend vraiment inextricable le problème de la dualité corps-esprit »[1].

1. « What is it like to be a Bat? », *The Philosophical Review*, vol. LXXXIII, n° 4 (October 1974), p. 435-450; repris dans Thomas Nagel (1979), *Mortal Questions*, Cambridge et New York, Cambridge University Press, p. 165-180, ici p. 165. Les références à Nagel suivront la pagination de *Mortal Questions* et, à moins d'indication contraire, porteront sur cet article.

Bien qu'elle semble de fait écarter toute possibilité de fournir une explication informative de la conscience, la perspective selon laquelle la conscience est essentielle à tous les états mentaux comporte néanmoins des avantages appréciables. D'une part, une telle perspective, dont les affinités avec la position cartésienne de l'esprit sont manifestes, s'accorde à plusieurs de nos intuitions du sens commun sur le mental. D'autre part, cette perspective rend sans doute davantage justice à ces intuitions qu'une conception de l'esprit où les états mentaux ne sont pas tous conscients. Ces deux conceptions rivales de l'esprit et de la conscience semblent donc nous placer devant un choix difficile. Ou bien nous pouvons décider de sauvegarder nos intuitions présystématiques au prix d'une incapacité à expliquer la conscience, ou bien nous pouvons laisser ouverte la possibilité d'en donner une explication satisfaisante, mais risquons d'être moins fidèles à la compréhension des états mentaux qui découle de nos intuitions du sens commun.

Une réaction possible à ce dilemme consiste simplement à accepter la plus cartésienne des deux conceptions, et à accepter qu'une explication éclairante de la conscience s'avère impossible. Il est aujourd'hui difficile d'ajouter foi à cette réponse traditionnelle. L'esprit et la conscience sont du même ordre que d'autres phénomènes naturels, dont on peut donner des explications étonnamment puissantes. De plus, il est difficile de croire qu'il pourrait, dans la nature, exister une singularité qui résisterait de façon complète et permanente à toute tentative d'explication. Pour ces raisons, certains auteurs plus récents ont décidé d'abandonner purement et simplement les intuitions du sens commun relativement à l'esprit lorsque celles-ci entrent en conflit avec les objectifs d'explication. La physique n'aspire pas à reconstruire toutes nos intuitions présystématiques des choses qui nous entourent. Pourquoi, demandent les tenants de cette approche éliminativiste, la science de l'esprit devrait-elle procéder autrement[1]?

1. Richard Rorty et Paul M. Churchland, entre autres, se sont fait les champions de cette position. Voir R. Rorty (1979), *Philosophy and the Mirror of*

Nous devrions cependant, dans la mesure du possible, chercher à expliquer nos intuitions du sens commun plutôt que de les dissoudre dans la théorie. Et nous devrions avoir des scrupules à jeter par-dessus bord nos conceptions présystématiques des choses, qu'elles soient mentales ou physiques, à moins que les efforts pour leur rendre justice aient échoué. En effet, même les théories physiques doivent cadrer le plus possible avec notre image de la réalité physique qui procède du sens commun. Dans ce qui suit, je soutiendrai que nous n'avons à embrasser ni la position cartésienne ni la position éliminativiste eu égard à la conscience des états mentaux. Nous pouvons plutôt rester à la fois fidèles à nos intuitions présystématiques de la conscience et de l'esprit, et en même temps formuler des explications utiles et informatives de ces phénomènes. Dans la section I, je développerai les deux perspectives esquissées ci-dessus. En particulier, j'articulerai les deux définitions différentes du mental lui-même qui forment le cœur de ces deux perspectives. J'utiliserai ensuite le concept non cartésien de l'esprit et de la conscience pour formuler une explication systématique et théoriquement satisfaisante de ce que signifie pour un état mental que d'être conscient – c'est-à-dire une explication de ce qui distingue les états mentaux conscients de ceux qui sont non conscients. Je montrerai par la suite comment la définition du mental qui est au centre de chacune des deux perspectives détermine une conception distincte de la conscience, et comment le concept cartésien de conscience rend impossible toute explication informative de la conscience. Dans les sections II et III, je poursuivrai en arguant que l'explication non cartésienne peut sauver les apparences phénoménologiques et expliquer les données de la conscience aussi bien que la perspective cartésienne, laquelle nous est plus familière. J'y soutiendrai de plus que les considérations usuelles à l'appui de la perspective cartésienne sont sans fondement. Enfin, dans la section IV, je

Nature, Princeton, Princeton University Press, partie I ; P. M. Churchland (1979), *Scientific Realism and the Plasticity of Mind*, Cambridge, Cambridge University Press.

conclurai cet article par des observations sur la conscience et sur notre connaissance du mental, de même que sur la signification des idées qui sous-tendent la perspective cartésienne.

I

Tous les états mentaux, quelle qu'en soit la sorte, manifestent des propriétés qui appartiennent à l'une des deux catégories suivantes : soit les propriétés intentionnelles, soit les propriétés phénoménales ou sensibles. Ce qui possède une propriété intentionnelle a un contenu propositionnel, ou porte sur quelque chose. Les propriétés sensibles, par contre, sont moins homogènes. Notons, par exemple, la rougeur d'une sensation visuelle et le caractère intensément douloureux de certaines sensations corporelles. Certains états mentaux peuvent avoir des propriétés à la fois intentionnelles et phénoménales. Quoi qu'on puisse encore affirmer de vrai des états mentaux, il n'en demeure pas moins qu'il est évident qu'on ne considérerait pas du tout un état comme mental s'il n'avait pas une propriété intentionnelle ou phénoménale.

L'on peut aussi soutenir une position à peu près inverse. D'une part, seuls les états mentaux peuvent avoir des propriétés phénoménales. Bien que nous fassions usage de mots tels que « rouge » et « rond » afin de référer à des propriétés d'objets physiques aussi bien qu'à des propriétés d'états mentaux, nous renvoyons à des propriétés différentes dans les deux cas. Par exemple, la rougeur introspectible d'une sensation visuelle ne correspond pas à la même propriété que la rougeur perceptible de la tomate, puisque chacune d'elles peut se produire en l'absence de l'autre. D'autre part, les états mentaux ne sont pas du tout des objets et ne peuvent, de ce fait, posséder les mêmes propriétés de forme et de couleur que les objets physiques. En effet, nous n'utilisons même pas les termes de qualité de la même façon selon que nous parlons d'états mentaux ou d'objets physiques. Nous parlons indifféremment de sensations rouges et de sensations de rouge, mais il n'y a aucun sens non métaphorique à parler de tomates de rouge. Des considérations similaires s'appliquent aux propriétés qui sont particulières aux sensations corporelles. Les couteaux et les douleurs peuvent être les uns et les autres émoussés, mais le caractère émoussé du couteau, contrairement à celui de la douleur, se rapporte à la forme de sa lame. Les propriétés phénoménales, à proprement parler, sont le propre des états mentaux[1].

Les choses sont un peu moins simples dans le cas des propriétés intentionnelles, parce que les états mentaux ne sont pas les seuls à faire preuve d'intentionnalité. Les actes de langage et les œuvres d'art, par exemple, peuvent porter sur des choses et peuvent avoir un contenu propositionnel. Cependant, à l'exception des états mentaux eux-mêmes, il n'est rien qui possède des propriétés intentionnelles, si ce n'est ces modes et produits du comportement qui expriment des états mentaux intentionnels. Il est alors raisonnable de soutenir que ces modes et produits du comportement tirent leur intentionnalité des états mentaux qu'ils expriment. Comme l'affirme Roderick M. Chisholm, « les pensées sont une "source d'intentionnalité" – c'est-à-dire que rien ne serait intentionnel si les pensées n'étaient pas intentionnelles »[2]. Ainsi, bien que les propriétés intentionnelles se rapportent à des choses autres que les états mentaux, elles ne le font que de façon dérivée. En conséquence, tous les états mentaux ont des propriétés intentionnelles ou sensibles, les propriétés sensibles ne se rapportent qu'aux états mentaux, et les propriétés intention-nelles ne sont attribuables, de façon non dérivée, qu'aux

1. Dans une recension de *Perception* de Frank Jackson (*The Journal of Philosophy*, vol. LXXXII, n° I (January 1985, p. 2-41), j'argumente en détail que les mots pour de telles qualités ont ce double usage. Sur cette question, voir aussi G. E. Moore (1942), « A Reply to my Critics », *The Philosophy of G. E. Moore* (sous la dir. de P. A. Schilpp), LaSalle, Illinois, Open Court, p. 535-567 et 665-668 ; Thomas Reid (1785), *Essays on the Intellectual Powers of Man* (édition de B. A. Brody), Cambridge, Mass., M.I.T. Press, 1969, livre II, chap. XVI, p. 244.

2. « Chisholm-Sellars Correspondence on Intentionality », *Minnesota Studies in the Philosophy of Science*, t. II (sous la dir. de H. Feigl, M. Scriven et G. Maxwell), Minneapolis, University of Minnesota Press, 1958, p. 512-539, ici p. 533. Dans « Intentionality », *Midwest Studies and Philosophy*, t. X, 1985, je soutiens que cette assertion est défendable si elle est formulée en termes strictement causals.

seuls états mentaux. Nous avons ainsi une fondation convaincante qui nous permet de définir les états mentaux justement comme les états qui ont ou bien une intentionnalité, ou bien un caractère phénoménal.

Cependant, il existe des objections à cette façon de présenter ce qui est distinctement mental, objections qui semblent favoriser un trait distinctif du mental fondé plutôt sur la conscience. Tout d'abord, un trait du mental qui dépend uniquement de propriétés intentionnelles et phénoménales peut, semble-t-il, sous-estimer l'accès privilégié que nous avons à nos propres états mentaux. Même si tous les états mentaux présentaient effectivement des traits intentionnels ou sensibles, on pourrait insister sur ceci que le trait le plus révélateur du mental ferait plutôt appel, d'une façon ou d'une autre, à cet accès privilégié. Ce qui, relativement à un tel trait, est essentiel aux états mentaux ne serait pas le caractère intentionnel ou sensible, mais la conscience elle-même. Qui plus est, si l'on considère que la possession des propriétés sensibles ou intentionnelles est décisive pour le mental, on doit alors expliquer pourquoi on envisage ce trait dichotomique comme déterminant pour le mental. Pourquoi ramenons-nous la classe d'états qui comptent l'un ou l'autre de ces deux types de propriétés à une catégorie unique ? La situation se complique lorsqu'on constate que certains états mentaux, des états perceptifs, par exemple, possèdent les deux types de caractéristiques. Malgré l'existence de tels cas hybrides, il semble improbable que de purs états phénoménaux, telle la douleur, aient quoi que ce soit d'intéressant en commun avec de purs états intentionnels, telle la croyance. Aussi, il est possible d'éviter cette difficulté si l'on envisage plutôt la conscience comme étant ce qui fait qu'un état est de nature mentale. Enfin, les différences typiquement mentales parmi les sortes d'états mentaux sont toutes des différences quant aux propriétés intentionnelles et sensibles que ces états possèdent. Ces propriétés peuvent alors sembler se retrouver plus naturellement dans une explication de la façon dont nous distinguons les types d'états mentaux entre eux que dans une explication de la façon dont les états mentaux diffèrent de toute autre chose. Ces considérations diverses suggèrent toutes qu'une explication de l'esprit en termes de conscience pourrait être préférable à une explication qui fait appel à l'intentionnalité et au caractère phénoménal.

En outre, la définition du mental en termes de conscience n'implique pas nécessairement une quelconque circularité. Nous pouvons dire ce qu'est un état conscient sans avoir à mentionner explicitement son caractère mental. Un état est conscient lorsque quiconque s'y trouvant se rend compte, dans une certaine mesure, qu'il s'y trouve, et ce, sans devoir s'appuyer sur l'inférence, comme on la conçoit d'habitude, ou sur des intrants sensibles. Les états conscients sont simplement les états auxquels nous avons un accès non inférentiel et non sensible.

Évidemment, les gens ont beaucoup plus de croyances et de préférences, à un instant donné, qu'il n'en survient dans le flux de leur conscience. De plus, les croyances et préférences non conscientes doivent toujours avoir des propriétés intentionnelles, mais ceci n'exige pas nécessairement que l'on doive rejeter la conscience comme trait distinctif du mental. Nous ne pouvons en effet comprendre les croyances et préférences comme de véritables états mentaux que dans la mesure où elles sont conscientes. En d'autres occasions, elles peuvent être considérées comme de simples dispositions permettant l'émergence de véritables états mentaux ; dans de tels cas, il est permis d'affirmer qu'une personne est simplement disposée à avoir des pensées et des désirs.

Intuitivement, la conscience joue un rôle bien plus crucial pour les états sensibles que pour les états intentionnels. On se doit d'expliquer une telle disparité si l'on considère la conscience comme le trait distinctif des états mentaux. Si l'on comprend les croyances et préférences non conscientes non pas comme de véritables états mentaux, mais comme de simples dispositions conduisant à de tels états, la tâche de trouver une explication adéquate s'en trouve facilitée. Les états sensibles résultent normalement de stimulations de courte durée ; il ne sied donc pas de parler de disposition à se trouver dans des types particuliers d'états sensibles. Par contre, nous sommes souvent disposés à avoir des états intentionnels de toutes sortes. Parce que nous ne sommes normalement pas conscients de ces dispositions, le lien entre la conscience et le mental peut sembler, de prime abord, moins solide dans le cas d'états intentionnels que dans les états sensibles. Néanmoins, ce lien pourrait s'appliquer de façon égale aux deux sortes d'états si l'on considérait que seuls les états non dispositionnels sont des états mentaux au sens strict. En effet, lorsqu'on se concentre sur les états épisodiques et de courte durée, l'intuition du sens commun qui dicte que les états mentaux doivent être conscients n'est pas moins convaincante que dans le cas des états phénoménaux.

Les deux traits distinctifs du mental esquissés à l'instant sont indépendants l'un de l'autre, et tous deux se réclament de traditions vénérables et bien établies. Ainsi, les auteurs penchant pour la position cartésienne ont habituellement favorisé quelque trait fondé sur la conscience, alors que ceux qui se situent dans une tradition plus naturaliste et aristotélicienne ont plutôt eu tendance à s'en remettre à des traits comme l'intentionnalité ou le caractère sensible. C'est en effet une idée plus ou moins aristotélicienne que de croire que le mental dépend de formes de vie hautement organisées, un peu à la façon dont la vie elle-même émerge des formes hautement organisées de l'existence matérielle. Cette idée suggère qu'il faut tenter de délimiter le mental à partir des divers types proprement mentaux de fonctionnement, et ce, en faisant appel aux caractéristiques intentionnelles et phénoménales des états mentaux. Pour un aristotélicien, de tels traits distinctifs ont l'avantage d'amener les gens à concevoir le mental dans sa continuité avec les autres phénomènes naturels. Ainsi, dans sa propre explication des phénomènes psychologiques, Aristote accorde une prééminence à la perception sensible, mettant ainsi en relief la continuité entre le mental et le biologique.

En revanche, la tradition cartésienne conçoit le mental comme l'une des deux catégories co-exhaustives de l'existence, comme celle qui s'oppose radicalement à toute la sphère du physique. Dans cette perspective, on est tenté de choisir un unique trait essentiel, telle la conscience, comme trait distinctif du mental. En effet, un tel trait fera ressortir l'opposition marquée entre le mental et le physique et minimisera les différences parmi les types d'états mentaux pour insister plutôt sur la façon dont tous les états mentaux diffèrent de toute autre chose. Dans cet esprit, Descartes considère les états non perceptifs et propositionnels comme le paradigme du mental et, on le sait, il a grand'peine à expliquer comment la perception peut engager à la fois les états mentaux et les états corporels.

Bien que ces deux traits du mental aient joui d'un assentiment général, l'adoption de l'un ou l'autre aura une incidence cruciale sur l'explication de la conscience. Les états conscients sont simplement des états mentaux dans lesquels nous sommes conscients de nous trouver. De façon générale, le fait d'être conscient de quelque chose consiste simplement à avoir une pensée quelconque de cette chose. En conséquence, il est naturel d'identifier le caractère conscient d'un état mental au fait pour quiconque d'avoir, à peu près simultanément, une pensée suivant laquelle on se trouve dans cet état mental. Lorsqu'un état mental est conscient, on s'en rend compte immédiatement d'une façon ou d'une autre, et ce, intuitivement. On peut alors prétendre que la pensée qui se produit simultanément n'est pas le résultat d'une quelconque inférence ou d'une stimulation perceptive. On est alors en mesure d'avancer une explication utile et informative de ce qui confère la conscience à un état conscient. Puisqu'un état mental est conscient lorsqu'il est accompagné d'une pensée adéquate d'ordre supérieur, on peut alors expliquer la conscience de l'état conscient en supposant que l'état mental lui-même est la cause de l'émergence de la pensée d'ordre supérieur.

D'emblée, il pourrait sembler que les contre-exemples à cette explication abondent. Bien que nous soyons d'habitude, en mode d'éveil, dans un quelconque état mental conscient, nous remarquons rarement que nous possédons des pensées d'ordre supérieur du type postulé par cette explication. De façon typique, les états mentaux se produisent dans le flux de notre conscience sans que nous ayons la pensée manifeste que nous possédons ces états. Toutefois, de tels cas ne sont pas des contre-exemples, à moins de présupposer que, contrairement à la présente explication, tous les états mentaux sont des états conscients. Autrement, il n'y aurait pas de raisons de présumer que les pensées d'ordre supérieur, posées en principe par notre explication, puissent être en général des pensées conscientes. Selon cette explication, un état mental est conscient si l'on a une pensée adéquate de second ordre. Cette dernière ne serait alors elle-même consciente que si l'on a une pensée de troisième ordre portant sur ceci que l'on a une pensée de second ordre. Par ailleurs, on commettrait une pétition de principe si l'on présupposait que ces pensées d'ordre supérieur sont habituellement, ou même souvent, conscientes. Si la conscience des états mentaux consiste dans le fait d'avoir une pensée adéquate d'ordre supérieur, il n'y a aucune raison de s'attendre à ce que cette pensée soit d'ordinaire consciente. En effet, on s'attendrait plutôt à ce que les pensées de troisième ordre, qui confèrent la conscience aux pensées de second ordre, soient relativement rares; il est difficile d'entretenir une pensée d'une pensée qui porte en retour sur une pensée. La présente explication prédit alors correctement que nous nous rendrions rarement compte de nos pensées de second ordre, ce qui contribue à confirmer l'explication.

Il est important de distinguer le caractère conscient d'un état mental du fait de nous en rendre compte par introspection. On invoque parfois les pensées d'ordre supérieur pour expliquer l'introspection, laquelle représente un cas particulier de conscience[1]. Mais l'introspection est un phénomène plus complexe

---

1. Voir, par exemple, David M. Armstrong (1968), *A Materialist Theory of the Mind*, New York, Humanities Press, p. 92-115 et 323-327; David M. Armstrong (1980), « What is Consciousness? », *The Nature of Mind and Other Essays*, Ithaca, Cornell University Press, p. 55-67, ici p. 59-61; David Lewis (1969), « An Argument for the Identity Theory », *The Journal of Philosophy*, vol. LXIII, n° 1 (January 6), p. 17-25, ici p. 21; David Lewis (1972), «Psychophysical and Theoretical Identifications», *Australasian Journal of Philosophy*, vol. 50, n° 3 (December), p. 249-258, ici p. 258; Wilfrid Sellars (1963), «Empiricism and the Philosophy of Mind», *Science, Perception and Reality*, Londres et New York, Routledge & Kegan Paul et Humanities Press, p. 127-196, ici p. 188-189 et 194-195.

que la conscience ordinaire des états mentaux. De façon intuitive, la conscience d'un état mental signifie simplement que ce dernier se produit dans le flux de notre conscience. En revanche, l'introspection suppose que l'on porte attention, de façon consciente et délibérée, à nos états mentaux de l'instant. Comme le remarque Ryle, « l'introspection est une opération attentive qui n'est pratiquée que de façon occasionnelle, alors que la conscience est censée constituer un élément constant de tous les processus mentaux »[1]. Habituellement, lorsque les états mentaux se produisent dans le flux de la conscience, on ne se rend pas compte qu'on a des pensées d'ordre supérieur à leur propos. Cependant, lorsqu'on est réflexivement et introspectivement conscient (*aware*) d'un état mental, on est non seulement conscient (*aware*) d'être dans un état mental, mais aussi d'être conscient (*aware*) d'y être. L'approche cartésienne de l'esprit et de la conscience fusionne ainsi tacitement la conscience d'un état mental avec le fait que nous nous en rendions compte. En effet, selon cette approche, la conscience d'un état mental est inséparable de cet état mental. La conscience (*awareness*) réflexive, qui consiste à être conscient (*aware*) à la fois d'un état mental et de la conscience (*awareness*) de cet état, sera alors inséparable de la conscience (*awareness*) de l'état qui n'est pas, ainsi, réflexif. Ici, nos intuitions du sens commun s'écartent de la perspective cartésienne suivant laquelle la conscience est essentielle aux états mentaux, puisqu'en fait les deux types de conscience (*awareness*) diffèrent manifestement.

L'introspection prête une attention consciente et délibérée aux états mentaux qui se trouvent dans le flux de notre conscience. Ainsi, quelle que soit la façon dont on pourrait encore considérer la conscience, il est naturel d'expliquer l'introspection comme la possession d'une pensée consciente d'ordre supérieur portant sur le fait que l'on se trouve dans un état mental dont on se rend compte introspectivement. Alors, si toutes ces pensées d'ordre supérieur devaient être conscientes, il ne serait

---

1. Gilbert Ryle (1949), *The Concept of Mind*, Londres, Hutchinson and Company, p. 164 ; nous traduisons.

possible de les invoquer que pour expliquer la conscience introspective, car on ne se rend aussi compte de ses pensées d'ordre supérieur que lorsque on se rend compte introspectivement d'états mentaux. Toutefois, les pensées d'ordre supérieur ne sont pas forcément conscientes, pas plus que les autres états mentaux. Elles ne sont conscientes que lorsque nous avons une pensée d'ordre encore plus élevé qui porte sur le fait que nous avons une telle pensée. Il n'y a alors pas de difficultés à utiliser des pensées d'ordre supérieur pour expliquer non seulement une conscience (*awareness*) réflexive ou introspective, mais aussi pour éclairer ce que cela signifie pour un état mental que de se trouver tout simplement dans le flux de notre conscience, sans que l'on se concentre consciemment sur lui. La conscience (*awareness*) introspective d'un état mental particulier consiste à avoir une pensée à propos du fait que l'on se trouve dans cet état mental, et aussi la pensée que l'on possède cette pensée. Avoir un état mental conscient sans s'être concentré introspectivement sur lui, c'est avoir une pensée de second ordre sans la pensée de troisième ordre. Il pourrait sembler quelque peu étrange que chacune de ces hiérarchies d'états mentaux conscients appelle une pensée non consciente à son sommet, mais tout semblant de paradoxe est dissipé par le truisme du sens commun qui veut qu'on ne peut pas être conscient de tout à la fois.

L'on pourrait objecter contre la présente explication que les pensées d'ordre supérieur ne sont pas nécessaires à l'explication de la conscience d'états mentaux. Intuitivement, un état mental est conscient s'il peut faire l'objet d'une introspection. De ce fait, on pourrait conclure que, pour expliquer une telle conscience, il n'est pas besoin de poser l'existence de véritables pensées d'ordre supérieur, mais seulement l'existence de dispositions à avoir de telles pensées. Selon cette suggestion, un état mental est conscient si l'on est disposé à penser qu'on se trouve dans cet état[1]. Cependant, il y a plusieurs difficultés attachées à une telle

1. Allen Hazen a insisté sur ceci avec vigueur dans sa correspondance. Voir aussi l'assertion de Kant selon laquelle la représentation « je pense » doit pouvoir

explication dispositionnelle. D'une part, la conscience d'états mentaux est, du point de vue phénoménologique, quelque chose qui se produit. Étant donné que la conscience ne semble pas être dispositionnelle, l'hypothèse d'une disposition qui va et vient au besoin revêt un caractère *ad hoc*. Évidemment, nous ne pouvons sauver toutes les apparences phénoménologiques, mais il est préférable de le faire dans la mesure du possible. D'autre part, ce que réussirait à expliquer une disposition à avoir une pensée d'ordre supérieur n'est pas clair, sauf lorsque l'on a eu de fait cette pensée ; mais alors, l'idée de disposition deviendrait superflue.

En tout cas, la présente interprétation nous permet aisément d'expliquer l'intuition selon laquelle la conscience d'un état signifie que celui-ci peut faire l'objet d'une introspection. Se livrer à l'introspection d'un état mental, c'est avoir une pensée consciente de cet état. L'introspection, c'est alors avoir une pensée d'un état mental dans lequel on se trouve et, de plus, avoir une pensée d'ordre encore plus élevé qui rend consciente la première pensée. Un trait de notre expérience consiste en ceci que, lorsqu'un état mental est conscient, on peut aisément en arriver à une pensée consciente de cet état mental. Selon la présente explication, on n'en arrive pas à une nouvelle pensée de l'état mental ; on en vient simplement à devenir conscient d'une pensée qu'on avait déjà, bien que de façon non consciente. Les pensées d'ordre supérieur sont des états mentaux dont on peut se rendre compte plus ou moins à volonté. La conscience de l'état se ramène donc à son caractère introspectible. Ce n'est que si le fait de ne pas se rendre compte d'une pensée d'ordre supérieur voulait dire qu'on ne possède tout simplement pas cette pensée, qu'on aurait des raisons de chercher à s'accommoder des dispositions, plutôt que des véritables pensées elles-mêmes.

Si cette explication est juste, les états mentaux conscients sont des états mentaux qui causent l'émergence de pensées d'ordre supérieur portant sur le fait qu'on se trouve dans ces états

accompagner toutes les autres représentations (*K.d. R.V.,* B131-132 ; cf. B406), bien que Kant insiste sur ceci que la représentation « je pense » est une représentation non empirique (B132) ou transcendantale (B401, A343).

mentaux. Puisque ces pensées d'ordre supérieur sont distinctes des états mentaux conscients, elles peuvent vraisemblablement avoir lieu même lorsque les états mentaux auxquels les pensées d'ordre supérieur prétendent se rapporter n'existent pas. Néanmoins, l'existence de telles pensées ne constitueraient pas une objection à cette explication. Il est raisonnable de supposer que ces fausses pensées d'ordre supérieur seraient à la fois rares et pathologiques. Elles ne seraient pas non plus indiscernables si elles avaient lieu. Il est possible de déterminer la présence d'états mentaux non conscients au moyen de leurs relations causales au comportement et aux stimuli, et aux autres états mentaux, à la fois conscients et non conscients. De façon similaire, il est possible de discerner l'absence d'états mentaux par le moyen des relations causales de même type.

En elle-même, la présente explication de la conscience ne présuppose pas une théorie matérialiste ou naturaliste de l'esprit. En effet, l'explication est compatible même avec un strict dualisme cartésien des substances. Cependant, elle cadre bien avec les approches matérialistes, dans la mesure où elle soutient que ce qui rend conscients les états mentaux conscients, c'est que ces derniers causent des pensées d'ordre supérieur portant sur ceci qu'on se trouve dans ces états mentaux. Le matérialiste peut soutenir de façon raisonnable que ce modèle causal procède de connexions neuronales appropriées.

Qui plus est, le matérialiste peut arguer que les propriétés intentionnelles et sensibles sont elles-mêmes simplement des sortes particulières de propriétés physiques. D'abord, les arguments suivant lesquels ces propriétés mentales ne sont pas des propriétés physiques se fondent habituellement sur la présupposition tacite et circulaire qui postule que tout ce qui est mental est forcément non physique. On tente rarement d'étayer indépendamment cette supposition. Plus important encore, cependant, les caractéristiques qui sont censées montrer que les propriétés intentionnelles et sensibles ne sont pas physiques se trouvent plutôt être, après examen, des caractéristiques qu'exhibent aussi diverses propriétés incontestablement physiques[1]. Alors, même si on n'a encore développé aucune explication satisfaisante de ces propriétés, il n'y a aucune raison de douter du fait que des explications exactes qui seront compatibles avec la perspective purement naturaliste de l'esprit verront bientôt le jour. Conjointement à la présente explication de la conscience des états mentaux, elles devraient permettre le développement d'une théorie naturaliste de l'esprit qui soit relativement exhaustive.

Que la présente explication soit conciliable avec les théories naturalistes, voilà un avantage dont nous pouvons nous réjouir, mais ce n'est pas là sa principale force. Son avantage premier consiste plutôt en ceci qu'elle nous permet d'expliquer ce que cela signifie pour un état mental que d'être conscient. De plus, la présente explication comporte des conséquences empiriques précises qu'on pourrait raisonnablement espérer mettre à l'épreuve. En effet, elle présuppose non seulement que les états mentaux conscients s'accompagnent de pensées distinctes d'ordre supérieur, mais aussi qu'il existe un certain mécanisme causal qui lie les états mentaux conscients aux pensées d'ordre supérieur leur correspondant.

Une telle explication n'est possible que dans la mesure où l'on adopte une perspective non cartésienne suivant laquelle les caractères intentionnel et sensible sont conjointement le trait distinctif du mental. Si, à la place, on se conformait à la tradition cartésienne en envisageant la conscience elle-même comme la clé du mental, aucune explication de la conscience en termes de pensées d'ordre supérieur ne pourrait tenir. En effet, il faudrait alors nier le fait qu'un état mental puisse avoir lieu sans qu'il soit conscient. Comme le dit Descartes : « aucune pensée ne peut exister en nous sans que nous en soyons conscients au moment même qu'elle existe en nous »[2]. Cependant, si tous les états

---

1. Pour un argument détaillé à ce propos, voir mon article « Mentality and Neutrality », *The Journal of Philosophy*, vol. LXXIII, n° 13 (July 15, 1976), p. 386-415, § I.

2. « Quatrièmes Réponses », *Œuvres de Descartes* (édition de Ch. Adam et P. Tannery), Paris, J. Vrin, 1964-1965 (ci-après « AT »), VII, 246; voir aussi *The Philosophical Works of Descartes* (édition de E. S. Haldane et G. R. T. Ross),

mentaux sont conscients, et s'il existe une pensée d'ordre supérieur pour tous les états mentaux conscients, il s'ensuit immédiatement des difficultés importantes et insurmontables. Tout
d'abord, il y aurait plusieurs pensées d'ordre supérieur, dénom-
brables et distinctes, qui correspondraient à chaque état mental
conscient. Aucun état mental ne pourrait être conscient s'il
n'était accompagné d'une pensée d'ordre supérieur, mais cette
pensée aurait elle-même à être consciente, et ainsi une pensée
d'ordre encore plus élevé deviendrait nécessaire. Cette régression serait infinie. Il est difficile de croire en la supposition qui
voudrait que les êtres humains puissent avoir une infinité de
pensées conscientes à un moment précis. Et même s'ils le
pouvaient, il n'est guère raisonnable d'expliquer la conscience
de l'état mental par une telle série infinie.

Des conséquences encore plus dommageables pour une
explication qui fait appel à des pensées d'ordre supérieur résultent de l'hypothèse suivant laquelle tous les états mentaux sont
des états conscients. Comme nous l'avons noté ci-dessus, nous ne
nous rendons habituellement pas compte des pensées d'ordre
supérieur qui, selon cette explication, rendent les états mentaux
conscients. Mais si tous les états mentaux étaient conscients, nous
nous rendrions compte de toutes les pensées d'ordre supérieur
que nous possédons. Nous ne pourrions pas, alors, expliquer
pourquoi nous semblons typiquement ne pas posséder de telles
pensées en affirmant simplement qu'elles ne sont pas conscientes. En exigeant que tous les états mentaux soient conscients,
la conception cartésienne du mental exclut la possibilité d'une
explication qui fait référence à des pensées d'ordre supérieur.

Cambridge, Cambridge University Press, 1931 (ci-après « HR »), t. II, p. 115. Voir
aussi *Raisons qui prouvent l'existence de Dieu...* : « Par le nom de "pensée", je
comprends tout ce qui est tellement en nous, que nous en sommes immédiatement
connaissants », AT VII, 160 (voir HR, t. II, p. 52), et ailleurs, par exemple :
« Premières Réponses », AT VII, 107 (HR, t. II, p. 13), *Lettre à Mersenne*, AT III,
273 (voir Descartes, *Philosophical Letters*, édition de A. Kenny, Oxford, Oxford
University Press, 1970, p. 90), « Quatrièmes Réponses », AT VII, 232 (HR, t. II,
p. 105) et AT VII, 246 (HR, t. II, p. 115), et *Principes* I, IX, AT VIII-I, 7 (HR I, 222).

Par conséquent, si la conscience définissait en propre les états mentaux, toute explication qui représenterait la conscience comme procédant d'une relation qui unit les états mentaux conscients à d'autres états mentaux serait tout à fait erronée ; car cet autre état mental devra alors être lui-même conscient, et force serait d'invoquer encore un autre état mental pour expliquer sa conscience. Une régression impropre serait ainsi inéluctable. Tant qu'on croit que tous les états mentaux sont conscients, on ne peut échapper à cette régression qu'en soutenant que la conscience d'un état mental n'est pas une relation qu'un quelconque état entretient avec un autre état mental, mais plutôt une propriété intrinsèque. Qui plus est, si c'est la conscience qui fait d'un état un état mental, on tombe dans un cercle vicieux en expliquant cette conscience en termes de relation qu'entre-tiennent des états mentaux conscients avec d'autres états mentaux, puisque ces autres états mentaux auront eux-mêmes, alors, à être conscients. Il est manifeste qu'on ne peut du tout expliquer ou analyser la conscience à moins de le faire en termes d'une sorte de phénomène mental. Si c'est la conscience qui fait d'un état un état mental, alors non seulement celle-ci sera une propriété intrinsèque et non relationnelle de toutes les propriétés mentales, mais elle se dérobera de plus à l'analyse. Elle sera, pour reprendre les mots peu flatteurs de Russell, « une qualité envahissante des phénomènes psychiques »[1]. En effet, si le mental équivaut au conscient, aucun phénomène mental quel qu'il soit ne peut être invoqué pour expliquer ce que cela signifie pour un état que d'être conscient. Puisque aucun phénomène non mental ne serait d'un quelconque secours, il semble évident que, selon le concept cartésien du mental, on ne pourrait fournir aucune explication capable de nous dire ce que cela signifie pour un état mental que d'être conscient.

Étant donné que la conscience est une question de connais-sance non inférentielle et non sensible de nos états mentaux, on pourrait être tenté de décrire le problème à l'aide de notions telles

1. Bertrand Russell (1921), *The Analysis of Mind*, Londres et New York, George Allen & Unwin Ltd. et Humanities Press, p. 9.

qu'«incorrigibilité», «infaillibilité» et «caractère privé»[1].
Cependant, les obstacles à l'explication de la conscience qui ont
déjà été exposés ne découlent pas de telles questions épistémiques. Plutôt, ils résultent simplement de l'idée cartésienne
selon laquelle tous les états mentaux sont des états conscients.

Selon le concept cartésien du mental et de la conscience,
cette dernière est essentielle aux états mentaux. Ainsi, elle
représente une propriété non relationnelle de ces états, propriété
qui, fort probablement, est également inanalysable. Parce que
cette conception ne nous aide en rien à expliquer la conscience,
nous nous devons d'adopter à la place un trait distinctif qui n'est
pas cartésien. Mais il y a d'autres raisons de préférer un trait descriptif non cartésien. Tout d'abord, il est impossible de concevoir
un état mental, conscient ou non, qui soit dépourvu à la fois de
propriétés intentionnelles et sensibles. Ainsi, bien qu'il ne soit
pas toujours aisé de s'imaginer dans un état mental qui ne soit pas
conscient, les propriétés intentionnelles et sensibles occupent de
toute évidence une place plus centrale dans notre concept d'état
mental que la conscience. Alors, bien que les différences typiquement mentales entre les états mentaux sont, comme il a été
noté précédemment, fonction de leurs propriétés intentionnelles
et sensibles, non seulement ces propriétés sont importantes pour
expliquer comment il est possible de distinguer les divers types
d'états mentaux entre eux, mais elles sont aussi nécessaires pour
expliquer comment les états mentaux diffèrent de tout ce qui
n'est pas mental.

Les cartésiens pourraient admettre que nous ne pouvons avoir
de notion d'un état mental dépourvu d'un caractère intentionnel
ou phénoménal, mais ils poursuivraient en insistant sur le fait que
nous ne pouvons pas davantage avoir une idée de ce que c'est que
d'être dans un état mental non conscient, même si ce dernier

1. Voir, par exemple, l'argument de Rorty selon lequel « l'incorrigibilité est le
meilleur candidat » pour une description satisfaisante des « sortes d'entités qui
forment le flux de la conscience » (dans « Incorrigibility as the Mark of the
Mental », *The Journal of Philosophy*, vol. LXVII, n° 12, June 25, 1970, p. 399-424,
ici p. 406-407); cf. aussi Rorty (1979), *op. cit.*, par exemple p. 88-96 et partie I,
passim.

possède effectivement des propriétés intentionnelles et sensibles. Cependant, le fait de savoir ce que c'est que d'être dans un tel état n'est pas pertinent ici. Savoir ce que c'est que d'être dans un état, c'est savoir ce que c'est que d'être conscient (*be aware*) d'être dans cet état. Alors, si l'état en question n'est pas un état mental conscient, il ne pourra être question de savoir ce que c'est que d'y être, du moins dans le sens pertinent de cette expression. Ceci ne démontre cependant pas que les états intentionnels et phénoménaux ne peuvent pas être privés de conscience. Les états conscients se ressemblent et diffèrent eu égard à leurs caractéristiques intentionnelles et phénoménales. En conséquence, les états mentaux non conscients seront simplement des états qui se ressemblent et qui diffèrent précisément à cet égard, sans cependant que l'on soit conscient (*aware*) de leur existence et de leur caractère de façon non inférentielle.

En effet, il est incontestable que les états intérieurs qui se ressemblent et diffèrent exactement à cet égard se produisent à l'extérieur du flux de notre conscience. Plusieurs sortes d'états mentaux, tels les croyances, désirs, espérances, attentes, aspirations, émotions diverses, et même, pourrait-on soutenir, quelques sentiments corporels, telle la douleur, se produisent souvent en nous sans que nous nous apercevions de leur présence. Or, la seule chose qui fait de ces états le type d'états qu'ils sont, ce sont leurs propriétés intentionnelles et phénoménales. Nous nous devons alors d'expliquer ce que c'est pour ces états que d'être mentaux non pas en se référant à la conscience, mais en faisant appel au fait qu'ils possèdent des caractères phénoménaux et intentionnels. Comme il a été mentionné ci-dessus, on peut refuser d'admettre que certains de ces phénomènes mentaux sont même, au sens strict, des états mentaux et les concevoir plutôt comme de simples dispositions qui favorisent l'émergence d'états mentaux. Cependant, les états de cette sorte ont souvent une forte incidence sur notre comportement concret, influant même sur le cours et le contenu du flux de notre conscience. Ces phénomènes mentaux doivent vraisemblablement être des états non dispositionnels, tout au moins dans les circonstances où ils exercent une telle influence causale. Ainsi, la seule raison de les considérer comme de simples dispositions constituerait une pétition de principe qui chercherait à maintenir la théorie selon laquelle tous les états mentaux sont conscients.

Sans doute le cartésien pourra-t-il rétorquer que, même si les états intentionnels non conscients ne sont pas problématiques, l'idée selon laquelle un état mental pourrait avoir un caractère sensible, et néanmoins ne pas être conscient, est simplement inintelligible, car il peut sembler que la seule idée d'un état non conscient pourvu de qualités sensibles est, en réalité, une contradiction dans les termes. Ce qui semble conférer une certaine intelligibilité à l'idée qu'un état mental possède des qualités phénoménales, c'est notre conscience (*awareness*) immédiate de la façon dont de tels états sont ressentis ou de ce qu'ils représentent pour ceux qui s'y trouvent. Cette question fera l'objet de considérations approfondies à la section III. Contentons-nous de noter ici que, même si nous comprenons qu'un état possède des qualités sensibles uniquement parce que les cas où nous sommes conscients de nous trouver dans de tels états nous sont familiers, il ne s'ensuit pas que des états sensibles non conscients ne peuvent se produire. Le fait de comprendre un type de phénomènes à travers un type particulier de cas ne démontre aucunement que d'autres sortes de cas sont impossibles.

II

Du point de vue cartésien, la conscience est ce qui définit le mental. Ce concept de mental suppose que la conscience ne peut être une caractéristique relationnelle des états mentaux et, aussi, qu'elle pourrait bien être inexplicable. La difficulté à expliquer la conscience de ce point de vue découle en fait de la stratégie cartésienne relativement aux phénomènes mentaux. La force principale de la perspective cartésienne réside dans le fait qu'elle s'harmonise parfaitement à nos intuitions présystématiques du sens commun. Or, elle parvient à cette parfaite harmonie en incorporant ces intuitions dans nos concepts mêmes d'esprit et de conscience. Ceci a pour effet de rendre irrémédiablement triviale toute explication qu'on pourrait offrir à leur sujet. En effet, il est difficile d'expliquer sans pétition de principe des intuitions qu'on intègre par définition dans les concepts mêmes. Les explications fondées sur la conception cartésienne de l'esprit et de la conscience s'en remettent ainsi fortement et inéluctablement à la définition réciproque de termes tels qu' « esprit », « conscience », « subjectivité » et « soi ». Une telle définition réciproque peut être utile pour faire ressortir une série de phénomènes liés étroitement, mais elle n'est pas d'un grand concours quand vient le temps d'expliquer le phénomène ainsi cerné.

Selon le concept non cartésien, en revanche, la conscience n'est pas essentielle aux états mentaux, et elle peut ainsi très bien constituer une caractéristique extrinsèque de tout état mental qui la possède. Le cartésien parvient à une harmonie parfaite avec le sens commun au prix d'une exclusion de toute explication utile. Aucun troc de cette sorte n'est nécessaire dans la perspective non cartésienne. Le non-cartésien n'a aucun problème à produire une explication théoriquement satisfaisante de la conscience. De plus, il est possible de démontrer que cette explication nous permet de sauver les apparences phénoménologiques, et ce, à peu près aussi bien que la cartésienne. En outre, les objections à une explication formulée en termes de pensées d'ordre supérieur peuvent être contrées de façon convaincante. Dans la présente section et la suivante, je considérerai, parmi ces objections, les plus pressantes, et je soutiendrai de plus qu'elles ne rendent pas justice aux données phénoménologiques. Dans la présente section, j'aborderai diverses questions d'ordre général portant sur le bien-fondé de l'explication non cartésienne; dans la section III, je me pencherai sur les problèmes qui portent spécifiquement sur les qualités sensibles et sur la subjectivité.

Un trait particulièrement notable de notre point de vue présystématique de la conscience que la conception cartésienne semble reproduire clairement consiste dans le lien étroit qui unit le fait d'être dans un état conscient et le fait d'être conscient de soi. Or, une explication qui fait appel aux pensées d'ordre supérieur ne rencontre ici aucune difficulté. Si, pour être conscient, un état mental doit comporter une pensée d'ordre supérieur portant sur ceci qu'on se trouve dans cet état mental, le fait d'être dans un état conscient impliquera que l'on a une pensée de soi-même. Mais être conscient de soi-même, c'est simplement avoir une pensée de soi-même. Alors, le fait de se trouver dans un état mental conscient est, par voie de conséquence, suffisant pour que l'on soit conscient de soi.

Toute explication raisonnable de la conscience insistera vraisemblablement sur ce lien. Cependant, le cartésien ne peut pas dire grand-chose d'informatif quant aux raisons pour lesquelles ce lien doit exister. Une explication qui fait appel à des pensées d'ordre supérieur ne connaît pas une telle difficulté. Qui plus est, il y a une raison légitime pour laquelle la pensée d'ordre supérieur qu'invoquent les non-cartésiens doive porter sur soi-même. Pour attribuer de la conscience à un état mental particulier, il faut que la pensée d'ordre supérieur porte sur cet état mental lui-même, et la seule façon pour qu'une pensée porte sur un état mental particulier, c'est qu'elle porte sur le fait qu'une personne se trouve dans cet état. Autrement, la pensée ne porterait que sur ce type d'états mentaux, et non sur son occurrence (*token*) particulière. Ainsi, dans le cas qui nous occupe, la pensée d'ordre supérieur doit être une pensée relative au fait que l'on est soi-même dans cet état mental[1].

1. Comme l'ont noté Hector-Neri Castañeda et G. E. M. Anscombe, le fait de croire quelque chose sur soi-même doit impliquer l'analogue mental de la construction indirectement réflexive, représenté ici par «soi-même». (Voir Castañeda, 1968, «On the Logic of Attributions of Self-Knowledge to Others», *The Journal of Philosophy*, vol. LXV, n° 15, p. 439-456 et ailleurs; Anscombe, 1975, «The First Person», *Mind and Language*, sous la dir. de S. Guttenplan, Oxford, Oxford University Press, p. 45-65). Même lorsque George croit que quelqu'un qui se trouve être George est *F*, il n'est pas nécessairement vrai que George croit qu'il est lui-même *F*. Par exemple, George peut très bien croire que quelqu'un est *F*, alors qu'il croit à tort que cette personne n'est pas elle-même George. Ou il peut ne pas même croire de lui-même qu'il est George. Contrairement aux constructions à occurrences réflexives (*token-reflexive*), ces termes impliquent des anaphores. Mais les clauses qui les contiennent sont des transformations grammaticales d'énoncés qui comptent effectivement d'authentiques occurrences (*tokens*) réflexives.

Or, la possession d'une pensée relative au fait que l'on est soi-même dans un état mental particulier ne présuppose pas à elle seule de conception préalable du soi ou d'une quelconque unité de la conscience. La présente perspective nous permet plutôt d'offrir une explication qui fait émerger ces conceptions du fait que l'on se trouve dans des états mentaux conscients. En effet, on peut concevoir les pensées de second ordre de telle sorte que quiconque les possède se trouve aussi dans l'état mental visé. Et si un bon nombre de ces pensées sont conscientes, il est vraisemblable qu'un sentiment de l'unité de la conscience émergera avec le temps.

Si l'on soutenait la position cartésienne suivant laquelle tous les états mentaux sont conscients, le fait d'invoquer des pensées d'ordre supérieur conduirait à la régression infinie identifiée dans la section I. Alors, si l'on est tenté par ces deux stratégies, on pourrait essayer de modifier les choses afin d'éviter une telle issue. La façon la plus prometteuse serait simplement d'insister sur ceci que les pensées d'ordre supérieur, en vertu desquelles nous sommes conscients des états mentaux conscients, font en fait partie de ces états conscients eux-mêmes. Tout état mental conscient porterait alors, en partie, sur lui-même, et notre connaissance du fait que nous nous trouvons dans de tels états serait tributaire de cette auto-référence. Nous pourrions alors conclure, de façon métaphorique, que la connaissance de soi-même d'un état mental se rapporte, selon le mot pertinent de Ryle, à son caractère « auto-proclamant » (p. 158) ou « auto-éclairant » (p. 159)[1].

Cette manière de raisonner est particulièrement attrayante parce qu'elle semble indiquer que le cartésien est en mesure, après tout, de fournir une explication non triviale de la conscience des états mentaux. Selon cette explication, les états mentaux conscients sont tels parce qu'ils portent sur eux-mêmes.

1. La pagination renvoie à l'édition anglaise de 1949. Par ailleurs, voir Franz Brentano (1874), *Psychology from an Empirical Standpoint* (trad. de A. C. Rancurello et coll.), Londres et New York, Routledge & Kegan Paul et Humanities Press, 1973, p. 129-130.

Cette autoréférence est intrinsèque; elle ne résulte pas d'une quelconque union entre ces états et d'autres états mentaux. Cependant, tout argument étayant la position selon laquelle les états mentaux conscients sont tels parce qu'ils se connaissent eux-mêmes ou parce qu'ils portent en partie sur eux-mêmes démontrerait tout aussi éloquemment que la conscience procède d'une pensée d'ordre supérieur qui l'accompagne. Qui plus est, il n'existe aucune façon non arbitraire de déterminer si un état mental précis fait partie d'un autre. En conséquence, il n'y a aucune autre raison de soutenir l'idée suivant laquelle notre conscience (*awareness*) des états conscients fait partie de ces états, que le désir de soutenir l'affirmation cartésienne voulant que tous les états mentaux sont conscients. En outre, si les états mentaux comportent de la sorte des parties, la question qui se pose est de savoir si toutes les parties de tels états doivent être conscientes, ou simplement quelques-unes d'entre elles. Si elles doivent toutes l'être, la conscience (*awareness*) des états mentaux devra alors être consciente. S'ensuivrait ainsi une régression tout à fait comparable à celle que soulevait notre interprétation de la conscience (*awareness*) des états mentaux conscients comme découlant de pensées distinctes d'ordre supérieur. Une explication où la conscience (*awareness*) fait partie de l'état mental conscient n'est avantageuse que si cette conscience (*awareness*) constitue une partie non consciente de l'état conscient. Ceci corrobore la conclusion suivant laquelle il n'existe aucune façon non arbitraire de distinguer cette position d'une explication qui fait appel à des pensées d'ordre supérieur. Enfin, elle ébranle l'idée selon laquelle le cartésien est en mesure de formuler une explication informative de la conscience en ces termes. Puisque l'explication cartésienne ne serait adéquate que si la partie de chaque état conscient qui le rend conscient était lui-même conscient, la régression devient inévitable.

Une des raisons pour laquelle la conscience semble inhérente à nos états sensibles se trouve dans la difficulté de réduire cette conscience à un élément distinct de notre expérience mentale. Lorsqu'on tente de se concentrer sur la conscience d'un état sensible particulier, on finit plutôt, en général, par distinguer seulement l'état sensible dont on est conscient. Comme Moore l'exprime de façon fort utile, la conscience est « transparente » ou « diaphane » [1]. Puisque les efforts pour distinguer la conscience elle-même aboutissent plutôt aux états dont nous sommes conscients, on pourrait être tenté de conclure que la conscience fait véritablement partie de ces états. Toutefois, la présente interprétation offre une meilleure explication du caractère diaphane de la conscience. On se concentre normalement sur l'état sensible, et non sur la conscience qu'on en a. La seule raison en est que cette conscience consiste dans le fait de posséder des pensées d'ordre supérieur et que de telles pensées ne sont habituellement pas elles-mêmes conscientes.

Il existe un intense sentiment intuitif qui nous pousse à croire que la conscience des états mentaux est d'une façon ou d'une autre réflexive ou autoréférentielle, mais il n'est pas besoin d'invoquer l'idée selon laquelle les états conscients sont conscients d'eux-mêmes pour rendre compte de cette intuition. Pour qu'un état mental soit conscient, la pensée d'ordre supérieur qui lui correspond doit porter sur soi-même, c'est-à-dire sur l'être mental qui est dans cet état conscient. Ainsi, tel que mentionné ci-dessus, on peut comprendre cette pensée comme se rapportant en partie à soi, car il est raisonnable de considérer que le contenu de la pensée correspond à l'idée selon laquelle tout individu possédant cette pensée même sera aussi dans l'état mental spécifié. Le sentiment qu'il y a quelque chose de réflexif dans la conscience des états mentaux n'est pas dû, ainsi, au fait que l'état conscient s'oriente sur lui-même, comme on le suppose fréquemment. C'est plutôt la pensée d'ordre supérieur conférant une telle conscience qui se trouve en fait orientée sur soi.

Les objections précédentes ont toutes remis en question la possibilité que des explications qui s'en remettent aux pensées d'ordre supérieur puissent rendre justice aux diverses façons dont on aborde la conscience. Par contre, on pourrait aussi se

1. G. E. Moore (1922), « The Refutation of Idealism », *Philosophical Studies*, Londres, Routledge & Kegan Paul, p. 1-30, ici p. 20 et 25.

demander si les pensées d'ordre supérieur suffisent à rendre les états mentaux conscients. Ici, une difficulté semble poindre à propos des états mentaux qui sont réprimés. Par hypothèse, de tels états ne sont pas conscients. Or, il pourrait sembler que les états mentaux puissent être réprimés même si l'on possédait des pensées d'ordre supérieur à leur propos. Les pensées d'ordre supérieur ne pourraient pas, alors, conférer la conscience aux états mentaux. Une personne qui aurait un sentiment réprimé pourrait néanmoins tirer du plaisir, bien que de façon inconsciente, de ce qu'il a ce sentiment réprimé. Mais pour tirer du plaisir de quelque chose, on doit vraisemblablement penser qu'il en est réellement ainsi. La personne aura alors une pensée d'ordre supérieur portant sur ce sentiment réprimé [1]. Qui plus est, il apparaît intuitivement que le sentiment ne peut demeurer inconscient, à moins que le plaisir qu'on en tire ne le soit aussi. Un tel état de choses semble indiquer que, contrairement à la présente explication, une pensée d'ordre supérieur ne peut conférer la conscience que si cette pensée est elle-même déjà consciente.

Or, de véritables contre-exemples ne sont pas faciles à trouver dans la foulée de ce qui précède. En dépit de ce qui vient d'être suggéré, on peut très bien tirer du plaisir de quelque chose sans véritablement avoir une pensée à son propos. Je ne peux, bien entendu, prendre plaisir à quelque chose auquel je n'ajoute pas foi ou que je révoque en doute [2], mais cela n'entraîne pas l'existence réelle d'une pensée qui confirme un tel état de choses. En effet, nous ne formons souvent aucune pensée véritable sur les choses auxquelles on prend plaisir. Par « pensée », nous entendons parfois les seuls contenus propositionnels, comme lorsqu'on discute d'une pensée que l'autre avance. Prendre plaisir à quelque chose est un état mental propositionnel et implique alors précisément une pensée portant sur ce fait, et ce, dans le sens d'une

1. Je suis reconnaissant à Georges Rey et Eric Wefald d'avoir soulevé indépendamment cette question.

2. Sur cette question, voir l'article éclairant de Robert M. Gordon (1969), « Emotions and Knowledge », *The Journal of Philosophy*, vol. LXVI, n° 13 (July 3), p. 408-413 ; Robert M. Gordon (1974), « The Aboutness of Emotions », *American Philosophical Quarterly*, t. II, n° 1 (January), p. 27-36.

proposition. Pourtant, il ne s'ensuit aucunement qu'on a aussi une pensée entendue comme un type particulier d'état mental. Avoir une pensée en ce sens, c'est adopter une attitude mentale ferme qui ne se produit pas nécessairement lorsqu'on prend plaisir à quelque chose. Il n'y a alors aucune raison de croire, à partir de l'exemple précédent, que l'individu aurait de fait une pensée d'ordre supérieur portant sur le sentiment réprimé.

La différence entre le fait de prendre plaisir à un état mental et d'en avoir une pensée véritable est cruciale pour la présente explication de la conscience. Il est naturel de prétendre que le fait d'être conscient (*aware*) de quelque chose signifie qu'on en a une pensée, non pas qu'on y prend plaisir. Et on peut prendre plaisir à quelque chose sans pour autant savoir ce qui, effectivement, procure ce plaisir. On pourrait n'avoir aucune idée de la raison pour laquelle on se sent bien, tout comme on pourrait se tromper sur la raison. On pourrait même ne pas avoir conscience (*be unaware*) du tout de se sentir bien si l'on était suffisamment distrait ou si d'autres facteurs intervenaient. Alors, le fait de prendre plaisir à quelque chose est compatible avec le fait de ne pas être conscient de cette chose. De telles considérations s'appliquent aussi à de présumés contre-exemples qui se fondent sur d'autres sortes d'états mentaux d'ordre supérieur. Notamment, les sentiments réprimés s'accompagnent vraisemblablement toujours de désirs d'ordre supérieur de ne pas s'y trouver, mais les désirs qui veulent que quelque chose soit autrement n'impliquent pas, règle générale, de conscience (*awareness*) qu'il en est ainsi.

Tenter de concevoir les états mentaux non conscients à partir du modèle des cas réprimés est doublement trompeur. D'une part, cette approche ignore les facteurs qui barrent prétendument la conscience dans de tels cas. D'autre part, elle dissimule une prémisse cartésienne qui n'est pas exprimée explicitement. En effet, elle laisse supposer que la conscience est la norme : à moins que des pressions exceptionnelles n'interviennent, un état mental sera naturellement conscient ; l'on se doit de présupposer la conscience, à moins qu'un facteur externe ne la contrecarre.

Ainsi, à partir de ce modèle, il est possible d'expliquer les forces qui entravent la conscience, mais cette dernière elle-même pourrait bien demeurer inexplicable[1].

III

Quelle que soit l'opinion que l'on soutienne à propos des états intentionnels, il pourrait paraître tout à fait inacceptable d'essayer d'expliquer la conscience des états sensibles au moyen de pensées d'ordre supérieur. La conscience semble pratiquement inséparable des qualités sensibles, et ce, d'une façon qui semble différer des propriétés intentionnelles. En effet, tel que mentionné à la fin de la section I, il pourrait paraître presque contradictoire de parler d'états sensibles dépourvus de conscience. Ce lien intime entre qualité sensible et conscience semble prévaloir dans tous les états sensibles, mais se manifeste le plus fermement dans les sensations somatiques telles que la douleur. Saul A. Kripke saisit cette intuition de façon succincte lorsqu'il

1. Il convient de noter que cette attitude même apparaît dans les propres écrits de Freud. En effet, Freud « nie vigoureusement l'équation entre ce qui est psychique et ce qui est conscient » (« Some Elementary Lessons in Psycho-analysis », *The Complete Psychological Works of Sigmund Freud*, trad. et éd. de J. Strachey, Londres, The Hogarth Press, 1974 [ci-après *Works*], t. XXIII, p. 279-286). Et il a compris que pour ce faire, on doit définir le mental en termes de caractère phénoménal et intentionnel ; il a insisté ainsi sur le fait que « toutes les catégories que nous employons pour décrire des actes mentaux conscients (...) peuvent être appliquées » tout aussi bien à des états mentaux non conscients (« The Unconscious », *Works*, t. XIV, p. 166-215, ici, p. 168). Qui plus est, il soutient que « le psychique, quelle que soit sa nature, est lui-même inconscient » (« Some Elementary Lessons... », *loc. cit.*, p. 283), et ainsi que, « comme le physique, le psychique n'est pas nécessairement, en réalité, ce qu'il semble être à nos yeux » (« The Unconsious », p. 171 ; cf. « Some Elementary Lessons... », p. 282, et *The Interpretation of Dreams*, *Works*, t. V, p. 613). Malgré tout, Freud fait usage d'un concept de conscience étonnamment cartésien. La conscience, écrit-il, est une qualité « unique et indescriptible » des états mentaux (« Some Elementary Lessons... », p. 282), et « le fait de la conscience » « résiste à toute explication » (*An Outline of Psycho-Analysis*, *Works*, t. XXIII, p. 141-208, ici p. 157). En considérant ainsi la conscience comme entité se soustrayant à toute analyse, Freud semble avoir accepté de façon non critique le cœur de la doctrine cartésienne qu'il s'est évertué à discréditer. (Afin de dissocier la présente explication de la perspective freudienne, j'évite l'expression familière « état mental inconscient » au profit du terme quelque peu maladroit « non conscient »).

insiste sur ceci que « le fait pour une sensation d'être *sentie* comme douleur, c'est pour elle *être* douleur »[1] et, inversement, que « le fait pour quelque chose d'exister sans être *senti comme douleur*, c'est pour lui exister sans qu'il *y ait aucune* douleur »[2]. Et, de façon plus générale, Kripke semble insister sur ceci qu'une chose doit être sentie d'une façon particulière pour pouvoir être considérée comme une sensation quelconque (*NN*, p. 146).

Étant donné que la conscience semble plus étroitement liée aux sensations qu'aux états intentionnels, on pourrait être tenté de se tourner vers une forme réduite de la position cartésienne qui postule que toutes les sensations sont conscientes, mais non pas tous les états intentionnels[3]. Cette thèse réduite permettrait encore d'expliquer la conscience en termes de pensées d'ordre supérieur; il ne s'ensuivrait aucune régression, puisque ces pensées pourraient alors être elles-mêmes non conscientes. Pourtant, la position cartésienne prétend non seulement que tous les états mentaux sont conscients, mais aussi que la conscience est une propriété intrinsèque des états mentaux. Si tel est le cas, une explication en termes de pensées d'ordre supérieur devient impossible, et l'on se trouve confronté à tous les problèmes que soulève la possibilité d'une explication informative de la conscience. Ainsi, même si ce ne sont pas tous les états mentaux qui sont conscients, il est important de déterminer si la conscience est inhérente à ceux qui le sont.

1. « Identity and Necessity », *Identity and Individuation* (sous la dir. de M. K. Munitz), New York, New York University Press, 1971, p. 135-164 [ci-après « IN »], ici p. 163, n. 18. Dans ce passage comme dans les suivants, c'est l'auteur qui souligne.

2. *Naming and Necessity*, Cambridge, Mass., Harvard University Press, 1980 (ci-après *NN*), p. 151. Cf. Reid (1785), *Essays*, livre II, chap. XVI, p. 243 : « Lorsqu'[une sensation] n'est pas ressentie, elle n'existe pas. Il n'y a aucune différence entre une sensation et le sentiment de celle-ci ; ils sont une seule et même chose. »

3. Même Freud ne soutient pas que les sentiments peuvent, au sens strict, être inconscients, bien qu'il ne voie aucun problème aux états intentionnels inconscients (*The Ego and the Id, Works*, t. XIX, p. 3-68, ici p. 22-23 ; cf. *An Outline*, *op. cit.*, p. 197).

Il est permis, cependant, d'expliquer notre tendance à associer la conscience aux qualités sensibles sans avoir à supposer que
la conscience est inhérente aux états sensibles, ou même que tous
les états sensibles sont conscients. Nous nous préoccupons
principalement de savoir quelles sensations corporelles nous et
les autres possédons, parce qu'elles sont des indicateurs très utiles
du bien-être corporel et général. Par ailleurs, les gens ne peuvent
pas nous parler de leurs sensations non conscientes, et les
sensations corporelles ont habituellement un effet négligeable
sur le comportement si elles ne sont pas conscientes. Les
sensations non conscientes ne sont donc pas d'une grande utilité
en tant qu'indices d'un tel bien-être, et nous avons ainsi peu
d'intérêt – si tant est que nous en avons – pour les douleurs ou
autres sensations somatiques, sauf si elles sont conscientes.

Il en va autrement d'autres sortes d'états mentaux, y compris
les sensations perceptives. Il est souvent utile de connaître les
pensées, les émotions et les sensations perceptives d'une
personne, même lorsque cette dernière ne s'en rend pas compte.
Qui plus est, lorsque les états mentaux ne sont pas conscients, ce
sont les états propositionnels qui suscitent le plus l'intérêt ; les
émotions en éveillent moins, les sensations perceptives encore
moins ; l'intérêt est à son plus bas avec les sensations somatiques.
Remarquablement, le sentiment suivant lequel la conscience est
inhérente aux états mentaux augmente en conséquence. Moins il
est utile de connaître un type particulier d'état mental même
lorsqu'une personne n'en est pas consciente (*unaware*), plus
notre intuition selon laquelle ce type d'état mental doit être
conscient s'impose. Cette corrélation est une preuve éloquente
que, même dans le cas de la douleur et d'autres sensations somatiques, l'idée suivant laquelle le mental entraîne le conscient n'est
que le reflet de nos intérêts habituels, et non pas une question de la
signification de nos mots ou de la nature du mental lui-même.

Quelques-unes de nos tournures idiomatiques décrivant des
sensations somatiques engagent de fait la conscience. Par
exemple, l'assertion « ça fait mal » implique une conscience
(*awareness*) du mal. Et sans doute est-il impossible de prétendre

que quelqu'un souffre à moins que cette personne ne le sache. Des
expressions telles que « ce que c'est que d'éprouver une sensation » (*what a sensation is like*) et « la façon dont une sensation est
ressentie » renforcent cette impression, puisqu'elles renvoient
toutes deux à une qualité sensible et à notre conscience (*awareness*) de celle-ci, et semblent ainsi les unir. Cependant, lorsqu'on
souffre ou lorsqu'on a mal, non seulement se trouve-t-on dans un
état sensible, mais on s'en rend compte. De plus, nos descriptions
idiomatiques de ces situations ne se rapportent aucunement à la
possibilité que ce type même d'état sensible puisse se produire
sans que l'on s'en rende compte. Sans doute nous abstiendrions-
nous d'accoler le prédicat « douleur » à de tels états, mais ces états
ressembleraient malgré tout aux autres états non conscients et en
différeraient de la façon même dont la douleur consciente
ressemble aux autres états sensibles conscients et en diffère. Et
c'est en cela que consiste, pour un état, le fait d'avoir des qualités
sensibles. La simplicité intuitive de ces qualités pourrait en tenter
plus d'un de soutenir que la conscience aussi est simple et
représente de ce fait une caractéristique intrinsèque des états
sensibles. Toutefois, supposer que l'apparente simplicité des
qualités sensibles nous informe d'une quelconque façon sur la
nature de notre conscience constitue une pétition de principe.

Il est facile de trouver des exemples d'états sensibles qui se
produisent parfois sans conscience. Lorsqu'un mal de tête dure
plusieurs heures, on en est rarement conscient (*aware*) pendant
toute sa durée. On est distrait, et on porte attention à autre chose,
ou on oublie simplement quelque peu, mais on n'en conclut pas
que chaque mal de tête cesse littéralement d'exister lorsqu'il
échappe provisoirement au flux de la conscience et que la personne qui en souffre n'a qu'une suite de maux discontinus et
brefs. Plutôt, lorsqu'une telle chose se produit, notre mal de tête
est littéralement un mal inconscient[1]. Il en est de même, et de

1. Il est ridicule de supposer, comme Wittgenstein le fait, que tout ce que nous
puissions vouloir dire par mal de dents inconscient, par exemple, c'est « un certain
état de dépérissement dans une dent, qui n'est pas accompagné par ce que nous
appelons communément mal de dents », *The Blue and Brown Books*, Oxford, Basil
Blackwell, 1958, p. 22.

façon plus convaincante, pour les douleurs bénignes et les malaises corporels de moindre importance. Ainsi, l'insistance sur le fait que les états non conscients ne sont tout simplement pas des états mentaux, ou qu'ils ne peuvent pas posséder de qualités sensibles, n'est pas, comme le fait valoir Kripke (par exemple *NN* 152-153), l'élucidation d'intuitions présystématiques qui soient décisives et justifiables, mais seulement l'expression tacite de la définition cartésienne de l'esprit.

En effet, une explication en termes de pensées d'ordre supérieur contribue en réalité à éclairer les apparences phénoménologiques. Si la conscience d'un état sensible exige que celui-ci s'accompagne d'une pensée adéquate d'ordre supérieur, cette pensée portera sur la qualité même dont nous sommes conscients. Elle portera sur ceci que l'on se trouve dans un état qui possède cette qualité. Ainsi, il sera impossible de décrire cette conscience sans mentionner la qualité. Une explication en termes de pensées d'ordre supérieur contribue en fait à expliquer pourquoi les qualités de nos expériences conscientes semblent inséparables de la conscience qu'on en a.

Qui plus est, nous en venons habituellement à des discriminations plus fines à mesure que l'on maîtrise des concepts plus subtils qui se rapportent à des qualités sensibles précises. Les expériences où l'on déguste des vins et où l'on écoute de la musique illustrent ce processus de façon éclatante. Une explication en termes de pensées d'ordre supérieur éclaire l'incidence de ces concepts sur la conscience même que l'on a des différences sensibles. Si la conscience est inhérente aux états sensibles, la pertinence des concepts demeure mystérieuse. Le cartésien pourrait simplement nier l'existence de différences sensibles lorsque celles-ci sont inconscientes. Dès lors, il sera d'autant plus difficile d'expliquer comment l'apprentissage de nouveaux concepts peut effectivement entraîner l'émergence de qualités sensibles qui n'existaient pas au préalable.

L'objection la plus forte contre une explication en termes de pensées d'ordre supérieur est sans doute la suivante : il existe des créatures dotées de sensations conscientes dont la capacité d'avoir quelque pensée que ce soit pourrait être mise en doute. Les nourrissons et la plupart des bêtes ont vraisemblablement une capacité relativement rudimentaire de penser, mais possèdent manifestement des sensations conscientes. Cependant, il n'est pas besoin d'une grande capacité de penser pour pouvoir posséder une pensée à propos du fait qu'on ressent une sensation particulière. Les nourrissons et les bêtes peuvent distinguer les différents objets extérieurs, et maîtriser les régularités qui les concernent. Ainsi, la plupart de ces êtres peuvent vraisemblablement former des pensées de tels objets, bien que ce soient des pensées primitives qui ne sont fort probablement pas conscientes. Rien de plus n'est requis pour avoir des pensées de nos expériences sensibles les plus saillantes. Sans aucun doute, les nourrissons et les bêtes sont dépourvus des concepts requis pour établir plusieurs distinctions entre leurs états sensibles. Malgré tout, on peut être conscient (*aware*) des états sensibles, ainsi qu'il a été mentionné à l'instant, et néanmoins inconscient (*unaware*) de plusieurs des qualités sensibles en vertu desquelles ces états diffèrent.

La tendance habituelle à lier la capacité de penser à la capacité d'exprimer des pensées dans le langage peut expliquer le scepticisme dont on fait preuve à l'égard de la question de savoir si les nourrissons et les bêtes peuvent même penser. Cependant, la capacité du langage n'est aucunement nécessaire pour penser. Il est souvent raisonnable d'interpréter le comportement non linguistique, que ce soit d'autres personnes ou des créatures qui ne font pas usage du langage, en termes du contenu propositionnel et de l'attitude mentale qu'il exprime à notre avis. Un tel comportement est une preuve convaincante de l'existence d'états intentionnels.

La formation de pensées d'ordre supérieur portant sur nos propres états mentaux propositionnels exige davantage que le simple fait d'avoir de telles pensées de nos sensations. Tout d'abord, le concept d'un état mental ayant un contenu propositionnel est plus complexe que le concept d'expérience sensible. Et distinguer des états intentionnels particuliers exige un système élaboré de concepts, contrairement à la référence aux principales expériences sensibles. Une explication en termes de pensées d'ordre supérieur s'accorde bien avec ces points. Les nourrissons et la plupart des espèces non humaines n'ont pas la capacité d'avoir les pensées plus complexes d'ordre supérieur qui sont requises pour rendre les états intentionnels conscients, bien qu'ils puissent vraisemblablement former des pensées d'ordre supérieur portant sur leurs états sensibles. Et bien que ces êtres aient manifestement des sensations conscientes, il y a peu de raisons de croire que leurs états intentionnels sont aussi conscients. En effet, ces considérations contribuent à expliquer pourquoi on associe bien davantage la conscience aux états sensibles qu'aux états intentionnels. La conscience des états sensibles émerge plus aisément parce que les pensées d'ordre supérieur qui s'y rapportent sont beaucoup plus faciles à avoir.

Certaines espèces animales, cependant, n'ont en aucune façon la capacité de penser, ce qui semble appuyer la thèse de Nagel selon laquelle « l'expérience [consciente] est présente chez les animaux dépourvus de langage et de pensée » (p. 167, n. 3). Toutefois, le fait d'être une créature consciente n'entraîne pas qu'on se trouve dans des états mentaux conscients. Pour être conscient, l'organisme n'a qu'à être éveillé et être en mesure de réagir mentalement aux stimuli sensibles (cf. Ryle, p. 156-157). Pour être en mesure de réagir mentalement, on doit effectivement se trouver dans des états mentaux, et être en mesure de réagir mentalement aux stimuli sensibles pourrait même vouloir dire que l'on est d'une certaine façon conscient des objets ou événements qui produisent une telle stimulation. Au contraire, une créature peut se trouver dans des états mentaux sans que ces derniers soient conscients, et elle peut être consciente des événements extérieurs ou corporels sans, en même temps, être consciente (*aware*) de ses propres états mentaux.

Les expériences conscientes, comme l'a souligné Nagel, manifestent une certaine subjectivité. Nous faisons tous l'expérience de nos états sensibles d'une façon qui nous est propre et d'une perspective que personne d'autre ne partage. L'articulation de ces différences est d'une difficulté notoire. Pourtant, nous comprenons suffisamment bien leur existence, et il est loin d'être clair qu'une telle subjectivité fasse problème dans notre présente explication.

Une première source de différences parmi les expériences sensibles se trouve dans les variations des organes sensoriels ou autres aspects de la constitution physique. Les expériences varient aussi d'un individu à l'autre en raison de facteurs tels que les antécédents et les expériences passées. Lorsque ces facteurs divergent de façon marquée, différents aspects de nos expériences sensibles peuvent aussi être affectés. Lorsque les individus appartiennent à des espèces distinctes, cet effet peut être assez spectaculaire. Mais quelle que soit la difficulté à fixer avec précision ces différences, ces dernières n'ont aucune incidence directe sur la conscience des expériences en question. Les variations sont plutôt dues à des différences parmi les contextes mentaux dans lesquels les expériences se produisent ou, lorsque le bagage biologique est en cause, elles représentent de véritables différences parmi les qualités sensibles de ces expériences. Nagel prétend que « le caractère subjectif de l'expérience » se rapporte à la question de savoir « ce que c'est que d'*être* un organisme particulier – ce que c'est *pour* cet organisme » (p. 166). Or, la présente explication peut accommoder cette idée. Ce que c'est que d'être un quelconque individu conscient se rapporte à la question des qualités sensibles des expériences conscientes de cet individu et au contexte mental dans lequel ces expériences se produisent. En revanche, la conscience de ces expériences traduit simplement le fait que cet individu se rend compte qu'il a des expériences[1].

Selon Nagel, « tout programme réductionniste doit être fondé sur l'analyse de ce qui doit être réduit. Si l'analyse exclut quelque chose, le problème sera mal posé » (p. 167). En effet,

---

[1]. Sur les difficultés que soulève la discussion de Nagel et, en particulier, sa notion de point de vue, voir mon article « Reductionism and Knowledge », *How Many Questions ?* (sous la dir. de L. S. Cauman, I. Levi, Ch. Parsons et R. Schwartz), Indianapolis, Hackett Publishing Company, 1983, p. 276-300.

aucune explication qui soit même « logiquement compatible avec » l'absence de conscience pourrait, de prétendre Nagel, être correcte (p. 166; cf. « Panpsychism », p. 189). Or, la présente explication est réductionniste puisqu'elle cherche à éclairer les états mentaux conscients, en dernière analyse, en termes d'états mentaux qui ne sont pas conscients. Par contre, cette explication vise seulement un éclaircissement de la conscience, et non une analyse conceptuelle, et les explications satisfaisantes ne requièrent pas, n'en déplaise à Nagel, une analyse complète des concepts pertinents. Une explication, en science comme en contexte quotidien, doit généralement se faire sans l'aide d'analyses conceptuelles complètes.

Les mots de Nagel sont hautement évocateurs de ce sentiment que nous avons de nous-mêmes, lequel peut rendre apparemment difficile de voir comment, en tant que sujets (*selves*) conscients, nous pourrions nous trouver situés parmi les entités physiques qui meublent l'univers. Lorsque nous nous concentrons de la sorte sur nous-mêmes, rien ne semble plus fondamental à notre nature que la conscience elle-même. Si à nos yeux il n'y avait rien de plus fondamental que la conscience, il n'existerait rien de plus fondamental à partir duquel on pourrait expliquer la conscience. Tout ce que nous pourrions faire, alors, c'est tenter de rendre la conscience plus compréhensible en tâchant de tirer au clair le sens des phénomènes de diverses façons. Tout projet de cette nature exigerait que les concepts soient analysés, et les prescriptions de Nagel quant à l'analyse conceptuelle auraient alors du sens. Cependant, la conscience ne peut être essentielle à notre nature que si tous les états mentaux sont conscients. Si bon nombre de nos états mentaux ne sont pas conscients, nous ne pouvons définir notre nature mentale en termes de conscience, et il existera des phénomènes mentaux non conscients à partir desquels on pourra expliquer la conscience elle-même.

L'inextricable désorientation cognitive pouvant résulter d'une réflexion sur le gouffre qui semble séparer la réalité physique de la conscience rend apparemment inadéquate toute explication non circulaire de la conscience. Comment une explication de la conscience en termes de phénomènes non conscients pourrait-elle nous aider à comprendre la façon dont la conscience peut exister dans l'univers physique, ou la façon dont des êtres physiques tels que nous peuvent avoir des états conscients ? Mais aucune autre explication ne nous permettra de faire face à ces difficultés tant qu'un gouffre qui ne semble pas pouvoir être comblé séparera le conscient du simplement physique. Pour comprendre comment la conscience peut survenir parmi les choses physiques, force est de dissoudre la puissance intuitive de ce gouffre, ce qui ne peut s'accomplir que par l'explication de la conscience des états mentaux en termes d'états non conscients. En effet, la discontinuité nette entre les états mentaux conscients et la réalité physique ne se manifeste plus lorsqu'on considère les seuls états mentaux non conscients. Et une fois que l'on a expliqué la conscience par un renvoi à des états mentaux non conscients, il devient dès lors possible d'expliquer les états mentaux non conscients en termes de phénomènes qui ne sont pas mentaux du tout.

IV

La place centrale qu'occupe la conscience dans notre conception du mental tient sans nul doute dans une large mesure à la façon dont nous connaissons l'esprit en général, et nos propres états mentaux en particulier. Nous tirons la plus grande part de cette connaissance, directement ou indirectement, de l'introspection. Or, nous n'avons un accès introspectif aux états mentaux que lorsqu'ils sont conscients. Puisque notre source principale de connaissance de l'esprit ne nous en apprend que sur des états mentaux conscients, il est naturel d'inférer que la conscience est un trait important des phénomènes mentaux.

Or, des thèses plus fortes sont parfois formulées quant au statut épistémique de l'introspection. Cette dernière peut sembler particulièrement bien adaptée à son objet, étant donné qu'une grande part de notre connaissance de l'esprit provient de l'introspection et que toute connaissance introspective concerne l'esprit. Ce parfait accord pourrait rendre attrayante aux yeux de certains la position selon laquelle l'introspection constituerait une source privilégiée de connaissance qui serait, de quelque manière, à l'abri de l'erreur. Si tel était le cas, l'introspection révélerait peut-être la nature essentielle des états mentaux. Et, puisque l'introspection ne nous en apprend que sur des états mentaux conscients, peut-être que la conscience ferait elle-même partie de cette nature essentielle ; mais aussi séduisantes que puissent être ces conclusions cartésiennes, elles demeurent sans fondements. L'introspection n'est que la possession de pensées conscientes portant sur le fait qu'on se trouve dans des états mentaux particuliers. Ces pensées, en elles-mêmes, ne peuvent pas plus révéler l'essence de ces états que le fait d'avoir une pensée perceptuelle consciente d'une table se trouvant là-devant ne révèle l'essence de la table. Il n'est pas possible, non plus, d'inférer quoi que ce soit de l'accord parfait entre l'intro-spection et son objet. La vue, à titre de comparaison, est tout aussi bien adaptée à la connaissance d'objets physiques de couleur, bien qu'il y ait d'autres façons de connaître ces objets. Et quoique la vue ne nous informe que sur les objets illuminés, on ne peut aucunement conclure que seuls les objets illuminés sont colorés.

Cependant, l'appréhension introspective semble différer de la connaissance perceptuelle d'une façon qui réduit la portée de cette analogie. La perception n'est jamais complètement directe. Il y a toujours un processus causal qui sert d'intermédiaire entre notre expérience perceptive et ce qu'on perçoit, même dans la perception apparemment directe. L'introspection, par opposition, peut sembler dépourvue de tout intermédiaire ; et si elle l'est, il n'y aurait aucune place pour l'erreur ou la distorsion dans le processus introspectif. Il n'y aurait ainsi aucune différence entre la façon dont nos états mentaux nous apparaissent et ce qu'ils sont réellement. Les états mentaux n'auraient aucune nature non introspective, et l'introspection serait une source infaillible et exhaustive de connaissance de l'esprit. Nagel souscrit de toute évidence à cette position lorsqu'il affirme que « l'idée de passer de l'apparence à la réalité semble n'avoir aucun sens » dans le cas des expériences conscientes (p. 174).

Kripke aussi semble soutenir que l'introspection diffère de la perception à cet égard. Ainsi écrit-il :

> [...] bien que nous puissions dire que nous distinguons la chaleur [physique] de façon contingente par la propriété non moins contingente selon laquelle elle nous affecte de telle et telle manière, nous ne pouvons de la même façon dire que nous distinguons la douleur de façon contingente par le fait qu'elle nous affecte de telle et telle manière.

Nous n'aurions pas pu, de prétendre Kripke, prendre conscience (*aware*) de notre douleur d'une façon différente de la façon dont nous sommes vraiment.

L'introspection est la conscience (*awareness*) réflexive de nos états mentaux. Ainsi, l'appréhension introspective de ces états ne pourrait être complètement exempte d'intermédiaire que si la conscience faisait partie de tels états, ou en formait à tout le moins une propriété intrinsèque. En effet, rien ne pourrait s'immiscer entre un état mental et la conscience qu'on en a, ou entre cette dernière et notre conscience réflexive qui s'y ajoute. Comme nous l'avons mentionné dans la section II, cette position est indéfendable. En conséquence, la conscience se doit d'être une propriété relationnelle, par exemple la propriété de s'accompagner de pensées d'ordre supérieur. Un quelconque processus causal doit donc servir d'intermédiaire entre les états mentaux et la conscience qu'on en a – selon l'exemple de Kripke, entre la douleur et « le fait qu'elle nous affecte de telle et telle manière ». Et puisque les états mentaux auraient pu être reliés de façon causale à différentes pensées d'ordre supérieur, nous aurions pu être conscients (*aware*) des états mentaux d'une façon qui diffère de ce que nous sommes. Par conséquent, l'apparence des états mentaux ne coïncidera pas *ipso facto* avec leur réalité. En effet, étant donné que la façon dont les états mentaux apparaissent est fonction de la conscience (*awareness*) introspective qu'on en a, leur apparence et leur réalité ne peuvent être la même que si notre conscience des états mentaux faisait partie de ces états ou en formait une propriété intrinsèque.

Nonobstant ces considérations, nous nous en remettons de fait largement à l'introspection pour distinguer et décrire les états mentaux. Or, l'introspection ne nous renseigne sur rien d'autre que les états mentaux conscients. Ainsi, même si la conscience n'est pas ce qui distingue les états mentaux de toute autre chose, il demeure raisonnable de soutenir que nous fixons l'extension du terme « mental » en faisant référence à une série d'états conscients. De même, bien que les diverses sortes d'états mentaux peuvent toutes se produire de façon non consciente, il demeure aussi raisonnable de supposer que nous fixons l'extension des termes référant à différentes sortes d'états mentaux au moyen des cas conscients. Comme l'ont souligné Kripke et Hilary Putnam, ce qui fixe l'extension d'un terme général peut s'avérer distinct de ce qui constitue l'essence des éléments de cette extension[1]. Et tout comme la façon dont nous connaissons une chose ne constitue pas, en général, un indice fiable de leur nature, de même, la façon dont nous distinguons les choses n'est pas un garant de leur essence. Ainsi, même si nous fixons les extensions des termes relatifs aux états mentaux au moyen d'instances conscientes, nous pourrions néanmoins découvrir que les états ainsi déterminés ne sont pas tous conscients, et que ce qui forme en fait l'essence de tous ces états n'est que leurs propriétés sensibles et intentionnelles.

L'idée selon laquelle nous fixons les extensions mentales au moyen de cas conscients étaie manifestement la position non cartésienne. Toutefois, elle contribue aussi à expliquer la raison pour laquelle la conscience semble jouer un rôle à ce point fondamental pour nos concepts mentaux. Elle nous permet même d'expliquer pourquoi on regroupe les états sensibles et intentionnels sous la même catégorie en tant qu'états mentaux, bien qu'ils ne semblent posséder que très peu de traits intrinsèques en commun. On les regroupe ainsi parce que, dans les deux cas, on

---

1. *NN*, p. 54-59; « IN », p. 156-161; H. Putnam (1975) « The Meaning of "Meaning" », *Philosophical Papers*, Cambridge, Cambridge University Press, p. 215-271; trad. fr. D. Boucher dans le présent receuil, p. 41-83.

fixe l'extension au moyen d'états auxquels on a un accès non inférentiel et non observationnel.

Kripke soutient que ce qui fixe la référence d'un terme relié aux états sensibles ne peut diverger de ce qui est essentiel à ces états (*NN*, p. 149-154 ; « IN », p. 157-161). Il souligne ainsi que « si un phénomène est distingué exactement de la même façon que nous distinguons la douleur, alors ce phénomène *est* la douleur » [1]. Mais ce qui fixe l'extension de « douleur » ne doit coïncider avec ce qui est essentiel à la douleur que s'il est nécessaire que la douleur nous affecte de la façon dont elle le fait. Et ceci ne serait nécessaire que si la conscience lui était inhérente. Par conséquent, l'on commettrait une pétition de principe si l'on fondait la position cartésienne sur l'idée selon laquelle ce qui fixe l'extension des termes mentaux ne peut diverger de l'essence des états mentaux. Kripke n'offre aucun argument indépendant qui supporterait une telle idée.

Par rapport à ce que nous connaissons des autres phénomènes naturels, nous ne possédons qu'une compréhension étonnamment lacunaire de la nature du mental. Ainsi, l'introspection prévaut en tant que source d'information, tout comme la perception sensible était une source plus centrale de la connaissance de la réalité physique avant l'essor des sciences systématiques appropriées. Pourtant, puisque toute connaissance de l'esprit ne dérive pas de l'introspection, il n'y a pas plus de raisons de croire que les états mentaux ne possèdent pas de nature non introspectible que nous n'en avons de croire que la nature des objets

---

1. *NN*, p. 153 ; cf. « IN », p. 162-163. Cette fois encore, cf. Reid (1785), *Essays...*, livre II, chap. XVI, p. 243 : Une « sensation ne peut être rien d'autre que ce qu'on sent qu'elle est. Son essence même consiste à être sentie » (nous traduisons). Cf. aussi J. J. C. Smart : « dire qu'un processus est une douleur, c'est simplement le classifier avec d'autres processus qu'on sent être similaires » (« Materialism », *The Journal of Philosophy*, vol. LX, n° 22, October 24, 1963, p. 651-662, ici p. 655 ; nous traduisons). Il est frappant que cette affirmation cartésienne à propos de nos concepts mentaux soit partagée par des théoriciens qui, à d'autres égards, divergent si nettement et si profondément, tels que Smart et Kripke. Une telle communauté semble indiquer que cette affirmation pourrait sous-tendre une grande part de ce qui, de façons différentes, n'est pas intuitif chez chacun de ces théoriciens.

physiques est entièrement perceptible. Nous n'avons, par conséquent, pas davantage de raisons de croire que l'essence des états
mentaux doit être ce qui fixe l'extension des termes mentaux.
Il est raisonnable de conclure que toute tentation de vouloir
accorder une autorité épistémique absolue à l'introspection
dérive uniquement de notre relative ignorance de l'esprit. S'il est
raisonnable de soutenir que dans le cas des états mentaux,
apparence et réalité coïncident, c'est seulement parce qu'on en
connaît si peu sur les processus mentaux. En conséquence, il n'y
a aucune raison de continuer à favoriser cette position, ou de
rejeter une explication de la conscience qui se fonde sur des
pensées d'ordre supérieur[1].

DAVID M. ROSENTHAL

Traduit de l'anglais par Donald Ipperciel

---

1. Je suis grandement redevable à plusieurs amis et collègues de leurs
commentaires portant sur des versions préalables de cet article, en particulier
Margaret Atherton, Adam Morton et Robert Schwartz.

OMETTRE L'EFFET QUE CELA FAIT

On doute souvent de la valeur des théories physicalistes de l'esprit parce qu'elles semblent ne pouvoir s'empêcher d'« omettre » l'aspect qualitatif ou conscient de la vie psychique. Il est difficile d'évaluer cette objection car on ne sait pas trop de quoi au juste sont accusées les théories physicalistes. En effet, que veut-on dire au juste lorsqu'on accuse une théorie d'« omettre » un phénomène ? Ce texte vise trois objectifs. Je veux d'abord clarifier l'objection antiphysicaliste voulant que les théories physicalistes de l'esprit ne peuvent qu'« omettre » les *qualia*, et ce en distinguant entre deux interprétations de l'objection, l'une métaphysique, l'autre épistémologique. Je vais ensuite soutenir que les arguments antiphysicalistes habituels, lesquels se fondent sur ce qu'il est possible ou non de concevoir, ne parviennent pas à montrer que les théories physicalistes « omettent » les *qualia* au plan métaphysique. Mais je vais enfin expliquer que ces mêmes arguments montrent que les théories physicalistes « omettent » les *qualia* au plan épistémologique, et ce parce qu'ils révèlent notre incapacité d'expliquer les aspects qualitatifs de l'expérience en termes des propriétés physiques des états sensoriels. L'existence de ce « fossé dans l'explication » constitue une faiblesse majeure des théories physicalistes de l'esprit[1].

---

1. Voir J. Levine (1983), « Materialism and Qualia : The Explanatory Gap », *Pacific Philosophical Quarterly*, vol. 64, p. 354-361. J'ai cherché à y montrer pour la première fois l'existence de ce fossé dans l'explication.

L'INTERPRÉTATION MÉTAPHYSIQUE

Concentrons-nous pour commencer sur l'interprétation métaphysique de l'expression « omettre ». Dire d'une théorie qu'elle omet, en un sens métaphysique, un phénomène quelconque, c'est dire qu'il existe des objets, des événements ou des propriétés auxquels on ne peut référer au moyen de l'appareil descriptif de la théorie. Un cartésien ne peut par exemple se servir des prédicats s'appliquant aux objets étendus pour référer à l'esprit puisque, selon lui, l'esprit est constitué d'une substance non physique et non étendue. Il en va de même pour le dualiste des propriétés : il ne peut construire de descriptions s'appliquant aux propriétés psychiques en utilisant des prédicats physiques [1].

Depuis Descartes au moins, les arguments antiphysicalistes prennent à peu près la forme suivante. On soutient que certaines situations sont imaginables, concevables, etc., puis on en tire certaines conclusions d'ordre métaphysique. Ainsi Descartes conclut à l'altérité du corps et de l'esprit à partir de deux faits : (1) il peut en toute cohérence concevoir l'inexistence de son corps – peut-être est-il trompé par un malin génie ; (2) il ne peut en toute cohérence concevoir l'inexistence de son esprit (c'est-à-dire, qu'il ne peut en concevoir l'inexistence dès lors qu'il conçoit quoi que ce soit, qu'il vit cette expérience : concevoir).

Un survol du débat actuel montre que les arguments antiphysicalistes n'ont pas évolué de manière significative depuis Descartes. Je vais en particulier centrer mon attention ici sur deux des plus célèbres arguments antiphysicalistes contemporains, ceux de Saul Kripke et de Frank Jackson [2].

---

1. La question de savoir quels prédicats doivent être considérés comme « physiques » n'est évidemment pas triviale, mais nous pouvons nous dispenser ici d'une explication précise de cette notion.

2. Saul A. Kripke (1980), *Naming and Necessity*, Cambridge, Mass., Harvard University Press. Traduction française : *La Logique des noms propres* (trad. de F. Jacob et F. Récanati), Paris, Minuit, 1982. Frank Jackson (1982), « Epipheno-menal Qualia », *Philosophical Quarterly*, vol. 32, p. 127-136.

L'ARGUMENT DE KRIPKE

Kripke soutient qu'il existe une asymétrie importante entre les énoncés prétendant poser une identité psychophysique et ceux que l'on tire d'autres réductions scientifiques. Dans un cas comme dans l'autre, les énoncés d'identités sont nécessairement vrais, si tant est qu'ils sont vrais. De même, dans chacun des cas, les énoncés d'identité impliqués paraissent contingents[1]. L'asymétrie survient lorsqu'on tente de justifier l'apparence de contingence des énoncés. Bien qu'on puisse adéquatement justifier l'apparence de contingence des énoncés d'identité que l'on retrouve en science, il n'en est pas de même des énoncés d'identité psychophysique.

Supposons que l'on compare un énoncé d'identité comme on en trouve tant en science, par exemple l'énoncé (1) ci-dessous, à un énoncé d'identité psychophysique comme (2) :

(1) Eau = H_2O
(2) Douleur = Activation des fibres C.

Puisque leur vérité n'est pas connue *a priori*, on peut concevoir chacun de ces énoncés comme étant faux. Mais s'ils sont vrais, ils le sont nécessairement – leur fausseté n'est même pas possible. Comment alors réconcilier leur contingence apparente avec leur véritable nécessité ? Pour Kripke, il est aisé de le faire dans de cas de l'énoncé (1). Quand nous pensons imaginer une situation dans laquelle l'eau n'est pas de l'H_2O, nous imaginons en fait une situation dans laquelle une certaine substance qui se comporte en surface comme de l'eau – mais qui n'est pas de *l'eau* – n'est pas de l'H_2O. Une explication similaire ne pourra toutefois rendre compte de l'apparence de contingence de l'énoncé (2), puisque imaginer une situation dans laquelle une personne ressent un état qui ressemble en surface à de la douleur, *ce n'est rien d'autre* qu'imaginer une situation dans laquelle

---

1. Comme le dit Kripke (1980, p. 154), un « certain élément de contingence est évident » dans de tels énoncés d'identité théorique.

cette personne ressent une douleur. Les états psychiques conscients se distinguent des objets externes en ceci que la distinction
usuelle entre ce qu'ils sont en réalité et la façon dont ils nous
apparaissent ne s'applique pas.

L'argument de Kripke a fait couler beaucoup d'encre. On a
tôt fait de remarquer que le matérialisme n'implique pas la
réduction des types psychiques aux types physiques telle
qu'exemplifiée par des énoncés comme (2). Les états psychiques
seraient plutôt des états fonctionnels d'ordre supérieur qui
peuvent se réaliser, en principe du moins, dans une grande variété
de systèmes physiques. Il n'est donc pas du tout inconsistant pour
un matérialiste de croire qu'il soit possible de faire l'expérience
de la douleur sans posséder de fibres C.

Le fonctionnalisme a cependant été lui aussi la cible d'objections cartésiennes, en particulier l'hypothèse du spectre inversé
et celle des *qualia* absents[1]. Ces objections reposent en essence
sur le fait qu'il serait parfaitement possible d'imaginer l'existence de créatures fonctionnellement semblables à nous mais
dont les expériences ne partagent pas les aspects qualitatifs de
nos expériences, voire, pis encore, des créatures fonctionnellement semblables à nous mais n'ayant aucune espèce d'expérience qualitative. On peut répondre à ces objections par une
retraite stratégique vers un réductionnisme physiologique des
qualia. Au lieu d'identifier les *qualia* à des états fonctionnels, on

---

1. Pour une discussion détaillée de l'hypothèse des spectres absents et
inversés, voir Ned Block et Jerry A. Fodor (1972), « What psychological states are
not », *Philosophical Review*, vol. 81, p. 159-81 ; N. Block (1978), « Troubles with
Functionalism », *Minnesota Studies in the Philosophy of Science*, t. IX, 261-325.
Trad. fr. : « Le fonctionnalisme face au problème des *qualia* », *Les Études philosophiques*, 1992, p. 337-370 ; N. Block (1980). « Are absent *qualia* impossible ? »
Philosophical Review, vol. 89, p. 257-74 ; Terrence Horgan (1984), « Functio-
nalism, *qualia*, and the inverted spectrum », *Philosophy and Phenomenological
Research*, vol. 44, p. 453-69 ; Sidney Shoemaker (1984), *Identity, Cause, and
Mind*. Cambridge, Cambridge University Press (chapitres 9, 14, 15) ; Earl Conee
(1985), « The possibility of absent *qualia* », *Philosophical Review*, vol. 94, p. 345-
66 ; J. Levine (1988), « Absent and inverted *qualia* revisited », *Mind and
Language*, vol. 3, p. 271-87.6. Cette position a été exprimée de diverses façons.
Voir Block (1978, 1980), Horgan (1984) et Shoemaker (1984).

les identifie plutôt aux états neurophysiologiques remplissant ces rôles fonctionnels, ce qui expliquerait tant la possibilité du spectre inversé que celle des *qualia* absents[1]. Évidemment, cette retraite nous ramène tout droit où nous avions commencé.

Je préfère une autre stratégie pour répondre à l'argument de Kripke. Supposons qu'il ait raison d'affirmer que nous pouvons en toute cohérence imaginer ressentir de la douleur sans posséder de fibres C. Supposons aussi qu'il ait raison d'affirmer que cette possibilité ne peut être justifiée comme on le fait lorsqu'on explique comment il est possible d'imaginer que l'eau ne soit pas de l'H_2O. Il n'en demeure pas moins que ce que l'on peut imaginer est affaire d'*épistémologie*, et donc qu'imaginer de la douleur sans fibres C ne montre rien d'autre que la possibilité épistémologique que la douleur ne soit pas identique à l'activation des fibres C. Il faut un argument supplémentaire pour passer de cette possibilité *épistémologique* à la possibilité métaphysique, laquelle est nécessaire pour montrer que la douleur n'est pas, *de fait*, identique à l'activation des fibres C[2].

Suivant Descartes, Kripke semble tabler sur l'idée voulant que celui qui possède une pensée vraiment « claire et distincte » dispose par le fait même d'un accès à la véritable nature des choses, métaphysiquement parlant. Pour qui croit en cette forme d'accès aux faits métaphysiques, il est légitime d'utiliser le test de Kripke, qui établit si la situation imaginée peut être justifiée de manière appropriée, pour déterminer si l'on a mis la main sur

1. Cette position a été exprimée de diverses façons. Voir Block (1978, 1980), Horgan (1984) et Shoemaker (1984).

2. Puisque c'est surtout Kripke qui a attiré l'attention des philosophes sur la distinction entre la possibilité épistémologique et la possibilité métaphysique, il peut paraître étrange de l'accuser de les confondre dans le cas qui nous occupe. Je m'explique son erreur ainsi. Puisqu'il croit que tout état paraissant douloureux est par le fait même une douleur, il en conclut qu'il n'y aucune distinction apparence/réalité en ce qui concerne les douleurs, et par conséquent que la distinction entre la possibilité épistémologique et la possibilité métaphysique s'effondre dans ce cas particulier. Mais même s'il avait raison de croire que tout état ressemblant à une douleur est une douleur, il doit encore justifier la prémisse selon laquelle il est possible de ressentir une douleur sans activation des fibres C, et je soutiens qu'il ne peut le faire en notant simplement que cela *semble* possible.

une véritable possibilité métaphysique. Dans le cas « eau/H_2O », Kripke montre, pour ainsi dire, que lorsque vous rendez votre pensée suffisamment claire et distincte, vous reconnaissez que c'est en fait l'idée d'une chose qui se comporte comme de l'eau mais n'est pas H_2O qui se présente réellement à votre esprit. Remarquez que la situation qui satisfait cette description est effectivement métaphysiquement possible. Puisque la même stratégie ne fonctionne pas pour le cas « douleur/fibres C », nous en concluons qu'il existe un monde métaphysiquement possible où la douleur n'est pas l'activation des fibres C.

Supposons toutefois que l'on rejette de bout en bout le modèle cartésien de l'accès épistémique à la réalité métaphysique. Nos idées peuvent être aussi claires et distinctes que l'on voudra sans pour autant correspondre à ce qui est de fait possible. Le monde est structuré d'une certaine façon et il n'y a aucune garantie que nos idées y correspondront de manière appropriée. Mais alors la distinction de Kripke entre les cas « douleur/fibres C » et « eau/H_2O » n'a plus rien à voir avec la question de savoir ce qui est métaphysiquement possible. Par conséquent, pour autant qu'on le sache, la douleur *n'est en fait rien d'autre* que l'activation des fibres C ou, selon le fonctionnalisme, la réalisation d'un certain état fonctionnel.

En réponse aux arguments cartésiens reposant sur ce que l'on peut concevoir, les premiers défenseurs de l'identité psychophysique ont objecté que la théorie de l'identité se veut empirique et n'est donc pas sujette à des arguments sur ce qui est concevable ou non[1]. Kripke a bien vu l'erreur que commettraient ceux qui seraient tentés par ce genre de réponse. Que leurs théories soient empiriques ou non, dès lors qu'elles posent des identités, elles impliquent l'impossibilité qu'un certain état psychique ne soit pas identique à son corrélat physique ou fonctionnel. L'objection de Kripke repose toutefois sur une distinction stricte entre la possibilité métaphysique et épistémologique. Et

---

1. Voir par exemple la réponse qu'apporte Smart (1959) à son « Objection 2 ». Smart, J. J. C. (1959), « Sensations and brain processes », *Philosophical Review*, vol. 68, p. 141-56.

lorsqu'on prend cette distinction au sérieux, il devient évident que le physicaliste peut revenir à sa stratégie originelle, soit de maintenir qu'il est impossible de tirer des conséquences métaphysiques seulement à partir de ce que l'on peut concevoir. Sans un argument supplémentaire montrant que ce qui est métaphysiquement possible est aussi épistémologiquement accessible, l'argument cartésien échoue.

L'ARGUMENT DE JACKSON

Cette foi envers un modèle cartésien de l'accès épistémique à la réalité métaphysique ou, en d'autres termes, l'utilisation de prémisses épistémiques pour justifier une conclusion métaphysique, semble aussi contaminer l'argument bien connu de Frank Jackson contre le matérialisme[1]. Jackson comprend le physicalisme comme la thèse voulant que « toute information (correcte) est une information d'ordre physique »[2]. Évidemment, l'emploi qu'il fait de la notion d'information est déjà rempli d'ambiguïtés entre les questions d'ordre épistémologique et métaphysique ; nous y reviendrons. Son argument contre le physicalisme repose sur des exemples comme celui-ci :

> Mary est une brillante scientifique qui [...] doit effectuer ses recherches par l'entremise d'un téléviseur noir et blanc depuis une pièce noire et blanche. Elle se spécialise en neurophysiologie de la vision et acquiert [...] toute l'information physique qu'il est possible d'acquérir concernant les phénomènes nerveux qui se produisent en nous lorsque nous voyons des tomates mûres, ou lorsque nous voyons le ciel, et utilisons des termes comme « rouge », « bleu », et ainsi de suite. [...]
>
> Qu'adviendra-t-il si on libère Mary de la pièce noire et blanche ou si on lui donne un téléviseur couleurs ? *Apprendra*-t-elle quelque chose ou non ? Il semble tout à fait évident qu'elle apprendra

---

1. On connaît cet argument dans la littérature anglophone sous le nom de *Knowledge Argument* (N. d. T.).
2. Jackson, 1982, p. 127

quelque chose au sujet du monde tout comme de notre expérience visuelle du monde. On doit alors conclure que ses connaissances précédentes étaient incomplètes. Mais nous avions posé au départ qu'elle possédait *toutes* les connaissances physiques. Il s'ensuit que les connaissances physiques n'épuisent pas l'ensemble des connaissances et que le physicalisme est faux [1].

L'argument de Jackson a lui aussi fait couler beaucoup d'encre, mais je m'intéresserai surtout ici aux réponses d'un certain type, qu'illustre bien celle de Horgan [2]. Selon lui, Jackson utilise le terme « information physique » de manière équivoque. Dans un premier sens, « information physique » peut signifier « information exprimée au moyen des termes utilisés dans les sciences physiques ». Mais dans un autre sens, la même expression peut signifier « l'information à propos des faits physiques, des processus physiques, etc. ». Or le physicaliste sensé ne s'engage qu'à ce second sens du terme lorsqu'il dit que toute information est information physique. Dans ce second sens, la thèse physicaliste serait de toute évidence mieux exprimée en disant simplement que tous les événements et processus particuliers sont des événements et des processus physiques – ce qui voudrait dire quelque chose comme : « Il en existe une description véridique dans les termes des sciences physiques ». (En fait, je crois que toute version intéressante de la doctrine physicaliste s'engagera à plus que cette seule thèse, bien qu'il soit difficile de cerner avec précision de quoi il s'agit au juste. Quoi qu'il en soit, cette question n'affecte pas le présent propos). Aucune version plausible du physicalisme ne s'engage cependant à accepter l'affirmation voulant que toute information est information physique dans le premier sens voulant que l'information soit exprimée par (ou traduisible dans) les termes des sciences physiques.

Selon Horgan, le cas de Mary montre qu'au moment où elle sort de la pièce, elle acquiert de l'information qui n'est pas physique au premier sens. Mais l'exemple ne montre pas qu'elle

1. Jackson, 1982, p. 130
2. T. Horgan (1984), « Functionalism, *qualia*, and the inverted spectrum », *op. cit.*

acquiert de l'information qui n'est pas physique dans au second sens. Il est certain qu'elle pourra penser quelque chose comme : « Oh ! Ainsi c'est à *cela* que ressemble le rouge ! ». Son impression d'apprendre quelque chose de nouveau montre qu'elle connaît désormais quelque chose qu'elle ne connaissait pas auparavant. Elle sait maintenant l'effet que cela fait de voir du rouge, ce qu'elle ne savait pas auparavant. Mais il ne s'ensuit pas que cette nouvelle information n'est pas de l'information physique dans le second sens, que ce n'est pas de l'information au sujet d'événements ou de processus physiques. Au contraire, le cas de Mary illustre parfaitement le fait qu'il existe, sur le plan épistémique, plusieurs manières distinctes d'accéder au même fait. Nul ne peut conclure à la variété des faits à partir de l'existence d'une variété de modes d'accès aux faits.

Cet autre type de réponse à l'argument de Jackson met lui aussi l'accent sur la distinction entre les questions épistémologiques et métaphysiques : ce que montre le cas de Mary, c'est que l'on peut savoir quelle description physique (ou fonctionnelle) s'applique à un état psychique sans pour autant savoir l'effet que cela fait d'occuper cet état. Évidemment ! Pour savoir l'effet que cela fait d'occuper un état, il faut tout de même l'avoir déjà occupé ! La nouvelle connaissance de Mary ne contient rien de plus que la nouvelle expérience, laquelle est bel et bien nouvelle puisque Mary n'avait jamais eu d'expériences de ce genre avant de quitter la pièce. Il demeure donc tout à fait possible que Mary n'apprenne rien d'autre que l'effet que cela fait d'occuper un certain état physico-fonctionnel. Et ceci ne menace en rien le physicalisme.

DEUX RÉPONSES MÉTAPHYSIQUES ANTIPHYSICALISTES

Les réponses à Kripke et Jackson ont un point en commun : leurs expériences de pensée ne mettent au jour qu'une scission épistémologique entre modes d'accès distincts à ce qui, pour autant que nous le sachions, n'est peut-être qu'un seul et même phénomène. Nous avons d'un côté des descriptions physico-fonctionnelles de certains états occupés par des sujets psychologiques et, de l'autre, les descriptions qui proviennent de notre expérience directe de ces mêmes états. Si ces expériences de pensée montrent que le physicalisme omet quelque chose, ce ne peut pas être au sens où le physicalisme omet des faits, puisque nous n'avons pas d'argument montrant que les deux sortes de descriptions ne réfèrent pas aux mêmes faits.

Je vais brièvement me mettre dans la peau de l'antiphysicaliste métaphysique et considérer deux réponses possibles à ce genre d'argument. Voici la première. Peut-être les arguments cartésiens ne parviennent-ils pas à montrer que les *qualia* ne sont pas des états ou processus physiques, mais il n'en reste pas moins que ces arguments ont pour effet de renvoyer le fardeau de la preuve au physicaliste : celui-ci doit nous expliquer pourquoi l'on devrait croire qu'il s'agit d'états ou de processus physiques. La stratégie physicaliste discutée à l'instant montre que l'hypothèse physicaliste peut s'avérer vraie mais elle ne nous donne aucune raison d'y croire.

Soit, c'est d'ailleurs tout ce que la stratégie entendait accomplir. L'atout majeur des arguments physicalistes, c'est qu'ils peuvent rendre compte des interactions causales. Si les *qualia* ne sont pas des processus physiques (ou s'ils ne sont pas réalisés dans de tels processus), il est alors très difficile de comprendre comment ceux-ci pourraient être impliqués dans la production du comportement ou la fixation des croyances. Jackson admet lui-même la valeur de cette réponse et avale la pilule épiphénoméniste. Ceux pour qui cette pilule est amère devront ou bien accepter le physicalisme, ou bien expliquer comment un dualiste peut concevoir les interactions causales entre le mental et le physique.

La seconde réponse antiphysicaliste prend la forme suivante[1]. Prenez un énoncé d'identité quelconque qui n'est pas

1. Cette objection est suggérée par une discussion que l'on retrouve chez Stephen L. White (1986), « Curse of the *qualia* », *Synthese*, vol. 68, p. 333-68. White est à l'origine de l'analogie entre le cas qui nous occupe et celui des étoiles du matin et du soir.

épistémologiquement nécessaire, tel que l'énoncé (3) ci-dessous :

(3) L'étoile du matin = L'étoile du soir.

Bien que l'on puisse accorder à Kripke que (3) est nécessairement vrai s'il est vrai, encore faut-il expliquer l'apparence de contingence. Voici comment on s'y prend : ce qui est contingent, c'est qu'un et un seul corps céleste apparaisse là où Vénus apparaît le matin et là où elle apparaît le soir. Remarquez cependant que cette explication de l'apparence de contingence de (3) exploite une distinction bien réelle entre deux propriétés de Vénus : nommément, apparaître à un certain endroit du ciel le matin et apparaître à un autre endroit du ciel le soir. Autrement dit, il est possible d'expliquer comment nous pouvons concevoir l'étoile du matin et l'étoile du soir comme deux corps célestes distincts, et ce malgré leur identité, en se référant aux propriétés distinctes nous donnant un accès épistémique au même objet.

Supposons que l'argument des *qualia* absents montre la possibilité épistémologique que des états qualitatif et fonctionnel soient distincts, bien qu'ils soient en vérité identiques. Pour expliquer comment il est possible de concevoir cet état unique comme deux états distincts, il faut présumer qu'il existe (au moins) deux « modes de présentation » par lesquels nous appréhendons le même état. Nommons ceux-ci « le mode de présentation à la première personne » et « le monde de présentation à la troisième personne ». Mais nous semblons alors tenus d'admettre qu'il existe au moins deux propriétés distinctes de l'état, correspondant aux deux modes de présentation, tout comme nous admettons les deux propriétés spatio-temporelles de Vénus qui nous en donnent un accès épistémique distinct le matin et le soir. Cela montre, si cela est vrai, que l'aspect qualitatif de l'expérience, c'est-à-dire cette propriété par laquelle nous identifions un état conscient dans le mode d'accès à la première personne, est distinct de la propriété d'avoir un certain rôle fonctionnel, la propriété par laquelle nous identifions l'état conscient dans le mode d'accès à la troisième personne. Il semble ainsi que nous soyons revenus au cas précédent, soit tirer des conclusions métaphysiques à partir de prémisses épistémologiques, et en particulier la conclusion suivante : posséder un certain aspect qualitatif n'est pas la même propriété qu'occuper un certain rôle fonctionnel (ou être dans un certain état neurophysiologique)[1].

Le physicaliste peut cependant répondre ainsi. Je veux bien admettre que lorsque nous concevons un objet unique de deux manières distinctes – si distinctes en fait que nous croyons concevoir deux objets distincts – l'objet en question doit posséder (au moins) deux propriétés distinctes correspondant à ces différents modes de présentation. Que ce fait pose ou non un problème pour le physicalisme dépendra cependant de la question de savoir à quelles propriétés au juste ceci nous engage. Je m'explique.

Le physicaliste doit affirmer que les aspects qualitatifs de l'expérience sont des propriétés physiques ou fonctionnelles. Cette réduction des aspects qualitatifs de l'expérience permet de rendre compte de leur rôle dans la fixation des croyances perceptuelles et la production du comportement. Si l'argument précédent montrait que les aspects qualitatifs sont distincts des propriétés physiques et fonctionnelles des états psychiques, l'antiphysicaliste aurait alors réussi à établir le genre de conclusion métaphysique qu'il recherche.

Cependant, l'argument en question n'établit pas effectivement l'altérité des propriétés concernées. L'argument repose sur une prémisse voulant qu'une possibilité épistémologique, à savoir que l'expérience d'un individu puisse posséder un certain aspect qualitatif sans pour autant occuper l'état physique ou fonctionnel approprié, s'explique par l'existence de deux propriétés distinctes d'un même état psychique, correspondant aux deux accès épistémiques distincts par lesquels un sujet conçoit celui-ci. Mais le physicaliste peut fort bien accepter cette prémisse tout en refusant la conclusion métaphysique : il s'agit

---

1. Comme White le reconnaît explicitement, cette objection a pour ancêtre la fameuse « Objection 3 » de Smart (1959), *op. cit.*

de trouver deux autres propriétés établissant les accès épistémiques appropriés. Nous pourrions par exemple rendre compte
du fait que nous pouvons concevoir faire l'expérience d'un
certain *quale* sans pour autant occuper l'état physico-fonctionnel
approprié en notant l'altérité des deux propriétés relationnelles
suivantes : (1) être conçu sous la description « ce dont je fais
présentement l'expérience consciente » et (2) être conçu sous la
description « l'état causant habituellement [tels et tels effets
comportementaux] ». Le physicaliste n'est certes pas obligé
d'affirmer que *ces* deux propriétés sont identiques, et c'est
pourquoi l'argument précédent ne lui pose pas de défi sérieux.

L'INTERPRÉTATION ÉPISTÉMOLOGIQUE

J'ai soutenu jusqu'ici que les arguments cartésiens, reposant
sur ce que l'on peut concevoir, ne peuvent établir la thèse voulant
que les théories physicalistes omettent quelque chose, au sens
métaphysique de cette expression. Celle-ci possède cependant
un sens épistémologique, et c'est dans ce sens que les arguments
cartésiens, étant eux-mêmes de nature épistémologique, peuvent
révéler une faiblesse majeure des théories physicalistes de
l'esprit.

Une théorie physicaliste adéquate devra non seulement
avancer une description physique des états et des propriétés
psychiques, mais aussi nous en donner une *explication*. En particulier, nous voulons savoir pourquoi nos expériences manifestent des aspects qualitatifs d'un certain type lorsque nous
occupons certains états physico-fonctionnels. Il ne suffit pas
alors d'expliquer comment les états qualitatifs contribuent à la
production du comportement ou la fixation des croyances ; c'est
là, peut-on présumer, une tâche que peut accomplir une théorie
physicaliste. (Du moins les arguments cartésiens n'offrent
aucune raison d'en douter). C'est plutôt la capacité d'expliquer
les aspects qualitatifs eux-mêmes, l'effet que cela fait de voir du
rouge ou de ressentir la douleur, qui est en question.

Les arguments reposant sur ce que l'on peut concevoir montrent que les théories physicalistes sont incapables de nous donner de telles explications des aspects qualitatifs de l'expérience. Pour nous en convaincre, reprenons la différence soulevée par Kripke entre les énoncés (1) et (2) ci-dessus. Kripke fait reposer son argument sur le fait que chacun de ces énoncés paraît contingent et les distingue ensuite en montrant que seule l'apparence de contingence de (1) peut être correctement expliquée. Ma stratégie est tout à fait différente. Je vois plutôt la différence entre les cas « eau/H_2O » et les cas « douleur/fibres C » dans le fait qu'il existe une apparence de *nécessité* découlant de la réduction de l'eau à H_2O, apparence qui est absente de la réduction de la douleur à l'activation des fibres C.

L'énoncé (1') illustre le type de nécessité que j'ai à l'esprit :

(1') La substance manifestant [telles et telles propriétés macroscopiques de l'eau] est du H_2O.

Selon Kripke, l'énoncé (1') est de fait contingent, et ceci explique l'apparence de contingence de (1). Ainsi, de son point de vue, (1') et (2) sont de même nature. Mais je crois qu'il y a entre eux une différence importante. Si nous considérons l'apparence de contingence propre à (2), nous remarquons qu'elle vaut dans les deux sens : on peut tout autant concevoir la présence de douleur sans activation correspondante des fibres C, et l'activation des fibres C en l'absence de douleur. En revanche, l'apparence de contingence de (1') ne vaut que dans un sens. Bien que l'on puisse, comme l'affirme Kripke, concevoir quelque chose d'autre que H_2O présentant les propriétés macroscopiques manifestes de l'eau, je soutiens qu'on ne peut pas concevoir que l'H_2O puisse ne pas manifester ces propriétés (si l'on présume, bien sûr, que le reste de notre chimie demeure constant).

Cette dissemblance reflète une différence épistémologique importante entre l'hypothèse réduisant l'eau à H_2O et celle réduisant la douleur à l'activation des fibres C, à savoir le fait que la théorie chimique de l'eau explique tout ce qui doit l'être alors que la théorie physicaliste des *qualia* « omet encore quelque chose ». Et c'est parce que les aspects qualitatifs eux-mêmes *ne sont pas expliqués* par la théorie physicaliste ou fonctionnaliste que l'on peut toujours concevoir l'existence d'une créature qui occuperait l'état physique ou fonctionnel approprié sans que son expérience manifeste ces aspects.

L'idée essentielle, c'est qu'une réduction devrait expliquer ce qui est réduit, et l'on peut déterminer si elle réussit en examinant si le phénomène réduit est épistémologiquement nécessité par le phénomène réducteur, c'est-à-dire si nous pouvons voir pourquoi les choses doivent être telles qu'elles paraissent en surface, étant donné les faits cités par la réduction. La théorie chimique de l'eau nous donne ce type de nécessité, mais non la théorie physique ou fonctionnelle des *qualia*. Voilà pourquoi les spectres inversés et les *qualia* absents n'offusquent pas nos intuitions, ne serait-ce qu'un instant.

Opposons plus clairement la réduction de l'eau à l'H_2O et celle des *qualia* à des propriétés physico-fonctionnelles. Qu'explique-t-on au moyen de la théorie voulant que l'eau soit de l'H_2O ? Prenons le point d'ébullition de l'eau au niveau de la mer comme exemple d'une propriété macroscopique s'expliquant par la réduction de l'eau à de l'H_2O. Cette explication ressemblerait à ceci. Les molécules d'H_2O se déplacent à des vitesses variées. Certaines molécules plus rapprochées de la surface du liquide et se déplaçant plus rapidement que les autres possèdent suffisamment d'énergie cinétique pour échapper aux forces d'attraction intermoléculaire de l'H_2O. Ces molécules entrent ainsi dans l'atmosphère : c'est l'évaporation. La valeur précise des forces d'attraction intermoléculaire détermine la pression de vapeur d'une masse d'eau liquide, soit la pression exercée par les molécules cherchant à s'échapper vers un air saturé d'eau. La pression de vapeur augmente proportionnellement à l'énergie cinétique moyenne des molécules. Lorsque la pression de vapeur atteint le point où elle est égale à la pression atmosphérique, de grosses bulles se forment dans le liquide et jaillissent à sa surface : l'eau bout.

Étant donné cette explication, ou une élaboration suffisamment riche de celle-ci, j'affirme qu'il n'est pas possible de concevoir que l'H_2O ne bouille pas à 100 °C au niveau de la mer (en présumant, encore, la constance du monde chimique). Opposons maintenant cette situation à la réduction physique ou fonctionnelle d'un état conscient. Peu importe la richesse d'une explication en termes neurologiques ou de traitement d'information, il semble qu'on pourra toujours concevoir en toute cohérence que tout se passe comme le dit l'explication sans que l'occupation des états physiques ou fonctionnels s'accompagne des aspects qualitatifs appropriés. Pourtant, si l'explication physique ou fonctionnelle expliquait vraiment l'aspect qualitatif de l'expérience, nous ne pourrions pas imaginer si distinctement l'absence des *qualia*. Nous nous dirions plutôt quelque chose comme :

> Supposons qu'une créature X satisfait la description fonctionnelle (ou physique) F. Je comprends – grâce à ma théorie fonctionnelle (ou physique) de la conscience – ce qui fait de F la réalisation d'une expérience conscience. Mais comment X peut-il alors occuper un état possédant ces caractéristiques fonctionnelles (ou physiques) mais ne pas ressentir une expérience consciente ?

On pourrait objecter que ma position présuppose le modèle déductif-nomologique de l'explication, modèle certes controversé[1]. J'ai volontiers adhéré en fait à la thèse voulant qu'une explication montre comment l'*explanans* implique l'*explanandum*. Je crois que le modèle déductif-nomologique est certainement sur la bonne voie en analysant l'explication en termes de démonstration d'une connexion nécessaire entre l'*explanans* et l'*explanandum*.

Cela ne m'engage pas toutefois envers la position voulant que toutes les explications prennent la forme nomologique décrite par Hempel dans sa discussion classique de l'explication. Robert Cummins a par exemple défendu l'idée que certaines

---

1. On retrouve la présentation désormais classique du modèle déductif-nomologique de l'explication dans Carl G. Hempel (1965), *Aspects of Scientific Explanation and Other Essays in the Philosophy of Science*, New York, The Free Press (chapitre 12).

explications prennent la forme de « théories de propriétés »[1]. Celles-ci expliquent la réalisation d'une propriété en faisant référence à la réalisation d'autres propriétés. Nous expliquerions par exemple une certaine capacité psychologique en nous référant aux mécanismes physico-fonctionnels qui la sous-tendent. Puisque nous n'expliquons alors pas l'événement en citant des conditions initiales et en le plaçant sous la portée d'une loi, ces explications ne cadrent pas tout à fait avec le modèle déductif-nomologique traditionnel.

L'objection de Cummins au modèle déductif-nomologique ne pose pas problème pour moi. Son exemple – l'explication d'une capacité psychologique se référant aux mécanismes qui la sous-tendent – contient l'élément de nécessité, et ce bien que le modèle lui-même ne se pose pas en termes de subsomption sous des lois. Si la mention des mécanismes pertinents explique vraiment la réalisation de la capacité psychologique, il est clair qu'on ne pourra pas concevoir comment une créature peut posséder ces mécanismes sans manifester la capacité. Si nous pouvions encore concevoir une situation où la créature possède les mécanismes pertinents sans manifester la capacité en question, alors je crois que nous n'aurions pas expliqué adéquatement la présence de la capacité psychologique en nous référant à ces mécanismes. Car nous nous demanderions encore ce qui distingue la situation réelle, où la créature manifeste la capacité, de ces autres situations qu'il est possible de concevoir et où elle ne la possède pas.

LE FONDEMENT CONCEPTUEL
DU FOSSÉ DANS L'EXPLICATION

J'ai fait valoir qu'il existe une différence importante entre l'identification théorique liant eau et H_2O, d'une part, et celle liant les aspects qualitatifs de l'expérience à des propriétés

1. Robert Cummins (1983), *The Nature of Psychological Explanation*, Cambridge, Mass., MIT Press.

physico-fonctionnelles, de l'autre. Dans le premier cas, l'identification nous procure une compréhension plus profonde de la nature de l'eau en nous expliquant son comportement. Dans le second cas, toutefois, les aspects qualitatifs restent inexpliqués et notre compréhension de cette expérience demeure par conséquent incomplète. Mon argument en faveur de l'existence de ce fossé dans l'explication reposait sur la possibilité de concevoir une créature qui réalise les propriétés physico-fonctionnelles appropriées mais dont l'expérience ne possède pas les aspects qualitatifs correspondants, voire une créature dont l'expérience est dépourvue de tout caractère qualitatif.

Pour bien comprendre la nature et l'ampleur du problème, il faut cependant examiner en détail pourquoi une identification théorique comme la première satisfait aux critères d'une explication adéquate. Il faut aussi apprécier la différence entre ces identifications et celles impliquant les aspects qualitatifs des expériences. Je ne peux qu'ébaucher ce projet ici et offrir l'explication préliminaire qui suit. Nous verrons qu'une explication adéquate devra résoudre certains problèmes profonds en théorie du contenu conceptuel, ce qui tissera un lien entre la question de l'intentionnalité et celle de la conscience.

EXPLICATION ET RÉDUCTION

Pour commencer, il me paraît clair que toute réduction théorique se justifie avant tout par ce qu'elle permet d'expliquer. Qu'est-ce qui justifie l'identité entre l'eau et l'H_2O ? Cette justification ne peut se résumer à l'affirmation que l'on retrouve une prépondérance de molécules d'H_2O dans nos lacs et nos océans. D'abord, cette affirmation n'est peut-être même pas vraie, si l'on considère toutes les impuretés que l'on retrouve dans la plupart des échantillons d'eau. Ensuite, nous n'identifierions pas l'*eau* à l'H_2O si nous découvrions que toutes les choses dans le monde contiennent beaucoup d'H_2O – supposons par exemple que H_2O soit aussi commun que les protons. Nous justifions plutôt l'identité en faisant remonter jusqu'à l'H_2O les causes et, partant, l'explication des propriétés manifestes par lesquelles nous identifions l'eau – son état liquide à la température ambiante, ses points de congélation et d'ébullition, et ainsi de suite.

Supposons cependant que quelqu'un ne soit pas convaincu et cherche à savoir pourquoi la composition chimique de l'eau joue-t-elle un rôle à ce point crucial dans l'avènement de ses propriétés superficielles[1]. À quoi nous répondrions : Eh bien, *que faudrait-il d'autre* pour qu'on ait affaire à de l'eau ? Remarquez cependant l'origine suspecte de ce « *que faudrait-il d'autre* ». Je crois en fait que nous devons reconnaître un élément *a priori* dans notre identification. Si nous sommes justifiés de faire reposer l'identification de l'eau à l'H_2O sur la responsabilité de l'H_2O en tant que cause du comportement caractéristique de l'eau, c'est parce que notre concept d'eau est le concept d'une substance ayant tel et tel rôle causal. Suivant Kripke, nous pourrions dire que notre concept pré-théorique d'eau peut être caractérisé comme une « description fixant la référence » et que cette description isole plus ou moins un rôle causal. Nous avons identifié le référent de notre concept dès lors que nous avons découvert quelle structure occupe ce rôle dans ce monde-ci.

Mais comment la théorie chimique peut-elle alors expliquer les propriétés manifestes de l'eau ? Nous avons déjà postulé qu'expliquer requiert l'établissement d'une relation déductive entre l'*explanans* et l'*explanandum*. Et voilà le problème : les théories chimique et populaire ne possèdent pas le même vocabulaire et des principes de correspondance devront être tôt ou tard introduits. Supposons par exemple que je veuille expliquer pourquoi l'eau bout, ou gèle, à la température précise où elle bout ou gèle. Pour expliquer ces faits, j'aurai besoin d'une

---

1. Il est bien sûr possible d'imaginer des situations où nous accepterions une théorie de l'eau laissant inexpliquées plusieurs des propriétés superficielles de l'eau. Il est cependant difficile de voir pourquoi l'on considérerait qu'une théorie qui n'explique aucune des propriétés superficielles de l'eau est une théorie de l'*eau*.

définition de « bouillir » ou « geler » qui puisse introduire ces termes dans les vocabulaires propres aux théories auxquelles je me référerai.

Une réduction théorique des propriétés concernées sera la façon la plus directe d'obtenir les principes de correspondance requis[1]. Prenons un autre exemple : l'eau est incolore. Mais être incolore n'est pas une propriété chimique de l'eau. Il faudra par conséquent réduire la propriété d'être incolore à une propriété comme celle d'avoir une certaine fonction de réflectivité spectrale avant même de pouvoir expliquer pourquoi l'eau est incolore en termes de structure moléculaire de l'eau et d'interaction entre cette structure et les rayons lumineux. Comme la réduction de l'eau à l'H_2O, cette réduction devra évidemment être justifiée par son apport explicatif. Autrement dit, il existe certains phénomènes que nous associons à la couleur et par lesquels nous l'identifions, et l'explication de ces phénomènes sera un critère clé motivant notre acceptation de la réduction théorique de la couleur.

Voici en gros l'image qui ressort de notre discussion de la réduction théorique et de l'explication. On peut penser nos concepts de substance et de propriétés tels que l'eau et la liquidité comme les nœuds d'un réseau de relations causales, chaque nœud pouvant lui-même se réduire à un autre réseau, et ce jusqu'à ce qu'on en arrive aux déterminantes causales fondamentales de la nature. Parce que le réseau de relations causales constituant le niveau des propriétés microscopiques réalise le réseau de relations causales constituant le niveau des propriétés macroscopiques, l'identification des propriétés macroscopiques aux propriétés microscopiques nous donne une nécessité montante (du bas vers le haut), et par conséquent un pouvoir d'expli-

---

1. Dans certains cas, comme par exemple la liquidité et la masse, il serait sans doute favorable de concevoir leur articulation théorique au sein des théories physiques et chimiques en termes d'incorporation et de raffinement des concepts théoriques populaires plutôt qu'en termes de réduction. Je ne poursuivrai pas davantage cette idée ici.

cation. Tout concept qui peut être analysé de cette façon s'inclinera devant une réduction explicative.

Remarquez que cette conception dépeint la réduction explicative comme un processus en deux étapes. Il y a d'abord l'étape (relativement ? quasi ?) *a priori* où le concept de la propriété qui doit être réduite *est façonné et préparé* pour la réduction en identifiant le rôle causal dont nous chercherons les mécanismes sous-jacents. Il y a ensuite l'étape empirique où nous découvrons quels sont au juste ces mécanismes [1].

Parenthèse sur la nature des concepts

Pour préciser en quel sens il n'est pas possible de concevoir qu'une chose soit de l'H_2O mais non pas de l'eau, j'ai dû parler des concepts. Pire encore, j'ai dû parler d'analyser le contenu des concepts. C'est malheureux car la controverse fait rage en cette matière et que je ne sais pas encore comment construire une théorie du contenu conceptuel capable d'accomplir la tâche que je viens de décrire et qu'une telle théorie doit remplir. Laissez-moi indiquer rapidement où se situe le problème.

La littérature sur les concepts contient plusieurs distinctions qui nous seront utiles ici. Nous pouvons d'abord distinguer contenus « étroits » et « larges » [2] d'un concept [3]. Le contenu large

1. Bien que je croie que nos positions ne coïncident pas complètement, l'argument présent est dans une certaine mesure similaire à la défense du conventionnalisme qu'a proposé Alan Sidelle (1989), *Necessity, Essence, and Individuation : A defense of conventionalism*, Ithaca, NY, Cornell University Press.

2. L'origine de cette distinction se trouve chez Hilary Putnam (1975), « The Meaning of "Meaning" », *Mind, Language and Reality*, Cambridge, Cambridge University Press. Trad. fr. « La signification de "signification" » (trad. de Dominique Boucher), cet ouvrage, p. 45-91. On trouvera une discussion de sa pertinence pour la psychologie chez J.A. Fodor (1987), *Psychosemantics*, Cambridge, Mass., MIT Press (chapitre 3) et Tyler Burge (1986), Individualism and psychology. *Philosophical Review*, vol. 95, p. 3-46.

3. Certains lecteurs trouveront peut-être que parler ainsi du contenu d'un *concept* plutôt que du contenu d'un *terme* porte à confusion. Je m'intéresse à la nature de la pensée et non de son expression dans les langues naturelles. Pour les besoins de la cause, nous pouvons penser qu'un concept est un terme

d'un concept s'épuise dans ses conditions de satisfaction. Il s'agit là de la composante référentielle de son contenu. La notion de contenu étroit est censée saisir cette dimension du contenu d'un concept qui est significative sur le plan psychologique et indépendante des faits externes au sujet. Dans le cas de la fameuse expérience de pensée de la Terre-Jumelle, il correspond à ce que partagent mon concept d'eau et celui de mon jumeau.

La question de savoir si le contenu étroit permet l'individuation des états psychologiques est évidemment controversée, tout comme celle de savoir si les contenus étroits existent bel et bien. Je crois cependant que mon jumeau et moi partageons quelque chose de significatif sur le plan psychologique lorsque nous avons le concept d'eau à l'esprit. De plus, je crois que c'est cet aspect de notre concept qui est pertinent eu égard à la question de la réduction explicative. Je ne défendrai pas cette thèse ici; je la postulerai simplement.

Comment pouvons-nous donc décrire le contenu étroit de notre concept d'eau? Selon un point de vue, que l'on nomme « théorie du rôle fonctionnel »[1], le contenu étroit du concept est déterminé par le groupe de croyances qui contiennent le concept d'eau et entre lesquelles il détermine les relations d'inférence. Selon ce point de vue, analyser le concept d'eau, ce n'est rien d'autre que mettre au jour ces croyances centrales. Notre concept d'eau est le concept d'une substance qui..., où l'espace vide est comblé par des phrases décrivant le comportement typique de l'eau. Ainsi, selon le point de vue du rôle fonctionnel, dire que notre concept d'eau peut être analysé comme le concept d'une

appartenant au langage mental interne, quel qu'il soit, utilisé par nos processus cognitifs.

1. Block (1986) offre une défense de la théorie du rôle fonctionnel. N. Block (1986), « Advertisement for a semantics for psychology », *Studies in the Philosophy of Mind*, T. X (sous la dir. de P.A. French, T.E. Uehling, Jr., et H.K. Wettstein), *Midwest Studies in Philosophy*, Minneapolis, University of Minnesota Press, p. 615-78.

certaine niche causale revient à dire que les croyances qui remplissent l'espace vide décrivent toutes le rôle causal de l'eau.

Il semble donc que le point de vue du rôle fonctionnel soit tout à fait approprié à mes besoins. Ce point de vue fait cependant face à de sérieux problèmes, en particulier celui du holisme : vous modifiez le concept si vous changez n'importe lequel des éléments constituant la description des relations causales le définissant. Or il est raisonnable de croire que l'investigation scientifique nous amènera à modifier nos croyances au sujet de ces connexions causales. Si de telles modifications étaient considérées comme des modifications du concept, la découverte que l'eau est de l'H_2O ne serait pas une découverte au sujet de *l'eau*. Cette conséquence paraît intolérable.

Il y a trois façons de régler ce problème. Nous pourrions d'abord serrer les dents et admettre la nature irrémédiablement holiste de nos concepts. Nous pourrions aussi chercher à distinguer, parmi l'ensemble des éléments qui composent le rôle fonctionnel d'un concept, ceux qui sont essentiels au concept de ceux qui lui sont accessoires, puis affirmer que seules les modifications aux éléments essentiels seront considérées comme modifiant le concept. Nous pourrions enfin proposer une nouvelle théorie des contenus étroits.

D'aucuns soutiendront qu'il est moins désagréable de serrer les dents qu'on pourrait le croire de prime abord, puisque nous n'avons affaire au fond qu'à des contenus *étroits*. Pourvu que nous préservions le caractère atomiste de la référence, nous pourrons toujours faire sens de l'affirmation voulant que deux théories contiennent des thèses conflictuelles au sujet de *l'eau*, puisqu'elles *portent sur* une seule et même chose. Nous cherchons cependant une notion de contenu conceptuel qui puisse constituer un fondement approprié à la relation d'explication, et il est clair que cette question concerne le contenu étroit. Si l'on ne peut affirmer ces notions, il est difficile de voir comment rendre justice à l'idée voulant que la théorie chimique de l'eau explique pourquoi l'eau se comporte comme elle le fait.

La seconde stratégie n'a pas connu beaucoup de succès et je ne sais pas comment améliorer les choses. Peu importe quel élément du rôle fonctionnel d'un concept est identifié comme essentiel, il semble toujours possible d'élaborer un scénario où l'élément en question est absent mais où, pourtant, il semble intuitivement correct d'affirmer que le sujet possède toujours le concept. En ce qui concerne enfin la dernière option, soit de proposer une nouvelle théorie des contenus étroits, la théorie de Fodor (1987), qui conçoit le contenu étroit comme une fonction appliquant des contenus larges à des contextes, est la seule que je connaisse qui s'écarte radicalement de la théorie du rôle fonctionnel. Mais je n'arrive pas à concevoir comment adopter cette théorie et comprendre la notion de contenu conceptuel comme la spécification d'une niche causale.

En résumé, il semble que nous ayons besoin d'une théorie du contenu conceptuel qui puisse servir de fondement aux réductions explicatives sur la base d'une certaine analyse causale/ fonctionnelle des concepts impliqués, théorie qui, de surcroît, n'implique pas le holisme. Je ne dispose pas d'une telle théorie et doit donc me contenter de formuler ce *desideratum* sur la nature d'une théorie qui reste à développer.

ENCORE LES *QUALIA*

Si nous appliquons à la réduction des *qualia* le modèle de la valeur explicative développé pour la réduction théorique de l'eau, il nous faut alors chercher quelle propriété sera réduite et quelle propriété, ou ensemble de propriétés, nous sert habituellement lorsque nous désirons identifier la propriété à réduire. Ceci pose évidemment un problème. Quelle autre propriété peut en effet fixer la référence d'une propriété comme l'aspect qualitatif de l'expérience du rouge? Il semble que nous identifiions cette propriété par elle-même. La distinction entre la propriété à réduire et la propriété par laquelle nous identifions habituellement la propriété à réduire, soit sa manifestation, semble s'écrouler. (Il y a évidemment une relation entre ce point et celui de Kripke au sujet de l'impossibilité de tracer une distinction entre la réalité et l'apparence dans le cas des *qualia*).

On peut évidemment s'attendre à ce que d'autres propriétés des *qualia* soient expliquées au moyen de réductions théoriques, nommément les propriétés associées à leur rôle d'intermédiaire entre les stimuli environnementaux et le comportement. C'est précisément parce qu'une propriété physico-fonctionnelle peut expliquer le « comportement » d'un état qualitatif que nous accepterions une identification entre cette propriété et un *quale* particulier. De plus, si notre concept d'aspect qualitatif ne comprenait rien d'autre – comme le veulent les fonctionnalistes analytiques –, alors la réduction théorique de l'eau et celle des *qualia* ne se distingueraient pas du point de vue du succès explicatif. Le fait qu'il soit possible de concevoir un état remplissant ce rôle mais ne constituant pas une expérience qualitative montre toutefois qu'il y a plus qu'un simple rôle causal dans notre concept d'aspect qualitatif. Tel est du moins ce que j'ai soutenu.

L'existence d'un fossé dans l'explication semble reposer sur le fait que nos concepts d'aspects qualitatifs ne représentent pas des rôles causaux, du moins pas en termes de contenus psychologiques. La réduction d'un objet ou d'une propriété possède un caractère explicatif lorsqu'elle révèle les mécanismes réalisant le rôle causal constitutif de cet objet ou de cette propriété. Qui plus est, il semble bien qu'une réduction ne peut posséder autrement ce caractère. Dans la mesure où il existe un élément de notre concept d'aspect qualitatif qui ne soit pas saisi par les caractéristiques de son rôle causal, ce concept échappera au réseau explicatif de la réduction physicaliste.

CONCLUSION

Je conclurai en tirant une autre conséquence de notre discussion du fossé dans l'explication. On s'attaque souvent au problème de l'esprit au moyen d'une stratégie de type « diviser

pour régner». Il y aurait d'un côté le problème de l'intentionnalité. Comment le sens peut-il émerger uniquement de la
matière ? Comment une parcelle de matière peut-elle être au sujet
de quelque chose ? De l'autre côté, il y aurait le problème de la
conscience ou, pour être plus précis, le problème des aspects
qualitatifs de l'expérience. Comment est-il possible que cela
fasse un effet d'être un simple système physique ? En séparant
ainsi ces deux problèmes, on espère pouvoir réaliser des progrès
significatifs vers leur solution.

Grâce à cette séparation des problèmes de l'intentionnalité et
de la conscience, il est désormais indéniable que nous disposons
maintenant d'une compréhension plus profonde de la nature de
l'intentionnalité[1]. Si j'ai raison, toutefois, le lien entre les deux
problèmes est peut-être plus étroit qu'on ne le croit d'ordinaire.
La question n'est pas qu'il faille pouvoir faire l'expérience de
qualia pour posséder des états intentionnels, comme le voudrait
Searle. C'est plutôt qu'une théorie de l'intentionnalité devrait
expliquer pourquoi nos représentations cognitives des aspects
qualitatifs de l'expérience résistent si farouchement à toute
tentative d'incorporation au sein du réseau explicatif de la
science physique. Cela montre aussi que le problème des aspects
qualitatifs de l'expérience est en fin de compte un problème
épistémologique dont la source est à chercher dans la nature
particulière des représentations que nous nous en faisons[2]. C'est
ainsi que le problème des *qualia* menace d'occuper toute la place
du problème général de l'esprit.

---

1. Searle (1989) défend une opinion contraire au sujet de la séparation entre
l'intentionnalité et la conscience. Jonh R. Searle (1989), «Consciousness, unconsciousness, and intentionality », *Philosophical Topics*, vol. 17, p. 193-209.

2. Georges Rey (1993), « Sensational sentences », *Consciousness* (sous la dir.
de M. Davies et G. Humphreys), Oxford, Blackwell, p. 240-57 (chapitre 12) et
Robert van Gulick (1993), « Understanding the Phenomenal Mind : Are we just all
Armadillos ? » *Consciousness* (sous la dir. de M. Davies et G. Humphreys), p. 137-
154 (chap. 7) jettent de la lumière sur cette question.

Remerciements

Une version antérieure de ce chapitre a été prononcée le 31 mars 1989 à la conférence *Mind, Meaning and Nature* tenue à l'université Wesleyan. Le texte fut complété alors que j'étais boursier de la National Endowment for the Humanities. Pour les discussions fertiles que nous avons eues et pour leurs commentaires critiques sur les versions antérieures du présent texte, j'aimerais enfin remercier Louise Anthony, David Auerbach, Martin Davies et Georges Rey.

JOSEPH LEVINE

Traduit de l'anglais par Pierre Poirier

LE TRAITEMENT APPROPRIÉ DU CONNEXIONNISME [1]

INTRODUCTION

Au cours des cinq dernières années, l'approche connexionniste de la modélisation cognitive est passée d'un culte obscur réunissant quelques adeptes à un mouvement si vigoureux que les dernières rencontres de la Société des sciences cognitives se sont mises à ressembler à des clubs optimistes connexionistes. Avec la naissance du mouvement connexionniste émergent plusieurs questions fondamentales qui feront l'objet de cet article. Je commence par une brève description des modèles connexionnistes.

1. Je suis reconnaissant à Dave Rumelhart pour toutes les conversations enflammées que nous avons eues pendant plusieurs années concernant de nombreux sujets ; les idées avancées ici sont imprégnées de ses contributions. Mes sincères remerciements à Jerry Fodor et Zenon Pylyshyn pour leurs commentaires très instructifs. Les commentaires de Geoff Hinton, Mark Fanty et Dan Lloyd sur les versions antérieures ont été très utiles, tout comme les remarques ponctuelles de Kathleen Akins. Les commentaires détaillés de Georges Rey sur le manuscrit ont été extrêmement précieux. Je suis tout particulièrement reconnaissant à Rob Cummins et Denise Dellarosa pour toutes ces idées qui ont contribué à la rédaction de cet article. Cette recherche a été financée par la subvention NSF IST-8609599 ainsi que par le Département d'informatique et l'Institut de sciences cognitives de l'Université du Colorado à Boulder.

LES MODÈLES CONNEXIONNISTES

Les modèles connexionnistes sont de larges réseaux d'éléments computationnels parallèles, éléments qui ont chacun une *valeur d'activation* numérique calculant les valeurs des éléments voisins du même réseau et utilisant des formules numériques simples. Les éléments (ou unités) du réseau s'influencent mutuellement quant à leur valeur par l'intermédiaire de connexions qui transportent une force numérique, ou un poids. L'influence d'une unité i sur une unité j équivaut à la valeur d'activation de l'unité i multipliée par le poids de la connexion entre i et j. Ainsi, si une unité a une valeur d'activation positive, son influence sur une valeur voisine est positive si son poids par rapport à ce voisin est positif, et négative si le poids est négatif. S'inspirant du système neuronal, les connexions transportant des charges positives sont appelées *excitatoires* et celles transportant des charges négatives, *inhibitoires*.

Dans un modèle connexionniste typique, l'intrant d'un système est le résultat de l'attribution d'une valeur d'activation aux *unités intrants* du réseau ; ces valeurs numériques constituent une codification, ou *représentation*, de l'intrant. L'activation des unités intrants se propage dans le réseau de connexions jusqu'à l'émergence d'un ensemble de valeurs d'activation des *unités extrants* ; ces valeurs d'activation codifient l'extrant calculé par le système à partir de l'intrant. Entre les unités intrants et extrants, il peut y avoir d'autres unités, souvent appelées *unités cachées*, qui ne participent pas à la représentation des unités intrants ou extrants.

La computation réalisée par le réseau qui transforme le modèle d'activité intrant en modèle extrant dépend de l'ensemble des forces de connexion ; ces poids sont habituellement considérés comme la codification des connaissances du système. En ce sens, les forces de connexion jouent le même rôle que le programme au sein d'un ordinateur traditionnel. L'une des principales caractéristiques de l'approche connexionniste est que plusieurs réseaux connexionnistes se *programment eux-*

mêmes, c'est-à-dire qu'ils possèdent des processus autonomes afin d'ajuster leurs poids, de sorte qu'ils puissent réaliser une computation spécifique. De tels processus d'apprentissage dépendent souvent du fonctionnement du réseau, auquel on présente un échantillon de paires d'intrant-extrant de la fonction qu'il est supposé calculer. Dans les réseaux d'apprentissage contenant des unités cachées, le réseau « décide » de lui-même quelles sont les computations qui seront faites par les unités cachées ; étant donné que ces unités ne sont ni des intrants ni des extrants, le programme ne leur attribue jamais leur valeur, même pendant son fonctionnement.

Ces dernières années, les modèles connexionnistes ont été développés afin d'accomplir différentes tâches, dont celles de la vision, du traitement du langage, de l'inférence et de la motricité. Plusieurs exemples peuvent être relevés dans les récents comptes rendus des séances de la Société des sciences cognitives [1].

LES INTENTIONS DE CET ARTICLE

Étant donné le développement rapide, ces dernières années, de l'approche connexionniste de la modélisation cognitive, il n'est pas encore temps de l'évaluer de manière définitive quant à son efficacité et sa validité. Toutefois, il semble être temps d'essayer de définir quels sont les buts de cette approche, les hypothèses fondamentales qu'elle veut mettre à l'épreuve ainsi que les relations présumées avec les autres structures théoriques

1. J. A. Feldman, D. H. Ballard, C. M. Brown et G. S. Dell (1985), *Rochester Connectionist Papers : 1979-1985*. Technical Report 172, Département d'informatique, Université de Rochester ; G. E. Hinton et J. A. Anderson (dir.), (1981), *Parallel Models of Associative Memory*. Hillsdale, NJ : Erlbaum ; J. L. McClelland, D. E. Rumelhart et le groupe de recherche PDP, (1986), *Parallel Distributed Processing : Explorations in the Microstructure of Cognition*, vol. 2, *Psychological and Biological Models,* Cambridge, MIT Press ; D.E. Rumelhart, G. E. Hinton, et R. J. Williams (1986), « Learning Internal Representations by Error Propagation », *in* D. E. Rumelhart, J. L. McClelland, et le groupe de recherche PDP, *Parallel Distributed Processing : Explorations in the Microstructure of Cognition*, vol. 1. Cambridge, MIT Press.

des sciences cognitives. Le but de cet article est donc de définir de manière cohérente et plausible l'organisation de ces principes fondamentaux. Une telle définition n'est pas une entreprise triviale, puisque le terme « connexionniste » embrasse un grand nombre de structures théoriques plutôt disparates et insuffisamment explicitées. La définition que je donnerai de la structure connexionniste s'éloigne assez radicalement des approches traditionnelles, dans la mesure où ses relations avec les autres constituantes des sciences cognitives ne sont pas simples.

Pour l'instant, je représenterai l'approche connexionniste que je vais exposer par le sigle : TAC. Je ne défendrai pas le mérite scientifique du TAC; le fait qu'une version du connexionnisme qui s'approche du TAC puisse constituer une « description appropriée du traitement de l'information » a déjà été soutenu ailleurs[1]. En laissant de côté le mérite scientifique des modèles connexionnistes, je veux soutenir ici le fait que le TAC offre un « Traitement Approprié du Connexionnisme » : il fournit une définition cohérente de l'approche connexionniste qui la met en relation avec d'autres théories des sciences cognitives, et ce de manière particulièrement constructive. Le TAC se veut une définition du connexionnisme qui soit suffisamment solide pour pouvoir constituer une hypothèse cognitive majeure, dont la portée soit assez large pour surmonter de nombreux défis et qui soit suffisamment fiable pour résister à plusieurs objections de principe. Si le TAC répond à ces exigences, ceci facilitera notre véritable entreprise : évaluer la pertinence scientifique de l'approche connexionniste, c'est-à-dire de déterminer si cette approche offre une puissance computationnelle adéquate afin de rendre compte de la compétence cognitive humaine et des mécanismes computationnels appropriés pour modéliser avec exactitude la performance cognitive humaine.

1. Par exemple D. E. Rumelhart, G. E. Hinton et R. J. Williams (1986). « Learning Internal Representations by Error Propagation », *in* D. E. Rumelhart, J. L. McClelland, et le groupe de recherche PDP, *Parallel distributed processing : Explorations in the Microstructure of Cognition*, vol. 1, Cambridge, MIT Press.

Le TAC constitue une réponse à certaines positions qui ont été adoptées relativement au connexionnisme – soit les positions favorables, les défavorables et les oecuméniques. Ces positions, qui sont fréquemment exposées oralement mais rarement mises sur papier, représentent, selon moi, l'insuccès des adeptes et des critiques de l'approche traditionnelle à s'entendre entre eux. Les défenseurs de l'approche traditionnelle de la modélisation cognitive et de l'IA (intelligence artificielle) sont souvent d'accord pour admettre que les systèmes connexionnistes sont utiles, peut-être même importants, pour la modélisation des processus de niveau inférieur (par exemple la vision élémentaire), ou pour l'implémentation rapide et tolérante-à-l'erreur des programmes d'IA traditionnels, ou pour la compréhension de la façon dont le cerveau peut utiliser le langage LISP. À mon avis, ces positions œcuméniques ne reconnaissent pas le véritable défi lancé par les connexionnistes à la conception traditionnelle de la cognition ; le TAC est justement une formulation explicite de ce défi.

D'autres partisans de l'approche traditionnelle considèrent l'approche connexionniste comme irrémédiablement erronée puisqu'elle ne peut rien offrir de nouveau (les machines universelles de Turing étant, après tout, « universelles »), ou parce qu'elle ne peut offrir le genre d'explications dont les sciences cognitives ont besoin. Certains rejettent les modèles connexionnistes considérant qu'ils ne reproduisent pas assez fidèlement l'organisation neuronale. Le TAC se veut une réponse à ces critiques.

D'autre part, la plupart des modèles connexionnistes existants ne sont pas compatibles avec l'approche traditionnelle – en partie parce que cette négligence ne semble pas porter à conséquence. Dans la littérature connexionniste, on retrouve régulièrement la critique selon laquelle les constructions théoriques traditionnelles, telles les règles, le traitement séquentiel, la logique, la rationalité ainsi que les schémas et cadres conceptuels, ne jouent aucun rôle dans les sciences cognitives. Le TAC s'engage à assigner un rôle propre à chacune de ces constructions dans la perspective d'un paradigme connexionniste pour la modélisation cognitive. Le TAC s'attaque également à certains problèmes fondamentaux concernant les états mentaux.

Je ne vois pas comment les buts fixés par le TAC peuvent être atteints sans que certaines positions soient adoptées, ce qui pourra sembler être une erreur ou une démarche prématurée pour certains tenants du connexionnisme. Ce sont des conséquences inévitables du fait que l'approche connexionniste soit encore très peu développée et que le terme « connexionniste » puisse désigner plusieurs approches contenant des hypothèses contradictoires. Le TAC ne se veut pas un point de vue consensuel sur ce que l'approche connexionniste est ou devrait être.

Mon propos sera peut-être plus clair si je tente dès maintenant de préciser ma position sur la valeur actuelle des modèles connexionnistes ainsi que sur leur potentiel futur. Cet article ne cherche pas à défendre tous ces points de vue, bien que je soutienne quelques-uns d'entre eux, et le reste en a sans aucun doute influencé la présentation.

D'une part, je crois que :

(1) a. Il est loin d'être évident que les modèles connexionnistes possèdent le pouvoir computationnel nécessaire à la réalisation de tâches cognitives de niveau supérieur : plusieurs obstacles importants devront être surmontés avant que la computation connexionniste ne puisse offrir un pouvoir de modélisation comparable à celui de la computation symbolique.

b. Il est loin d'être évident que les modèles connexionnistes offrent une base suffisamment solide pour permettre la modélisation de la performance cognitive humaine : il demeure difficile d'établir des relations étroites entre l'approche connexionniste et aes méthodologies empiriques.

c. Il est loin d'être évident que les modèles connexionnistes puissent contribuer à l'étude de la compétence humaine : les modèles connexionnistes sont difficiles à analyser dans la perspective des propriétés de niveau supérieur qui sont nécessaires à l'étude de la compétence humaine.

d. Il est loin d'être évident que les modèles connexionnistes puissent offrir, à tout le moins dans leur forme actuelle, une base assez solide pour permettre la modélisation de la computation neuronale : il y a plusieurs lacunes importantes quant aux liens possibles entre les modèles connexionnistes et les points de vue les plus répandus concernant les propriétés neuronales fondamentales, comme je l'expliciterai un peu plus loin.

e. Même d'un point de vue optimiste quant à l'avenir de l'approche connexionniste des sciences cognitives, plusieurs des stratégies de recherche actuelles en sciences cognitives demeureraient viables et productives.

D'autre part, je crois que :

(1) f. Selon toute vraisemblance, l'approche connexionniste pourra apporter des idées importantes et durables au répertoire théorique sensiblement pauvre des sciences cognitives.

g. Selon toute vraisemblance, les modèles connexionnistes pourront offrir leur contribution à la modélisation de la performance cognitive humaine en ce qui a trait aux tâches de niveau supérieur, qui seront au moins aussi importantes que celles qui sont offertes par les modèles symboliques traditionnels.

h. Il est vraisemblable que la conception de la distinction entre compétence et performance qui émerge de l'approche connexionniste pourra régler de manière satisfaisante un problème fondamental et fondateur pour la science et la philosophie de l'esprit.

i. Selon toute vraisemblance, les modèles connexionnistes pourront offrir les progrès les plus significatifs que nous avons connus depuis plusieurs millénaires concernant le problème corps/esprit.

j. Étant donné le répertoire théorique assez pauvre des neurosciences computationnelles, il est très vraisemblable que les modèles connexionnistes pourront constituer un excellent stimulus pour le développement de modèles de computation neuronale qui s'avèrent beaucoup plus satisfaisants que les modèles connexionnistes et neuronaux actuels.

k. Il y a de fortes chances que les modèles connexionnistes entraînent le développement d'une nouvelle compétence générale d'apprentissage par auto-programmation, la plupart du temps par le biais d'ordinateurs analogiques dont le traitement de l'information s'effectue en parallèle, et d'une nouvelle théorie de la computation analogique parallèle : ils pourraient même remettre en question la thèse de Church selon laquelle la classe des computations bien formées est comprise dans celle des machines de Turing.

LES NIVEAUX D'ANALYSE

La plupart des problèmes fondamentaux concernent le tournant de l'approche connexionniste, d'une manière ou d'une autre, selon le niveau d'analyse adopté. La terminologie, les graphiques ainsi que la discussion que l'on retrouve dans la plupart des publications sur le connexionnisme suggèrent fortement que la modélisation connexionniste s'effectue à un niveau neuronal. Toutefois, je soutiendrai qu'il vaudrait mieux ne *pas* expliquer les principes de la cognition étudiés par l'approche connexionniste comme des principes de niveau neuronal. La spécification du niveau d'analyse cognitive adopté par le TAC est une question délicate qui constitue le propos sous-jacent de cet article. Le niveau d'analyse adopté par le TAC est assurément inférieur à celui du paradigme symbolique traditionnel, mais, du moins pour le moment, le niveau du TAC est relié plus explicitement au niveau du paradigme symbolique qu'au niveau neuronal. Pour cette raison, je définirai le paradigme de modélisation cognitive proposé par le TAC comme un *paradigme sous-symbolique*.

Maintenant, quelques commentaires sur la terminologie. Je ferai référence à l'approche traditionnelle de la modélisation cognitive en termes de *paradigme symbolique*. Remarquez que j'utiliserai toujours l'expression « paradigme symbolique » pour désigner l'approche traditionnelle de *modélisation* cognitive, soit le développement de programmes informatiques inspirés de l'IA servant de modèles de performance psychologique. Le paradigme symbolique de la modélisation cognitive a été développé et défendu par Newell, Simon ainsi que par Fodor, Pylyshyn et plusieurs autres[1]. Les hypothèses fondamentales de ce paradigme recouvrent en grande partie le courant de l'IA, en plus des systèmes d'IA offrant explicitement des modèles de la performance humaine. L'expression « paradigme symbolique » n'est *pas* spécifiquement destinée à embrasser des théories de la compétence telles la théorie formelle de la grammaire ; de telles théories de la compétence entretiennent des relations importantes avec le paradigme symbolique mais ne feront pas l'objet de cet article. D'ailleurs, une grande partie de la recherche effectuée en linguistique formelle s'éloigne du paradigme symbolique de modélisation cognitive, et ce, en partie de la même façon que l'approche connexionniste, que j'analyserai ; dans la perspective de plusieurs des aspects auxquels je ferai appel afin de distinguer le paradigme symbolique du paradigme sous-symbolique, plusieurs recherches en linguistique se situent du côté sous-symbolique.

Il m'est apparu nécessaire de n'étudier qu'un sous-ensemble des approches symboliques et connexionnistes afin d'aller au-delà de considérations superficielles et syntactiques. Du côté symbolique, je me limiterai à la position de Newell/Simon/ Fodor/Pylyshyn concernant la cognition, en omettant, par exemple, la position adoptée par de nombreux linguistes ; du côté connexionniste, je ne prendrai en considération qu'un point de vue particulier, soit le « paradigme sous-symbolique », en omettant plusieurs perspectives connexionnistes concurrentes. La seule alternative possible semble être de définir les perspectives symbolique et connexionniste de manière à ce point diffuse qu'une analyse substantielle deviendrait impossible.

En utilisant l'expression « paradigme symbolique » pour désigner l'approche traditionnelle de modélisation cognitive, je

---

1. A. Newell et H. A. Simon (1972), *Human Problem Solving*, Englewood Cliffs, Prentice-Hall ; A. Newell (1980), « Physical Symbols Systems », *Cognitive Science*, 4, p. 135-183 ; J. A. Fodor (1975), *The Language of Thought*, New York, Crowell ; J. A. Fodor (1987), *Psychosemantics*, Cambridge, MIT Press ; Z. Pylyshyn (1984), *Computation and Cognition : Towards a Foundation for Cognitive Science*, Cambridge, MIT Press.

tiens à insister sur le fait que selon cette approche, les descriptions cognitives sont faites d'entités qui constituent des symboles à la fois dans le sens sémantique du terme, soit par la référence à des objets externes, et dans le sens syntaxique, soit comme étant l'objet d'une manipulation symbolique. Ces manipulations donnent forme à des processus psychologiques fondamentaux dans la perspective de cette approche de la modélisation cognitive.

L'expression « paradigme sous-symbolique » suggère quant à elle que les descriptions cognitives sont constituées d'entités qui correspondent à des *constituants* des symboles utilisés au sein du paradigme symbolique ; ces constituants finement élaborés pourraient être appelés *sous-symboles*, et ils correspondent aux activités des unités individuelles de transformation dans les réseaux connexionnistes. Les entités qui sont typiquement représentées par des symboles dans le paradigme symbolique le sont par un grand nombre de sous-symboles dans le paradigme sous-symbolique. Cette distinction sémantique s'accompagne d'une distinction syntaxique. Les sous-symboles ne font pas l'objet d'une manipulation symbolique ; ils font l'objet d'une computation numérique, et non symbolique. Les opérations du paradigme symbolique, qui sont des opérations discrètes individuelles (par exemple celles qui fouillent la mémoire), sont souvent considérées, dans le paradigme sous-symbolique, comme le résultat d'un grand nombre d'opérations numériques beaucoup plus fines.

Comme le niveau d'analyse adopté par le paradigme sous-symbolique afin de décrire des modèles connexionnistes est inférieur au niveau adopté traditionnellement par le paradigme symbolique, il est important d'analyser les modèles connexionnistes à un niveau supérieur dans le but de relier les deux paradigmes ; et donc d'amalgamer, pourrait-on dire, les sous-symboles à des symboles. Bien que les paradigmes symbolique et sous-symbolique aient chacun un niveau d'analyse privilégié, les modèles cognitifs qu'ils proposent peuvent être décrits à plusieurs niveaux. Par conséquent, il sera utile de donner des noms différents aux divers niveaux : je nommerai « niveau conceptuel » le niveau privilégié par le paradigme symbolique et « niveau sous-conceptuel » le niveau privilégié par le paradigme sous-symbolique. Ces expressions ne sont pas idéales, mais seront toutefois motivées par la définition des différents niveaux. Un des buts importants de cet article est de formuler un ensemble cohérent d'hypothèses concernant le niveau sous-conceptuel : le genre de descriptions cognitives qui sont utilisées, les principes computationnels qui s'appliquent, ainsi que les relations qui existent entre le niveau sous-conceptuel et les niveaux symbolique et neuronal.

Le choix du niveau restreint considérablement le formalisme qui sera pertinent pour cette analyse. Le changement du formalisme propre au paradigme symbolique est probablement la caractéristique la plus frappante de l'approche connexionniste. Depuis la naissance des sciences cognitives, le *langage* a constitué le modèle théorique dominant. Les modèles cognitifs formels doivent leur structure à la syntaxe des langues formelles et leur contenu à la sémantique du langage naturel. L'esprit a été considéré comme étant une machine qui manipule des symboles formels, et ces symboles sont censés avoir essentiellement le même genre de référence sémantique que les mots de l'anglais.

Le paradigme sous-symbolique remet en question le rôle syntaxique et sémantique du langage au sein des modèles cognitifs formels. La section qui suit constitue une formulation de cette remise en question. Des entités alternatives y sont décrites relativement aux rôles que le langage a pu jouer traditionnellement dans les sciences cognitives, ainsi le nouveau rôle qui pourrait être joué par le langage est donc délimité. Les hypothèses fondamentales qui définissent le paradigme sous-symbolique y sont formulées, aussi je considérerai la critique selon laquelle rien de nouveau n'est proposé. Ensuite, j'étudierai la relation existant entre le paradigme sous-symbolique et les neurosciences ; et je me pencherai sur la critique concernant le manque de fidélité des modèles connexionnistes au modèle neuronal. Une section ultérieure portera sur les relations entre les analyses de la cognition des niveaux neuronal, sous-conceptuel et conceptuel [...].

Dans cet article, j'ai tenté d'isoler de manière typographique les formulations synthétiques des points importants. La plupart de ces nombreux points constituent une définition du paradigme sous-symbolique, mais quelques-uns d'entre eux servent à définir des points de vue alternatifs. Pour éviter la confusion, ces derniers seront suivis de la mention « à rejeter ».

La formalisation de la connaissance

La connaissance culturelle et l'interprétation consciente d'une règle

Quelle est la formalisation adéquate de la connaissance que possèdent les agents cognitifs et des moyens par lesquels ils utilisent ce savoir afin d'accomplir des tâches cognitives ? Comme point de départ, nous pouvons analyser les formalisations du savoir qui ont précédé les sciences cognitives. Les connaissances les plus formalisées se retrouvent dans les sciences comme la physique, qui repose sur des principes mathématiques. La connaissance de certains domaines est ainsi formalisée en structures linguistiques, telles que « l'énergie est conservée » (ou une encryptage approprié) et la logique formalise l'utilisation de ce savoir afin de pouvoir en tirer des conclusions. La connaissance consiste donc en un ensemble d'axiomes et le fait de tirer des conclusions consiste à prouver des théorèmes.

Cette méthode de formalisation de la connaissance et cette façon de tirer des conclusions possèdent des propriétés intéressantes :

    (2) a. L'accessibilité : Ce savoir est accessible à plusieurs personnes.

b. La fiabilité : Plusieurs personnes (ou une personne à des moments différents) peuvent vérifier régulièrement si les conclusions sont valides.

c. Le formalisme, la fermeture du système (*bootstrapping*) et l'universalité : Les opérations inférentielles ne demandent que très peu de connaissance du domaine auquel ces symboles réfèrent.

Ces trois propriétés sont importantes pour la science dans la mesure où elle constitue une activité culturelle. La valeur sociale d'une connaissance qui ne dépend que d'un seul individu demeure limitée (2a). La valeur sociale d'une connaissance formulée de façon telle que différents agents puissent tirer différentes conclusions peut être remise en question (par exemple, nous ne pouvons être d'accord avec le fait qu'une expérimentation puisse falsifier une théorie) (2b). Afin que le savoir soit divulgué au sein de la culture, il est utile que les novices, qui n'ont peu ou pas d'expérience dans la réalisation d'une tâche, aient les moyens de réaliser cette tâche et d'acquérir de l'expérience (2c).

Certaines activités culturelles autres que la science requièrent le même genre de propriétés. Les lois de la nation et les règles d'une organisation sont également des procédures formalisées linguistiquement visant à effectuer une action dont différentes personnes minimalement fiables peuvent s'acquitter. Dans toutes ces situations, l'objectif est de créer un système décisionnel abstrait indépendant des individus.

Par conséquent, au niveau culturel, l'objectif est d'exprimer le savoir dans une forme qui puisse être mise en œuvre de manière fiable par différentes personnes, même inexpérimentées. Nous pouvons comparer le processeur de conscience de niveau supérieur d'un individu à une *machine virtuelle* – l'*agent interprétant consciemment une règle* – et nous pouvons comprendre le savoir culturel comme un programme qui fait fonctionner cette machine. Les formulations linguistiques du savoir sont parfaites pour cet usage. Les procédures qui peuvent être exécutées de manière adéquate par diverses personnes constituent des directives linguistiques explicites fonctionnant étape par étape. C'est d'ailleurs ce qui a été formalisé dans la théorie des procédures effectives[1]. Grâce à la propriété (2c), le processeur de conscience de niveau supérieur peut être considéré comme universel d'un point de vue idéal : il sera capable d'effectuer n'importe quelle procédure effective. La théorie des procédures effectives – la théorie classique de la computation[2] – s'incarne dans l'ordinateur (sériel) de von Neumann. On pourrait dire de l'ordinateur de von Neumann qu'il constitue une machine qui applique ces règles explicites que les gens peuvent suivre de manière relativement fiable – mais plus rapidement et avec une parfaite fiabilité.

Ainsi, nous pouvons comprendre pourquoi le système de production de la théorie computationnelle, ou plus généralement l'ordinateur de von Neumann, a pu fournir un modèle satisfaisant concernant l'application d'une règle par un individu[3]. Bref, quand les individus (par exemple, des débutants) suivent des règles consciemment et de manière séquentielle (comme celles qu'on leur a apprises), leur traitement cognitif est modélisé naturellement d'après une interprétation séquentielle[4] de la procédure formalisée linguistiquement. Les règles qui ont été suivies sont exprimées en termes de concepts consciemment accessibles, et à partir desquels le domaine de la tâche en question est conceptualisé. En ce sens, les règles sont formalisées à un niveau d'analyse conceptuel.

---

1. A. Turing (1936), « On Computable Numbers with an Application to the Entscheidungsproblem », *Proceedings of the London Mathematical Society* (série 2) 42, p. 230-265, p. 43 et p. 544-546.

2. J.E. Hopcroft et J.D. Ullman (1979), *Introduction to Automata Theory, Languages, and Computation*. Reading, Addison-Wesley.

3. Par exemple les modèles de résolution de problèmes en physique élémentaire comme ceux de J. H. Larkin, J. McDermott, D. P. Simon et H. A. Simon (1980), « Models of Competence in Solving Physics Problems », *Cognitive Science* 4, p. 317-345.

4. Dans cet article, quand le terme *interprétation* renvoie à un processus, la signification attribuée à cette expression est celle que l'on retrouve en informatique : le processus qui consiste à exécuter une procédure d'après sa description linguistique.

En résumé :

(3) a. Les règles exprimées dans le langage naturel peuvent fournir une formalisation satisfaisante du savoir culturel.

b. L'application consciente d'une règle peut être modélisée comme une interprétation séquentielle de telles règles par une machine virtuelle appelée « l'agent interprétant consciemment une règle ».

c. Ces règles sont formulées en termes de concepts consciemment utilisés afin de décrire le domaine de la tâche – elles sont formulées à un niveau conceptuel.

LE SAVOIR INDIVIDUEL, LA COMPÉTENCE ET L'INTUITION AU SEIN DU PARADIGME SYMBOLIQUE

Les contraintes de la formalisation du savoir culturel ne sont pas les mêmes que celles de la formalisation du savoir individuel. Afin d'être défini avec exactitude, le savoir intuitif chez le spécialiste en physique ou chez celui qui parle sa langue maternelle requiert un certain formalisme qui n'est pas vraiment adéquat pour des objets culturels. Après tout, le savoir individuel contenu dans la tête d'un expert ne possède pas les propriétés (2) du savoir culturel : il n'est pas publiquement accessible ou complètement fiable, et il dépend entièrement d'une vaste expérience. Le savoir individuel est un programme qui fonctionne au sein d'une machine virtuelle n'ayant pas besoin d'être comme le processeur de conscience de niveau supérieur qui fait fonctionner le savoir culturel. Par définition, les conclusions tirées intuitivement ne sont pas le résultat de l'application consciente de règles, ainsi le traitement de l'intuition n'est pas de la même nature que l'application consciente de règles.

Quels genres de programmes sont responsables de comportements qui ne constituent pas une application consciente de règles ? Je ferai référence à la machine virtuelle qui fait fonctionner ces programmes en termes de *processeur intuitif*. Ce dernier est vraisemblablement responsable de l'ensemble des comportements animaux et d'une très grande partie des comportements humains : la perception, la motricité automatique, la pratique langagière courante, l'intuition dans la résolution de problèmes et le jeu – bref, pratiquement toutes les performances demandant des habiletés. Le transfert de responsabilités d'un agent interprétant consciemment une règle au processeur intuitif durant l'acquisition d'habiletés s'avère l'un des phénomènes les plus frappants et les plus étudiés par les sciences cognitives[1]. Une analyse de la formalisation du savoir doit prendre en considération le savoir impliquant l'application consciente de règles par le novice ainsi que le savoir résidant dans l'intuition d'expert, en plus de considérer leur relation.

Une possibilité intéressante se formule comme suit :

(4) a. Les programmes qui fonctionnent au sein d'un processeur intuitif sont des règles formulées linguistiquement et qui sont interprétées de manière séquentielle. (À rejeter).

Cette hypothèse constituait traditionnellement un des présupposés des sciences cognitives. Ceux qui parlent leur langue maternelle interprètent inconsciemment des règles, tout comme les experts en physique le font lorsqu'ils répondent intuitivement à certains problèmes. Les systèmes d'intelligence artificielle conçus pour le traitement du langage naturel et la résolution de problèmes sont des programmes élaborés en langage formel afin de décrire symboliquement les procédures de manipulation de symboles.

À l'hypothèse syntaxique (4a) correspond une hypothèse sémantique :

(4) b. Les programmes qui fonctionnent au sein d'un processeur intuitif sont composés d'éléments, c'est-à-dire de symboles référant essentiellement aux mêmes concepts que ceux qui résultent de la conceptualisation consciente du domaine de la tâche à accomplir. (À rejeter).

---

1. J.R. Anderson (1981), *Cognitive Skills and their Acquisition*, Hillsdale, Erlbaum.

Ceci s'applique aux modèles de systèmes de production dans lesquels les productions représentant le savoir d'un expert sont des versions compilées à partir de celles des novices (Anderson, 1983 et Lewis, 1978) et d'après l'ensemble des programmes d'IA.

La réunion des hypothèses (4a) et (4b) comprend :

(4) L'hypothèse de l'interprétation inconsciente d'une règle : Les programmes fonctionnant au sein d'un processeur intuitif ont une syntaxe et une sémantique comparables à celles des programmes gérés par un agent interprétant consciemment les règles. (À rejeter).

Cette hypothèse a constitué le fondement du paradigme symbolique de modélisation cognitive. Les modèles cognitifs de l'interprétation consciente d'une règle ainsi que du traitement intuitif consistent en des programmes composés d'entités qui sont des *symboles*, à la fois dans un sens syntaxique, à savoir qu'ils sont l'objet d'une manipulation symbolique, et dans le sens sémantique de (4b), je nomme *niveau conceptuel* le niveau d'analyse au sein duquel ces programmes fournissent des modèles cognitifs, parce que ces symboles ont la sémantique conceptuelle de (4b).

LE PARADIGME SOUS-SYMBOLIQUE ET L'INTUITION

L'hypothèse de l'interprétation inconsciente d'une règle (4) constitue une possibilité intéressante que l'approche connexionniste de la modélisation cognitive rejette. Étant donné que mon objectif n'est pas de discuter, mais bien uniquement de formuler quels seraient les mérites scientifiques de l'approche connexionniste, je ne proposerai pas d'argument contre (4) dans cet article. Je ferai toutefois remarquer qu'en général, les connexionnistes ne rejettent pas sans raison l'hypothèse (4). Plusieurs chercheurs connexionnistes actuels ont fait de sérieux efforts afin que l'hypothèse (4) puisse répondre aux besoins des sciences cognitives[1]. Cependant, les connexionnistes tendent à rejeter (4), étant donné les conséquences relativement insatisfaisantes qui en résultent, et ce, pour plusieurs raisons, telles :

(5) a. Les systèmes d'IA actuels élaborés dans la perspective de l'hypothèse (4) semblent trop fragiles et insuffisamment flexibles pour modéliser l'expertise humaine.

b. Le processus d'articulation du savoir d'expert selon des règles semble impraticable pour plusieurs domaines importants (par exemple, le sens commun).

c. L'hypothèse (4) a contribué essentiellement à évaluer de quelle façon le savoir est représenté dans l'esprit.

Ce qui motive l'élaboration d'alternatives connexionnistes à (4) est l'intuition qui porte à croire que de telles alternatives puissent servir les objectifs des sciences cognitives. L'évaluation empirique et substantielle de cette intuition date déjà d'au moins une décennie. Une alternative possible à (4a) se formule comme suit :

(6) L'hypothèse de l'architecture neuronale : Concernant une tâche particulière, le processeur intuitif fonctionne avec la même architecture que celle de l'esprit pour la réalisation de cette tâche. (À rejeter).

Peu importe l'attrait que cette hypothèse puisse avoir, elle semble incapable, en pratique, de répondre aux besoins de la majorité des modèles cognitifs. Nous ne savons tout simplement pas quelle est l'architecture de l'esprit lors de la réalisation de la plu-

---

1. Voir, par exemple, le symposium connexionniste tenu à l'Université de Genève le 9 septembre 1986. Le programme annonçait la présence de Feldman, Minsky, Rumelhart, Sejnowski et Waltz. Parmi ces cinq chercheurs, trois auront fait une contribution importante au paradigme symbolique, et ce, pendant plusieurs années. M. Minsky (1975), « A Framework for Representing Knowledge », *in* P.H. Winston, dir., *Computers and Thought*. New York, McGraw-Hill; D.E. Rumelhart (1980), « Schemata : The Building Blocks of Cognition », in R. Spiro, B. Bruce et W. Brewer, dir., *Theoretical Issues in Reading Comprehension*, Hillsdale, Erlbaum; D.L. Waltz (1978), « An English Language Question Answering System for a Large Relational Database », *Communication of the Association for Computing Machinery,* 21, p. 526-539.

part des tâches cognitives. Il pourrait y avoir quelques exceptions (telles les tâches visuelles ou spatiales), mais pour la résolution de problèmes, le langage ainsi que plusieurs autres, (6) ne peut tout simplement pas faire le travail nécessaire pour le moment.

Ces derniers points ainsi que quelques autres concernant le niveau neuronal seront étudiés en détail un peu plus loin. Pour l'instant, mon point se résume au fait que la caractérisation du niveau d'analyse de la modélisation connexionniste ne peut être réduite au niveau neuronal. Le niveau d'analyse privilégié par les modèles cognitifs connexionnistes n'est pas conceptuel, mais il n'est pas non plus neuronal.

L'objectif est maintenant de formuler une alternative à (4) qui, contrairement à (6), offre une base viable pour la modélisation cognitive. Une première approximation sommaire de cette hypothèse est :

(7) Le processeur intuitif possède une certaine architecture connexionniste (qui modélise de manière abstraite quelques-unes des caractéristiques les plus générales des réseaux de neurones). (À développer).

Remettant à plus tard les considérations sur le problème neuronal, nous allons maintenant nous pencher sur l'approche pertinente de l'architecture connexionniste.

Le point de vue que je vais adopter concernant l'architecture connexionniste est le suivant[1]. Les valeurs d'activité numériques de tous les processeurs du réseau forment un grand vecteur d'état. Les interactions entre les processeurs, les équations déterminant de quelle façon le vecteur d'activité change à mesure que les processeurs réagissent aux valeurs des uns par rapport aux autres à travers le temps, constituent une *équation de l'évolution de l'activation*. Cette équation d'évolution régissant les inter-

---

1. Pour en savoir davantage sur ce point de vue, voir P. Smolensky (1986), «Neural and Conceptual Interpretations of Parallel Distributed Processing Models », *in* J. L. McClelland, D. E. Rumelhart et le groupe de recherche PDP, *Parallel Distributed Processing : Explorations in the Microstructure of Cognition*, vol. 2. Cambridge, MIT Press.

actions mutuelles entre les processeurs détermine les poids des connexions : les paramètres numériques déterminent la direction ainsi que la magnitude de l'influence des valeurs d'activation entre elles. L'équation d'activation est une équation différentielle (généralement déterminée par l'équation de différence finie qui émerge de portions de temps non continues). Dans les systèmes d'auto-apprentissage, les poids de connexions changent durant le fonctionnement, et ce en vertu de la règle d'apprentissage, qui est une autre équation différentielle : *l'équation d'évolution de la connexion.*

Dans un système connexionniste, le savoir dépend des forces de connexion. Ainsi, pour la première partie de notre exposé sur (7), nous proposons l'alternative suivante à (4a) :

(8a) L'hypothèse du système dynamique connexionniste : À n'importe quel moment, l'état du processeur intuitif est précisément défini par un vecteur de valeurs numériques (une pour chacune des unités). La dynamique du processeur intuitif est régie par une équation différentielle. Les paramètres numériques de cette équation constituent le programme ou le savoir du processeur. Dans les systèmes d'auto-apprentissage, ces paramètres changent en fonction d'une autre équation différentielle.

Cette hypothèse soutient que le processeur intuitif est un genre de *système dynamique* : comme les systèmes dynamiques traditionnellement étudiés en physique, l'état du système est un vecteur numérique qui évolue en fonction des équations différentielles d'évolution. Les propriétés particulières qui distinguent ce type de système dynamique – soit un système dynamique connexionniste – sont vaguement décrites dans (8a). Une spécification beaucoup plus précise est requise. Il serait prématuré de tenter une telle spécification pour le moment, mais mentionnons qu'une grande partie des modèles sous-symboliques sont ceux des systèmes dynamiques quasi linéaires[1]. Chaque

1. Il s'agit des systèmes dynamiques quasi linéaires dont il est question dans P. Smolensky (1986), « Neural and Conceptual Interpretations of Parallel

unité d'un système quasi linéaire calcule sa valeur en déterminant d'abord la somme des poids de ses intrants à partir d'autres unités et en transformant ensuite cette somme d'après une fonction non linéaire. Un des objectifs du paradigme sous-symbolique est de définir les propriétés computationnelles de plusieurs types de systèmes dynamiques connexionnistes (comme les systèmes quasi linéaires) et ensuite de déterminer lesquels peuvent fournir des modèles appropriés pour différents types de processus cognitifs.

L'hypothèse du système dynamique connexionniste (8a) offre une alternative connexionniste à l'hypothèse syntaxique (4a) du paradigme symbolique. Nous avons maintenant besoin d'une hypothèse sémantique compatible avec (8a) afin de remplacer (4b). La question est la suivante : Que *signifie* la valeur d'une unité ? La possibilité la plus simple est que la sémantique de chacune des unités soit comparable à celle du mot dans le langage naturel ; chaque unité représente un tel concept et les forces de connexion entre les unités reflètent le degré d'association entre les concepts.

(9) L'hypothèse de l'unité conceptuelle. (À rejeter).

Les éléments du processeur intuitif individuel – les unités individuelles – ont essentiellement la même sémantique que les éléments de l'agent interprétant consciemment une règle, c'est-à-dire les mots du langage naturel.

Cependant, (8a) et (9) forment un couple stérile. L'activation du déploiement des concepts selon un degré relationnel d'association pourrait être adéquat afin de modéliser des aspects simples de la cognition – tels le temps requis pour dire des mots ou la probabilité relative de percevoir des lettres dans des contextes variés – mais il ne peut être adéquat pour accomplir des

Distributed Processing Models » ainsi que dans D. E. Rumelhart, G. E. Hinton et R. J. Williams (1986), « Learning Internal Representations by Error Propagation », dans D. E. Rumelhart, J. L. McClelland et le groupe de recherche PDP, *Parallel Distributed Processing : Explorations in the Microstructure of Cognition*, vol. 1. Cambridge, MIT Press.

tâches complexes telles la réponse à une question ou les jugements de grammaticalité. Les structures pertinentes ne peuvent
même pas être représentées dans un tel réseau, mises à part celles
qui sont effectivement programmées.

Une grande quantité de force computationnelle doit être présente dans le processeur intuitif afin de traiter les divers processus
cognitifs, qui deviennent extrêmement complexes lorsqu'ils sont
décrits au niveau conceptuel. Le paradigme symbolique, basé sur
l'hypothèse (4), trouve sa force en permettant des opérations très
complexes et essentiellement arbitraires sur des symboles ayant
une sémantique de niveau conceptuel : une sémantique simple
pour des opérations complexes. Si les opérations doivent être
aussi simples que celles qui sont permises par l'hypothèse (8a),
nous ne pouvons nous en tirer avec une sémantique aussi simple
que celle de (9)[1]. Une sémantique compatible avec (8a) doit être
plus compliquée :

1. Ceci constitue un sujet qui divise les diverses approches connexionnistes.
Les « modèles connexionnistes locaux » (par exemple G. S. Dell (1985), « Positive
Feedback in Hierarchical Connectionist Models : Application to Language
Production », *Cognitive Science* 9, p. 3-23 ; J. AQ. Feldman (1985), « Four Frames
Suffice : A Provisional Model of Vision and Space », *Behavioral and Brain
Sciences* 8, p. 265-289 ; J. L. McClelland et D. E. Rumelhart (1981), « An
Interactive Activation Model of Context Effects in Letter Perception : Part 1. An
Account of the Basic Findings », *Psychological Review* 88, p. 375-407 ;
D. E. Rumelhart and J. L. McClelland (1982), « An Interactive Activation Model
of Context Effects in Letter Perception : Partie 2. The Contextual Enhancement
Effect and Some Tests and Extensions of the Model », *Psychological Review*, 89,
p. 60-94 ; D. L. Waltz et J. B. Pollack (1985), « Massively Parallel Parsing : A
Strongly Interactive Model of Natural Language Interpretation », *Cognitive
Science* 9, p. 51-74) acceptent (9), et diffèrent souvent de manière significative de
(8a). Cette approche a été soutenue par les connexionnistes de Rochester
(J. A. Feldman, D. H. Ballard, C. M. Brown et G. S Dell (1985), *Rochester
Connectionist Papers : 1979-1985*. Technical Report 172, Département
d'informatique, Université de Rochester). Comme le paradigme symbolique, cette
école est en faveur d'une sémantique simple et d'opérations plus complexes. Les
processeurs de ces réseaux sont habituellement plus performants que ceux dont il
est question en (8) ; ils sont souvent comme des ordinateurs digitaux qui font
fonctionner les quelques lignes d'un code simple. (« S'il y a un 1 sur la ligne
d'intrant, alors faites *X*, sinon faites *Y* », où *X* et *Y* sont des procédures simples
assez différentes ; par exemple L. Shastri (1985), *Evidential Reasoning in*

(8b) L'hypothèse de l'unité sous-conceptuelle :
Les entités du processeur intuitif avec une sémantique de concepts conscients du domaine de la tâche sont des patterns complexes de l'activité impliquant plusieurs unités. Chaque unité participe à plusieurs de ces patterns [1].

Les interactions entre les *unités individuelles* sont simples cependant, ces unités ne possèdent pas de sémantique conceptuelle : elles sont *sous-conceptuelles*. Les interactions entre les entités ayant une sémantique conceptuelle, soit les interactions entre des patterns complexes d'activité, ne sont pas simples du tout. Les interactions se situant au niveau des patterns d'activité ne sont pas décrites explicitement dans la définition formelle d'un modèle sous-symbolique : elles doivent être calculées par l'analyste. Habituellement, ces interactions ne peuvent être calculées que de manière approximative. Autrement dit, il n'y aura généralement pas de principes formels valides, complets et calculables avec précision au niveau conceptuel ; de tels prin-

---

Semantic Networks : A Formal Theory and its Parallel Implementation, Technical Report TR 166, Département d'informatique, Université de Rochester). Ce genre de connexionnisme, bien différent du genre sous-symbolique, a davantage en commun avec les techniques des sciences informatiques traditionnelles pour la « mise en parallèle » des algorithmes sériels en les décomposant en sous-programmes qui peuvent fonctionner parallèlement, et ce, souvent selon une certaine synchronisation programmée. Le parallélisme fin de Rochester, bien que grossier comparé à celui du paradigme sous-symbolique, est raffiné en comparaison de la programmation en parallèle standard ; les processeurs ne peuvent avoir que quelques états internes et ne peuvent transmettre que quelques valeurs différentes (J. A. Feldman et D. H. Ballard (1982), « Connectionist Models and their Properties », *Cognitive Science* 6, p. 205-254).

1. Voir plusieurs des articles dans G. E. Hinton et J.A. Anderson, dir. (1981), *Parallel Models of Associative Memory*, Hillsdale, NJ : Erlbaum ; G. E. Hinton, J. L. McClelland et D. E. Rumelhart (1986), « Distributed Representations », in J. L. McClelland, D.E. Rumelhart et le groupe de recherche PDP, *Parallel Distributed Processing : Explorations in the Microstructure of Cognition*, vol. 2 Cambridge, MIT Press ; on retrouvera la contrepartie neuronale dans D. O. Hebb (1949), *The Organization of Behavior*. New York, Wiley ; K. Lashley (1950), « In Sarch of the Engram », dans *Psychological Mechanisms in Animal Behavior*. Symposium de la Société de Biologie Expérimentale, No. 4. New York, Academic Press ; J. A. Feldman (1986), *Neural Representation of Conceptual Knowledge*. Technical Report 189, Département d'informatique, Université de Rochester.

cipes n'existent qu'au niveau des unités individuelles, soit le niveau *sous-conceptuel*.

> (8c) L'hypothèse du niveau sous-conceptuel :
>
> Les descriptions complètes, formelles et précises du processeur intuitif sont généralement traitées non pas au niveau conceptuel, mais uniquement au niveau sous-conceptuel.

Dans (8c), les termes « complètes, formelles et précises » sont importants : les descriptions au niveau conceptuel de la performance du processeur intuitif peuvent provenir de la description sous-conceptuelle, mais, contrairement à la description au niveau sous-conceptuel, les descriptions au niveau conceptuel seront soit incomplètes (décrivant seulement certains aspects du processus), soit informelles (décrivant des comportements complexes en termes qualitatifs), soit imprécises (décrivant la performance jusqu'à un certain degré d'approximation ou d'idéalisation, comme les idéalisations concernant la « compétence » qui sont loin de la performance réelle). Des exemples explicites de chacun de ces genres de descriptions des systèmes sous-symboliques au niveau conceptuel ont été exposés dans une version antérieure de cet article [1].

Les hypothèses (8a-c) peuvent être résumées comme suit :

> (8) L'hypothèse sous-symbolique :
>
> Le processeur intuitif est un système dynamique connexionniste sous-conceptuel qui ne permet pas de description complète, formelle et précise au niveau conceptuel.

Cette hypothèse est la pierre angulaire du paradigme sous-symbolique [2].

1. Parue dans *Behavioral and Brain Sciences*, 11, 1988, p. 1-23.

2. Tel que mentionné dans l'introduction, on peut trouver un échantillon assez important de la recherche relevant plus ou moins du paradigme sous-symbolique dans l'ouvrage suivant : *Parallel Distributed Processing : Explorations in the Microstructure of Cognition*, Rumelhart et al, 1986 ; McClelland et al, 1986. Alors que cet ouvrage a été considéré comme « connexionniste », le terme « PDP » (traitement d'information en parallèle) a été choisi afin de le distinguer de l'approche localiste, qui, auparavant, avait adopté le terme « connexionniste »

L'INCOMPATIBILITÉ DES PARADIGMES SYMBOLIQUE
ET SOUS-SYMBOLIQUE

Je vais maintenant montrer que les paradigmes symbolique et sous-symbolique, tels que formulés précédemment, sont incompatibles : les hypothèses (4) et (8) concernant la syntaxe et la sémantique du processeur intuitif ne sont pas compatibles. Cette question demande beaucoup de précautions, puisque l'on sait qu'une machine virtuelle peut souvent être implémentée dans une autre, qu'un programme créé pour une machine peut être traduit en un programme pour une autre machine. La tentative de distinguer la computation sous-symbolique de la computation symbolique pourrait bien être futile si chacune est en mesure de simuler l'autre. Après tout, un ordinateur digital s'avère en réalité un genre de système dynamique simulant l'automate de von Neumann, et pour leur part, les ordinateurs digitaux sont couramment utilisés afin de simuler des modèles connexionnistes. Par conséquent, il semble possible que les hypothèses symbolique et sous-symbolique (4) et (8) soient *toutes deux* correctes : le processeur intuitif peut être considéré comme une machine virtuelle interprétant des règles de manière séquentielle à un certain niveau *et* comme une machine connexionniste à un niveau inférieur.

Cette possibilité s'accorde aisément avec le paradigme symbolique, formulée de la façon suivante :

(10) Les modèles connexionnistes valides sont tout simplement des implémentations, pour un certain type de *hardware* parallèle, de programmes symboliques qui offrent des explications exactes et complètes de comportements au niveau conceptuel. (À rejeter).

Toutefois, (10) contredit l'hypothèse (8c) et est ainsi incompatible avec le paradigme sous-symbolique. Les programmes

(J. A. Feldman et D. H. Ballard (1982), « Connectionist Models and their Properties », *Cognitive Science*, 6, p. 205-254).

symboliques dont (4) fait l'hypothèse concernant le processeur intuitif pourraient effectivement être traduits pour une machine connexionniste; mais les programmes traduits ne seraient *pas* le genre de programme sous-symbolique que (8) suppose. Si (10) était correct, alors (8) serait faux; et à tout le moins, (8c) devrait être exclu des hypothèses servant à définir le paradigme sous-symbolique, l'affaiblissant à un point tel que la modélisation connexionniste devienne une simple implémentation. Une telle conséquence constituerait une véritable défaite pour le programme de recherche qui, selon moi, est investigué par plusieurs connexionnistes.

Qu'en est-il du rapport inverse, où un programme symbolique est utilisé afin d'implémenter un système sous-symbolique? Il est important de souligner que les symboles au sein de tels programmes représentent les valeurs d'activation des unités ainsi que les forces de connexions. Selon l'hypothèse (8b), ceux-ci ne possèdent pas de sémantique conceptuelle, et ainsi l'hypothèse (4b) n'est pas respectée. Les programmes sous-symboliques que (8) suppose concernant le processeur intuitif peuvent être traduits pour une machine de von Neumann, mais les programmes traduits ne sont *pas* le genre de programme symbolique que (4) suppose.

Ces arguments montrent que, à moins que les hypothèses des paradigmes symbolique et sous-symbolique ne soient formulées avec soin, le contenu substantiel du problème scientifique dont il est question peut facilement faire défaut. Il est bien connu que les machines de von Neumann peuvent simuler des réseaux connexionnistes et inversement. Considérant ce fait, certaines personnes adoptent la position selon laquelle l'approche connexionniste n'a rien à offrir qui soit fondamentalement nouveau puisque nous avons les machines de Turing et, selon la thèse de Church, la raison de croire que, lorsqu'il s'agit de computation, les machines de Turing sont l'essentiel. Cependant, cette position ne peut montrer que les sciences cognitives ne sont qu'une simple question syntaxique concernant le fait que les programmes mentaux soient créés pour des machines de

Turing/von Neumann ou pour des machines connexionnistes. Ceci n'est pas un problème. Si l'on définit les deux approches d'un point de vue *strictement syntaxique*, utilisant seulement (4a) et (8a), alors, en effet, la question – connexionniste ou non connexionniste – apparaît comme « l'un des merveilleux harengs rouges de l'IA »[1].

C'est une erreur de prétendre que l'approche connexionniste n'a rien de nouveau à offrir aux sciences cognitives. La question en jeu est centrale : Est-ce que l'explication formelle complète de la cognition se situe au niveau conceptuel ? La position adoptée par le paradigme sous-symbolique est : Non, elle se situe au niveau sous-conceptuel.

LA REPRÉSENTATION AU NIVEAU SOUS-CONCEPTUEL

Après avoir fait l'hypothèse de l'existence d'un niveau sous-conceptuel, nous devons maintenant tenter de définir sa nature. L'hypothèse (8b) laisse en suspens plusieurs questions portant sur la sémantique des systèmes sous-symboliques. Quel genre de particularités sous-conceptuelles les unités représentent-elles au sein du processeur intuitif ? À quels patterns d'activité correspondent les concepts particuliers ou les éléments du domaine d'un problème ?

Il n'y a pas de réponses systématiques ou générales à ces questions pour l'instant ; la recherche de réponses est l'une des principales tâches du paradigme de recherche sous-symbolique. Pour le moment, chaque modèle sous-symbolique individuel adopte des procédures particulières afin de relier des patterns d'activité – des vecteurs d'activité – à des descriptions d'intrants et d'extrants au niveau conceptuel pour définir la tâche du

1. Cette expression est de Roger Schank, en référence au « traitement parallèle » (M. M. Waldrop (1984), « Artificial Intelligence in Parallel », *Science* 115, p. 608-610). Faisait-il référence à un système connexionniste, je ne sais pas ; de toute manière, je ne crois pas que le contexte soit approprié pour discuter de ses commentaires.

modèle. Les vecteurs choisis sont souvent les valeurs de particularités finement sélectionnées des intrants et des extrants, et ce sur la base d'une analyse théorique préexistante du domaine. Par exemple, concernant la tâche étudiée par Rumelhart et McClelland[1], soit la transformation des formes phonétiques de base des verbes anglais à leur forme au temps passé, où les séquences phonétiques des intrants et des extrants sont représentées par des vecteurs de valeurs pour les caractéristiques phonétiques binaires dépendant du contexte. La description de la tâche au niveau conceptuel implique des concepts consciemment accessibles, tels les mots « go » et « went », alors que le niveau sous-conceptuel du modèle implique un grand nombre de caractéristiques finement sélectionnées telles « le fait d'être rond précédé par le fait d'être situé devant et suivi par le fait d'être situé derrière ». La représentation de « vais » est un vaste pattern d'activité de ces caractéristiques.

Pour qu'un progrès substantiel dans les sciences cognitives sous-symboliques soit possible, il est nécessaire que des engagements systématiques soient pris concernant les représentations vectorielles pour les domaines cognitifs individuels. Il est important de développer des méthodologies mathématiques ou empiriques qui puissent définir adéquatement ces engagements. Les vecteurs sélectionnés afin de représenter les intrants et les extrants affectent fondamentalement les prédictions du modèle, étant donné que les généralisations issues du modèle sont fortement déterminées par la similarité de la structure des vecteurs sélectionnés. Contrairement aux occurrences symboliques, ces vecteurs se situent dans un espace topologique dans lequel certains sont tout près les uns des autres et d'autres sont éloignés.

Quels genres de méthodologies devraient être utilisées afin de définir la représentation au niveau sous-conceptuel? La

1. D. E. Rumelhart, J. L. McClelland (1986), « On Learning the Past Tense of English Verbs », dans J. L. McClelland, D. E. Rumelhart et le groupe de recherche PDP, *Parallel Distributed Processing: Explorations in the Microstructure of Cognition*, vol. 2. Cambridge, MIT Press.

méthodologie privilégiée par Rumelhart et McClelland[1] au sein du modèle du temps passé a été assez utilisée, particulièrement dans les modèles de traitement du langage : les caractéristiques représentationnelles sont empruntées aux analyses théoriques existantes du domaine et adaptées (généralement de manière *ad hoc*) afin de répondre aux besoins de la modélisation connexionniste. Cette méthodologie rend l'approche sous-symbolique manifestement dépendante des autres paradigmes de recherche en sciences cognitives et suggère que, certainement à court terme, le paradigme sous-symbolique ne puisse pas *remplacer* ces autres paradigmes de recherche.

Une deuxième méthodologie théorique possible pour l'étude de la représentation sous-conceptuelle consiste en des procédures d'apprentissage qui peuvent entraîner les unités cachées des réseaux connexionnistes. Les unités cachées ont des représentations internes des éléments du domaine du problème, et les réseaux qui entraînent leurs unités cachées apprennent en fait les représentations sous-conceptuelles efficaces du domaine. Si nous sommes en mesure d'analyser les représentations développées par de tels réseaux, nous pouvons éventuellement en déduire les principes de la représentation sous-conceptuelle pour les domaines de nombreux problèmes.

Un troisième type de méthodologie considère la tâche de définition des modèles sous-conceptuels comme l'ajustement des modèles connexionnistes au système cognitif humain. Le problème est de déterminer quels vecteurs devraient représenter les différents aspects du domaine afin que le comportement résultant du modèle connexionniste puisse correspondre au comportement humain. Des outils mathématiques efficaces sont nécessaires afin de relier le comportement d'ensemble aux choix de vecteurs représentationnels ; idéalement, ces outils devraient nous permettre d'*intervertir* l'application des représentations au comportement, de sorte que, en commençant avec un ensemble de données concernant la performance humaine, nous puissions

---

1. D. E. Rumelhart, J. L. McClelland (1986).

« tourner une manivelle mathématique » et ainsi faire surgir des vecteurs représentationnels. Un exemple de ce type d'outil général est la technique de la *mesure multidimensionnelle*[1], qui permet la transformation des données, concernant les jugements humains de similarité entre des paires d'items d'un ensemble, en vecteurs qui représentent ces items (en un certain sens). Le paradigme sous-symbolique a besoin d'outils tels une version de la mesure multidimensionnelle fondée sur un modèle connexionniste du processus de production de jugements de similarité.

Chacune de ces méthodologies génère des défis de recherche sérieux. La plupart de ces défis sont actuellement relevés, mais jusqu'à présent, dans le meilleur des cas, avec des succès mitigés. Selon la première approche, des principes systématiques doivent être formulés afin d'adapter au contexte connexionniste les analyses particulières des domaines qui ont été l'objet des paradigmes traditionnels et non connexionnistes. Ces principes doivent être en accord avec les propriétés fondamentales de la computation connexionniste, sinon l'hypothèse de la computation connexionniste ne contribue pas à l'étude de la représentation mentale. Selon la seconde méthodologie, les principes doivent être formulés pour les représentations acquises par les unités cachées, et selon la troisième méthodologie, les principes doivent être formulés afin de relier les choix de vecteurs représentationnels au comportement d'ensemble du système. Voilà des problèmes mathématiques à résoudre et sur lesquels repose le succès ultime du paradigme sous-symbolique.

Les deux prochaines sections traitent de la relation entre le niveau sous-conceptuel et les autres niveaux : la relation au niveau neuronal sera abordée dans la section qui suit, alors que la relation au niveau conceptuel fera l'objet de la suivante.

1. R. N. Shepard (1962), « The Analysis of Proximities : Multidimensional Scaling with an Unknown Distance Function », I et II. *Psychometrica*, 27, p. 125-1, 10, 219-246.

LE NIVEAU SOUS-CONCEPTUEL ET LE NIVEAU NEURONAL

Le propos de la section précédente néglige une méthodologie qui s'impose quant à la définition des représentations sous-conceptuelles : regarder tout simplement de quelle façon le cerveau le fait. Ceci nous ramène au commentaire entre parenthèses faisant partie de (7) et à la question générale de la relation entre le niveau sous-conceptuel et le niveau neuronal[1].

La relation entre le niveau sous-conceptuel et le niveau neuronal peut être traitée à la fois en termes syntaxiques et sémantiques. La question sémantique est celle qui vient d'être soulevée : de quelle façon les représentations de domaines cognitifs comme patterns d'activité des unités sous-conceptuelles au sein des modèles du réseau du paradigme sous-symbolique, sont-elles reliées aux représentations au niveau des neurones du cerveau ? La question syntaxique est la suivante : de quelle façon l'architecture de traitement adoptée par les réseaux au sein du paradigme sous-symbolique est-elle reliée à l'architecture de traitement au sein du cerveau ?

Il n'y a pas grand-chose à dire à propos de la question sémantique, dans la mesure où nous en savons très peu à propos de la représentation neuronale des domaines cognitifs supérieurs. Lorsqu'il est question de modélisation connexionniste, disons, du traitement du langage, la méthodologie proposant de « regarder tout simplement de quelle façon le cerveau le fait » ne nous mène pas bien loin dans cette tentative de construction d'un réseau qui puisse accomplir véritablement cette tâche. Ainsi, il s'avère inévitable que, pour l'instant, dans les modèles sous-symboliques des processus supérieurs, la sémantique des unités du réseau soit beaucoup plus directement liée aux explications de niveau conceptuel de ces processus qu'à n'importe quelle explication neuronale. Pour le moment, le niveau sous-conceptuel

---

1. Dans cette section, la thèse adverse, présentée dans l'introduction, est particulièrement pertinente. Les arguments que j'avance ne prétendent pas constituer un consensus chez les connexionnistes.

semble être assez proche du niveau conceptuel d'un point de vue sémantique, alors que nous avons peu de raisons de croire qu'il soit proche du niveau neuronal.

Cette conclusion va à l'encontre de la position communément adoptée, selon laquelle les modèles connexionnistes sont des modèles neuronaux. Ce point de vue reflète vraisemblablement un préjugé contre des considérations sémantiques et en faveur de considérations syntaxiques. Si l'on ne considère que les mécanismes de traitement, la computation résultant de modèles sous-symboliques semble être beaucoup plus proche de celle résultant de l'activité du cerveau que de modèles symboliques. Ceci implique que, d'un point de vue syntaxique, le niveau sous-conceptuel est plus proche du niveau neuronal que du niveau conceptuel.

Considérons alors la question syntaxique : est-ce que l'architecture de traitement adoptée par les modèles sous-symboliques (8a) permet la description du traitement au niveau neuronal ? Le tableau 1 présente quelques-unes des relations existant entre ces architectures. La colonne de gauche dresse la liste des caractéristiques actuellement plausibles de quelques-uns des aspects les plus généraux de l'architecture neuronale, et ce au niveau des neurones[1]. La colonne de droite énumère les caractéristiques architecturales correspondantes des systèmes dynamiques connexionnistes habituellement utilisés dans les modèles sous-symboliques. Dans la colonne centrale, chaque succès a été identifié par un + et chaque échec par un –.

1. F. Crick et C. Asanuma (1986), « Certain Aspects of the Anatomy and Physiology of the Cerebral Cortext », dans J.L. McClelland, D.E. Rumelhart et le groupe de recherche PDP, *Parallel Distributed Drocessing : Explorations of the Microstructure of Cognition*, vol. 2. Cambridge, MIT Press.

TABLEAU 1

Relations entre les arcchitectures neuronales et sous-symboliques

Cortex cérébral	Systèmes dynamiques connexionnistes
État défini par des variables numériques continues (potentielles, aires synaptiques)	+ État défini par des variables numériques continues (activations, forces de connexion)
Variables d'état changent continuellement dans le temps	+ Variables d'état changent continuellement dans le temps
Paramètres variables des interactions entre neurones ; siège du savoir	+ Paramètres variables des interactions entre les unités ; siège du savoir
Très grand nombre de variables d'état	+ Grand nombre de variables d'état
Haute complexité interactionnelle (interactions fortement non homogènes)	+ Haute complexité interactionnelle (interactions fortement non homogènes)
Les neurones localisés dans un espace 2+1D : Connectivité dense avec les neurones avoisinants ; Connectivité sur le plan géométrique avec les neurones éloignés	- Unités sans localisation spaciale : Uniformément denses Connexions
Synapses localisés dans un espace 3D : Localisation affecte considérablement les interactions entre signaux	- Connexions sans localisation spatiale
Projections distales entre les aires ont une topologie complexe	- Projections distales entre les bassins de nœuds ont une topologie simple
Interactions distales médiatisées par des signaux discrets	- Toutes les interactions sont continues
Intégration complexe de signaux dans un seul neurone	- Intégration des signaux est linéaire
Plusieurs types de signaux	- Un seul type de signaux

Dans le tableau 1, une correspondance approximative est présumée entre les neurones et les unités, ainsi qu'entre les synapses et les connexions. Il n'est pas évident de préciser cette correspondance. L'activité d'une unité correspond-elle au potentiel de la membrane d'un organisme cellulaire ? Ou au taux d'activation d'un neurone en termes de moyenne de temps ? Ou au taux d'activation de plusieurs neurones en termes de moyenne démographique ? Étant donné que l'intégration de signaux entre les arbres dendritiques ressemble probablement davantage à l'intégration linéaire propre aux systèmes dynamiques quasi linéaires, qu'à l'intégration de signaux synaptiques à une dendrite, ne vaudrait-il pas mieux considérer la connexion, non pas comme un contact synaptique individuel, mais plutôt comme une intégration d'ensemble avec tout un arbre dendritique ?

Étant donné la difficulté d'énoncer avec précision l'équivalent neuronal des composantes des modèles sous-symboliques, et étant donné le nombre significatif d'échecs, même dans la perspective très générale des propriétés exposées dans le tableau 1, il conviendrait de ne pas répondre maintenant à la question qui concerne la relation détaillée entre les descriptions de niveaux sous-conceptuel et neuronal. Toutefois, il semble indéniable que le niveau sous-conceptuel est beaucoup plus près, et ce de manière significative, du niveau neuronal que ne pourrait l'être le niveau conceptuel : les modèles symboliques ont encore moins de similarités avec le cerveau que celles indiquées dans le tableau 1.

Le niveau sous-conceptuel ne tient pas compte d'un grand nombre de caractéristiques du niveau neuronal qui sont probablement extrêmement importantes pour comprendre de quelle façon la computation est réalisée par le cerveau. Néanmoins, le niveau sous-conceptuel comprend de nombreuses caractéristiques de la computation neuronale qui sont fort probablement d'une grande importance dans la compréhension de l'activité computationnelle du cerveau. Les principes généraux de la computation au niveau sous-conceptuel – à savoir la computation au sein de systèmes dynamiques de dimension et de complexité supérieures – *doivent* s'appliquer à la computation au sein du cerveau; ces principes sont probablement indispensables, sinon suffisants, à la compréhension de la computation neuronale. Et, bien que les principes sous-conceptuels ne soient pas applicables aux systèmes neuronaux de manière immédiate et sans équivoque, ils sont certainement plus facilement applicables que les principes de la computation symbolique.

En bref :

> (11) Le niveau fondamental du paradigme sous-symbolique, soit le niveau sous-conceptuel, se situe entre les niveaux neuronal et conceptuel.

Comme nous l'avons mentionné plus tôt, dans une perspective sémantique, le niveau sous-symbolique semble plus près du niveau conceptuel, alors que d'un point de vue syntaxique, il semble plus près du niveau neuronal. Il reste à voir si cette thèse peut être confirmée par le développement du paradigme sous-symbolique. Les méthodes mathématiques comme celles dont nous avons discuté dans la section précédente pourraient permettre un nouveau regard sur la représentation sous-symbolique qui augmenterait l'écart sémantique entre les niveaux sous-conceptuel et conceptuel. À mesure que de nouvelles façons de concevoir la computation sous-symbolique voient le jour et qu'une capacité additionnelle de traitement de l'information est ajoutée aux modèles sous-symboliques, nous avons des indications significatives quant à l'augmentation de l'écart syntaxique entre les niveaux sous-conceptuel et neuronal. Dans le but d'accroître la puissance computationnelle, les décisions portant sur l'architecture semblent dépendre de plus en plus de considérations mathématiques et de moins en moins de considérations neuronales[1].

---

1. Par exemple, deux règles d'apprentissage découvertes récemment permettent l'entraînement d'unités cachées, la procédure d'apprentissage de la machine de Boltzmann (G.E. Hinton et T.J. Sejnowski (1983), « Analyzing Cooperative Computation », *Proceedings of the Ninth Annual Cognitive Science Society Conference*. Hillsdale, Erlbaum) et la procédure de propagation rétroactive (D.E. Rumelhart, J.L. McClelland, et le groupe de recherche PDP (1986), *Parallel Distributed Processing : Explorations in the Microstructure of Cognition*, vol. 1 : *Foundations*. Cambridge, MIT Press), qui impliquent toutes deux l'introduction d'une mécanique computationnelle purement mathématique ; les contreparties neuronales de ces procédures sont jusqu'à présent inconnues (la symétrie des forces de connexion unité-par-unité, l'alternance de l'apprentissage hebbien et antihebbien, la combinaison simulée ainsi que la propagation d'erreur

Lorsque (11) sera accepté, le rôle des modèles sous-symboliques dans les sciences cognitives sera plus clair. Nous entendons souvent parler du rejet d'un modèle sous-symbolique en particulier, parce que son implémentation au sein d'un *hardware* neuronal ne semble pas évidente, ou parce que certaines caractéristiques neuronales sont absentes de ce modèle. Nous pouvons maintenant souligner deux erreurs concernant ce rejet. D'abord, selon (11) : les modèles sous-symboliques ne devraient pas être considérés comme des modèles neuronaux. Si le paradigme sous-symbolique s'avère valable, les meilleurs modèles sous-symboliques du processus cognitif devraient un jour être considérés comme une approximation de niveau supérieur du système neuronal au sein duquel a été implémenté ce processus. Ceci permet l'émergence d'une heuristique favorisant les modèles sous-symboliques, qui semblent fort probablement être réductibles au niveau neuronal. Mais cette heuristique est très peu satisfaisante, étant donné la difficulté d'un tel jugement, dans la mesure où l'on confond couramment le substrat neuronal précis des unités et les connexions, ainsi que l'état actuel des neurosciences, à la fois empiriques et théoriques.

La deuxième erreur concernant le rejet d'un modèle sous-symbolique en particulier, en raison de son infidélité neuronale s'explique par une incapacité à reconnaître le rôle des modèles individuels au sein du paradigme sous-symbolique. Un modèle peut apporter une contribution valable en démontrant l'évidence de principes généraux qui sont caractéristiques d'une grande classe de systèmes sous-symboliques. La valeur potentielle des études d'« ablation » du système « NETtalk text-to-speech »[1], par exemple, ne dépend pas entièrement de la fidélité neuronale du modèle, ni même de sa fidélité psychologique. NETtalk est un système sous-symbolique qui accomplit une tâche complexe.

---

rétroactive et la propagation d'activation vers l'avant au sein de connexions de même force).

1. T. J. Sejnowski et C. R. Rosenberg (1986), *NETtalk : A Parallel Network that Learns to Read Aloud*, Technical Report JHU/EECS-86/01, Département de génie électrique et d'informatique, Université Johns Hopkins.

Qu'advient-il de sa performance lorsque des pièces internes sont endommagées ? Ceci nous donne un indice significatif des principes généraux de dégradation de *tous* les systèmes sous-symboliques complexes : des principes qui seront appliqués à de futurs systèmes s'avérant plus fidèles comme modèles.

Évidemment, plusieurs modèles neuronaux tiennent vraiment compte des contraintes de l'organisation neuronale, à propos desquelles un analogue du tableau 1 ne contiendrait à peu près que des succès. Mais nous nous intéressons ici aux modèles connexionnistes qui concernent la réalisation de tâches cognitives, et ces modèles possèdent habituellement les caractéristiques énumérées dans le tableau 1, à peut-être une ou deux différences près. Nous ne soutenons pas que les modèles neuronaux n'existent pas, mais plutôt qu'ils ne devraient pas être confondus avec les modèles sous-symboliques.

De manière générale, pour quelle raison les modèles neuronaux de processus cognitifs ne sont-ils pas réalisables actuellement ? Le problème ne réside pas dans un manque de données à propos du cerveau. Le problème semble plutôt être que nous ne disposons pas du type d'information qui convienne à la modélisation cognitive. Nos informations concernant le système nerveux tentent de décrire sa structure, et non son comportement dynamique. Les systèmes sous-symboliques sont des systèmes dynamiques constitués d'équations différentielles qui organisent leur dynamique. Si nous pouvions savoir quelles sont les variables dynamiques essentielles à la réalisation d'une tâche dans un système neuronal réalisant des tâches cognitives et quelles sont les « équations de mouvement » de ces variables, nous pourrions utiliser cette information afin de développer des modèles cognitifs fidèles d'un point de vue neuronal. Toutefois, nous ne connaissons de manière générale que des propriétés statiques innombrables concernant l'organisation du *hardware*. Sans savoir lesquelles de ces structures (s'il en existe) peuvent être le support de processus dynamiques appropriés et quelles sont les équations qui régissent ces processus, nous sommes dans une position comparable à celle de quelqu'un qui tenterait de modéliser le système solaire à l'aide d'une grande quantité d'informations sur les bandes spectrales électromagnétiques des planètes, mais sans connaître les lois de Newton.

En résumé :

(12) a. Contrairement à l'architecture symbolique, l'architecture sous-symbolique possède un grand nombre des caractéristiques les plus générales de l'architecture neuronale.

b. Toutefois, l'architecture sous-symbolique ne tient pas compte de plusieurs détails qui sont tout de même des caractéristiques générales de l'architecture neuronale ; le niveau d'analyse sous-conceptuelle est supérieur au niveau neuronal.

c. Pour la plupart des fonctions cognitives, les neurosciences ne possèdent pas les informations appropriées afin de formuler un modèle cognitif de niveau neuronal.

d. Les principes cognitifs généraux du niveau sous-conceptuel vont probablement contribuer de manière importante aux découvertes de ces formulations concernant la computation neuronale, et qui nous font défaut pour le moment.

LA RÉDUCTION DE LA COGNITION
AU NIVEAU SOUS-CONCEPTUEL

La section précédente portait sur la relation entre le niveau fondamental du paradigme sous-symbolique – le niveau sous-conceptuel – et le niveau neuronal. Le reste de cet article portera sur les relations entre les niveaux sous-conceptuel et conceptuel, dont il n'a été question que très brièvement (dans (8c)). Toutefois, avant d'aller plus loin, il serait bon de résumer quelles sont les relations entre les niveaux, y compris ceux dont il sera question dans le reste de l'article[1].

Imaginons trois systèmes physiques : un cerveau qui effectue un processus cognitif, un ordinateur connexionniste, essentiellement parallèle faisant fonctionner un modèle sous-symbolique

1. Une grande partie de ce résumé a été omise dans la présente édition, soit celle reproduite dans Alvin I. Goldman, 1993, *Readings Philosophy and Cognitive Science*, Cambridge, MIT Press (N. de l'É.).

de ce processus et un ordinateur de von Neumann faisant fonctionner un modèle symbolique du même processus. Le processus cognitif pourrait inclure l'application consciente de règles, l'intuition ou la combinaison des deux. Selon le paradigme sous-symbolique, voici ces relations :

(13a) La description du cerveau au niveau neuronal nous donne un modèle neuronal.

(13b) La description approximative du cerveau, à un niveau supérieur – le niveau sous-conceptuel – donne, selon une bonne approximation, le modèle qui fonctionne au sein de l'ordinateur connexionniste, lorsqu'il est décrit lui aussi au niveau sous-conceptuel. (Pour le moment, il s'agit d'un objectif pour de futures recherches. Il pourrait s'avérer que le degré d'approximation ne soit ici que grossier; ceci correspondrait encore au paradigme sous-symbolique).

(13c) Nous pouvons tenter de décrire l'ordinateur connexionniste à un niveau supérieur – le niveau conceptuel – en utilisant les patterns d'activité qui ont une sémantique conceptuelle. Si le processus cognitif effectué constitue une application consciente de règles, nous serons en mesure de mener cette analyse de niveau conceptuel avec une précision acceptable, et nous pourrons formuler une description qui corresponde au programme informatique symbolique fonctionnant au sein de la machine de von Neumann.

(13d) Si le processus effectué est intuitif, nous serons incapables de formuler une description précise de niveau conceptuel de la machine connexionniste. Néanmoins, nous serons en mesure de formuler des descriptions approximatives de niveau conceptuel qui correspondent au programme informatique symbolique fonctionnant au sein de la machine de von Neumann de diverses façons.

Pour un processus cognitif impliquant à la fois l'intuition et l'application consciente de règles, (13c) et (13d) vont s'appliquer respectivement à certains aspects du processus […].

Les relations dont il est question dans (13) peuvent être plus clairement expliquées par la réintroduction du concept de

« machine virtuelle ». Si nous prenons un des trois systèmes physiques et décrivons son traitement à un certain niveau d'analyse, nous obtenons une machine virtuelle que nous allons nommer « système$_{niveau}$ ». Alors, (13) peut être formulé comme suit :

(14) a. cerveau$_{neuronal}$ = modèle$_{neuronal}$
   b. cerveau$_{sous-conceptuel}$ ≅ connexionniste$_{sous-conceptuel}$
   c. connexionniste$_{conceptuel}$ ≅ von Neumann$_{conceptuel}$
   d. connexionniste$_{conceptuel}$ ~ von Neumann$_{conceptuel}$

Ici, le symbole ≅ signifie « égale à une bonne approximation » et ~ signifie « égale à une approximation grossière ». Les deux machines virtuelles quasi équivalentes de (14c) décrivent toutes deux ce que j'ai appelé « l'agent interprétant consciemment une règle ». Les deux machines virtuelles un peu similaires de (14d) permettent la formulation des descriptions du processeur intuitif au niveau conceptuel pour les deux paradigmes.

TABLEAU 2
Trois systèmes cognitifs et trois niveaux de description

	Système cognitif			
Niveau	(processus)	(Cerveau)	(Sous-symbolique)	Symbolique
Conceptuel	(Intuition)	?	Approximation grossière	- exacte
	(Règle appliquée consciemment)	?	Bonne approximation	≅ excate
Sous-conceptuel		Bonne approximation	≅ exacte	
Neuronal		Exacte		

Le tableau 2 indique ces relations ainsi que le degré d'exactitude de la description de chacun des systèmes et à chacun des niveaux – le degré de précision de la définition de chaque machine virtuelle. Les niveaux dont il est question dans le tableau 2 sont ceux qui s'avèrent pertinents quant au comportement prévisible de niveau supérieur. Évidemment, chaque système peut être défini à des niveaux inférieurs, et ce jusqu'aux particules élémentaires. Toutefois, dans la perspective d'un comportement prévisible de niveau supérieur, les niveaux se situant au-dessous du niveau de description exacte peuvent être ignorés, étant donné qu'il est possible (en principe) de faire la prédiction au niveau le plus élevé descriptible de manière exacte (il est probablement plus difficile de faire de même aux niveaux inférieurs). Pour cette raison, le paradigme symbolique considère toutes les descriptions de niveau inférieur au niveau conceptuel comme n'étant pas significatives. Pour la modélisation d'un comportement de niveau supérieur, la façon dont la manipulation symbolique est implémentée peut être ignorée – elle ne constitue pas un élément pertinent du modèle cognitif. Dans un modèle sous-symbolique, la prédiction exacte d'un comportement doit être faite au niveau sous-conceptuel, bien que la façon dont les unités sont implémentées ne soit pas pertinente ici.

La relation entre le niveau conceptuel et les niveaux inférieurs est fondamentalement différente dans les paradigmes sous-symbolique et symbolique. Ceci entraîne des différences importantes quant au genre d'explication des comportements au niveau conceptuel proposé par les paradigmes ainsi que le genre de réduction dont il est question dans ces explications. Un modèle symbolique est un *système* de processus interactifs ayant tous la même sémantique au niveau conceptuel que le comportement propre à la tâche expliquée. Pour adopter la terminologie de Haugeland[1], cette *explication systématique* repose sur une *réduction systématique* du comportement qui n'implique aucun changement du domaine sémantique ou de *dimension*. Par conséquent, un programme de jeu est composé de sous-programmes qui génèrent des mouvements possibles, les évaluent, et ainsi de suite. Au sein du paradigme symbolique, ces réductions systématiques jouent un rôle majeur dans l'explication. Les processus de plus bas niveau dans la réduction systématique, ayant encore la sémantique originale du domaine de la tâche, sont ensuite eux-

1. J. Haugeland (1978), «The Nature and Plausibility of Cognitivism». *Behavioral and Brain Sciences*, 1, p. 215-226.

mêmes réduits par une *instantiation intentionnelle* : ils sont
implémentés avec exactitude par d'autres processus ayant une
sémantique différente mais de même forme. Ainsi, un sous-
programme générateur de mouvements ayant une sémantique de
jeu est instantié dans un système de programmes pourvu d'une
sémantique de manipulation de liste. Cette instantiation intentionnelle joue un rôle mineur spécifique dans l'ensemble de
l'explication, si tant est qu'elle est considérée comme ayant une
certaine pertinence cognitive au sein du modèle.

Ainsi, les explications cognitives du paradigme symbolique
reposent d'abord sur des réductions n'impliquant aucun changement dimensionnel. Cette caractéristique n'est pas propre au
paradigme sous-symbolique, où les explications précises de
comportements intuitifs exigent de faire appel au niveau sous-
conceptuel. Les éléments de cette explication, les unités, ne
possèdent *pas* la sémantique du comportement original : c'est le
contenu de l'unité sous-conceptuelle de l'hypothèse (8b). En
d'autres termes :

> (15) Contrairement aux explications symboliques, les expli-
> cations sous-symboliques reposent fondamentalement sur un
> changement sémantique (« dimensionnel ») qui accompagne
> le transfert du niveau conceptuel au niveau sous-conceptuel.

Dans le paradigme sous-symbolique, les dispositions d'ensemble des systèmes cognitifs sont considérées comme des régularités approximatives de niveau supérieur qui émergent des lois
quantitatives d'un niveau beaucoup plus fondamental et ayant
une sémantique différente. Ceci constitue le genre de réduction
propre aux sciences de la nature, exemplifié par l'explication des
lois de la thermodynamique, et ce grâce à une réduction à la
mécanique qui implique un changement de dimension d'une
sémantique thermale à une sémantique moléculaire.

En effet, le paradigme sous-symbolique met de côté les
autres caractéristiques que Haugeland identifie comme nouvel-
lement introduites dans l'explication scientifique au sein du
paradigme symbolique. Les intrants et les extrants du système ne

sont pas des représentations quasi linguistiques, mais plutôt de bons vieux vecteurs numériques. Ces intrants et extrants ont des interprétations sémantiques, mais qui ne sont pas construites de manière récursive d'après des interprétations de constituants intégrés. Les lois fondamentales sont de bonnes vieilles équations numériques.

Haugeland a fait des efforts considérables afin de légitimer le genre d'explications et de réductions dont il est question dans le paradigme symbolique. Au contraire, les explications et les réductions du paradigme sous-symbolique sont d'un type courant dans les sciences de la nature.

En résumé, j'insisterai sur le fait que, dans le paradigme sous-symbolique, les niveaux conceptuel et sous-conceptuel ne sont pas reliés comme le sont les niveaux de l'ordinateur de von Neumann (programme de langage de niveau supérieur, programme de compilation de niveau inférieur, etc.). La relation entre les modèles sous-symbolique et symbolique ressemble davantage à celle qui existe entre les mécaniques quantique et classique. Les modèles sous-symboliques décrivent avec précision la microstructure de la cognition, tandis que les modèles symboliques offrent une description approximative de la macrostructure. Un des rôles importants de la théorie sous-symbolique consiste à définir les situations ainsi que les conditions dans lesquelles l'approximation symbolique est valide, et à expliquer pourquoi...

LA STRUCTURE CONSTITUANTE DES ÉTATS MENTAUX

Fodor et Pylyshyn ont soutenu que les états mentaux doivent avoir une structure constituante et ils ont utilisé cet argument contre l'approche connexionniste[1]. Leur argument ne s'applique

---

1. Par exemple J. A. Fodor (1975), *The Language of Thought.* New York : Crowell ; Z. Pylyshyn (1984), *Computation and Cognition : Toward a Foundation for Cognitive Science.* Cambridge, MIT Press ; J. A. Fodor et Z. W. Pylyshyn

toutefois qu'aux modèles connexionnistes ultra-locaux et ne s'applique pas vraiment aux systèmes connexionnistes distribués dont il est question ici[1]. Dans un système sous-symbolique, un état mental est un pattern d'activité ayant une structure constituante qui peut être analysée à la fois aux niveaux conceptuel et sous-conceptuel. Dans cette section, je présenterai quelques remarques à ce sujet ; car la représentation connexionniste de structures complexes constitue un champ de recherche actif[2] et plusieurs problèmes demeurent irrésolus[3].

Au niveau conceptuel, un état mental connexionniste est composé de sous-patterns constituants et ayant des interprétations conceptuelles. Dans le cadre d'un débat sur l'approche connexionniste lors du Congrès de la Société des sciences cognitives de 1984, Pylyshyn a suggéré une façon d'extraire ces constituants conceptuels en présentant cet exemple : la représentation connexionniste de *café* est la représentation de *tasse de café* moins la représentation de *tasse ne contenant pas de café*. Afin de réaliser cette suggestion, imaginons une représentation sémantique distribuée sommaire mais adéquate, selon laquelle la représentation de *tasse de café* implique l'activité des unités du réseau représentant des caractéristiques telles que liquide brun ayant une surface plane, liquide brun ayant un contour arrondi ainsi qu'un fond, liquide brun en contact avec de la porcelaine, liquide chaud, contenant droit avec une anse, odeur de brûlé, ainsi de suite. Nous devrions en fait utiliser des caractéristiques

(1988), «Connectionism and Cognitive Architecture : A Critical Analysis », *Cognition,* 28, p. 3-71 ; trad. fr. G. Choquette dans ce recueil, p. 295-357.

1. D. H. Ballard et P. J. Hayes (1984), « Parallel Logical Inference », *Proceedings of the* Sixth *Conference of the Cognitive Science Society.*

2. P. Smolensky (1987), *On Variable Binding and the Representation of Symbolic Structures in Connectionist Systems,* Technical Report Cu-CS-355-87, Département d'informatique, Université du Colorado à Boulder ; D. S. Touretzky (1986), « BoltzCONS : Reconciling Connectionnism with the Recursive Nature of Stacks and Trees », *Proceedings of the Eighth Conference of the Cognitive Science Society.*

3. Voir P. Smolensky (1988), « The Constituent Structure of Connectionist Mental States : A Reply to Fodor and Pylyshyn », *Southern Journal of Philosophy,* 26, Supplément, p. 137-161.

sous-conceptuelles, bien que ces caractéristiques soient de niveau suffisamment inférieur pour faire l'affaire. Selon Pylyshyn, nous prenons cette représentation de l'interprétation de *tasse de café* et nous extrayons de celle-ci la représentation de l'interprétation de *tasse sans café*, nous laissant la représentation de *café*. En fait, ce qui reste est un pattern d'activité qui active des caractéristiques telles que liquide brun ayant une surface plane, liquide brun ayant un contour arrondi ainsi qu'un fond, liquide brun en contact avec de la porcelaine, liquide chaud et odeur de brûlé. En un sens, ceci représente le café – mais le *café* dans le contexte d'une tasse.

En utilisant la procédure de Pylyshyn afin de déterminer la représentation connexionniste de *café*, nous n'avons pas nécessairement à commencer par la *tasse de café* : pourquoi ne pas partir de *boîte de café*, *arbre à café* ou *homme avec un café* et ensuite extraire la représentation correspondante de *X sans café*? En repensant à la représentation distribuée de caractéristiques, il semble clair que chacune de ces procédures donne un résultat très différent quant à «la» représentation connexionniste de *café*. Le pattern représentant le *café* dans le contexte de *tasse* est fort différent du pattern représentant le *café* dans le contexte de *boîte, arbre* ou *homme*.

Le pattern représentant la *tasse de café* peut être décomposé en constituants de niveau conceptuel, un pour le *café* et un autre pour la *tasse*. Cette décomposition est différente, pour deux raisons significatives, de la décomposition de l'expression symbolique *tasse de* café en trois constituants, soit *café, tasse* et *de*. Premièrement, cette décomposition est plutôt approximative. Le pattern de caractéristiques représentant la *tasse de café* devrait posséder, tel qu'imaginé dans l'exemple mentionné précédemment, un sous-pattern qui peut être relié au *café*, ainsi qu'un sous-pattern qui peut être relié à la *tasse ;* cependant, de manière générale, ces sous-patterns ne seront pas définis précisément et ainsi certaines caractéristiques ne pourront être en interaction qu'avec les deux patterns à la fois (comme pour le liquide brun en contact avec la porcelaine). Deuxièmement, bien que le sous-pattern soit en relation avec le *café*, contrairement au symbole *café*, il demeure un constituant dépendant de son contexte, et sa structure interne est fortement influencée par la structure dont il est une partie.

Ces sous-patterns constituants représentant le *café* dans divers contextes sont des vecteurs d'activité non identiques, mais qui possèdent une riche structure de ressemblances et de dissemblances (un air de famille, dirait-on). Les ressemblances sont à l'origine des implications de traitement commun des interprétations de ces diverses phrases, ainsi l'équivalence approximative des vecteurs de *café* selon les contextes joue un rôle fonctionnel au sein du traitement sous-symbolique, ce qui demeure assez près de l'équivalence exacte des occurrences de *café* selon les différents contextes dans un système de traitement symbolique.

Les constituants d'états mentaux de niveau conceptuel sont des vecteurs d'activité, qui ont eux-mêmes une structure constituante au niveau sous-conceptuel : les unités individuelles d'activité. Afin de résumer la relation entre les notions de structure constituante dans les paradigmes symbolique et sous-symbolique, appelons chaque vecteur de *café* le symbole (connexionniste) pour le café dans un contexte donné. Nous pouvons alors affirmer que le contexte influence la structure interne du symbole ; les activités des unités sous-conceptuelles qui font partie du symbole – ses sous-symboles – changent selon les contextes. Dans le paradigme symbolique, un symbole est mis en contexte de manière effective par rapport à d'autres symboles au sein d'une structure plus englobante. En d'autres mots :

> (16) Symboles et dépendance au contexte :
>
> Dans le paradigme symbolique, le contexte d'un symbole se manifeste à l'extérieur de celui-ci et consiste en d'autres symboles ; dans le paradigme sous-symbolique, le contexte d'un symbole se manifeste à l'intérieur de celui-ci et consiste en sous-symboles [...].

PAUL SMOLENSKY

Traduit de l'anglais par Serge Robert et Geneviève Choquette

CONNEXIONNISME ET ARCHITECTURE COGNITIVE : UNE ANALYSE CRITIQUE

1. INTRODUCTION

Les modèles connexionnistes ou de traitement parallèle et distribué de l'information sont de plus en plus populaires. On organise des conférences, on publie de nouveaux livres presque tous les jours et la presse scientifique populaire voit dans cette nouvelle façon de théoriser une percée quant à notre compréhension de l'esprit. De plus, et cela était inévitable, certains ont décrit l'émergence du connexionnisme comme un « changement de paradigme » kuhnien[1].

Le cercle connexionniste rassemble un groupe hétéroclite de gens. Presque tous ceux qui sont insatisfaits de la psychologie cognitive contemporaine et des modèles actuels de « traitement de l'information » se sont empressés d'embrasser « l'approche connexionniste ».

Lorsqu'on le conçoit comme une façon de modéliser l'architecture cognitive, le connexionnisme constitue alors une

---

1. Pour un exemple de la tendance à considérer le connexionnisme comme la « nouvelle vague » en sciences cognitives, voir W. Schneider (1987), « Connectionism : Is it a Paradigm Shift for Psychology ? », *Behavior Research Methods, Instruments, & Computers*, 19, p. 73-83.

approche tout à fait différente des sciences cognitives classiques qu'il tente de remplacer. Les modèles classiques de l'esprit ont été inspirés de la structure des machines de Turing et de von Neumann. Ces modèles ne sont évidemment pas contraints de respecter le détail de ces machines, telles qu'on les retrouve dans la formulation initiale de Turing ou dans les ordinateurs commerciaux standards – mais seulement l'idée fondamentale voulant que le genre de computation nécessaire à la compréhension de la cognition implique des manipulations de symboles [1]. À l'opposé, les connexionnistes proposent d'élaborer des systèmes manifestant des comportements intelligents, et ce, sans emmagasiner, récupérer ou manipuler des expressions symboliques structurées. Le type de *traitement* que sous-entendent ces modèles se distingue donc foncièrement de celui qu'effectuent les machines conventionnelles lorsqu'elles calculent une fonction.

Les systèmes connexionnistes sont des réseaux constitués d'un très grand nombre d' « unités » simples mais massivement interconnectées. Certaines hypothèses sont généralement formulées à la fois à propos des unités et des connexions. On présume que chaque unité reçoit une *activation* en valeur réelle (excitatrice ou inhibitrice, ou les deux) par le biais de ses intrants. Normalement, les unités ne se limitent pas à la sommation de cette activité et modifient leur état en fonction (généralement une fonction-seuil) de cette somme. Chaque connexion peut moduler l'activité qu'elle transmet aux unités en fonction d'une propriété intrinsèque (mais modifiable) appelée son « poids ». Ainsi, l'activité est normalement une fonction non-linéaire de l'état d'activation de ses sources. Le comportement global du réseau

1. Voir A. Newell (1980), « Physical Symbol Systems », *Cognitive Science*, 4, p. 135-183; A. Newell (1982), « The knowledge level », *Artificial Intelligence*, I, p. 87-127; Fodor, J. (1987), Psychosemantics. Cambridge, MIT Press; Z. W. Pylyshyn, (1980), Cognition and Computation : Issues in the Foundations of Cognitive Science, *Behavioral and Brain Sciences*, 3 : 1, p. 154-169; Z. W. Pylyshyn (1984), *Compulation and Cognition : Toward a Foundation for Cognitive Science*, Cambridge, MIT Press.

est fonction de l'état initial d'activation des unités et des poids de ses connexions, qui constituent sa seule forme de mémoire.

De nombreuses variations de cette architecture connexionniste de base sont possibles. Par exemple, le niveau d'activation ou l'état d'une unité dépend souvent de mécanismes stochastiques dans les modèles connexionnistes. De plus, les unités peuvent être connectées à des environnements externes. Dans ce cas, on présuppose parfois que les unités répondent à un nombre restreint de combinaisons de valeurs paramétriques et on dit alors qu'elles possèdent un certain « domaine réceptif » dans l'espace des paramètres. Celles-ci se nomment « unités de valeur »[1]. Dans certaines versions de l'architecture connexionniste, les propriétés *écologiques* sont encodées par des configurations d'états d'activation provenant de populations entières d'unités. Cet « encodage rudimentaire » est une des techniques permettant d'obtenir ce que les connexionnistes appellent des « représentations distribuées »[2]. L'expression « modèle connexionniste » (tout comme « machine de Turing » ou « machine de von Neumann ») s'applique ainsi à une famille de mécanismes qui sont différents sur certains points, mais qui partagent un ensemble d'engagements architecturaux. Nous décrirons davantage ces types d'engagement plus loin.

1. D. H. Ballard (1986), « Cortical Connections and Parallel Processing : Structure and Function », *The Behavioral and Brain Sciences*, 9, p. 67-120.

2. Plusieurs partisans de l'approche connexionniste estiment qu'il est important de distinguer les réseaux connexionnistes, où l'état d'une seule unité encode une propriété du monde (les soi-disant réseaux « locaux »), de ceux où l'encodage est réalisé par des configurations d'états d'activation (les réseaux de représentations « distribuées »). Bien que les connexionnistes débattent des mérites relatifs des représentations locales (ou « compactes ») versus distribuées (par exemple J. A. Feldman (1986), *Neural Representation of Conceptual Knowledge*, Report TR189. Department of Computer Science, University of Rochester) la distinction aura peu d'importance en ce qui nous concerne et nous expliquerons pourquoi ci-dessous. Pour simplifier, nous utiliserons le terme « nœud » quand nous parlerons indifféremment des encodages locaux (par une seule unité) ou distribués. Toutefois, lorsque la distinction sera importante pour notre discussion, nous marquerons explicitement la différence en faisant référence aux unités ou aux collections d'unités.

Les réseaux connexionnistes ont été amplement étudiés – dans certains cas au moyen de techniques mathématiques sophistiquées. On a également fait des simulations de ces réseaux sur des ordinateurs, ce qui a permis de constater qu'ils manifestent des propriétés globales intéressantes. Par exemple, ils peuvent être « connectés » afin de reconnaître des configurations, se comporter comme s'ils suivaient des règles et appliquer à peu près n'importe quelle configuration de paramètres en intrant à des configurations de paramètres en extrant – bien que l'application exige un très grand nombre d'unités lorsqu'il y a plusieurs paramètres et plusieurs valeurs. Un autre attrait majeur de ces réseaux est leur capacité d'apprentissage, soit par la modification du poids de leurs connexions en fonction de certaines *rétro-actions* (les mécanismes permettant une telle modification constituent un sujet de recherche intéressant pour les connexionnistes, sujet qui a d'ailleurs favoriser le développement de techniques importantes comme « la rétropropagation »).

En somme, l'étude des machines connexionnistes a permis de nombreuses découvertes saisissantes et inattendues; il est étonnant de voir tout ce qu'on peut calculer à l'aide d'un réseau uniforme constitué d'éléments simples connectés entre eux. De plus, ces modèles ont une certaine plausibilité neurologique qui manque parfois aux architectures classiques. Peut-être faut-il alors remplacer les vieilles sciences cognitives inspirées des ordinateurs classiques par de nouvelles sciences cognitives fondées sur les réseaux connexionnistes. Il s'agit, à tout le moins, d'une proposition qui doit être prise au sérieux, car, si elle s'avère juste, elle implique un changement de cap majeur pour la recherche.

Malheureusement, l'examen des mérites relatifs de ces deux architectures fut marqué jusqu'à présent par une panoplie de propos confus et non pertinents. Nous croyons que derrière cette confusion se cache un désaccord réel quant à la nature des processus mentaux et des représentations mentales. Cependant, il semble que cette question fut réglée il y a une trentaine d'années et les arguments qui semblaient alors soutenir la conception classique nous paraissent encore valides.

Dans cet article, nous procéderons comme suit. Premièrement, nous aborderons certaines questions d'ordre méthodologique au sujet des niveaux d'explication, qui sont désormais intimement liées au débat de fond sur le connexionnisme. Nous tenterons ensuite de montrer ce qui rend les théories connexionnistes et classiques de la structure mentale incompatibles. Troisièmement, nous passerons en revue certains arguments traditionnels en faveur de l'architecture classique et nous leur donnerons une portée plus générale. Bien qu'ils aient été légèrement reformulés, nous n'en dirons pas grand chose ici qui soit vraiment nouveau. Nous espérons toutefois pouvoir préciser le lien unissant les divers éléments de la doctrine classique et expliquer pourquoi le rejet de la conception classique du raisonnement oblige l'adhésion des connexionnistes à une approche fort peu plausible de la logique et de la sémantique. Dans la quatrième partie, nous reviendrons sur la question de l'attrait de l'approche connexionniste. Ce faisant, nous considérerons quelques arguments suggérés par les partisans des réseaux connexionnistes à titre de modèles généraux de la cognition.

1.1. *Les niveaux d'explication*

Les théories modernes de l'esprit comptent deux traditions majeures, que nous appellerons « représentationnaliste » et « éliminativiste ». Les représentationnalistes soutiennent que toute théorie de la cognition doit postuler des états représentationnels (ou « intentionnels » ou « sémantiques »); selon eux, il existe des états mentaux dont la fonction est d'encoder les états du monde. Les éliminativistes affirment au contraire que les théories psychologiques peuvent se passer de notions sémantiques comme la représentation. Selon ces derniers, le vocabulaire adéquat pour formuler des théories psychologiques est neurologique ou peut-être comportemental ou syntaxique; dans tous les cas, un vocabulaire décrivant les états mentaux par le biais de ce qu'ils représentent ne sera pas approprié[1].

Sur cette question, les connexionnistes se rangent du côté représentationnaliste. Comme l'affirment Rumelhart et McClelland, les partisans du traitement distribué en parallèle « s'intéressent de manière explicite au problème de la représentation interne »[2]. La spécification du contenu représentationnel des états d'un réseau constitue par conséquent une dimension fondamentale du modèle connexionniste. Prenez, par exemple, l'explication connexionniste bien connue de la double stabilité perceptive du cube de Necker[3]. « Les unités simples représentant les caractères visuels des deux options perceptives sont organisées en coalitions compétitives, où des liaisons inhibitrices relient les caractères rivaux et des liaisons positives relient les membres de chacune des coalitions. [...] Il en résulte un réseau possédant deux états stables dominants » (voir la figure 1). Notez que, dans ce modèle et dans tous les autres modèles connexionnistes, il y a un engagement explicite quant à la représentation mentale : on y conçoit l'étiquette d'un nœud comme étant l'expression du contenu représentationnel de l'état du réseau lorsque ce nœud est activé et le modèle contient des nœuds correspondant aux propriétés monadiques et relationnelles du cube réversible lorsqu'il est vu d'une manière ou d'une autre.

1. Concernant l'approche neurologique de l'éliminativisme, voir P. S. Churchland (1986), *Neurophilosophy*, Cambridge, MIT Press ; concernant l'approche comportementale, voir J. Watson (1930), *Behaviorism*, Chicago : University of Chicago Press ; concernant l'approche syntaxique, voir S. Stich (1983), *From Folk Psychology to Cognitive Science*, Cambridge, MIT Press.

2. D. E. Rumelhart et J. L. McClelland (1986), « On Learning the Past Tense of English Verbs », in J. L. McClelland, D. E. Rumelhart, et le groupe de recherche PDP, *Parallel distributed processing : Explorations in the microstructure of cognition*, vol. 2. Cambridge, MIT Press, p. 121.

3. J. A. Feldman et D. H. Ballard, (1982), Connectionist Models and their Properties, *Cognitive Science*, 6, p. 205-254.

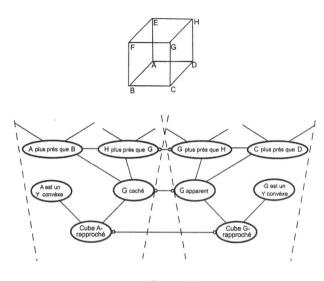

FIGURE 1

Il est indéniable que, parfois, les connexionnistes semblent hésiter entre le représentationnalisme et la thèse soutenant l'abandon du « niveau cognitif » au profit d'un niveau théorique plus précis et biologiquement plausible. En particulier, on parle beaucoup dans la littérature connexionniste de procédés dits « sous-symboliques » – procédés qui ne sont vraisemblablement pas représentationnels. Mais ceci est trompeur, puisque, dans la pratique, les modèles connexionnistes sont toujours représentationnalistes et que, de manière générale, le représentationnalisme est adopté par les théoriciens qui soutiennent également l'idée voulant que la cognition « émerge du niveau sous-symbolique ». Ainsi, Rumelhart et McClelland affirment que les modèles de traitement distribué en parallèle « s'engagent résolument à l'étude de la représentation et des procédés »[1]. De même, bien que Smolensky soutienne que, pour le connexion-

1. D. E. Rumelhart et J. L. McClelland (1986), art. cit., p. 121.

nisme, certaines régularités se situent à un «niveau d'analyse sous-symbolique», les états sous-symboliques ont tout de même une sémantique – bien que ce ne soit pas la sémantique des représentations du «niveau conceptuel». Selon Smolensky, la distinction sémantique entre les théories symboliques et sous-symboliques tient seulement à ce que «les entités représentées habituellement par des symboles [simples] au sein du paradigme symbolique sont représentées par un grand nombre de sous-symboles dans le paradigme sous-symbolique»[1]. Les niveaux conceptuel et sous-symbolique postulent tous les deux des états représentationnels, bien que les théories sous-symboliques proposent une analyse plus fine.

Nous soulignons la nature représentationnaliste des théories connexionnistes parce que beaucoup de textes méthodologiques connexionnistes ont attaché une importance à la question suivante : quel niveau d'explication est adéquat pour formuler les théories de l'architecture cognitive[2]? Et comme nous le verrons à l'instant, la position qu'on adopte au sujet des niveaux d'explication dépend beaucoup de celle qu'on aura précédemment adoptée quant à l'existence d'états représentationnels.

Il paraît évident que le monde possède une structure causale distincte à plusieurs niveaux d'analyse; les individus des niveaux les plus bas sont, en général, très petits et ceux des niveaux les plus élevés sont, en général, très grands. On peut ainsi raconter une histoire scientifique au sujet des quarks; et une au sujet des atomes; et une au sujet des molécules, ... de même pour le roc, les pierres et les rivières, ... de même pour les galaxies. Qui plus est, l'histoire racontée par les scientifiques au sujet de la structure causale du monde à l'un de ces niveaux peut

---

1. P. Smolensky (1988), «On the Proper Treatment of Connectionism», *Behavioral and Brain Sciences*, II, p. 2 : trad. fr. S. Robert et G. Choquette, dans ce recueil p. 243-293

2. Voir par exemple l'échange entre Broadbent (D. Broadbent (1985), «A Question of Levels: Comments on McClelland and Rumelhart», *Journal of Experimental Psychology. General*, 114, p. 189-192) et Rumelhart/McClelland (D. E. Rumelhart et J. L. McClelland (1985), «Level's indeed! A Response to Broadent », *Journal of Experimental Psychology: General*, 114, p. 193-197).

être tout à fait différente de celle qu'ils racontent au sujet du niveau adjacent, supérieur ou inférieur. En ce qui concerne la psychologie, la conséquence méthodologique est la suivante : pour formuler un argument à propos de l'architecture cognitive, il faut d'abord spécifier le niveau d'analyse dont il est question.

Ceux qui *rejettent* le représentationnalisme auront de la difficulté à spécifier ce niveau, car ce qui fait qu'un phénomène est cognitif ne sera alors pas évident. La spécification du niveau d'analyse adéquat pour construire les théories de l'architecture cognitive ne posera toutefois aucun problème pour les classicistes et les connexionnistes. Puisque les classicistes et les connexionnistes sont tous deux représentationnalistes, selon eux, tout niveau d'analyse qui conçoit les états du système comme encodant des propriétés du monde sera *cognitif ;* et aucun autre niveau ne le sera. (Les représentations « du monde » comprennent évidemment les représentations de symboles ; par exemple, le concept MOT est une construction de niveau cognitif puisqu'il représente quelque chose, à savoir les mots). Ainsi, les discussions sur l'*architecture cognitive* concernent l'architecture d'états et les procédés représentationnels. En d'autres termes, l'architecture du système cognitif comprend l'ensemble des opérations fondamentales, des ressources, des fonctions, des principes, etc. (en général, le type de propriété qu'on trouverait dans le manuel de l'utilisateur de cette architecture, si on la retrouvait sur un ordinateur), dont le domaine et la portée sont les *états représentationnels* de l'organisme.

Il s'ensuit que celui qui veut défendre une théorie connexionniste *en tant que théorie de l'architecture cognitive* doit par conséquent montrer que les procédés qui transforment *les états représentationnels* d'un organisme sont ceux-là même qui ont été spécifiés par une architecture connexionniste. Par exemple, du point de vue du psychologue cognitif, il est tout à fait inutile de montrer que les états non représentationnels (par exemple neurologiques, moléculaires ou quantiques) d'un organisme constituent un réseau connexionniste, parce que la question cherchant à savoir si l'esprit est un réseau de ce type *au niveau psychologique* demeurerait *entièrement ouverte*. Plus spécifiquement, il est parfaitement possible que les états neurologiques non représentationnels soient connectés comme le décrivent les modèles connexionnistes *mais que les états représentationnels eux-mêmes ne le soient pas*. D'ailleurs, tout comme il est possible de réaliser une architecture cognitive connexionniste dans un réseau d'éléments non représentationnels entretenant des relations causales entre eux, il est également parfaitement envisageable d'y implémenter une architecture cognitive *classique*. En fait, la question de savoir si les réseaux connexionnistes doivent être compris comme modèles au niveau de l'implémentation constitue un sujet controversé qui sera discuté en détails dans la quatrième section.

Il est important d'être clair sur ce point si l'on veut éviter de banaliser les questions concernant l'architecture cognitive. Considérons, par exemple, la remarque suivante de Rumelhart :

> Je crois, depuis quelques années maintenant, qu'il doit exister une explication unifiée, où les cas soi-disant déterminés par une règle (*rule-governed*) et [les] cas exceptionnels émergent d'un processus fondamental unique – où le comportement réglé, tout comme les exceptions, résulte de l'application d'un seul processus…. [Dans ce processus], les comportements suivant une règle ainsi que ceux qui n'en suivent pas résultent de l'interaction d'un très grand nombre de procédés « sous-symboliques »[1].

Il est clair que, dans ce contexte, Rumelhart voit là une question controversée ; une des thèses connexionnistes que les théories classiques se doivent de rejeter.

Mais, en fait, ce n'est pas le cas. Évidemment, il y a des interactions « sous-symboliques » à l'origine des comportements déterminés par des règles et de ceux qui ne suivent pas de règles,

---

1. D. E. Rumelhart (1984), « The Emergence of Cognitive Phenomena from Sub-Symbolic Processes », in *Proceedings of the Sixth Annual Conference of the Cognitive Science Society*, Hillsdale, Erlbaum, p. 60.

comme, par exemple, les processus quantiques. Les théoriciens classiques ne s'opposent pas à *cela*; en fait, quiconque étant même vaguement matérialiste ne s'y opposera pas. Le théoricien classique ne nie pas non plus que les comportements suivant une règle ou ne suivant pas de règle sont tous deux implémentés dans la même machinerie neurologique. Pour un théoricien classique, les neurones implémentent tous les procédés cognitifs exactement de la même façon, soit en rendant possibles les opérations fondamentales nécessaires au traitement symbolique.

Une thèse *vraiment* intéressante et controversée consisterait à affirmer qu'il n'existe aucune distinction *au niveau cognitif ou représentationnel ou symbolique* entre la pensée déterminée par des règles et celle qui ne l'est pas; et plus spécifiquement, que l'étiologie du comportement déterminé par des règles n'est pas médiatisée par la représentation de règles explicites. Nous considérerons cette idée dans la section IV, où nous soutiendrons que ce n'est *pas* non plus ce qui sépare les architectures classiques et connexionnistes; les modèles classiques *permettent*, mais n'exigent pas, une distinction de principe entre les étiologies où les processus mentaux sont explicitement déterminés par des règles et celles où ils ne le sont pas.

En somme, le débat concernant les architectures classiques et connexionnistes ne touche pas au caractère explicite des règles; comme nous le verrons à l'instant, l'architecture classique n'a, en soi, aucun engagement envers l'idée d'une étiologie du comportement médiatisée par des règles explicites. Le débat ne porte pas non plus sur la question de la réalité des états représentationnels, puisque les classicistes, tout comme les connexionnistes, sont réalistes quant à la représentation. Et, enfin, il ne concerne pas non plus l'architecture non représentationnelle; un réseau neuronal non représentationnel peut très bien implémenter une architecture qui, au niveau cognitif, est de nature classique. Mais alors, quel *est* le désaccord entre l'architecture classique et connexionniste?

2. LA NATURE DU DÉBAT

Les partisans des architectures classiques et connexionnistes assignent tous un contenu sémantique à *quelque chose*. *Grosso modo*, les connexionnistes assignent un contenu aux « nœuds » (soit aux unités ou aux ensembles d'unités ; voir la note 1) – c'est-à-dire à ces choses auxquelles on assigne habituellement des étiquettes dans les diagrammes connexionnistes ; alors que les partisans de l'architecture classique assignent un contenu sémantique aux *expressions* – c'est-à-dire à ce qui est écrit sur le ruban des machines de Turing et qu'on emmagasine aux adresses des machines de von Neumann. Toutefois, les théories classiques sont en désaccord avec les théories connexionnistes quant à la nature des relations primitives existant entre les porteurs de signification. Les théories connexionnistes n'admettent que la *connectivité causale* comme relation primitive entre les nœuds ; quand on sait de quelle façon l'activation et l'inhibition se propagent au sein de ceux-ci, on sait tout ce qu'il y a à savoir à propos des relations entre les nœuds et le réseau. Au contraire, les théories classiques ne reconnaissent pas uniquement des relations causales entre les objets sémantiquement évaluables qu'elles postulent, mais également une gamme de relations structurelles, au sein desquelles la relation de constitution est paradigmatique.

Cette distinction a des conséquences importantes sur la manière dont les deux types de théories traitent une panoplie de phénomènes cognitifs, parmi lesquels certains seront analysés de manière détaillée dans ce qui suit. Mais, au-delà des désaccords concernant des détails, il y a deux différences structurelles entre ces théories.

1) **La syntaxe et la sémantique combinatoires génèrent des représentations mentales.** Les théories classiques – mais pas les théories connexionnistes – postulent un « langage de la pensée »[1] ; elles conçoivent les représentations mentales

---

1. Voir par exemple J. A. Fodor (1975), *The Language of Thought*. New York, Crowell.

comme ayant *une syntaxe et une sémantique combinatoires*, au sein desquelles (a) il y a une distinction structurelle entre les représentations atomiques et les représentations moléculaires ; (b) les représentations moléculaires ont des constituants syntaxiques qui sont eux-mêmes soit moléculaires ou atomiques ; et (c) le contenu sémantique d'une représentation (moléculaire) dépend des contenus sémantiques de ses composants syntaxiques et de sa structure constituante. Pour simplifier, nous résumerons parfois (a)-(c) en parlant de théories classiques qui sous-entendent des représentations mentales « complexes » ou des « structures de symboles ».

2) **Sensibilité à la structure des processus.** Dans les modèles classiques, les principes par lesquels les états mentaux sont transformés, ou par lesquels un intrant sélectionne l'extrant approprié, sont définis d'après les propriétés structurelles des représentations mentales. Et, parce que les *représentations* mentales classiques ont une structure combinatoire, il est possible que les *opérations* mentales classiques s'appliquent à ces dernières par le biais de leur *forme*. Il en résulte qu'un processus mental classique paradigmatique peut manipuler n'importe quelle représentation mentale qui répond à une certaine description structurelle et peut la transformer en une représentation mentale qui répond à une description structurelle différente. (Comme, par exemple, dans un modèle inférentiel, on peut retrouver une opération qui s'applique à n'importe quelle représentation ayant la forme P&Q et qui la transforme en représentation de forme P). Il faut souligner que, dans la mesure où les propriétés formelles peuvent être définies à plusieurs niveaux d'abstraction, une telle opération peut également s'appliquer à des représentations dont la complexité structurelle est fort différente. L'opération qui peut être appliquée à des représentations de forme P&Q afin de produire P est satisfaite, par exemple, par une expression comme « (A∨B∨C)&(D∨E∨F) », de laquelle nous pouvons dériver « (A∨B∨C) ».

Nous considérons (1) et (2) comme les positions qui définissent les modèles classiques et prenons ces affirmations à peu près littéralement ; elles contraignent les réalisations physiques des structures de symboles. Plus précisément, au sein d'un modèle classique, les structures de symboles sont supposées correspondre à des structures physiques réelles dans le cerveau et la *structure combinatoire* d'une représentation serait ainsi équivalente à des relations structurelles entre les propriétés physiques du cerveau. Par exemple, la relation méréologique, qui établit une relation entre un symbole relativement simple et un symbole plus complexe, est supposée correspondre à quelque relation physique entre les états neurologiques. Ceci explique pourquoi Newell parle de systèmes computationnels tels les cerveaux et les ordinateurs classiques comme étant des « systèmes de symboles *physiques* »[1].

Nous insistons parce que la théorie classique reconnaît non seulement l'existence d'un système de symboles physiquement réalisés, mais également la thèse soutenant que les propriétés physiques sur lesquelles la structure des symboles est projetée *sont les mêmes propriétés qui font que le système se comporte comme il le fait.* En d'autres termes, les équivalents physiques des symboles ainsi que leurs propriétés structurelles sont la *cause* du comportement du système. Un système qui possède des expressions symboliques, mais dont l'opération ne dépend pas de la structure de ces expressions, ne peut être considéré comme une machine classique puisqu'il ne répond pas à la condition (2). À cet égard, un modèle classique s'avère bien différent d'un modèle au sein duquel le comportement est causé par des mécanismes comme la minimisation d'énergie, qui ne sont pas sensibles à l'encodage physique de la structure des représentations.

Jusqu'à présent, lorsque nous parlons de modèles « classiques », nous avons à l'esprit *n'importe quel* modèle qui sous-entend des représentations mentales complexes, telles que définies dans la partie (1), et des processus mentaux sensibles à la structure, tels que définis dans la partie (2). Par conséquent, notre

---

1. A. Newell (1980), « Physical Symbol Systems », *Cognitive Science,* 4, p. 135-183.

position concernant l'architecture classique est neutre à l'égard de telles questions, à savoir s'il y a ou non un processus exécutif isolé. Par exemple, les machines classiques peuvent avoir une architecture « orientée-objet », comme celle du langage informatique *Smalltalk*, ou une architecture « par échange de messages », comme celle de *Actors* de Hewett[1] – à condition que les objets ou les messages aient une structure combinatoire qui soit causalement impliquée dans le traitement. L'architecture classique est également neutre quant à la question de savoir si les opérations sur des symboles doivent être faites une à la fois ou si plusieurs opérations peuvent avoir lieu en même temps.

Voici donc le plan de ce qui suit. Dans le reste de cette section, nous allons esquisser la théorie connexionniste de l'architecture computationnelle, qui élimine les représentations mentales complexes et les opérations sensibles à la structure. (Bien que notre propos soit ici uniquement descriptif, il semble que la description exacte des engagements des connexionnistes demande une reconstruction importante de leurs remarques et de leurs pratiques. Comme il y a une multitude de points de vue au sein de la communauté connexionniste, nous devons nous attendre à rencontrer quelques connexionnistes estimés qui n'adhèrent pas totalement au programme lorsqu'on en analyse les principes considérés comme étant fondamentaux). Suite à cette exposition (ou reconstruction) générale, la section III présente une série d'arguments en faveur de l'histoire classique. Le reste de cet article analyse quelques-unes des raisons qui font que le connexionnisme semble intéressant pour plusieurs personnes et propose des commentaires généraux sur la relation entre l'approche classique et le projet connexionniste.

2.1. *Les représentations mentales complexes*

Pour commencer, considérons un des cas les plus triviaux ; soit deux machines, une de type classique et une connexionniste.

---

1. C. Hewett (1977), « Viewing Control Structures as Patterns of Passing Messages », *The Artificial Intelligence Journal*, 8, p. 232-364.

Voici comment la machine connexionniste pourrait raisonner.
Il y a un réseau de nœuds étiquetés comme dans la figure 2. Les
flèches indiquent les chemins où se propage l'activation (c'est-à-
dire qu'ils indiquent les conséquences de l'excitation d'un des
nœuds sur le degré d'excitation des autres nœuds). La déduction
de A à partir de A&B correspond ainsi à une excitation du nœud 2
provoquée par l'excitation du nœud 1 (à l'inverse, si le système
est dans un état où le nœud 1 est excité, il atteindra éventuellement un état où le nœud 2 est excité).

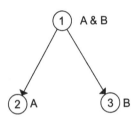

FIGURE 2

Considérons maintenant une machine classique. Cette machine possède un ruban sur lequel elle inscrit des expressions.
Parmi les expressions qui peuvent apparaître sur ce ruban,
mentionnons : « A », « B », « A&B », « C », « D », « C&D »,
« A&C&D » et ainsi de suite. L'organisation causale de la
machine fonctionne comme suit : lorsqu'une occurrence de type
P&Q apparaît sur le ruban, la machine inscrit une occurrence de
type P. La déduction de A à partir de A&B correspond alors à une
occurrence de type « A&B » sur le ruban qui provoque une
occurrence de type « A ».

Alors, en quoi consiste la différence architecturale entre les
deux machines ? Dans la machine classique, les objets auxquels
on attribue le contenu A&B (à savoir, les occurrences de
l'expression « A&B ») contiennent littéralement, comme ses
parties propres, les objets auxquels on attribue le contenu A (à
savoir, les occurrences de l'expression A). De plus, la sémantique (disons, la condition de satisfaction) de l'expression A&B

est déterminée de manière uniforme par la sémantique de ses constituants. Au contraire, rien de cela n'est vrai dans la machine connexionniste ; l'objet auquel on attribue le contenu A&B (nœud 1) est *causalement* connecté à un objet auquel on attribue le contenu A (nœud 2) ; cependant il n'est pas question de relation structurelle (par exemple, pas de relation méréologique) entre eux. En résumé, c'est le propre des systèmes classiques, et non des systèmes connexionnistes, de manipuler des suites de symboles, parmi lesquels certains sont atomiques (comme « A ») et plusieurs utilisent d'autres symboles comme parties syntaxiques et sémantiques (comme « A&B »).

2. 1. 1. *Les représentations distribuées sur des microcaractéristiques*

Plusieurs connexionnistes soutiennent que les représentations mentales qui correspondent à des concepts ordinaires (CHAISE, JEAN, TASSE, etc.) sont « distribuées » dans une myriade d'unités de niveau inférieur, qui possèdent elles-mêmes un contenu représentationnel. Pour utiliser la terminologie connexionniste commune[1], les unités de niveau supérieur ou de « niveau conceptuel » correspondent à des vecteurs dans un espace sous-conceptuel de microcaractéristiques. Le modèle dont il est question ici met en relation une expression définie avec une analyse des caractéristiques qui la définissent ; ainsi, le concept de CÉLIBATAIRE devrait correspondre à un vecteur dans un espace de caractéristiques comprenant ADULTE, HUMAIN, MÂLE et MARIÉ – auxquels on attribuera plus spécifiquement la valeur + pour les trois premières caractéristiques et la valeur – pour la dernière. Notons que la distribution dans un ensemble de microcatactéristiques (contrairement à la distribution dans un ensemble d'unités neuronales) constitue une relation entre des représentations, soit une relation au niveau cognitif.

Dans les explications connexionnistes habituelles, les théories élaborées en termes de vecteurs de microcaractéristiques

---

1. Voir P. Smolensky (1988).

sont supposées montrer de quelle façon les concepts sont
réellement encodés, ainsi les vecteurs de caractéristiques tentent
de *remplacer* les spécifications « moins précises » des concepts de
macro-niveau. Par exemple, là où un théoricien classique recon-
naîtrait un état psychologique de représentation du concept
TASSE, un connexionniste n'admettra qu'un état plus ou moins
analogue d'occurrence du vecteur de caractéristique correspondant. (Une des raisons pour lesquelles l'analogie n'est
qu'approximative s'explique par le fait que la « correspondance »
du vecteur de caractéristique à un concept donné peut être
considérée comme étant fortement déterminée par le contexte).
Par conséquent, les généralisations résultant des théories de
« niveau conceptuel » sont considérées comme étant approximativement vraies, la vérité ne pouvant être énoncée que par le
biais du vocabulaire des microcaractéristiques. Smolensky, par
exemple, souscrit à ceci de manière explicite : « De manière
générale, les descriptions formelles précises du processeur
intuitif ne sont pas réalisables au niveau conceptuel, mais
uniquement au niveau sous-conceptuel »[1]. Cette façon de traiter

---

1. Dans son article, P. Smolensky (1988, p. 273) remarque que « contrairement aux occurrences symboliques, ces vecteurs reposent dans un espace
topologique, où certains d'entre eux sont près les uns des autres alors que d'autres
sont éloignés ». Toutefois, il semble y avoir une grande confusion entre les thèses
concernant le modèle connexionniste et les thèses concernant son implémentation
(une confusion qui n'est pas inhabituelle dans la littérature connexionniste, tout
comme nous le verrons dans la section 4). Si l'espace en question est *physique*,
alors Smolensky s'engage à des thèses extrêmement fortes concernant les relations
de contiguïté dans le cerveau – thèses auxquelles nous n'avons aucune raison de
croire. Si toutefois, comme il semble plus plausible, l'espace en question est
sémantique, alors ce que soutient Smolensky n'est pas vrai. Pratiquement
n'importe quelle théorie cognitive implique des mesures de distance entre les
représentations mentales. Dans les théories classiques, par exemple, la distance
entre deux représentations est probablement reliée au nombre d'étapes de calcul
qui sont nécessaires à la dérivation d'une représentation à partir d'une autre. Dans
les théories connexionnistes, elle est probablement reliée au nombre de nœuds
actifs (ou au degré de superposition des vecteurs, dépendant de la conception du
connexionnisme que nous avons à l'esprit). La question qui nous intéresse n'est
pas le fait que l'architecture offre *une* mesure de distance, mais plutôt qu'elle offre
la *bonne* mesure de distance – c'est-à-dire qui peut être certifiée empiriquement.

la relation entre les concepts ordinaires et les micro-caractéristiques est tout à fait analogue au traitement connexionniste
standard des règles ; dans les deux cas, la théorie de macro-niveau
semble fournir un vocabulaire adéquat afin de formuler les généralisations qui décrivent les faits, de manière approximative,
concernant les régularités comportementales. Cependant, l'élaboration de la théorie de macro-niveau ne correspond *pas* aux
mécanismes causaux qui génèrent ces régularités. Si vous voulez
une théorie de ces mécanismes, vous devez remplacer le vocabulaire concernant des règles et des concepts par un vocabulaire
concernant des nœuds, des connexions, des microcaractéristiques, des vecteurs, etc.

Parmi les plus grandes infortunes de la littérature connexionniste, mentionnons que la question de savoir si les concepts
ordinaires devraient être représentés par des ensembles de
microcaractéristiques a été confondue avec celle de la structure
combinatoire des représentations mentales. Cette confusion
s'explique surtout par le fait que les ensembles de microcaractéristiques peuvent se superposer. Ainsi, le fait que la
microcaractéristique « + avoir-une-anse » appartienne à un
groupe de nœuds où est distribué le concept ordinaire TASSE
semble indiquer que la théorie considère que « + avoir-une-
anse » est un constituant du concept TASSE, ce qui pourrait nous
amener à conclure que les connexionnistes utilisent la notion de
relation de constitution, et ceci s'oppose à la thèse voulant que le
connexionnisme n'offre pas une architecture de type « langage
de la pensée »[1].

Une brève analyse rendra la chose plus claire, bien que,
même en faisant l'hypothèse d'une distribution des concepts sur
les microcaractéristiques, « + avoir - une - anse » n'est pas un
constituant de TASSE dans le même sens que « Marie » (le mot) est
un constituant de (la phrase) « Jean aime Marie ». Dans le
premier cas, la « relation de constitution » fait faussement réfé-

---

1. Voir P. Smolensky (1988), « On the Proper Treatment of Connectionism »,
Behavioral and Brain Sciences, II, p. 2.

rence à une relation sémantique entre des prédicats ; en gros, les prédicats de macro-niveau comme TASSE sont définis par des ensembles de microcaractéristiques comme « avoir-une-anse » ; par conséquent, et ceci constitue une certaine vérité sémantique, TASSE s'applique au sous-ensemble auquel s'applique « avoir-une-anse ». Mentionnons le fait qu'il existe une relation ensembliste entre les extensions des prédicats, alors qu'il n'y a pas de relation méréologique entre les prédicats eux-mêmes. L'expression « avoir-une-anse » ne fait pas *partie* de l'expression TASSE, pas plus que la phrase « est un homme non marié » ne fait partie de la phrase « est célibataire ».

Pour autant que nous sachions, la littérature connexionniste ne compte aucune tentative achevée de résoudre les questions syntaxiques et sémantiques soulevées par les relations de constitution authentiques. Quelques propositions sont toutefois suggérées de temps à autre ; à savoir que ce que l'on considère traditionnellement comme des symboles complexes devrait être envisagé uniquement comme des ensembles d'unités, où les relations fonctionnelles traditionnellement codées par la structure constituante sont représentées par des unités qui appartiennent à ces ensembles. Ainsi, par exemple, la représentation mentale correspondant à la croyance selon laquelle Jean aime Marie pourrait être le vecteur de caractéristiques ⟨+*Jean-sujet*; +*aime*; +*Marie-objet*⟩. Ici, « Jean-sujet », « Marie-objet », etc. sont les étiquettes des unités ; c'est-à-dire, qu'ils constituent des caractéristiques primitives (ou micro-caractéristiques), dont le statut est analogue à celui de « avoir-une-anse ». Plus spécifiquement, ils ne possèdent pas de structure syntaxique ou sémantique interne et il n'existe pas de relation (à l'exception de la ressemblance orthographique) entre la caractéristique « Marie-objet » qui apparaît dans l'ensemble ⟨Jean-sujet ; aime ; Marie-objet⟩ et la caractéristique « Jean-sujet » qui se retrouve dans l'ensemble ⟨Jean-sujet ; aime ; Marie-objet⟩.

Telle que nous la comprenons, cette proposition comporte deux parties. D'une part, il est suggéré que, bien que les représentations connexionnistes ne manifestent pas de relation de constitution authentique, la distinction classique entre les symboles complexes et leurs constituants peut toutefois être remplacée par la distinction entre un ensemble de caractéristiques et leurs sous-ensembles ; et, d'autre part, il est suggéré que les caractéristiques puissent implémenter des relations fonctionnelles. Nous considérerons ces idées successivement.

1) Au lieu de phrases comme « Jean aime Marie », nous avons, au sein du système représentationnel, des ensembles de caractéristiques comme ⟨+Jean-sujet; +aime; +Marie-objet⟩. Dans la mesure où cet ensemble possède ⟨+Jean-sujet⟩, ⟨+aime; +Marie-objet⟩ etc., comme sous-ensembles, on pourrait supposer que la relation « est le sous-ensemble de » a la même portée que la relation de constitution.

Toutefois, il est clair que cette idée ne fonctionnera pas, dans la mesure où ce ne sont pas tous les sous-ensembles de caractéristiques qui correspondent à des constituants véritables. Par exemple, parmi les sous-ensembles de ⟨+Jean-sujet; +aime; + Marie-objet⟩ se trouvent l'ensemble ⟨+Jean-sujet; +Marie-objet⟩ et l'ensemble ⟨+Jean-sujet; +aime⟩, qui ne correspondent évidemment pas aux constituants des symboles complexes « Jean aime Marie ».

2) Au lieu de définir les rôles en termes de relations entre les constituants, comme on le fait dans l'architecture classique, on peut les concevoir comme des caractéristiques primitives.

Considérons un système au sein duquel la représentation mentale entretenue lorsqu'un sujet croit que Jean aime Marie correspond à l'ensemble de caractéristiques ⟨+Jean-sujet; + aime; +Marie-objet⟩. Quelle représentation correspond à la croyance que Jean aime Marie et Pierre déteste Sophie ? Afin de développer cette proposition, supposons qu'il s'agit de l'ensemble ⟨+Jean-sujet; + aime; +Marie-objet; +Pierre-sujet; + déteste; + Sophie-objet⟩. Nous nous trouvons maintenant devant le problème de la distinction entre cette croyance et la croyance que Jean aime Sophie et Pierre déteste Marie ou la croyance que Jean déteste Marie et Pierre aime Sophie ou la croyance que Jean déteste Marie et Sophie et Pierre aime Marie et ainsi de suite, puisque ces croyances correspondront elles aussi au même ensemble de caractéristiques. En effet, le problème peut être expliqué par le fait que rien ne spécifie, dans la représentation de Marie par *+Marie-objet*, si elle est l'objet d'une relation d'amour ou de haine; et de même, *mutatis mutandis*, pour la représentation de Jean par *+Jean-sujet*.

Il est important de souligner le fait que ce problème se pose précisément parce que la théorie utilise des ensembles de représentations atomiques au lieu de représentations complexes, qui s'avèrent ici absolument nécessaires. Par conséquent, la question à laquelle nous voudrions répondre est la suivante : étant donné la grande quantité de nœuds activés en même temps, qu'est-ce qui distingue les sous-vecteurs qui correspondent à des propositions de ceux qui ne correspondent à rien ? Cette question a une réponse simple si, contrairement à ce qui a été proposé précédemment, nous postulons des représentations complexes. Lorsque les représentations expriment des concepts faisant partie d'une même proposition, elles ne sont pas seulement actives simultanément, mais également en train de *construire la proposition*. Au contraire, les représentations qui expriment des concepts ne correspondant pas à la même proposition peuvent être actives simultanément; mais elles ne sont *pas*, *ipso facto*, en construction mutuelle. En résumé, nous avons besoin de *deux* degrés de liberté afin de spécifier les pensées d'un système intentionnel à un certain moment; un paramètre (actif *versus* inactif) sélectionne les nœuds exprimant les concepts que le système a à l'esprit; l'autre (en construction *versus* pas en construction) détermine de quelle façon ces concepts sont distribués au sein des propositions qu'il formule. En ce sens, lorsque les symboles sont « en construction », cela signifie qu'ils sont les constituants d'un symbole complexe unique. Les représentations en construction forment les parties d'une totalité géométrique, *où les relations géométriques sont elles-mêmes sémantiquement significatives*. La représentation qui correspond à la pensée selon laquelle Jean aime Fido n'est pas un *ensemble* de concepts mais plutôt quelque chose comme un *arbre* de concepts, où ce sont les relations géométriques qui marquent (par exemple) la différence entre la pensée où Jean aime Fido et celle où Fido aime Jean.

On a suggéré, à l'occasion, de résoudre ce problème en adoptant des réseaux comme celui-ci, et ce, tout en évitant les représentations complexes.

L'interprétation visée est que la pensée selon laquelle Fido mord corresponde à une activation simultanée de ces nœuds ; c'est-à-dire au vecteur ⟨+ FIDO, + SUJET - DE + MORD⟩ – avec des vecteurs semblables mais plus longs pour des relations fonctionnelles plus complexes.

Cependant, à bien y penser, cette proposition ne fait qu'éviter le problème qu'elle tente de résoudre. Ainsi, s'il est problématique de justifier l'assignation de la proposition *Jean aime Fido* au contenu de l'ensemble (JEAN, AIME, FIDO), on retrouvera fort probablement le même problème pour la justification de l'assignation de la proposition *Fido est le sujet de mord* à l'ensemble (FIDO, SUJET-DE, MORD).

Afin de s'assurer que ceci soit parfaitement clair, considérons le cas où les nœuds activés simultanément sont (FIDO, SUJET-DE, MORD, JEAN). S'agit-il du contenu propositionnel de Fido mord ou de Jean mord ?

Il y a deux questions auxquelles nous devons répondre afin de spécifier le contenu d'un état mental : « Quels concepts sont « actifs ? » et « Quels concepts actifs sont en construction les uns par rapport aux autres ? ». Le fait d'identifier les états mentaux à des ensembles de nœuds activés nous permet de répondre à la première question, mais pas à la seconde. Voilà pourquoi la version de la théorie du réseau qui postule des ensembles de représentations atomiques, mais pas des représentations com-

plexes, ne réussit pas, et ce dans plusieurs cas, à distinguer les
états mentaux qui, en fait, sont distincts.

Toutefois, nous ne prétendons *pas* qu'il est *impossible* de
réconcilier une architecture connexionniste avec une syntaxe et
une sémantique combinatoires pour les représentations mentales.
Au contraire, nous le pouvons. Il suffit tout simplement d'utiliser
un réseau pour implémenter une machine de Turing et de
spécifier une structure combinatoire pour le langage informatique. Cependant, il est impossible d'avoir à la fois un
système combinatoire de représentations et une architecture
connexionniste au *niveau cognitif.*

2. 2. *Les opérations sensibles à la structure*

Les classicistes et les connexionnistes offrent tous les deux
des thèses concernant les processus mentaux, toutefois ces
théories sont fort différentes. Plus spécifiquement, la théorie
classique compte beaucoup sur la notion de représentation
mentale ayant une forme logico-syntaxique afin de définir
l'étendue et les domaines des opérations mentales. Cette notion
n'est toutefois pas disponible chez les connexionnistes orthodoxes, dans la mesure où elle présuppose des représentations
mentales non atomiques.

Le traitement classique des processus mentaux repose sur
deux idées, qui correspondent respectivement à un aspect de la
théorie classique de la computation. Ensemble, elles expliquent
pourquoi le point de vue classique postule au moins trois niveaux
d'organisation distincts dans les systèmes computationnels : non
seulement un niveau physique et un niveau sémantique (ou de
« connaissance »), mais également un niveau syntaxique.

La première idée souligne la possibilité de construire des
langages dans lesquels certaines caractéristiques des structures
syntaxiques des formules correspondent de manière systématique à quelques-unes de leurs caractéristiques sémantiques.
D'un point de vue intuitif, cette idée sous-entend qu'au sein de
tels langages, la syntaxe d'une formule encode sa signification
– et, plus spécifiquement, les aspects de la signification qui en

déterminent le rôle dans l'inférence. Tous les langages artificiels qui sont utilisés en logique ont cette propriété, tout comme la langue naturelle la possède plus ou moins. Les classicistes considèrent qu'il s'agit d'une propriété fondamentale du langage de la pensée.

Un exemple simple de la façon dont le langage utilise la structure syntaxique afin d'encoder les rôles inférentiels et les relations entre les significations devrait aider à illustrer ce point. Considérons donc la relation entre les deux phrases suivantes :

1) Jean est allé au magasin et Marie est allée au magasin.
2) Marie est allée au magasin.

D'une part, du point de vue sémantique, (1) implique (2) (ainsi, les inférences de (1) à (2) préservent de manière évidente la vérité des propositions). D'autre part, du point de vue syntaxique, (2) est un constituant de (1). Ces deux faits peuvent être coordonnés afin d'exploiter le principe selon lequel les phrases ayant une structure syntaxique « (S1 et S2) » impliquent leurs propres constituants. Notons que ce principe met en relation la syntaxe des ces phrases avec leur rôle inférentiel. Notons également que l'astuce dépend de la grammaire française ; cela ne fonctionnerait pas dans une langue où la formule exprimant la conjonction du contenu *Jean est allé au magasin et Marie est allée au magasin* serait *syntaxiquement* atomique.

La seconde idée principale, sous-entendue dans le traitement classique des processus mentaux, soutient qu'il est possible de concevoir des machines dont la fonction est la transformation de symboles et dont les opérations sont sensibles à la structure syntaxique des symboles qu'elles manipulent. Il s'agit de la conception classique de l'ordinateur ; c'est ce que les diverses architectures des machines de Turing et de von Neumann ont en commun.

Le fait que ces deux « idées principales » aillent ensemble est peut-être évident. Si, en principe, les relations syntaxiques peuvent équivaloir à des relations sémantiques et si, en principe, il est possible de concevoir un mécanisme dont les opérations sur des formules sont sensibles à leur syntaxe, alors il pourrait être possible de construire une machine syntaxique dont les transitions d'états répondraient au critère sémantique de cohérence. Une telle machine constituerait tout ce qui est nécessaire pour un modèle mécanique de la cohérence sémantique de la pensée ; dans cette perspective, l'idée selon laquelle le cerveau *est* une telle machine constitue l'hypothèse fondatrice des sciences cognitives classiques.

Assez pour l'histoire classique des processus mentaux. L'histoire connexionniste doit évidemment être bien différente. Dans la mesure où les connexionnistes ne peuvent postuler des représentations mentales ayant une structure combinatoire syntaxique et sémantique, il leur est impossible de postuler des processus mentaux opérant sur des représentations mentales en vertu de leur structure. Les opérations que l'on retrouve dans les modèles connexionnistes sont de deux types, selon qu'il s'agit d'un processus d'apprentissage ou de raisonnement.

2. 2. 1. *L'apprentissage*

Si un modèle connexionniste est conçu afin d'apprendre, il comprendra des processus qui détermineront les poids des connexions entre les unités en fonction du type d'entraînement. Habituellement, dans une machine connexionniste (comme une machine de Boltzmann), les poids des connexions sont calibrés jusqu'à ce que le comportement du système parvienne à modéliser les propriétés statistiques des intrants. Lorsque le temps d'apprentissage tend vers l'infini, les relations stochastiques des états de la machine résument les relations stochastiques des événements écologiques qu'elles représentent.

Ceci devrait évoquer le vieux principe associationniste selon lequel la force d'association entre les « idées » dépend de la fréquence à laquelle elles sont couplées lors de « l'expérience empirique » et de la conception de l'apprentissage soutenant que la force de la connexion entre un stimulus et sa réponse dépend de la fréquence à laquelle la production de la réponse est récompensée en présence du stimulus. Cependant, les connexionnistes radicaux, tout comme d'autres associationnistes, postulent des processus d'apprentissage qui modélisent les propriétés statistiques des intrants et des extrants; les simples mécanismes fondés sur la cooccurrence statistique, qui furent la marque de l'associationnisme d'antan, ont été améliorés grâce à des dispositifs techniques implantés dans les modèles connexionnistes. (D'où le « néo » dans « néo-connexionnisme »). Par exemple, quelques-uns des premiers obstacles entourant les mécanismes associationnistes ont été surmontés en introduisant dans le réseau des unités (ou agrégats) cachées, qui ne sont pas directement connectées à l'environnement et dont la tâche consiste à détecter des patterns statistiques dans l'activité des unités « visibles », incluant peut-être des patterns qui sont plus abstraits ou plus « généraux » que ceux qui pourraient être détectés par les perceptrons d'antan.

En résumé, les versions sophistiquées des principes associatifs permettant l'attribution d'un poids sont très courantes dans la littérature connexionniste. Toutefois, l'intérêt de ceci réside dans ce qui est commun à toutes ces versions des principes, incluant celle de l'associationnisme d'antan : soit le fait que ces processus sont tous sensibles aux *fréquences*. Retournons à l'exemple discuté précédemment : si une machine connexionniste pouvant apprendre tend vers un état où elle peut déduire A de A&B (c'est-à-dire un état où, lorsque le nœud « A&B » est activé, elle tend à se fixer dans un état où le nœud « A » est activé), la convergence sera normalement causée par les propriétés statistiques de l'entraînement de la machine (à savoir, par les corrélations entre les mises à feu du nœud « A&B » et celles du nœud « A », ou encore par les corrélations entre ces dernières et certains signaux de rétroaction). Tout comme l'associationnisme traditionnel, le connexionnisme conçoit l'apprentissage comme une sorte de modélisation statistique.

2.2.2. *Le raisonnement*

L'association cherche à modifier la structure d'un réseau de manière diachronique, en fonction de son entraînement. Les modèles connexionnistes contiennent aussi une variété de types de processus de « relaxation », qui déterminent le comportement synchronique du réseau; plus spécifiquement, ils déterminent quel extrant est émis par le réseau pour un pattern d'intrants donné. À cet égard, on peut concevoir un modèle connexionniste comme une espèce de machine analogique construite afin de réaliser une certaine fonction. Les intrants de cette fonction sont (1) une spécification de la connectivité de la machine (quels nœuds sont connectés entre eux); (2) une spécification des poids des connexions; (3) une spécification des valeurs d'une variété de paramètres idiosyncratiques concernant les nœuds (tels que les seuils intrinsèques, le temps écoulé depuis la dernière mise à feu et ainsi de suite); (4) une spécification du pattern d'activation des nœuds d'entrée. L'extrant de la fonction est une spécification du pattern d'activation des nœuds de sortie; la machine choisit intuitivement le pattern d'extrant qui est le plus fortement associé à son intrant.

La majeure partie du développement de la théorie connexionniste a pour but de concevoir des solutions analogues au problème de la recherche d'un extrant « très fortement associé » correspondant à un intrant arbitraire; mais, encore une fois, nous n'avons pas à nous préoccuper de ces détails. Ce qui s'avère important pour nous, c'est cette autre propriété que les théories connexionnistes partagent avec d'autres formes d'associationnisme. Selon l'associationnisme traditionnel, la probabilité qu'une idée en entraînera une autre est sensible à la force de l'association entre celles-ci (incluant les associations intermédiaires, s'il y en a). Et la force de cette association est à son tour sensible à l'ampleur de la corrélation entre ces deux idées. La force associative n'est toutefois pas supposée être sensible aux caractéristiques du contenu ou à celles de la structure des représentations per se. D'une même façon, dans les modèles connexionnistes, la sélection d'un extrant correspondant à un intrant donné dépend des propriétés des circuits qui les relient (incluant les poids, les états des unités intermédiaires, etc.). Et, à leur tour, les poids dépendent des propriétés statistiques des événements dans l'environnement (ou peut-être des relations entre les patterns d'événements dans l'environnement et des «prédictions» implicites faites par le réseau). Cependant, la structure syntaxique et sémantique de la représentation d'un intrant n'est *pas* supposée être un facteur déterminant la sélection d'un extrant correspondant, puisque, comme nous l'avons vu, la structure syntaxique et sémantique des types de représentations reconnus par les modèles connexionnistes n'est pas définie.

Pour résumer, les théories classiques et connexionnistes sont en désaccord quant à la nature des représentations mentales : pour les premières, et non pour les secondes, les représentations mentales manifestent d'une manière caractéristique une structure combinatoire de constitution ainsi qu'une sémantique combinatoire. Les théories classiques et connexionnistes s'opposent également en ce qui concerne la nature des processus mentaux ; pour les premières, mais non les secondes, les processus mentaux sont sensibles, et ce de manière caractéristique, à la structure combinatoire des représentations qu'ils manipulent.

Nous considérons que ces deux questions résument la dispute actuelle au sujet de la nature de l'architecture cognitive. Nous proposons maintenant de montrer que les connexionnistes ont tort dans les deux cas.

3. LA NÉCESSITÉ DES SYSTÈMES DE SYMBOLES : PRODUCTIVITÉ, SYSTÉMATICITÉ ET COHÉRENCE INFÉRENTIELLE

Les théories psychologiques classiques font appel à la structure constituante des représentations mentales afin d'expliquer trois caractéristiques de la cognition qui sont intimement liées : sa productivité, sa systémacité et sa cohérence inférentielle. L'argument traditionnel soutenait que les caractéristiques de la cognition sont, d'une part, universelles et, d'autre part, qu'elles ne peuvent être expliquées que d'après l'hypothèse voulant que les représentations mentales aient une structure interne. Il nous semble que cet argument – courant plus ou moins explicitement depuis une trentaine années – demeure intact. Il semble offrir quelque chose comme une démonstration de la nécessité, pour une théorie empiriquement adéquate de la cognition, de reconnaître non seulement des relations causales entre les états représentationnels, mais également des relations de constitution syntaxiques et sémantiques ; par conséquent, dans sa structure générale, l'esprit ne peut pas être un réseau connexionniste.

3. 1. *La productivité de la pensée*

L'argument classique de la productivité soutient l'existence d'une structure combinatoire, et ce, dans n'importe quel système représentationnel (incluant les langues naturelles et le langage de la pensée). Certains modèles présupposent que les capacités représentationnelles de tels systèmes sont illimitées ; plus spécifiquement, le système peut encoder une quantité infinie de propositions. Toutefois, ce pouvoir d'expression illimité doit être réalisé par des moyens finis. Il s'agit de concevoir le système de représentations comme étant constitué d'expressions appartenant à un ensemble d'expressions générées. Plus précisément, la correspondance entre une représentation et la proposition qu'elle exprime est souvent construite de manière arbitraire, d'après les correspondances entre les parties de l'expression et les parties de la proposition. Évidemment, cette stratégie ne fonctionne que lorsqu'il y a un nombre illimité d'expressions non atomiques. Ainsi, les représentations linguistiques (et mentales) doivent constituer des *systèmes de symboles*. Par conséquent, l'esprit ne peut pas être un processeur distribué en parallèle.

Bien souvent, on rejette ce type de raisonnement parce que l'on doute de la productivité des capacités cognitives humaines. Aucun argument *a priori* ne peut être formulé à terme en faveur de (ou contre) une idéalisation des capacités cognitives comme étant productives : on acceptera ou non cette idéalisation selon qu'on croit qu'est justifiée l'inférence d'une capacité finie à partir d'une performance finie, ou selon qu'on croit que la performance finie est habituellement le résultat de l'interaction entre une compétence illimitée et des contraintes de ressources.

Pour le moment, nous proposons toutefois de concevoir le statut des arguments de productivité comme étant discutable : nous présenterons à l'instant un autre type d'argument soutenant que les représentations mentales ont besoin d'une structure interne articulée. Celui-ci est intimement lié à l'argument de productivité, mais ne nécessite pas l'idéalisation d'une compétence illimitée. Les présuppositions qu'il sous-entend devraient alors être acceptables même pour les théoriciens qui – comme les connexionnistes – soutiennent que le caractère fini des capacités cognitives est intrinsèque à leur architecture.

3. 2. *La systématicité de la représentation cognitive*

La forme de l'argument est la suivante. Que les capacités cognitives soient ou non réellement *productives*, il semble indubitable qu'elles sont ce qu'on pourrait appeler *systématiques*. Et nous verrons que tout comme la productivité de la cognition, la systématicité de la cognition offre une raison de postuler une structure combinatoire aux représentations mentales. On arrive en effet à la même conclusion, mais à partir d'une prémisse plus faible.

La façon la plus simple de comprendre la systématicité des capacités cognitives consiste à se concentrer sur la systématicité de la compréhension et de la production du langage. En fait, l'argument de systématicité pour une structure combinatoire de la *pensée* reprend exactement l'argument structuraliste traditionnel portant sur la structure de constitution des *phrases*. Mais prenons un moment afin de souligner un point dont nous reparlerons davantage plus tard : la capacité linguistique est un paradigme de la cognition systématique, mais il est fortement improbable que ce soit le seul exemple. Au contraire, nous avons toutes les raisons de croire que la systématicité est une caractéristique intrinsèque de l'activité mentale humaine et infrahumaine.

Ce que nous voulons dire quand nous affirmons que les capacités linguistiques sont systématiques se résume par le fait que l'habileté à produire/comprendre des phrases est *intrinsèquement* reliée à l'habileté à produire/comprendre d'autres phrases. Nous pouvons entrevoir la portée de ceci en comparant comment on apprend réellement le langage avec l'apprentissage du langage par mémorisation d'un immense répertoire d'expressions. L'enjeu ne porte pas sur le fait que ce répertoire de phrases est fini et ne peut donc préciser de manière exhaustive que des langages *non* productifs ; cela est vrai, mais nous avons décidé de ne pas nous appuyer sur des arguments de productivité pour défendre notre point. Il porte plutôt sur le fait que nous pourrions dans ce cas apprendre *n'importe quelle partie du répertoire sans en apprendre le reste*. Ainsi, selon le modèle du répertoire d'expressions, il serait parfaitement possible d'apprendre que la formulation des mots « Le chat de mamie est sur le tapis de l'oncle Arthur » constitue la façon de dire (en français) que le chat de mamie est sur le tapis de l'oncle Arthur, et pourtant n'avoir aucune idée de la façon de dire qu'il pleut (ou de quelle façon dire que le chat de l'oncle Arthur est sur le tapis de mamie). Il est probablement évident que le système du répertoire d'expressions ne représente pas bien l'acquisition du langage, puisque la connaissance de la langue maternelle ne ressemble pas à cela. Par exemple, on ne retrouve pas de locuteurs qui savent dire, dans leur langue maternelle, que Jean aime une fille sans savoir comment dire qu'une fille aime Jean.

Notons, en passant, que la systématicité est une propriété de la maîtrise de la syntaxe d'une langue et non de son lexique. Le modèle du répertoire d'expressions représente très bien la façon d'apprendre le *vocabulaire* du français, dans la mesure où, lorsque nous apprenons le vocabulaire du français, nous acquérons plusieurs capacités *indépendantes* de base. Il est ainsi fort possible d'apprendre que l'utilisation du mot « chat » est la façon de faire référence aux chats et pourtant de ne pas savoir que l'utilisation de l'expression « conifère à feuilles caduques » fait référence aux conifères à feuilles caduques. La systématicité, tout comme la productivité, constitue le genre de propriété des capacités cognitives qui peut nous échapper si nous nous concentrons sur la psychologie de l'apprentissage et de la recherche de *listes*.

Comme nous l'avons souligné, il existe un argument (plutôt traditionnel), découlant de manière immédiate de la systématicité de la capacité langagière, qui soutient que les phrases doivent avoir une structure syntaxique et sémantique. Si l'on prend pour acquis que les phrases sont constituées de mots et d'expressions, et que plusieurs séquences différentes de mots peuvent être des expressions de même type, le fait qu'une formule soit une phrase du langage impliquera souvent que d'autres formules le soient aussi. En effet, le postulat d'une structure de constitution implique la systématicité.

Supposons, par exemple, qu'il s'agisse d'un fait que, en français, les formules ayant une analyse constituante de type « NP Vt NP » sont bien formées ; et supposons que « Jean » et « une fille » soient des NP et que « aime » soit un Vt. De ces présuppositions, nous pouvons déduire que « Jean aime une fille », « Jean aime Jean », « Une fille aime une fille » et « Une fille aime Jean » doivent *toutes* être des phrases. Il s'ensuit également que n'importe quelle personne maîtrisant la grammaire du français devra avoir des capacités linguistiques systématiques quant à ces phrases ; cette personne les considérera toutes comme des phrases si elle considère qu'une d'elles l'est. Analysons cette même situation selon une perspective où l'on soutient que les phrases du français sont toutes atomiques. Il n'y a alors aucune analogie structurale entre « Jean aime une fille » et « Une fille aime Jean » et, par conséquent, aucune raison pour que le fait de comprendre une phrase implique que l'on comprenne l'autre – pas plus que le fait de comprendre « lapin » n'implique le fait de comprendre « arbre ».

La systématicité des capacités linguistiques demeure un mystère du point de vue voulant que les phrases soient atomiques, alors qu'on s'attend celle-ci du point du vue voulant qu'elles aient une structure de constitution. Nous préférons donc le second point de vue au premier.

Nous pouvons enfin en venir à notre propos. L'argument qui va de la systématicité des capacités linguistiques à la structure de constitution des *phrases* est assez clair. Mais la pensée est aussi systématique, ainsi il existe un argument parallèle allant de la systématicité de la pensée à la structure syntaxique et sémantique des représentations *mentales*.

Que signifie le fait que la pensée soit systématique ? Et bien, tout comme on ne rencontre pas de gens qui comprennent la phrase « Jean aime une fille » et pas la phrase « Une fille aime Jean », on ne rencontre pas non plus de gens qui peuvent *penser que* Jean aime une fille, mais ne peuvent penser qu'une fille aime Jean. En effet, dans le cas d'organismes dotés d'un langage, la systématicité de la pensée *découle de* la systématicité du langage si l'on assume – comme la plupart des psychologues – que le fait de comprendre une phrase implique le fait d'entretenir la pensée qu'elle exprime ; selon cette hypothèse, personne ne *pourrait* comprendre les phrases concernant Jean et la fille sans être capable d'entretenir les pensées concernant Jean et la fille.

Mais alors, si l'habileté à penser que Jean aime une fille est intrinsèquement liée à l'habileté à penser qu'une fille aime Jean, on devra expliquer ce fait. Pour un représentationnaliste (en nous avons vu que les connexionnistes en sont), cette explication est évidente. Le fait d'entretenir des pensées demande qu'on entretienne des états représentationnels (c'est-à-dire que cela nécessite l'occurrence de représentations mentales). Et, tout comme la systématicité du langage montre qu'il doit y avoir des relations structurelles entre la phrase « Jean aime une fille » et la phrase « Une fille aime Jean », la systématicité de la pensée montre également qu'il doit y avoir des relations structurelles entre la représentation mentale correspondant à la pensée que « Jean aime une fille » et la représentation mentale correspondant à la pensée que « Une fille aime Jean »[1] ; à savoir que les deux

1. Il vaut la peine de souligner que la complexité structurelle d'une représentation mentale n'est pas la même chose que, et ne s'ensuit *pas* de la complexité structurelle de son contenu (c'est-à-dire de ce que nous appelons « la pensée que quelqu'un entretient »). Toutefois, les connexionnistes et les classicistes peuvent être d'accord sur le fait que la *pensée que P&Q* est complexe (et comprend la pensée que P comme une de ses parties), alors qu'ils s'entendent pour être en désaccord concernant le fait que les représentations mentales aient une structure syntaxique interne.

représentations mentales, comme les deux phrases, *doivent être constituées des mêmes composants*. Toutefois, si l'explication est juste (et il ne semble pas y en avoir d'autres qui aient été proposées), alors les représentations mentales ont une structure interne et il exite un langage de la pensée. Ainsi, l'architecture de l'esprit n'est pas un réseau connexionniste.

Résumons ce que nous avons soutenu jusqu'à présent : l'argument de la productivité conclut que les représentations mentales ont une structure interne à partir du fait que personne n'a, peut-on croire, une compétence intellectuelle *finie*. Au contraire, l'argument de la systématicité conclut que les représentations mentales ont une structure interne à partir du fait évident que personne n'a une compétence intellectuelle *fragmentée*. Tout comme on ne retrouve pas de capacités linguistiques consistant en une habileté à comprendre soixante-sept phrases non liées, on ne retrouve pas non plus de capacités cognitives consistant en une habileté à entretenir soixante-sept pensées non liées. Notre position est que, en aucun cas, ceci ne s'avère accidentel. Une théorie linguistique qui comprendrait la possibilité de langages fragmentés serait non *seulement* fausse : elle le serait *profondément*. Et il en va de même pour une théorie cognitive qui admettrait la possibilité d'esprits fragmentés.

3.3. *La systématicité de l'inférence*

Dans la deuxième section, nous avons vu que, selon les théories classiques, la syntaxe des représentations mentales s'interpose entre les propriétés sémantiques et leur rôle causal dans les processus mentaux. Prenons un cas simple : le fait que les conjonctions impliquent leurs constituants est un principe « logique » (ainsi, l'argument permettant de déduire que P et que Q à partir de P&Q est valide). D'une même manière, le fait que les pensées concernant P&Q soient la cause des pensées que P et que Q est une loi psychologique, toutes choses étant égales par ailleurs. La théorie classique utilise la structure de constitution des représentations mentales afin de rendre compte de ces deux faits ; le premier présuppose que la sémantique combinatoire des représentations mentales soit sensible à leur syntaxe, alors que le second présuppose que les processus mentaux traitent des représentations mentales en vertu de leur structure de constitution.

Une des conséquences de ces présuppositions concerne le fait que les théories classiques s'engagent à répondre de cette surprenante prédiction : les inférences qui sont de même type logique doivent généralement [1] correspondre à des capacités cognitives similaires. Par exemple, on ne devrait pas retrouver un genre de vie mentale au sein de laquelle on peut faire l'inférence que P à partir de P&Q&R et pas l'inférence que P à partir de P&Q.

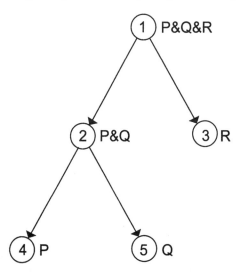

FIGURE 3

1. La limite cherche à exclure les cas où les inférences de même type logique ne diffèrent toutefois pas en complexité, en vertu de la longueur de leurs prémisses, par exemple. L'inférence de A à partir de la prémisse (A∨B∨C∨D∨E) et (~B&~C&~D&~E) est de même type logique que l'inférence de A à partir de A∨B et ~B. Mais il ne serait pas très surprenant, ou très intéressant, s'il y avait des esprits en mesure de faire la seconde inférence et pas la première.

Ceci s'explique par le fait que, selon le point de vue classique, cette classe d'inférences logiquement homogène est réalisée par une classe homogène correspondante de mécanismes psychologiques. Les prémisses de ces deux inférences sont exprimées par des représentations mentales qui ont la même analyse syntaxique (à savoir : S_1 & S_2 & S_3 & ...S_n); et le processus menant à l'inférence correspond, dans les deux cas, à la même opération formelle consistant à isoler le constituant qui exprime la conclusion.

Un connexionniste peut certainement modéliser la vie mentale dans laquelle, si vous pouvez déduire que P à partir de P&Q&R, alors vous pouvez aussi déduire que P à partir de P&Q. Par exemple, le réseau représenté dans la figure 3 pourrait le faire. Mais notons que *le connexionniste peut aussi bien modéliser une vie mentale au sein de laquelle on peut faire une de ces inférences et pas l'autre*. Dans le cas présent, comme il n'y a pas de relation structurelle entre le nœud P&Q&R et le nœud P&Q (rappelons-nous que tous les nœuds sont atomiques – ne soyons pas trompés par les *étiquettes* des nœuds), il n'y a pas de raison pour qu'un esprit qui contienne le premier contienne également le second et vice versa. Ainsi, l'architecture connexionniste tolère certaines lacunes dans les capacités cognitives ; elle ne possède aucun mécanisme qui puisse faire en sorte que les inférences logiquement homogènes soient réalisées par des processus computationnels homogènes correspondants.

Toutefois, nous croyons qu'il n'y a pas de capacités cognitives qui ont ce genre de lacunes. On ne rencontre pas, par exemple, des esprits qui peuvent déduire que *Jean est allé au magasin* à partir de *Jean et Marie et Suzanne et Sophie sont allés au magasin* et à partir de *Jean et Marie sont allés au magasin* mais pas à partir de *Jean et Marie et Suzanne sont allés au magasin*. Avec une notion de syntaxe logique – la notion même qui est nécessaire à la théorie classique afin de donner de l'importance aux processus mentaux –, le fait qu'on ne retrouve pas de tels esprits est un *truisme*. Sans une notion de syntaxe logique, le fait qu'on ne rencontre pas de tels esprits demeure un *mystère*.

3.4. *Résumé*

Voilà donc en quoi consiste l'erreur de l'architecture connexionniste. Dans la mesure où elle ne reconnaît pas de structure syntaxique ou sémantique aux représentations mentales, elle les traite par la force des choses, non pas comme un ensemble généré, mais plutôt comme une liste. Cependant, les listes, en tant que listes, n'ont pas de structure; n'importe quel ensemble d'items s'avère une liste possible. Et c'est la même chose pour les principes connexionnistes; n'importe quel ensemble d'états représentationnels (connectés causalement) est un esprit possible. Ainsi, dans la perspective d'une architecture connexionniste, rien n'empêche les esprits d'être arbitrairement non systématiques. Mais cette conclusion est *absurde*. Les capacités cognitives se regroupent en agrégats structurellement organisés; leur systématicité est omniprésente. Il semble donc évident que *les esprits fragmentés sont impossibles*. Il y a vingt ou trente ans, cet argument semblait concluant et s'opposait fortement au connexionnisme de Hebb, Osgood et Hull. Pour autant que nous sachions, rien de vraiment important n'a été proposé depuis lors pour changer la situation[1].

---

1. Note historique : les connexionnistes sont associationnistes, mais ce ne sont pas tous les associationnistes qui soutiennent que les représentations mentales doivent être non structurées. Hume, par exemple, n'était pas d'accord. Hume croyait que les représentations mentales sont comme des images, et les images ont habituellement une sémantique compositionnelle. Les parties d'une image d'un cheval sont généralement les images des parties du cheval.

Toutefois, le fait de reconnaître une sémantique compositionnelle aux représentations mentales est sans grande valeur pour un associationniste, et ce tant qu'il demeure dans l'esprit de son associationnisme. L'avantage des représentations mentales possédant une structure est qu'elles permettent de définir des opérations sensibles à cette structure; plus spécifiquement, cela est possible pour les opérations dont le résultat est la productivité et la systématicité. L'association n'est toutefois pas une telle opération; elle ne peut que construire un modèle interne des redondances présentes dans l'expérience en transformant les probabilités de transition entre les états mentaux. En ce qui concerne la productivité et la systématicité, un associationniste reconnaissant des représentations structurées se retrouve dans la position de quelqu'un qui posséderait une boîte de conserve sans avoir d'ouvre-boîte.

Finalement, un dernier commentaire afin de résumer cette partie de la discussion. Il est possible d'imaginer un connexionniste pouvant admettre que, bien que la systématicité ne *découle* pas de – et ainsi ne soit pas expliquée par – l'architecture connexionniste, elle est tout de même *compatible* avec cette architecture. Après tout, il est parfaitement possible de suivre une méthode de construction de réseaux qui possèdent les nœuds *aRb* uniquement s'ils possèdent également les nœuds *bRa* et ainsi de suite. Il n'y a donc rien qui puisse empêcher un connexionniste de stipuler – comme postulat indépendant de sa théorie de l'esprit – que tous les réseaux biologiques sont systématiques *de facto*.

Cette réponse laisse toutefois de côté un aspect fondamental de la question. Il ne suffit pas de stipuler la systématicité ; on doit également trouver un mécanisme capable de réaliser ce postulat. En d'autres termes, le connexionniste ne peut pas simplement être d'accord avec le fait que tous les esprits sont systématiques ; il doit également expliquer *de quelle façon la nature réussit à produire uniquement des esprits systématiques*. Il devrait vraisemblablement y avoir un certain type de mécanisme, au-delà de ceux que le connexionnisme postule *per se*, qui assurerait la systématicité des réseaux biologiques ; un mécanisme qui, en vertu de son fonctionnement, ferait en sorte que tout réseau qui possède un nœud *aRb* ait également un nœud *bRa*. Toutefois, aucun mécanisme d'une telle sorte n'a été proposé. Ou, en fait, il n'y en a eu qu'un seul. Le seul mécanisme connu capable

---

En fait, Hume a triché. Il s'est permis non seulement l'association, mais également « l'imagination », qu'il comprend comme une faculté « active » capable de produire de nouveaux concepts à partir d'anciennes composantes par un processus d'analyse et de recombinaison. (Par exemple, l'idée de licorne est composée de celles de cheval et de corne). En tant qu'associationniste, Hume n'avait évidemment pas le droit de postuler des facultés mentales actives. Mais le postulat de l'imagination donnait à Hume ce que les connexionnistes modernes n'ont précisément pas : une réponse à la question de savoir comment les processus mentaux peuvent être productifs. La morale est que, si vous avez des représentations structurées, la tentation est à peu près irrésistible de postuler des opérations sensibles à la structure ainsi qu'un système exécutant capable de les appliquer.

d'assurer la systématicité générale est l'architecture classique. Et comme nous l'avons vu, l'architecture classique n'est pas compatible avec le connexionnisme, dans la mesure où elle exige des représentations internes structurées.

4. L'ATTRAIT DU CONNEXIONNISME

La popularité actuelle de l'approche connexionniste parmi les psychologues et les philosophes est surprenante, compte tenu des problèmes soulevés plus haut – problèmes qui sont largement responsables du développement de la notion de computation fondée syntaxiquement (théorie de la preuve) et de la notion d'architecture cognitive de type Turing fonctionnant par traitement de symboles. Il existe toutefois une quantité d'arguments apparemment plausibles, récurrents dans la littérature, qui insistent sur certaines limites des ordinateurs conventionnels en tant que modèles de l'esprit. Ces arguments pourraient paraître militer en faveur de l'approche connexionniste. Nous allons maintenant esquisser quelques-uns de ces arguments pour ensuite discuter des problèmes généraux qu'ils semblent soulever.

• **La rapidité des processus cognitifs et la vitesse neuronale : la contrainte des cent étapes.** On a observé le fait que les neurones s'activent à une vitesse de dix millième de seconde[1]. Par conséquent, le temps nécessaire à la réalisation de plusieurs tâches pour lesquelles un sujet serait expert (comme la reconnaissance d'un mot ou d'une image, qui demanderait moins d'une seconde) ne permettrait à un programme *sériel* réalisé neuronalement d'effectuer qu'une centaine d'instructions. Jusqu'à maintenant, de telles tâches demandent habituellement des milliers – voire des millions – d'instructions au sein des ordinateurs actuels (si elles peuvent être réalisées). Ainsi, on peut soutenir que le cerveau fonctionne différemment des ordinateurs. En fait, selon cet argument, le cerveau doit être organisé

1. J. A, . Feldman et D. H. Ballard (1982), « Connectionist Models and their Properties ». *Cognitive Science* 6, p. 205-254.

de manière hautement parallèle («massivement parallèle» comme le veut l'expression).

- **La difficulté pour les architectures conventionnelles de reconnaître des formes et de récupérer des informations sur la base de leur contenu.** Le fait que les êtres humains puissent stocker et utiliser une énorme quantité d'information – apparemment sans effort – est étroitement relié aux questions concernant les contraintes de temps [1]. Une des habiletés surprenantes dont les êtres humains font preuve est l'habileté à reconnaître des formes parmi des dizaines ou même des centaines de milliers de possibilités (par exemple, la reconnaissance d'un mot ou d'un visage). En fait, nous avons des raisons de croire que les habiletés des experts reposent en majeure partie sur des processus mnémoniques de reconnaissance rapide [2]. Si l'on devait chercher de manière sérielle dans l'esprit de quelqu'un, tout comme le font les ordinateurs conventionnels, la complexité dérouterait n'importe quelle machine. Conséquemment, la connaissance doit être stockée et récupérée différemment chez l'être humain que dans l'ordinateur conventionnel.

- **Le manque de progrès dans le traitement des processus non verbaux ou intuitifs.** La plupart de nos capacités cognitives élémentaires ne consistent pas à accéder à un savoir verbal ou à faire un raisonnement conscient [3]. Nous savons beaucoup de choses qu'il serait difficile de décrire verbalement, comme par exemple la façon de conduire une bicyclette, à quoi nos meilleurs amis ressemblent et comment se rappeler le nom du président. Un tel savoir ne devrait pas être stocké sous forme linguistique, mais plutôt sous une certaine forme «implicite». Le fait que les ordinateurs conventionnels fonctionnent généralement selon un «mode linguistique», étant donné qu'ils traitent l'information en manipulant des expressions structurées syntaxiquement, devrait expliquer pourquoi l'entreprise de modélisation du savoir implicite a eu si peu de succès.

---

1. S. E. Fahlman et G. E. Hinton (1987), «Connectionist Architectures for Artificial Intelligence», *Computer*, 20, p. 100-109.
2. Voir H. A. Simon et W. G. Chase (1973), «Skill in Chess», *American Scientist*, 621, p. 394-403.
3. S. E. Fahlman et G. E. Hinton (1987) et P. Smolensky (1988), dans ce volume.

- **La forte susceptibilité des ordinateurs conventionnels au dommage et au bruit.** Contrairement aux circuits digitaux, les circuits du cerveau doivent être en mesure de tolérer le bruit provenant de l'activité neuronale spontanée. De plus, ils doivent pouvoir tolérer un degré modéré de dommage sans devenir complètement non fonctionnel. Hormis quelques exceptions notoires, si une partie du cerveau est endommagée, la dégradation de la performance n'est habituellement pas catastrophique, mais varie plus ou moins selon l'étendue des dommages. Ceci est particulièrement vrai dans le cas de la mémoire. Des dommages au cortex temporal (normalement considéré comme le lieu qui héberge les traces mnémoniques) ne provoquent pas de perte sélective de souvenirs spécifiques. Ceci, ainsi que d'autres faits concernant les patients ayant subi des dommages au cerveau, suggère que les représentations de la mémoire humaine, et peut-être plusieurs autres capacités cognitives, sont *distribuées* spatialement plutôt que localisées neuronalement. Ceci semble être incompatible avec les ordinateurs conventionnels, où le contrôle de type hiérarchique localise les décisions importantes et où le stockage de la mémoire consiste en un ensemble de registres adressables selon leur localisation.

- **Les systèmes conventionnels fondés sur des règles dépeignent la cognition comme étant de type « tout-ou-rien ».** Cependant, les capacités cognitives semblent être caractérisées par plusieurs genres de continuités. Par exemple :

- **Les variations continues selon le degré d'application de divers principes ou selon le degré de pertinence de diverses contraintes, « règles » ou procédures.** Il existe plusieurs cas (tout particulièrement pour la perception et la remémoration), où il semble qu'une variété de contraintes affectent simultanément une tâche et où il en résulte des effets combinés de différents facteurs[1]. Ceci explique le fait que les techniques de « propa-

---

1. Voir, par exemple, la discussion informelle entre J. L. McClelland, D. E. Rumelhart et G. E. Hinton (1986), « The Appeal of Parallel Distributed Processing », *in* D. E. Rumelhart, J. C. McClelland and the PDP Research Group (eds.), *Parallel Distributed Processing*, Cambridge, MIT Press, p. 3-9.

gation des contraintes » aient reçu tant d'attention en intelligence artificielle [1].

- **Le non déterminisme du comportement humain.** Les processus cognitifs ne sont jamais déterminés de manière rigide ou parfaitement reproductibles. Ils semblent plutôt avoir une composante aléatoire ou stochastique importante. Ceci s'explique peut-être par la présence de hasard au niveau microscopique, causé par un incident biochimique ou par une activité électrique ou peut-être même par des événements quantiques. La modélisation de cette activité à l'aide de règles déterministes rigides ne peut mener qu'à de faibles prédictions, dans la mesure où elle laisse de côté la nature fondamentalement stochastique des mécanismes sous-jacents. De plus, les modèles déterministes de type « tout-ou-rien » ne pourront rendre compte de l'aspect graduel de l'apprentissage et de l'acquisition d'une habileté.

- **L'absence de dégradation progressive.** Lorsque les humains sont incapables de réaliser parfaitement une tâche, ils font toutefois quelque chose de raisonnable. Si la tâche particulière ne correspond pas à un pattern connu ou si elle n'est comprise que partiellement, le sujet ne laissera pas tomber et ne se comportera pas de manière insensée. Cependant, lorsqu'un programme d'ordinateur classique fondé sur des règles ne reconnaît pas la tâche ou ne réussit pas à la mettre en relation avec ses représentations stockées ou ses règles, il sera en général incapable de faire quoi que ce soit. Ainsi, pour faire preuve de dégradation progressive, nous devons être en mesure de représenter des prototypes, apparier des patterns, reconnaître des problèmes, et ce, à différents *degrés*, et ainsi de suite.

- **Les modèles conventionnels sont dictés par les caractéristiques techniques actuelles des ordinateurs et considèrent très peu ou pas du tout les données des neurosciences.** Les systèmes classiques de traitement de symboles ne fournissent aucune indication quant à la possibilité de réaliser dans un cerveau les types de processus qu'ils postulent. Le fait que le

---

1. Voir A. Mackworth (1987), « Constraint Propagation », *in* S. C. Shapiro (ed.), *The Encyclopedia of Artificial Intelligence*, Volume I, New York, John Wiley & Sons.

fossé soit si grand entre les systèmes de haut niveau et l'architecture du cerveau pourrait indiquer que ces modèles ne sont pas
sur la bonne voie. Bien que l'architecture de l'esprit ait évolué
sous la pression de la sélection naturelle, quelques-unes des
hypothèses classiques concernant l'esprit pourraient avoir été
inspirées par des caractéristiques que les ordinateurs possèdent
uniquement parce qu'ils ont été conçus explicitement pour la
commodité de la programmation. Peut-être cela inclut-il également l'hypothèse selon laquelle la description des processus
mentaux au niveau cognitif peut être dissociée de la description
de leur réalisation physique. Minimalement, en construisant nos
modèles en tenant compte de ce que l'on connaît des structures
neuronales, nous pourrions réduire le risque d'erreur que permettent les métaphores fondées sur les architectures des
ordinateurs actuels.

4. 1. *Réponses : pourquoi les arguments posés en faveur de l'architecture connexionniste sont invalides*

Tout comme les arguments contre l'architecture cognitive
classique, ces arguments souffrent de l'un ou l'autre des deux
défauts suivants :

1) Les objections dépendent de propriétés qui ne sont pas
   intrinsèques aux architectures classiques, dans la mesure où des
   modèles classiques parfaitement naturels qui ne font pas preuve
   de caractéristiques discutables sont possibles. (Nous croyons
   que cela vaut, par exemple, pour les arguments soutenant que
   les règles classiques sont explicites et que les opérations
   classiques sont de type « tout-ou-rien »).

2) Les objections concernant les architectures classiques ne sont
   recevables que lorsque celles-ci sont implémentées dans des
   ordinateurs actuels, mais pas nécessairement lorsqu'elles sont
   implémentées différemment (par exemple, neuronalement). En
   d'autres termes, elles concernent le niveau d'implémentation
   plutôt que le niveau cognitif, tels que nous les avons distingués
   précédemment. (Nous croyons que ceci vaut, par exemple, pour
   les arguments concernant la vitesse et la résistance au dommage
   et au bruit).

Dans le reste de cette section, nous développerons ces deux points et nous les mettrons en relation avec quelques-uns des arguments présentés plus haut. À la suite de cette analyse, nous présenterons ce que nous croyons être le point de vue le plus crédible sur le connexionnisme – à savoir qu'il s'agit d'une théorie qui concerne la façon selon laquelle les systèmes cognitifs (classiques) devraient être implémentés, soit dans de véritables cerveaux soit dans quelque « neurologie abstraite ».

4. 1. 1. *La computation parallèle et la question de la vitesse*

Considérons l'argument voulant que les processus cognitifs impliquent une computation parallèle à grande échelle. Dans la forme que prend habituellement cet argument dans les discussions connexionnistes, il n'est pas question du fait que l'architecture *cognitive* classique soit adéquate ou non. La « contrainte des cents étapes », par exemple, concerne directement le niveau de l'implémentation. La seule chose qu'elle exclut est cette hypothèse (absurde) voulant que les architectures cognitives soient implémentées dans le cerveau de la même manière qu'elles sont implémentées dans les ordinateurs électroniques.

La vitesse absolue d'un processus est une propriété par excellence de son implémentation. (Au contraire, la vitesse *relative* à laquelle le système répond à différents intrants constitue un indicateur de processus distincts; mais ceci a toujours été un fondement empirique important permettant de choisir entre les divers algorithmes dans la psychologie du traitement de l'information). Ainsi, le fait que les neurones individuels demandent dix millième de seconde pour leur mise à feu n'a aucun impact sur la vitesse à laquelle devrait tourner un algorithme *à moins que nous ayons au moins une théorie partielle et indépendamment motivée expliquant comment sont implémentées les opérations de l'architecture fonctionnelle dans des neurones.* Comme il n'est pas certain, dans le cas du cerveau, que la mise à feu des neurones est invariablement une propriété d'implémentation pertinente (du moins pour les processus de niveau cognitif comme l'apprentissage et la mémoire), la « contrainte » des centétapes n'exclut rien. Enfin, les contraintes absolues au sujet du nombre d'étapes séquentielles que requièrent les processus mentaux ou encore le temps nécessaire pour leur exécution ne fournissent que des arguments faibles contre l'architecture classique, dans la mesure où l'architecture classique n'exclut pas l'exécution parallèle de processus symboliques multiples. En effet, il semble fort probable que plusieurs processus symboliques classiques soient exécutés en parallèle dans la cognition et que ces processus interagissent les uns avec les autres (par exemple, ils pourraient être impliqués dans un genre de propagation des contraintes symboliques). La manipulation de symboles peut même impliquer des organisations «massivement parallèles»; ce qui impliquerait éventuellement de nouvelles architectures, bien qu'elles soient *classiques* en un sens, puisqu'elles sont toutes en accord avec la conception classique de la computation comme manipulation de symboles[1]. En fait, un argument en faveur d'un réseau d'ordinateurs parallèles n'est pas en soi un argument contre une architecture classique ou un argument pour une architecture connexionniste.

4.1.2. *La résistance au bruit et au dommage matériel (et l'argument soutenant la représentation distribuée)*

Certains des autres avantages avancés en faveur des architectures connexionnistes visent tout aussi clairement le niveau d'implémentation. Par exemple, il est évident que le critère de «résistance au dommage matériel» demeure une question d'implémentation qui pourrait difficilement survenir dans des discussions concernant les théories de niveau cognitif.

Il est vrai qu'un certain type de résistance au dommage est incompatible avec la localisation et il est également vrai que les

---

1. Pour des exemples de propositions sérieuses et intéressantes sur l'organisation des processeurs classiques en réseaux massivement parallèles, voir le système «Actor» de C. Hewett (1977) («Viewing Control Structures as Patterns of Passing Messages», *The Artificial IntelligenceJournal*, 8, p. 232-364), la «Connection Machine» de Hillis (D. Hillis (1985), *The Connection Machine*, Cambridge, MIT Press) ainsi que plusieurs machines commerciales récentes à processeurs multiples.

représentations au sein des processeurs parallèlement distribués sont distribuées sur des groupes d'unités (à tout le moins lorsque l'on utilise un « encodage imprécis » (*coarse coding*)). Cependant, la distribution sur des unités ne permet la résistance au dommage que si les représentations elles aussi sont distribuées *neuronalement*.

Toutefois, la distribution neuronale des représentations est autant compatible avec les architectures classiques qu'avec les réseaux connexionnistes. Dans le cas classique, il suffit d'avoir un registre de mémoire distribuant leur contenu à travers l'espace physique. On peut les obtenir dans des systèmes de stockage sophistiqués, comme les systèmes optiques, chimiques ou même par les registres des réseaux connexionnistes.

On peut aisément se méprendre concernant les exigences matérielles d'un système de traitement symbolique classique. Par exemple, dans l'architecture conventionnelle, il doit y avoir des expressions symboliques distinctes pour chacun des états de choses qu'elles représentent. Comme de telles expressions ont souvent une structure consistant en une concaténation de parties, la relation de proximité doit être instanciée par *certaines* relations physiques lorsque cette architecture est implémentée. Toutefois, dans la mesure où la relation qui sera physiquement réalisée en est une de proximité *fonctionnelle*, il n'est pas nécessaire qu'une région plus petite soit assignée à l'occurrence d'un symbole atomique dans l'espace qu'à l'occurrence d'un symbole complexe – même pour un symbole complexe dont il serait le constituant. Dans les architectures classiques, tout comme dans les réseaux connexionnistes, les éléments fonctionnels peuvent être physiquement distribués ou localisés, et ce dans une mesure variable.

4. 1. 3. *Contraintes « douces », magnitudes continues et mécanismes stochastiques*

L'idée que des contraintes « douces », qui peuvent varier de manière continue (comme le degré d'activation), soient incompatibles avec des systèmes symboliques classiques fondés sur des règles constitue un autre exemple de l'erreur consistant à ne pas distinguer le niveau psychologique (ou de traitement symbolique) du niveau de l'implémentation. On peut imaginer un système de règles classique où le choix de la règle activée réside au niveau de l'architecture fonctionnelle et dépend de magnitudes variant de manière continue. De fait, c'est ce qui se passe habituellement dans les « systèmes experts » utilisant, par exemple, un mécanisme bayesien comme interprète de règles dans leur système de production. La nature « douce » ou stochastique des systèmes fondés sur des règles résulte de l'interaction, au niveau de l'implémentation, entre des règles déterministes, d'une part, et des propriétés des nombres réels, ou des intrants stochastiques ou d'une transmission stochastiques de l'information, d'autre part.

Il faut également noter que les applications de règles n'ont pas à produire des comportements « tout-ou-rien », puisque plusieurs règles peuvent être activées en même temps et avoir des effets interactifs sur le résultat. Ou encore chacune des règles activées peut générer des effets parallèles indépendants, qui pourraient être classés plus tard – dépendant quel processus parallèle atteint son but le premier. Un aspect important, quoique souvent négligé, de ces propriétés globales du comportement manifeste que sont la continuité, le « flou », l'aléatoire, et ainsi de suite, est qu'elles n'ont pas à résulter de mécanismes sous-jacents qui sont eux-mêmes flous, continus ou aléatoires. Il demeure possible, et pas uniquement en principe mais également en pratique, de croire qu'un comportement apparemment variable ou non déterministe résulte de l'interaction de multiples sources déterministes.

On peut faire la même remarque au sujet de la « dégradation progressive ». L'architecture classique ne présuppose pas que le processeur est incapable d'agir lorsque les conditions d'application des règles disponibles ne sont pas complètement remplies. Comme nous l'avons souligné plus tôt, les règles pourraient être activées dans une certaine mesure qui dépendrait du degré de satisfaction de leurs conditions d'application. Ce qui arrive exactement dans ces cas-là pourrait dépendre de l'implémentation du système de règles. D'autre part, l'impossibilité de réaliser la « dégradation progressive » pourrait n'être qu'une limite intrinsèque de la classe actuelle de modèles ou même des approches actuelles de conception des systèmes intelligents. Il paraît clair que les modèles psychologiques actuels sont inadéquats dans une large mesure, et donc que leurs problèmes avec la dégradation pourraient n'être qu'un cas particulier de leur absence générale d'intelligence. Peut-être ne sont-ils simplement pas assez intelligents pour savoir comment agir lorsqu'un ensemble limité de méthodes ne peut être appliqué. Cependant, cela n'est pas forcément une limite *a priori* des architectures classiques.

4. 1. 4. *Le caractère explicite des règles*

Selon McClelland, Feldman, Adelson, Bower et McDermott,

> Les modèles connexionnistes mènent à la reconceptualisation de questions psychologiques fondamentales, telles que la nature de la représentation du savoir... Une des approches traditionnelles de ces questions conçoit le savoir comme un ensemble de règles qui sont consultées par des mécanismes de traitement d'information pendant le traitement ; dans les modèles connexionnistes, ce savoir est représenté, bien souvent sous une forme largement distribuée, dans des connexions faisant entre les unités de traitement d'information [1].

Comme nous l'avons souligné dans l'introduction, nous croyons que la thèse soutenant que la plupart des processus psychologiques résultent de règles implicites et celle, concomitante, que les comportements suivant et ne suivant pas des règles procèdent des mêmes mécanismes cognitifs sont intéressantes et tendancieuses. Nous considérons ces questions comme étant entièrement empiriques et, dans plusieurs cas, ouvertes. Quoi qu'il en soit, il ne faut pas confondre la distinction entre

---

1. J. L. McClelland, J. Feldman, B. Adelson, G. Bower et D. McDermott (1986), *Connectionist Models and Cognitive Science : Goals, Directions and Implications*, Report to the National Science Foundation, p. 6.

règles implicites et règles explicites avec celle entre l'architecture classique et connexionniste.

Cette confusion est omniprésente dans la littérature connexionniste. Les connexionnistes prennent pour acquis que les modèles classiques s'engagent à soutenir le fait que les comportements réguliers doivent résulter de règles explicitement encodées. Mais c'est tout simplement faux. Non seulement n'y a-t-il aucune raison pour que les modèles classiques soient régis par des règles explicites, mais en plus – et c'est un fait – les arguments, s'il en existe, à partir desquels les règles sont représentées mentalement de manière explicite, font l'objet d'un vif débat au *sein* du camp classiciste[1]. Une chose sur laquelle les théoriciens classiques sont d'accord concerne le fait que ce ne sont pas *tous* les comportements réguliers qui résultent de règles explicites ; au moins quelques-uns des déterminants causaux d'un comportement réglé *doivent* être *im*plicites[2]. Toutes les autres questions concernant le caractère explicite des règles sont perçues par les classicistes comme étant discutables ; et on retrouve diverses opinions à ce sujet dans le camp classiciste.

Le point fondamental est le suivant : ce ne sont pas toutes les fonctions des ordinateurs classiques qui peuvent être encodées sous forme de programme explicite – certaines d'entre elles doivent être câblées. En fait, tout le programme peut être précâblé dans les cas où il n'a pas besoin de se modifier ou de s'auto-évaluer. Dans de tels cas, le programme des machines classiques peuvent utiliser des *règles implicites* et leur mécanisme de transitions d'états sera complètement sous-computationnel (c'est-à-dire sous-symbolique).

---

1. Pour des exemples relativement récents, voir la discussion sur le caractère explicite des règles grammaticales et ses critiques dans l'article de E. Stabler (1985), « How are Grammars Represented ? », *Behavioral and Brain Sciences*, 6, p. 391-420) ; pour une discussion philosophique, voir R. Cummins (1983), *The Nature of Psychological Explanation*, Cambridge, MIT Press.

2. Les arguments à ce sujet ressemblent aux observations de Lewis Carroll dans « Ce que la tortue dit à Achille ».

Dans une machine classique, ce ne sont pas les programmes mais plutôt les symboles inscrits sur les rubans (ou stockés dans les registres) qui *doivent* être explicites. Toutefois, ceux-ci ne correspondent pas aux règles de transition d'états de la machine, mais bien à ses structures de données. Les structures de données sont *les objets que la machine transforme et non les règles de transformation*. Dans le cas de programmes qui, par exemple, analysent grammaticalement le langage naturel, l'architecture classique requiert une représentation explicite des descriptions structurelles des phrases, mais demeure totalement neutre quant au caractère explicite des grammaires, contrairement à ce que plusieurs connexionnistes ont tendance à croire.

Ainsi, on ne peut pas attaquer les théories classiques de l'architecture cognitive en montrant que le processus cognitif implique des règles implicites; l'architecture classique *permet* les processus impliquant des règles explicites mais ne les exige *pas*. On *peut* toutefois critiquer les architectures connexionnistes en montrant que les processus cognitifs impliquent des règles *e*xplicites puisque, par définition, l'architecture connexionniste exclut le genre de capacités logico-syntaxiques requises pour l'encodage des règles ou le genre de mécanismes exécutifs nécessaires à leur application.

4.1.5. *Sur la modélisation de « style neuronal »*

La relation entre les modèles connexionnistes et les neurosciences est ouverte à plusieurs interprétations. D'une part, les théoriciens comme Ballard et Sejnowski tentent explicitement de construire des modèles fondés sur des propriétés des neurones et des organisations neuronales[1], même si les unités neuronales en question sont idéalisées[2]. D'autre part, Smolensky (1988)

---

1. D. H. Ballard (1986), « Cortical Connections and Parallel Processing: Structure and Function », *The Behavioral and Brain Sciences*, 9, p. 67-120; T. J. Sejnowski (1981), « Skeleton Fillers in the Brain » *in* G. E. Hinton et A. I. Anderson (eds.), *Parallel Models of Associative Memory*, Hillsdale, Erlbaum.
2. Certains diraient qu'elles sont très idéalisées; voir les commentaires sur Ballard (1986) in *The Behavioral and Brain Sciences*, 9, p. 121 *sq.*

considère les unités connexionnistes comme des objets mathématiques qui peuvent être interprétés en termes neuronaux ou psychologiques. La plupart des connexionnistes se situent quelque part entre les deux, considérant leur théorie comme étant de « style neuronal »[1].

La compréhension des principes psychologiques *et* de la façon dont ils sont neurophysiquement implémentés vaut certes mieux (et est plus sûre empiriquement) que l'unique compréhension de l'un ou l'autre. Là n'est pas la question. La question est plutôt de savoir si nous gagnons quelque chose à concevoir des modèles de « style neuronal » qui n'accordent pas d'importance à la façon dont ceux-si sont liés aux cerveaux.

L'intérêt présumé de la modélisation de « style neuronal » est que les théories du traitement cognitif devraient être inspirées par les données de la biologie (et tout spécialement les neurosciences). Les données biologiques ayant une influence sur les modèles connexionnistes semblent inclure les faits suivants : les connexions neuronales sont importantes pour la configuration de l'activité du cerveau ; l' « engramme » de la mémoire ne semble pas être spatialement localisé ; en première approximation, les neurones semblent être des éléments à seuil qui font la somme de l'activité arrivant à leurs dendrites ; plusieurs des neurones du cortex possèdent des « champs réceptifs » multidimensionnels qui sont sensibles à un éventail limité de valeurs d'un certain nombre de paramètres ; la tendance de l'activité d'une synapse à

---

1. Le groupe de recherche PDP considère que son objectif est « de remplacer « la métaphore de l'ordinateur » par « la métaphore du cerveau » comme modèle de l'esprit (J. L. McClelland, D. E. Rumelhart et G. E. Hinton (1986), « The Appeal of Parallel Distributed Processing », *in* D. E. Rumelhart, J. C. McClelland and the PDP Research Group (eds.), *Parallel Distributed Processing*, Cambridge, MIT Press, p. 75). Mais la question n'est pas du tout de savoir quelle métaphore nous devrions adopter ; les métaphores (qu'il s'agisse de « l'ordinateur » ou du « cerveau ») tendent à autoriser le fait de considérer les thèses de quelqu'un comme n'étant pas des hypothèses sérieuses. Comme Z. Pylyshyn l'a souligné dans son livre *Computation and Cognition : Toward a Foundation for Cognitive Science* (Cambridge, MIT Press, 1984), la thèse suivant laquelle l'esprit a une architecture d'ordinateur classique n'est *pas* une métaphore, mais bien une hypothèse empirique *littérale*.

provoquer la mise à feu d'un neurone est modulée par la fréquence et la récence des mises à feu précédentes.

Supposons que ces thèses et certaines thèses similaires soient à la fois vraies et pertinentes quant à la façon dont le cerveau fonctionne – une hypothèse qui ne va absolument pas de soi. La question que nous devrions alors poser est la suivante : Qu'est-ce qui s'ensuit qui soit pertinent pour déterminer la nature de l'architecture cognitive. La réponse inéluctable semble être : très peu de choses. Il ne s'agit pas là d'une thèse *a priori*. La question du degré de relation existant entre les divers niveaux de l'organisation d'un système est empirique. Toutefois, on peut douter que les types de propriétés dont nous venons de faire la liste se retrouvent plus ou moins tels quels dans la structure du système qui effectue le raisonnement.

Le point est que la structure des « niveaux supérieurs » d'un système est rarement isomorphe, ou même similaire, à la structure de ses niveaux inférieurs. Personne ne s'attend à ce que la théorie des protons ressemble vraiment à la théorie des pierres et des rivières, même si, de toute évidence, les pierres et les rivières « sont implémentées » dans des protons. Lucrèce a rencontré des difficultés précisément parce qu'il a présumé qu'il devait y avoir une correspondance simple entre les théories macroscopiques et microscopiques. Il croyait, par exemple, que les crochets et les œillets maintenaient les atomes ensemble. Il semble qu'il avait tort.

Il semble que la morale de cette histoire soit qu'il faille demeurer profondément sceptique face à l'effort héroïque de modélisation neuronale prétendant régler les problèmes liés à la cognition. Nous comprenons le désir de plusieurs psychologues de formuler des théories respectant la biologie. Mais, forcé de choisir, la vérité est plus importante que le respect.

4. 2. *Commentaires de conclusion : le connexionnisme comme théorie de l'implémentation*

Un des thèmes récurrents de la précédente discussion est le fait que plusieurs arguments soutenant le connexionnisme seraient mieux compris comme la thèse voulant que l'architecture cognitive soit *implémentée* dans un certain type de réseau (d'«unités» abstraites). Si on les comprend de cette façon, ces arguments demeurent neutres quant à la question de savoir ce qu'est l'architecture cognitive. En guise de conclusion, nous allons considérer brièvement le connexionnisme de ce point de vue.

Il faut souvent détromper plusieurs des étudiants qui s'inscrivent aux cours sur les modèles cognitifs d'approche computationnelle ou de traitement de l'information quant au rôle de l'ordinateur physique au sein de ces modèles. Les étudiants doutent souvent de «l'ordinateur comme modèle de la cognition» sur des bases telles que : «les ordinateurs n'oublient pas et ne font pas d'erreurs», «les ordinateurs sont trop logiques et n'ont aucune motivation», «les ordinateurs ne peuvent pas apprendre par eux-mêmes, ils ne peuvent faire que ce qu'on leur demande», «les ordinateurs sont trop rapides (ou trop lents)», «les ordinateurs ne sont jamais fatigués ou ennuyés», et ainsi de suite. Si nous ajoutons à cette liste des critiques plus sophistiquées, telles que «les ordinateurs ne font pas preuve de dégradation progressive» ou «les ordinateurs sont trop sensibles au dommage physique», cette liste commencera à ressembler aux arguments avancés par les connexionnistes.

La réponse à ces critiques a toujours été que *l'implémentation*, ainsi que toutes les propriétés associées à la réalisation spécifique de l'algorithme que le théoricien utilise dans ce cas particulier, n'est pas pertinente pour la théorie psychologique; seuls l'algorithme et les représentations qu'il manipule sont considérés comme des hypothèses psychologiques. On apprend aux étudiants la notion de «machine virtuelle» et on leur montre que *certaines* machines virtuelles *peuvent* apprendre, oublier, s'ennuyer, faire des erreurs et tout ce que l'on veut, à la condition d'avoir une théorie sur les origines de chacun des phénomènes empiriques dont il est question.

Considérant cette distinction de principe entre un modèle et une implémentation, un théoricien impressionné par les vertus du connexionnisme peut proposer des processeurs distribués et parallèles comme théories de l'implémentation. Cependant, loin de fournir une nouvelle base révolutionnaire pour les sciences cognitives, ces modèles sont neutres, en principe, quant à la nature des processus cognitifs. En fait, ils devraient être perçus comme un moyen de réaliser les objectifs de la psychologie du traitement classique de l'information en tentant d'expliquer de quelle façon le cerveau (ou peut-être un réseau de style neuronal idéalisé) pourrait effectuer les types de processus dont les sciences cognitives classiques font l'hypothèse.

Les connexionnistes conçoivent parfois explicitement leurs modèles comme étant des théories de l'implémentation. Ballard fait même référence au connexionnisme comme une « approche implémentationnelle »[1]. Touretzky envisage clairement son modèle BoltzCONS de cette façon[2]; il utilise les techniques connexionnistes afin d'implémenter les mécanismes conventionnels de traitement des symboles tels que la pile et d'autres fonctions LISP. Rumelhart et McClelland, qui sont convaincus que le connexionnisme constitue un détachement radical par rapport à l'approche classique du traitement symbolique, font néanmoins référence à des « implémentations PDP » de divers mécanismes comme l'attention[3]. Plus loin dans le même essai, Rumelhart et McClelland rendent leur position explicite : contrairement aux « réductionnistes », ils croient que « des concepts nouveaux et utiles émergent à différents niveaux de l'organisation ». Cependant, ils défendent par la suite le point de vue qui pourrait considérer les niveaux supérieurs « …à travers l'étude des interactions entre les unités des niveaux inférieurs »,

1. D. H. Ballard (1986), *op. cit.*

2. D. S. Touretzky (1986), « B oltzCONS : Reconciling Connectionnism with the Recursive Nature of Stacks and Trees », *Proceedings of the Eighth Conference of the Cognitive Science Society*.

3. Pour citer D. E. Rumelhart et J. L. McClelland (1986), « On Learning the Past Tense of English Verbs », *in* J. L. McClelland, D. E. Rumelhart, et le groupe de recherche PDP, *Parallel Distributed Drocessing : Explorations in the Microstructure of Cognition*, vol. 2. Cambridge, MIT Press, p. 117.

l'idée de base selon laquelle il existe des niveaux autonomes semble explicite tout au long de l'essai.

Mais dès lors qu'on admet l'existence de principes de niveau cognitif qui soient distincts des principes architecturaux (présumés) formulés par le connexionnisme, il semble rester bien peu de choses à débattre. Il est, de toute évidence, inutile de se demander si l'on devrait faire des sciences cognitives en étudiant les « interactions entre les niveaux inférieurs » plutôt qu'en étudiant les processus au niveau cognitif, dans la mesure où nous devons assurément faire les *deux*. Certains scientifiques étudient les principes géologiques, d'autres étudient « l'interaction entre les unités de niveau inférieur» comme les molécules. Mais comme on ne discute jamais le fait qu'il existe des principes de géologie authentiques et autonomes, ceux qui construisent des modèles de niveau moléculaire ne prétendent pas avoir inventé une « nouvelle théorie de la géologie » qui nous dispenserait du discours de la « géologie populaire » à l'ancienne au sujet des roches, des rivières et des montagnes !

Bref, nous ne nous objectons pas aux réseaux en tant que modèles potentiels d'implémentation et nous ne présupposons pas que les arguments que nous avons présentés soient incompatibles avec cette proposition. Toutefois, le problème est que, si les connexionnistes veulent que leurs modèles soient construits de cette façon, alors ils devront changer radicalement leur pratique. Ainsi, il semble très clair que la plupart des modèles connexionnistes qui ont été proposés doivent être conçus comme des théories de la cognition et non comme des théories de l'implémentation. Ceci découle du fait que ces théories attribuent de manière intrinsèque un contenu représentationnel aux unités (et/ou aux agrégats) qu'elles postulent. Et, comme nous l'avons souligné au début, une théorie des relations entre les états représentationnels est *ipso facto* une théorie au niveau cognitif et non au niveau de l'implémentation. Ceci a constitué le point essentiel de notre argument, à savoir que, lorsque le connexionnisme est conçu comme une théorie cognitive plutôt que comme une théorie de l'implémentation, il semble souffrir de limites fatales. Le problème des modèles connexionnistes est que toutes les raisons de penser qu'ils pourraient être vrais sont des raisons de penser qu'ils ne peuvent pas être de la *psychologie*.

5. CONCLUSION

À la lumière de tout ceci, quelles sont les possibilités de développement futur des théories connexionnistes ? Pour autant qui nous puissions en juger, elles pourraient suivre l'une ou l'autre de quatre voies :

1) Espérer que les représentations mentales non structurées aient une syntaxe et une sémantique combinatoire, ce qui va à l'encontre du point de vue classique. Les arguments de productivité et de systématicité rendent cette option peu intéressante.

2) Abandonner l'architecture de réseau et opter pour des *représentations* mentales structurées, tout en continuant à soutenir une explication associationniste de la nature des *processus* mentaux. Ceci constitue en fait un retour à la conception humienne de l'esprit (voir note 1 p. 315) et pose un problème que nous croyons insoluble : bien que, selon la première hypothèse, les représentations mentales soient des objets structurés, *l'association n'est pas une relation sensible à la structure*. Le problème est donc de savoir comment reconstruire la cohérence sémantique de l'esprit sans postuler des processus psychologiques qui sont sensibles à la structure des représentations mentales. (En termes plus contemporains, il s'agit de savoir comment obtenir des relations causales entre représentations mentales reflétant leurs relations sémantiques sans pour autant supposer un traitement de l'inférence comme théorie de la preuve et – de manière plus générale – un traitement de la cohérence sémantique qui soit exprimé syntaxiquement, dans l'esprit de la théorie de la preuve). L'associationnisme traditionnel s'est effondré face à ce problème et les candidats actuels cherchant à le résoudre ne nous semblent pas particulièrement meilleurs que ceux d'il y a quelques centaines d'années. Pour présenter les choses de manière différente : si, pour expliquer la productivité et la systématicité des esprits, il est nécessaire de

poser de la structure dans les représentations mentales, alors pourquoi ne pas postuler des processus mentaux qui sont sensibles à la structure pour expliquer la cohérence des processus mentaux ? Bref pourquoi ne pas être classiciste ?

Quoi qu'il en soit, notons que cette option fournit à la représentation classique beaucoup de ce qu'elle souhaite : c'est-à-dire l'identification des états sémantiques à des relations à des structures de symboles et l'identification des processus mentaux à des transformations de telles structures. Notons également que, dans l'état actuel des choses, cette proposition est utopique dans la mesure où aucune théorie ne permet l'incorporation d'une structure constituante au sein des architectures connexionnistes.

3) Traiter le connexionnisme comme une théorie de l'implémentation. Nous n'avons aucune objection de principe concernant ce point de vue (quoiqu'il y ait des raisons techniques, comme le découvrent les connexionnistes, qui font en sorte que les réseaux constituent souvent une manière maladroite d'implémenter les machines classiques). Cette option implique que l'on devrait réécrire une grande partie du contenu polémique de la littérature connexionniste et renouveler la description de ce que les réseaux font lorsqu'ils traitent des structures de symboles plutôt que de répandre une activation parmi des nœuds interprétés sémantiquement.

De plus, cette révision des postulats fera sûrement en sorte que le mouvement perde des adeptes. Comme nous l'avons souligné, beaucoup de gens ont été attiré par l'approche connexionniste à cause de sa promesse a) d'abolir le niveau d'analyse symbolique et b) d'élever les neurosciences au statut de discipline qui réponde adéquatement aux questions sur la cognition. Si le connexionnisme est considéré uniquement comme une théorie qui explique comment la cognition est implémentée neuronalement, il ne contraindrait pas davantage les modèles cognitifs que la biophysique, la biochimie et la mécanique quantique le font. Toutes ces théories s'intéressent également aux processus qui *implémentent* la cognition et elles tendent toutes à postuler des structures qui sont assez différentes de l'architecture cognitive. Le point est que « implémenter » est transitif et que la relation va de haut en bas.

4) Abandonner l'idée selon laquelle les réseaux offrent « une base raisonnable pour la modélisation des processus cognitifs en général »[1]. On pourrait également soutenir qu'ils supportent *quelques* processus cognitifs. Une supposition intéressante serait qu'ils soutiennent de tels processus en tant qu'ils peuvent être analysés comme la réalisation d'inférences statistiques ; pour autant que nous sachions, les modèles connexionnistes ne sont que des machines analogues pour la computation de telles inférences. Dans la mesure où nous doutons qu'une grande partie du traitement cognitif consiste à analyser des relations statistiques, ceci constituerait une évaluation modeste des prospects d'une théorie connexionniste, en comparaison de ce que les connexionnistes ont eux-mêmes offert.

Il existe une alternative à l'idée empiriste selon laquelle tout apprentissage consiste en un genre d'inférence statistique réalisée en ajustant des paramètres ; il s'agit de l'idée rationaliste qui soutient qu'une partie de l'apprentissage est un genre de construction de théorie effectuée par la formulation d'hypothèses et l'évaluation empirique de celles-ci. Nous nous rappelons avoir examiné cet argument précédemment. Nous nous retrouvons devant une irritante impression de déjà vu.

JERRY A. FODOR ET ZENON W. PYLYSHYN

Traduit de l'anglais par Geneviève Choquette

---

1. Pour citer à nouveau D.E. Rumelhart et J.L. McClelland (1986), art. cit., p. 110.

DYNAMIQUE ET COGNITION

Qu'est-ce que la cognition? L'orthodoxie contemporaine soutient que c'est la computation: l'esprit est une espèce particulière d'ordinateur et les processus cognitifs sont des manipulations internes de représentations symboliques. Cette idée générale a dominé la philosophie et la rhétorique des sciences cognitives – et même, dans une large mesure, sa pratique – depuis que cette discipline a émergé du chaos cybernétique d'après-guerre. Elle a fourni le cadre conceptuel général de plusieurs des recherches les plus développées et les plus perspicaces portant sur la nature des opérations mentales. Toutefois, depuis au moins dix ans, la perspective computationnelle a perdu beaucoup de son éclat. Bien que le travail s'inspirant de cette perspective continue, nombre de difficultés et de limites sont devenues de plus en plus apparentes et, partout dans les sciences cognitives, les chercheurs sont en quête d'autres façons de comprendre la cognition. Par conséquent, on trouve maintenant sous l'égide des sciences cognitives plusieurs programmes de recherche qui, d'une manière ou d'une autre, s'opposent à l'approche computationnelle traditionnelle, parmi lesquels le connexionnisme, les approches neurocomputationnelles, la psychologie écologique, la robotique située et la vie artificielle.

Mais ressort-il de ces différents programmes une nouvelle conception de la nature de la cognition? De manière plus générale, y a-t-il réellement une option de rechange à l'explication de la cognition en termes de computation? L'un des arguments les plus convaincants en faveur de la conception computationnelle est ce qu'on a appelé l'argument du *de-quoi-d'autre-pourrait-il-s'agir?* Suivant les mots d'AllenNewell :

> Bien qu'il existe une petite chance que nous voyions émerger un nouveau paradigme pour l'esprit, cela me paraît peu probable. Au fond, il ne semble exister aucune option viable. Cette position n'est pas surprenante. On aboutit dans bien des sciences à un stade où il n'y a plus guère d'options de rechange aux théories accep-tées. Dans ce cas, toute l'activité scientifique intéressante s'inscrit dans la perspective principale. Il me semble que nous nous rapprochons passablement de cette situation en ce qui a trait à la théorie computationnelle de l'esprit. (Newell, « Are there Alternatives? », *Acting and Reflecting*, sous la dir. de W. Sieg, Dordrecht, Kluwer, 1990, p. 5 ; nous traduisons).

La thèse centrale de cet article consiste à dire qu'il existe en fait une option viable. Plutôt que des ordinateurs, peut-être les systèmes cognitifs sont-ils des systèmes *dynamiques;* plutôt que computation, peut-être les processus cognitifs sont-ils évolution d'espace des configurations dans ces systèmes d'une espèce très différente. Cette hypothèse, si elle est correcte, neutralise l'argu-ment du *de-quoi-d'autre-pourrait-il-s'agir?* et fait progresser le projet plus englobant qui consiste à évaluer les hypothèses rivales touchant la nature de la cognition. Notons que l'atteinte de ces objectifs n'exige pas que nous établissions la *vérité* de l'hypothèse dynamique. Elle exige simplement qu'on la décrive et la justifie suffisamment pour montrer qu'elle constitue bel et bien une conception rivale de la cognition suffisamment viable pour apparaître aujourd'hui comme une avenue de recherche sérieuse et fructueuse.

Une façon efficace de présenter la conception dynamique consiste à faire un détour un peu inhabituel en se penchant sur les débuts de la révolution industrielle en Angleterre, autour de 1788.

1. Le problème du régulateur

L'un des défis techniques décisifs qu'a dû relever la révolution industrielle était de trouver une source d'énergie fiable, continue et uniforme. Dans la seconde moitié du XVIIIe siècle, il s'agissait en l'occurrence de transformer l'action oscillante d'un piston à vapeur en un mouvement de rotation d'un volant. L'ingénieur écossais James Watt a accompli l'un des progrès techniques les plus importants de l'histoire lorsqu'il a élaboré et fait breveter un système d'engrenages pour machines à vapeur rotative. L'énergie-vapeur n'était dès lors plus limitée au pompage ; elle pouvait être appliquée à toute machinerie pouvant être actionnée par un volant. L'industrie du coton avait un besoin particulièrement pressant de remplacer ses chevaux et ses moulins à eau par ces nouvelles machines. Toutefois, un filage et un tissage de qualité requièrent une source d'énergie qui soit hautement uniforme, c'est-à-dire qu'il doit y avoir très peu ou pas de variation dans la vitesse de rotation du volant conducteur principal. Le problème est d'autant plus aigu que la vitesse d'un volant est affectée tant par la pression de la vapeur qui vient des chaudières que par le volume de charge total imposé à la machine ; or ceux-ci sont en perpétuelle fluctuation.

La manière de régulariser la vitesse du volant est assez claire. Dans le tuyau transmettant la vapeur de la chaudière au piston, il y a une soupape d'étranglement. La pression dans la chambre à piston et, donc, la vitesse de la roue peuvent donc être ajustées en tournant cette valve. Pour faire en sorte que la vitesse de la machine reste uniforme, la valve doit être tournée au bon moment et tout juste suffisamment pour compenser les modifications du volume de charge et de la pression dans la chaudière. Comment s'y prendre ? La solution la plus évidente consiste à employer un mécanicien qui tourne la valve au besoin. Toutefois, cette solution comporte plusieurs désavantages : les mécaniciens doivent être payés et ils sont souvent incapables de réagir avec la diligence voulue. La révolution industrielle se vit donc confrontée à un second défi technique : concevoir un dispositif qui puisse ajuster *automatiquement* la valve de manière à

maintenir constante la vitesse du volant en dépit des changements de volume de charge et de pression. Un tel dispositif est
connu sous le nom de régulateur.

Très souvent, la meilleure manière d'aborder les problèmes
de construction mécaniques difficiles est de subdiviser l'opération en sous-opérations plus simples et de poursuivre le processus de décomposition jusqu'à ce que quelqu'un voie comment
construire un appareil capable d'exécuter les diverses opérations
partielles. Dans le cas du régulateur, la décomposition
appropriée semble claire. La valve ne doit être ajustée que
lorsque le volant ne tourne pas à la bonne vitesse. Ainsi, la première sous-opération consiste à mesurer la vitesse du volant, la
seconde à calculer s'il existe un écart entre la vitesse désirée et la
vitesse effective. S'il n'y a pas d'écart, aucun ajustement n'est
requis, du moins pour le moment. S'il y a écart, le régulateur
doit alors déterminer quel doit être l'ajustement de la valve pour
amener le volant à la vitesse désirée. Cela dépendra, bien
entendu, de la pression-vapeur actuelle, et le régulateur automatique doit donc mesurer la pression-vapeur actuelle et ensuite
calculer l'ajustement de la valve. Finalement, la valve doit
effectivement être ajustée. Cette séquence générale de sous-
opérations doit être exécutée assez souvent pour maintenir la
vitesse du volant suffisamment proche de la vitesse désirée.

Un dispositif capable de résoudre le problème du régulateur
automatique devrait aussi être capable d'exécuter ces différentes
sous-opérations très souvent et dans l'ordre exact. On pourrait
donc le concevoir comme obéissant à l'algorithme suivant :

(1) Commencement :
    (a) mesurer la vitesse du volant ;
    (b) comparer la vitesse effective avec la vitesse désirée.

(2) S'il n'y a pas d'écart, retourner à l'étape (1) ; sinon :
    (a) mesurer la pression-vapeur actuelle ;
    (b) calculer l'ajustement de la pression-vapeur désiré ;
    (c) calculer l'ajustement nécessaire de la valve ;
    (d) ajuster la valve.

(3) Retourner à l'étape 1.

Il doit exister des dispositifs physiques capables d'exécuter chacune de ces sous-opérations. On peut concevoir que le régulateur automatique comprend un tachymètre (pour mesurer la vitesse du volant), un dispositif pour calculer l'écart entre les vitesses effective et désirée, un dispositif pour mesurer le niveau de pression-vapeur, un appareil pour calculer l'ajustement du papillon, un ajusteur pour le papillon et une espèce de dispositif central qui coordonne la séquence des opérations. Cette décomposition conceptuelle de l'opération de régulation pourrait même correspondre à sa composition effective, c'est-à-dire que chaque opération pourrait être exécutée par une composante physique distincte. Le problème de construction mécanique se réduirait donc à celui (vraisemblablement beaucoup plus simple) de construire les diverses composantes et de les connecter ensemble de manière à ce que le système entier fonctionne de manière cohérente.

Aussi évidente qu'elle puisse paraître aujourd'hui, ce n'est pas de cette manière que le problème du gouverneur automatique a été résolu. D'une part, cette solution exige des instruments capables d'effectuer promptement des calculs relativement complexes; d'autre part, elle exige des transducteurs pouvant transformer des conditions physiques en arguments symboliques sur lesquels on pourra effectuer les calculs, pour ensuite transformer de nouveau ces résultats en ajustements physiques. Remplir l'une et l'autre de ces conditions était toutefois bien au-delà de ce qu'il était possible de faire au XVIIIe siècle.

La solution que Watt a trouvée en s'inspirant de la technologie des moulins à vent de l'époque est beaucoup plus directe et élégante. Il s'agit d'un axe vertical monté sur le volant principal de telle sorte qu'il tourne à une vitesse directement dépendante de celle du volant lui-même (voir schéma 1). Reliés à l'axe par des charnières se trouvent deux bras, et à l'extrémité de chaque bras une boule de métal. Lorsque l'axe tourne, la force centrifuge pousse les bras vers l'extérieur et donc vers le haut. Par un arrangement ingénieux, ce mouvement des bras est lié directement à la valve. Il en résulte que lorsque la vitesse du volant principal augmente, les bras s'élèvent, refermant la valve et réduisant le débit de vapeur; lorsque la vitesse diminue, les bras tombent, ouvrant la valve et admettant un débit de vapeur accru. La machine adopte ainsi une vitesse constante et maintenue avec une diligence et une régularité extraordinaires bien que la pression et le volume de charge fluctuent considérablement.

Il vaut la peine d'insister sur la manière absolument remarquable dont le régulateur centrifuge exécute sa tâche. Ce dispositif n'était pas seulement l'un de ces expédients mécaniques dont on se servait faute de pouvoir recourir à la technologie informatique. En 1858, le *Scientific American* affirmait d'une variante américaine du régulateur centrifuge d'origine que « si son action n'est pas d'une absolue perfection, à notre avis, elle s'en approche suffisamment pour qu'on n'en désire pas davantage ».

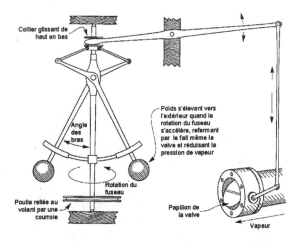

SCHÉMA 1 :
Le régulateur centrifuge de Watt dont la fonction
est de contrôler la vitesse d'un moteur à vapeur.
(Dessin adapté de Farey 1827).

Mais quel intérêt tout cela peut-il bien avoir pour la philosophie des sciences cognitives ? La réponse apparaîtra plus clairement si nous examinons de plus près certaines différences entre les deux types de régulateurs.

2. DEUX ESPÈCES DE RÉGULATEURS

La construction des deux régulateurs décrits dans la section précédente est manifestement différente. Toutefois, ils règlent tous deux le même problème et on peut tenir pour acquis (pour les fins de la discussion) qu'ils le règlent tous deux de manière adéquate. S'ensuit-il qu'ils appartiennent en fait à la même espèce de dispositifs en dépit des quelques différences dans leur construction ? Ou sont-ils plutôt profondément différents même si en apparence leur performance est similaire ?

Il est naturel de concevoir le premier régulateur comme un dispositif *computationnel*, c'est-à-dire comme un dispositif qui *calcule* des résultats – notamment l'ajustement voulu concernant l'angle de la valve. Un examen plus minutieux révèle qu'il y a en fait ici un ensemble complexe de propriétés qui agissent simultanément, ensemble qu'il peut être utile de diviser.

Peut-être la plus centrale des propriétés distinctives du régulateur computationnel est-elle sa dépendance envers les *représentations*. Comme on l'a souligné plus haut, chaque aspect de son opération transige d'une manière ou d'une autre avec des représentations. Il mesure d'abord son environnement (la machine) pour obtenir une représentation symbolique de la vitesse actuelle de la machine. Il exécute ensuite une série d'opérations sur cette représentation et sur d'autres, ce qui résulte en une représentation du rendement, soit la spécification symbolique de l'altération que doit subir la valve. Cette représentation finale fait ensuite en sorte que le mécanisme d'ajustement du papillon opère la modification correspondante.

C'est la raison pour laquelle on le dit à juste titre *computationnel* (dans un sens maintenant un peu plus étroit) : il calcule littéralement l'ajustement désiré de la valve en manipulant des symboles selon une séquence de règles. Dans le contexte du dispositif et de sa situation, ces symboles ont une signification, et le régulateur remplit correctement sa fonction du fait que la manipulation des symboles est en accord systématique avec ces significations. Les manipulations sont des opérations discrètes qui s'accomplissent nécessairement dans une *séquence* déterminée ; par exemple, l'ajustement adéquat de la valve ne peut être calculé qu'une fois calculé l'écart entre la vitesse actuelle et la vitesse désirée. Au niveau le plus élevé, le dispositif entier opère de manière *cyclique* : il mesure d'abord (ou « perçoit ») son environnement ; il calcule ensuite de façon interne l'ajustement de la valve ; il effectue enfin cet ajustement (il « agit » sur son environnement). Une fois la modification effectuée, le régulateur reprend le cycle encore et encore, inlassablement.

Notons enfin que le régulateur automatique est *homonculaire* dans sa construction. L'homoncularité est une forme particulière de décomposition d'un système en parties ou composantes où chacune n'est responsable que d'une partie de la tâche globale. Des composantes homonculaires, comme les départements ou comités dans les bureaucraties, interagissent en communiquant (c'est-à-dire en passant des messages doués de signification). Évidemment, la nature représentationnelle et computationnelle du régulateur est essentielle à sa composition homonculaire : si le système entier ne fonctionnait pas en manipulant des représentations, il ne serait pas possible à ses composantes d'interagir en communiquant.

Ces propriétés – représentation, computation, opération séquentielle et cyclique et homoncularité – forment un groupe interdépendant ; un dispositif possédant l'une possédera en général les autres. Or, le régulateur centrifuge de Watt ne possède pas cet agrégat de propriétés, non plus que l'une ou l'autre d'entre elles. Aussi évident qu'il puisse paraître, ce point mérite d'être discuté et justifié puisqu'il se heurte souvent à de la résistance. Il nous permettra en outre d'éclaircir quelques faits intéressants.

Une impression commune veut que l'angle que décrivent les bras du régulateur représente la vitesse actuelle de la machine et que c'est précisément parce que ces quantités sont ainsi reliées que le régulateur est capable de contrôler cette vitesse. Cette impression est toutefois trompeuse : le concept de représentation n'arrive pas à expliquer ce qui se passe ici. Les explications sérieuses du fonctionnement du régulateur – qu'elles viennent du manuel de mécanique de la seconde moitié du XIXe siècle en expliquant la contruction, de l'analyse dynamique de Maxwell (voir ci-dessous ou des traitements mathématiques contemporains) – ne reprennent jamais le discours représentationnel. Pourquoi ?

Le cœur du problème est le suivant : à tous moments, la vitesse de la machine influence l'angle des bras. Mais les bras sont directement reliés au papillon qui contrôle le débit de vapeur de la machine. Ainsi, l'angle des bras influence à tous moments la vitesse de la machine. Les quantités déterminent donc simultanément et réciproquement la forme de leur changement. Il n'y a rien de mystérieux dans cette relation ; elle se laisse facilement saisir par des descriptions mathématiques. Néanmoins, elle est beaucoup plus complexe et subtile que le concept commun de représentation, soit, de manière très rudimentaire, le concept de chose « tenant lieu » (*standing for*) d'une autre. Pour pouvoir décrire la relation entre l'angle des bras et la vitesse de la machine, nous avons besoin d'un cadre conceptuel *plus puissant* que ne l'est le discours qui porte sur les représentations. Ce cadre conceptuel est le langage mathématique de la dynamique ; or, dans ce langage, les deux quantités sont dites *couplées*. Ainsi, le véritable problème que soulève une description du régulateur comme dispositif représentationnel, c'est que la relation de représentation – où quelque chose tient lieu de quelque chose d'autre – est carrément trop *simple* pour rendre compte de l'interaction effective entre le régulateur centrifuge et la machine.

Si le régulateur centrifuge n'est pas représentationnel, alors il ne peut pas être computationnel, du moins pas au sens spécifique où il fonctionnerait par une manipulation de représentations symboliques gouvernée par des règles. Sa nature non computationnelle peut aussi être établie d'une autre manière. Non seulement il n'y a aucune représentation à manipuler, mais il n'y a pas non plus de manipulations distinctes qui puissent être

338   TIMOTHY VAN GELDER

considérées comme des opérations computationnelles – pas
d'étapes discontinues et identifiables au cours desquelles une
représentation pourrait être transformée en une autre. Au
contraire, le fonctionnement du système en entier est continu et
uniforme ; il n'est ni possible ni utile de décomposer de manière
non arbitraire les changements qui se produisent avec le temps en
manipulations distinctes. Il s'ensuit que les opérations du
régulateur centrifuge ne sont en rien *séquentielles* ni cycliques à
la manière du régulateur computationnel. Puisque la procédure
ne comporte pas d'étapes, il ne peut pas non plus y avoir de
séquence dans laquelle ces étapes seraient effectuées. Jamais une
opération ne doit être effectuée pour qu'une autre puisse l'être.
Par conséquent, le fonctionnement du régulateur n'a rien de
cyclique. Le dispositif possède, bien entendu, un « input » (là où
l'axe est relié à la machine) et un « output » (la connexion à la
valve). Mais le régulateur centrifuge ne suit pas une séquence
répétitive au cours de laquelle il prend d'abord une mesure,
calcule ensuite l'ajustement, effectue ensuite cet ajustement puis
prend une nouvelle mesure, et ainsi de suite. Au contraire, input,
activité interne et output se produisent continuellement et simultanément, de même qu'une radio produit de la musique tandis
que son antenne reçoit des signaux.

Le fait que le régulateur centrifuge ne soit ni séquentiel ni
cyclique indique une autre différence profonde entre les deux
espèces de régulateurs. En un sens profond, on peut dire que le
temps n'importe pas dans le fonctionnement du régulateur
computationnel. Bien entendu, dans la mesure où le dispositif doit
adéquatement contrôler la vitesse de la machine, ses opérations
doivent être *assez* rapides ; de plus, elles doivent se produire dans
le bon ordre. Cependant, au-delà de ces restrictions minimales,
rien ne dicte *quand* chacune des opérations internes doit se produire, *pendant combien de temps* elles doivent être exécutées ou
combien de temps doit s'écouler entre chacune d'elles. Seules des
considérations pragmatiques relatives à l'exécution importent :
quels algorithmes doit-on utiliser ?, quels instruments utiliser
pour effectuer ces algorithmes ?, et ainsi de suite. La synchroni-

sation des opérations internes est donc essentiellement arbitraire par rapport au cours plus englobant des événements. C'est un peu comme si le volant disait au système de régulation automatique : « Va trouver quel doit être l'ajustement de la valve pour que je continue à tourner à une vitesse de 100 tours/minute. Peu m'importe la façon dont tu y parviens, le nombre d'étapes que cela requiert ou le temps qu'il te faut pour exécuter chaque étape, pourvu que tu me fasses rapport dans (disons) 10 minutes ».

Dans le cas du régulateur centrifuge, au contraire, tout est contraint par le temps. Il n'y a aucun événement dont la synchronisation, la vélocité ou l'accélération soit arbitraire relativement au fonctionnement de la machine. Tout comportement du régulateur centrifuge se produit à l'intérieur du même cadre temporel réel que la vitesse et le changement de vitesse du volant. On peut résumer ce point de la manière suivante : le profil *temporel* des deux espèces de régulateurs diffère fondamentalement : la temporalité du régulateur centrifuge est essentiellement celle de la machine elle-même.

Enfin, il va sans dire que le régulateur centrifuge n'est pas un système homonculaire. Il possède des parties, soit, et son comportement global est le résultat direct de leur interaction organisée. La différence tient au fait que ces parties ne sont pas des modules interagissant en communiquant ; elles ne sont pas comme des agents bureaucratiques qui se transmettent des représentations pendant que le système accomplit la tâche globale.

3. CADRES CONCEPTUELS

Dans la section précédente, j'ai défendu l'idée que les différences essentielles entre les deux régulateurs sont beaucoup plus profondes que leurs différences manifestes de construction mécanique. Il n'est donc pas surprenant que ces différences essentielles se reflètent dans l'appareillage conceptuel nécessaire pour comprendre leur fonctionnement. Autrement dit, pour comprendre comment chacun fonctionne *comme régulateur* – comment chacun parvient à contrôler son environnement –, chaque type de régulateurs requiert un cadre conceptuel bien particulier.

Dans le cas du régulateur computationnel, tous les détails pertinents de son comportement sont saisis par un algorithme, et le cadre conceptuel général que nous produisons suit la tendance générale en sciences informatiques. Les informaticiens s'intéressent en général à ce qui peut être accompli en enfilant un ensemble d'opérations fondamentales dans l'ordre approprié, qu'il s'agisse pour eux de déterminer la meilleure façon d'enfiler les opérations pour accomplir un but particulier (programmation, théorie des algorithmes), ou ce que l'on peut en principe accomplir ainsi (théorie computationnelle). On conçoit ainsi le régulateur computationnel comme un dispositif capable d'exécuter un ensemble d'opérations fondamentales (mesurer, soustraire, et ainsi de suite) et dont le comportement sophistiqué résulte uniquement de la séquence complexe de ces opérations fondamentales. Notons que les éléments du régulateur (les étapes fondamentales de traitement effectuées) sont en correspondance directe avec les éléments de l'algorithme décrivant son fonctionnement (les instructions fondamentales).

Le régulateur centrifuge de Watt, par contre, ne peut nullement être compris de cette manière. Il ne se prête en rien à un algorithme. Plutôt, on a toujours utilisé un appareillage conceptuel très différent. Les termes dans lesquels nous l'avons décrit plus haut et dans lesquels il a effectivement été décrit par Watt et ses pairs sont clairement mécaniques : rotation, fuseau, leviers, déplacements, forces. Au siècle dernier, des descriptions plus précises et plus puissantes ont vu le jour, mais ces dernières n'ont rien à voir non plus avec l'informatique. En 1868, le physicien James Clerk Maxwell a innové en mettant les ressources mathématiques de la *dynamique* au service des dispositifs de régulation [1]. Depuis, l'approche générale qu'il a instaurée constitue la norme. Bien qu'elle soit connue des physiciens et des ingénieurs, elle l'est moins des chercheurs en sciences cognitives et des philosophes de l'esprit, et il vaut donc la peine de la décrire en détail.

L'élément essentiel du comportement du régulateur est l'angle que décrivent les bras, car c'est cet angle qui détermine à

1. « On Governors », *Proceedings of the Royal Society*, 16, p. 270-283.

quel point la valve s'ouvre ou se ferme. Pour comprendre le comportement du régulateur, on doit ainsi comprendre les principes de base qui gouvernent la variation de l'angle des bras en fonction du temps. Évidemment, l'angle des bras dépend de la vitesse de la machine; il faut donc comprendre que la variation de l'angle des bras est fonction de la vitesse de la machine. Si on suppose pour l'instant que le régulateur n'est pas connecté à la valve, alors ce changement est donné par l'équation différentielle suivante :

$$\frac{d^2\theta}{dt^2} = (n\omega)^2 \cos\theta \sin\theta - \frac{g}{l}\sin\theta - r\frac{d\theta}{dt}$$

où θ est l'angle des bras, n une constante d'engrenage, ω la vitesse de la machine, g une constante pour la gravité, l la longueur des bras et r une constante de friction aux charnières[1]. Cette équation différentielle non linéaire de second ordre nous donne l'accélération instantanée des bras comme fonction de l'angle actuel des bras (désigné par la *variable d'état* θ), de la vitesse actuelle du changement dans l'angle des bras (la dérivée de θ à l'égard du temps, $d\theta/dt$) et de la vitesse actuelle de la machine (ω). Autrement dit, l'équation nous dit quel changement connaît l'angle des bras selon l'angle actuel des bras, la manière dont il est déjà en train de changer et la vitesse de la machine. Notons que dans le système défini par cette équation, seul l'angle des bras, θ (et ses dérivées), varie avec le temps. Les autres quantités (ω, n, g, l et r) sont présumées fixes et sont appelées *paramètres*. La valeur particulière des paramètres détermine la forme précise du changement que connaît θ. Pour cette raison, on dit que le réglage des paramètres fixe la *dynamique* du système.

Cette équation différentielle est parfaitement générale et très concise : c'est une façon de décrire le comportement du régulateur pour tout angle et pour toute vitesse de la machine. Cette généralité et cette concision ont toutefois un prix. S'il s'avère qu'on connaît la vitesse actuelle de l'angle des bras, la vitesse de

1. Edward Beltrami (1987), *Mathematics for Dynamical Modeling*, Boston, Academic Press, p. 163.

son changement et la vitesse de la machine, tout ce qu'on peut tirer de cette équation est l'accélération instantanée courante. Si on désire savoir quel sera l'angle des bras dans une demi-seconde, par exemple, on doit trouver une *solution* à l'équation générale, c'est-à-dire l'équation qui nous dira quelle valeur prend θ en fonction du temps. Il existe évidemment de nombreuses solutions correspondant aux différentes trajectoires comportementales que le régulateur peut manifester, mais ces solutions ont souvent en commun d'importantes propriétés générales. Ainsi, tant que les paramètres n'excèdent pas certaines limites, les bras aboutiront toujours, éventuellement, à un angle d'équilibre particulier selon la vitesse de cette machine; cet angle est connu sous le nom d'attracteur-point.

Jusqu'à maintenant, j'ai parlé du régulateur sans prendre en considération ses effets sur la machine et donc, indirectement, sur lui-même. Ici, la situation se complique un peu, mais les mêmes ressources mathématiques s'appliquent. Supposons que nous concevions la machine à vapeur elle-même comme un système dynamique gouverné par un ensemble d'équations différentielles dont l'une nous donne une dérivée de la vitesse de la machine en fonction de sa vitesse actuelle et d'un certain nombre d'autres variables et paramètres :

$$\frac{d^n \omega}{dt^n} = F(\omega,..., \tau,...)$$

Un de ces paramètres est la position actuelle de la valve, τ, laquelle dépend directement de l'angle des bras du régulateur, θ. On peut donc concevoir comme un paramètre de la machine, de la même manière que la vitesse de la machine ω est un paramètre du régulateur. (Ou encore, on peut concevoir le régulateur et le machine à vapeur comme formant un seul système dynamique au sein duquel l'angle des bras et la vitesse de la machine sont tous les deux des *variables d'états*). Cette relation de couplage est particulièrement intéressante et subtile. Un changement dans l'un des paramètres du système dynamique change sa dynamique totale (c'est-à-dire la manière dont change la valeur de ses variables d'état en fonction de leurs valeurs actuelles, à travers le domaine de leurs valeurs possibles). Ainsi, tout changement de la vitesse de la machine, si minime soit-il, ne modifie pas directement l'état du régulateur mais bien plutôt la manière dont l'état du régulateur change, et toute modification de l'angle des bras ne modifie pas directement la vitesse de la machine, mais la manière dont la vitesse de la machine change. Encore une fois, néanmoins, le système entier (la machine et le régulateur, couplés l'un à l'autre) se stabilise rapidement en atteignant un attracteur-point, c'est-à-dire que la vitesse de la machine et l'angle des bras demeurent constants, ce qui est précisément ce qu'on souhaitait. En fait, ce que ce système a de remarquable c'est que, dans une grande variété de conditions, il se stabilise toujours rapidement dans des états où la machine fonctionne à une vitesse particulière.

Dans cette discussion, deux ensembles de ressources conceptuelles générales et étroitement liés ont été (de manière très modeste) mises en jeu. La première est la *modélisation dynamique,* cette branche des mathématiques appliquées cherchant à décrire les changements dans des systèmes réels en décrivant numériquement les états d'un système et en formulant par la suite des équations saisissant la variation de ces états numériques en fonction du temps. On a également fait appel à la *théorie des systèmes dynamiques*, soit l'étude générale des systèmes dynamiques considérés comme des structures mathématiques abstraites. *Grosso modo*, la modélisation dynamique tente de comprendre les phénomènes naturels comme le comportement de réalisations dans le monde réel de systèmes dynamiques abstraits, tandis que la théorie des systèmes dynamiques étudie les systèmes abstraits eux-mêmes. Il n'y a pas de distinction très nette entre ces deux ensembles de ressources, et pour nos fins, elles peuvent être mises ensemble sous le titre général de *dynamique.*

4. QUELLES MORALES TIRER

De cette discussion du problème, les sciences cognitives pourraient tirer plusieurs leçons intimement liées. Premièrement, plusieurs espèces de systèmes distincts, de nature fondamen-

344 TIMOTHY VAN GELDER

talement différente et exigeant, pour leur compréhension, des instruments conceptuels tout à fait distincts, peuvent exécuter des opérations sophistiquées – y compris l'interaction avec un environnement changeant – ce qui peut sembler exiger initialement que le système ait une connaissance de son environnement et raisonne sur cette base. Deuxièmement, notre impression, dans un cas donné, qu'une opération cognitive spécifique *doit* être *exécutée* par un système (génériquement) computationnel *peut* dépendre de préconceptions trompeuses mais irrésistibles touchant la façon dont doivent fonctionner les systèmes exécutant des tâches complexes. Il est possible que la forme en gros computationnelle des modèles cognitifs prévalents ne résulte pas tant de la nature de la cognition elle-même que de l'appareillage conceptuel que les chercheurs en sciences cognitives utilisent pour l'étude de la cognition. Troisièmement, il se peut que les systèmes cognitifs soient des systèmes dynamiques. Autrement dit, peut-être est-il davantage pertinent de comparer les systèmes cognitifs au régulateur centrifuge qu'au régulateur computationnel ou à cet archétype fameux de la catégorie générale des systèmes computationnels, la machine de Turing.

Dans ce qui suit, cette troisième suggestion sera développée en une conception spécifiquement dynamique de la cognition à partir d'une explication de la notion clé de *système dynamique*. Un exemple illustrera ensuite comment même des performances cognitives de « haut niveau » peuvent être comprises en des termes entièrement dynamiques. La dernière section défendra brièvement la viabilité de la conception dynamique comme programme de recherche pour les sciences cognitives contemporaines.

5. TROIS ESPÈCES DE SYSTÈMES

Que sont les systèmes dynamiques? En quoi sont-ils différents non seulement des ordinateurs mais aussi des réseaux connexionnistes, à ce jour le principal concurrent des modèles computationnels en sciences cognitives?

Commençons avec le concept de *système*. Le terme « système » est souvent employé d'une manière plutôt vague pour désigner à peu près n'importe quelle chose complexe dont nous désirons parler (par exemple un système de pari à la roulette). Toutefois, pour nos fins immédiates, un système est mieux défini comme un ensemble de *variables* (choses, aspects, propriétés, etc.) qui changent avec le temps, de sorte que les *modifications* que subit une variable à un moment donné dépendent des *états* des autres variables du système au même moment. Pris ensemble, les états de toutes les variables constituent l'état du système en entier. Les systèmes peuvent aussi être influencés par des facteurs externes, lesquels sont habituellement appelés *paramètres* lorsqu'ils sont relativement fixes et influencent seulement la manière dont les variables interagissent ; ils sont appelés *inputs* lorsqu'ils sont occasionnels et déterminent directement les états actuels de certaines variables.

On peut classer les systèmes de différentes manières. Les classifications les plus utiles ne sont ni trop larges, ni trop étroites. Par exemple, on décrit parfois les ordinateurs comme des systèmes qui *calculent*, les systèmes dynamiques comme des systèmes qui *changent* et les réseaux connexionnistes tout simplement comme une variété de systèmes dynamiques. Toutefois, des définitions aussi larges atténuent les contrastes les plus importants pour comprendre ce qui se passe au sein des sciences cognitives. Dans ce qui suit, nous adopterons comme guide des spécifications informelles, mais plus restrictives : les ordinateurs sont des *manipulateurs de symboles*, les systèmes dynamiques des *ensembles de grandeurs couplées* et les systèmes connexionnistes des *réseaux d'unités neuronales*. On peut formuler la différence entre ces idées en se concentrant sur quatre points : le type de variables impliquées, la façon dont les états changent, les instruments qui servent à décrire les changements et les propriétés plus générales qui assurent à chaque type de systèmes son caractère distinctif (voir tableau 1).

	Systèmes computationnels	Systèmes dynamiques	Systèmes connexionnistes
Description informelle	Manipulateurs de symboles	Ensembles de grandeurs couplées	Réseaux d'unités neuronales
Exemples classiques	Machine de Turing ; machine LISP	Système solaire ; régulateur de Watt	Perceptron ; réseau de Hopfield
Types de variables	Digitales, souvent syntaxiques	Quantitatives – états et taux	Quantitatives – Niveaux d'activation
Changements d'état	Par étapes discontinues (séquentielles)	Interdépendants en temps réel	Interaction propagée
Outils descriptifs	Règles de transition (« programmes »)	Équations différentielles	Équation à sommes pondérées
Caractère général	Interprétables comme des représentations	Couplées – aussi avec l'environnement	Homogènes et à haute dimension

TABLEAU 1
Différences entre les types de systèmes

Ainsi, les ordinateurs (au sens pertinent) ont toujours des variables digitales[1]. Pour qu'une variable soit digitale, il doit exister un ensemble de valeurs discontinues, telle que pour tout moment donné, la variable prend sans équivoque l'une ou l'autre de ces valeurs. Ainsi, dans un ordinateur électronique ordinaire, une position en mémoire (bit) est soit active (*on*), soit inactive (*off*); la tige d'un boulier compte un nombre défini de boules à chaque bout; la case du ruban d'une machine de Turing est soit vide, soit occupé par un « 1 »; et ainsi de suite. Par contraste, les variables dans un système dynamique ne sont pas essentiellement digitales (ou non); il importe surtout qu'il s'agisse de *choses quantifiables*, c'est-à-dire de variables pour lesquelles il est sensé parler de *quantités* ou de *distance*[2] entre leurs valeurs. Les quantités et distances se prêtent à la mesure, c'est-à-dire qu'elles se prêtent à l'usage d'un «étalon» pour assigner systématiquement des nombres aux valeurs et différences. Ainsi, la hauteur d'un objet qui tombe peut être mesurée en mètres, et la distance entre deux hauteurs quelconques peut être déterminée par soustraction pour donner la distance de la chute. En revanche, dans le cas des ordinateurs, il y a une *différence* critique mais pas de *distance* pertinente entre les valeurs d'une variable (comme *être vide* par opposition à *être occupée par un « 1 »*). Puisque les variables dans un système dynamique sont des choses quantifiables, un simple recours aux mathématiques permet de parler de distance entre états entiers. Ainsi, l'*ensemble* des états d'un

---

1. J'utilise ici le terme «ordinateur» précisément pour désigner des ordinateurs digitaux plutôt que la classe plus vaste qui inclut les soi-disant «ordinateurs analogiques». C'est cette notion plus étroite qui est au cœur de la conception computationnelle de la cognition prévalente.

2. Mathématiquement, on saisit la distance par une métrique – une fonction traçant une correspondance entre des paires de valeurs d'une variable et des nombres réels d'une manière qui satisfait certaines restrictions usuelles. Toute quantité, en tant que telle, sera associée à une métrique non triviale. (Un exemple de métrique triviale serait la métrique «identique/différent», fonction qui retourne 1 si deux valeurs sont différentes et 0 si elles sont identiques. Appliquée à des séquences, cette métrique est connue sous le nom de «distance de Hamming». Il s'agit d'une fonction qui peut être utile pour certaines fins, mais elle n'est pas une métrique au sens pertinent ici).

système dynamique est, en un sens intéressant, un *espace* au sein duquel tout état est une *position* et tout comportement une *trajectoire*. Ces dernières notions ouvrent la voie à d'autres notions dynamiques puissantes et importantes, telles que *attracteur*, *bifurcation*, *stabilité* et *équilibre*.

Les réseaux connexionnistes ont des choses quantifiables pour variables et diffèrent donc aussi des ordinateurs à cet égard. En quoi diffèrent-ils des systèmes dynamiques? Un trait essentiel des réseaux connexionnistes consiste en ceci que leurs variables sont modelées, de manière très générique, sur les neurones biologiques; par conséquent, ils présentent une forme distinctivement « neurologique » du changement interactif. Chaque variable possède un certain *niveau d'activité* (sa valeur) et peut être influencée par certains sous-ensembles d'autres variables. Cette influence, que l'on conçoit comme circulant ou se propageant le long d'une « connexion », est modulée par un paramètre qu'on appelle *poids*. Les modifications subies par les valeurs d'activité des unités dans un réseau connexionniste sont spécifiées par une fonction simple (habituellement une simple sommation) des activités pondérées de toutes les unités ayant une influence sur elle[1].

Cela dit, les conditions des systèmes dynamiques *peuvent* se modifier de manière neurologique, mais pas nécessairement (pensons au régulateur centrifuge, qui n'a ni connexion, ni poids). C'est plutôt une exigence orthogonale qui fait qu'un changement est *dynamique* au sens fort du terme : celui-ci survient en temps réel. Qu'est-ce que cela veut dire?

En un sens, évidemment, tout système qui se modifie le fait « avec » le temps. Mais considérons une machine de Turing abstraite, entité mathématique se situant hors du temps présent et des événements quotidiens. Cette machine possède des états et « se modifie » d'un état à un autre. Cependant, on ne saurait dire qu'elle *passe* du temps dans un état quelconque ou qu'elle *met* du temps à se modifier. Le « temps » n'est ici rien d'autre qu'une

---

1. De là l'omniprésence du terme « sigma » (Σ) dans les équations connexionnistes.

série ordonnée de points discontinus $(t_1, t_2, \ldots)$. Ces points n'ont pas de *durée;* rien ne *s'écoule*. Les nombres entiers sont une façon commode d'indexer ces points temporels, puisque les nombres entiers ont un ordre qui nous est familier. Mais leur emploi peut être trompeur puisqu'il suggère faussement que des quantités de temps sont impliquées. Abstraction faite de considérations d'ordre pratique, on pourrait tout aussi bien employer des noms propres, en ordre alphabétique, pour indexer les points temporels.

Or, le temps *réel* (présent, quotidien, mondain) possède deux propriétés qui manquent aux simples séquences. Premièrement, le temps réel est au moins dense (entre deux points temporels quelconques, il y en a un autre); deuxièmement, le temps réel est une chose quantifiable (il y a des quantités de temps et des distances entre des moments distincts). Ces deux propriétés donnent naissance à un sens distinctif dans lequel un processus peut survenir *dans* le temps (réel ou autre). À tout point temporel, le système doit être dans un état ou un autre; par conséquent, si le temps est dense, les états du système et leurs modifications doivent eux-mêmes être ordonnés densément dans le temps. Un système qui est temporel en ce sens peut se modifier constamment. De plus, quand le temps est une chose quantifiable, il est possible de décrire les événements se produisant dans le système en termes de quantité de temps; on peut par exemple parler du temps qu'ils mettent à se dérouler et (si les variables sont des choses quantifiables) du *taux* de changement. Ce dernier fait est particulièrement important. Car si le temps et les variables du système sont continus, on peut parler de taux de changement instantané, d'accélération, et ainsi de suite, et donc de systèmes où le taux de changement dépend des états actuels, et même des *taux de changement actuels*, des variables du système (par exemple le système solaire et le régulateur centrifuge). Pour décrire de tels systèmes, il nous faut des instruments mathématiques capables d'établir le lien entre les taux de changement de certaines variables et ces variables elles-mêmes, c'est-à-dire que nous avons besoin d'équations différentielles.

Mais, dans *tout* système réel – y compris les ordinateurs –, une modification ne survient-elle pas en temps réel, et donc *avec le temps* au sens pertinent? Oui et non. Prenons la théorie classique de la computation et de la complexité, soit l'étude des capacités des ordinateurs en tant que tels. Cette théorie repose sur l'idée que les questions de synchronisation ne sont pas pertinentes; le temps se mesure simplement en étapes ou opérations. Mais la théorie se transpose entièrement aux ordinateurs physiques et concrets tels que mon Macintosh. C'est dire que pour comprendre le comportement de l'ordinateur usuel *en tant qu'ordinateur*, on peut faire abstraction de la nature quantitative et dense du temps réel. De ce point de vue, les ordinateurs n'évoluent avec le temps que de manière accidentelle; changer les détails de synchronisation n'influerait en rien leurs calculs. Par contre, personne ne pourra jamais comprendre le comportement du système solaire s'il ignore comment ses composantes se synchronisent. C'est là l'une des différences les plus importantes entre les ordinateurs et les systèmes authentiquement *dynamiques*, au sens où nous employons ce terme[1].

Que peut-on dire de plus positif au sujet des changements d'états dans un ordinateur? Eh bien, les variables sont digitales et, par conséquent, toute modification doit se faire d'un état digital à un autre. Cela implique que les transitions sont essentiellement discontinues: il n'existe pas de temps théoriquement pertinent entre un moment quelconque et le suivant, et il n'existe pas non plus d'état théoriquement pertinent entre un état quelconque et le suivant. Ces propriétés se reflètent dans la nature des règles qui décrivent le comportement des ordinateurs. Ces règles («programmes») spécifient toujours quel sera le *prochain* état,

---

1. Le domaine général de la théorie des systèmes dynamiques porte sur plusieurs systèmes définis en termes de cartes discontinues. Certains d'entre eux ne sont que des versions discontinues de systèmes continus qui évoluent avec le temps, au sens pur et dur du terme. Toutefois, ce n'est pas le cas de tous (dont certains systèmes manifestant un comportement chaotique). Ces systèmes ne sont dynamiques que dans un sens plus large que celui employé ici. Ils comportent des similarités intéressantes tant avec les systèmes dynamiques qu'avec les ordinateurs.

habituellement en spécifiant une opération discontinue qui transforme l'état courant en l'état suivant. De plus, ces règles sont toujours exprimées en termes de propriétés digitales des variables : par exemple, passer d'une case *vide* à une case *occupée par un « 1 »*.

Jusqu'à maintenant, les ordinateurs ont été décrits selon la nature de leurs variables, la modification de leurs états et la manière dont ces modifications d'états sont spécifiées – en fait, comme des *systèmes formels automatiques*[1]. Pourtant, rien ne saurait être un ordinateur, dans le sens qui nous occupe, sans computation. En termes très généraux, la computation requiert un ordinateur, un domaine externe et une correspondance systématique entre les deux telle que les états et transitions de l'ordinateur *soient sensées* par rapport au domaine. En d'autres termes, les ordinateurs sont des systèmes formels automatiques dont la structure entretient une correspondance et sensée à un domaine quelconque (tel que l'arithmétique, le baseball ou ce que l'on voudra). Notons que la nature digitale des ordinateurs soutient en général un type plus précis de computation, notamment celle où le domaine lui-même possède une structure distincte et bien ordonnée. Les états pertinents du système sont des configurations structurées d'occurrences interprétables comme des *représentations symboliques* du domaine, et qui dit modifications d'état dit *inférences* d'une représentation symbolique à une autre.

Or, il est clair qu'il n'est pas nécessaire qu'un système dynamique soit interprétable de manière systématique et sensée à l'égard d'un certain domaine externe. Les astrologues auront beau faire, il n'existe pas de bonne interprétation du mouvement des planètes qui renvoie à quelque autre domaine. Mais cela ne veut pas dire que les systèmes dynamiques ne peuvent être interprétés ; ils le peuvent parfois, ce qui peut nous permettre de les comprendre comme manifestant des fonctions cognitives. Mais, le cas échéant, l'interprétation est toujours postérieure au

---

1. Voir John Haugeland (1985), *Artificial Intelligence. The Very Idea*, Cambridge, Mass., MIT Press.

fait ; elle ne fait pas partie du système dynamique en tant que tel. Un système est dynamique en vertu d'*autres* propriétés. On a déjà traité de la nature de leurs variables et de leurs changements d'états, mais – comme pour les ordinateurs – l'histoire ne se termine pas là. Le cachet propre aux systèmes dynamiques tient beaucoup à l'idée de *couplage*. Comme nous l'avons expliqué plus haut, deux variables sont couplées lorsque la façon dont l'une *change* à un moment donné dépend directement de l'état de l'autre à ce moment, de ce que l'autre *est* à ce moment. En d'autres termes, des variables couplées co-évoluent simultanément et de façon interdépendante, comme l'angle des bras et la vitesse de la machine dans le cas du régulateur centrifuge. Des systèmes authentiquement dynamiques manifestent un degré élevé de couplage ; chaque variable est en changement constant et, directement ou indirectement, toute paire de variables détermine mutuellement la forme que prendra leur modification respective. Dans le système solaire, par exemple, la position et la vitesse de tout corps doté d'une masse changent perpétuellement, et chaque variable influence toutes les autres.

Dans un ordinateur, par contre, la plupart des variables à chaque étape demeurent inchangées, et les changements qui s'opèrent sont influencés tout au plus par quelques autres valeurs. Il est intéressant de noter qu'il s'agit là aussi d'un point d'opposition entre les réseaux connexionnistes et les systèmes dynamiques. Certains réseaux (par exemple les réseaux entièrement récurrents) sont dynamiques dans le sens où nous l'entendons, mais d'autres – tels que les omniprésents réseaux *feed-forward* à trois couches (perceptrons généralisés) – ne présentent aucun couplage[1]. Outre les interactions en gros neurologiques, les réseaux connexionnistes se distinguent par le fait qu'ils sont typiquement homogènes et de très haute dimensionnalité. La première propriété consiste en ceci que toutes les variables changent essentiellement de la même

---

1. La présence d'une connexion entre deux unités n'est pas suffisante pour qu'il y ait couplage au sens propre. Un couplage authentique requiert une connexion bidirectionnelle et une mise à jour simultanée.

manière; la seconde consiste en rien de plus que d'avoir un nombre de variables relativement élevé[1]. Les descriptions mathématiques habituelles des réseaux connexionnistes n'impliquent qu'un seul schéma d'équation avec des indices pour variables et paramètres; l'homogénéité rend possible cette forme de description, la dimensionnalité élevée la rend nécessaire.

Ceci complète notre brève exploration des ordinateurs, systèmes dynamiques et réseaux connexionnistes comme catégories de systèmes. Deux points sont à noter avant de continuer. Premièrement, notre objectif était de saisir l'idée principale pour chaque cas plutôt que de donner un ensemble de conditions qui fournissent des frontières précises, rigides et mutuellement exclusives. Deuxièmement, il existe plusieurs conceptions des ordinateurs, des systèmes dynamiques, etc., et chacune peut être utile selon les besoins. Celles que nous avons offertes ici n'ont pas la prétention d'être meilleures ou plus adéquates en général mais, au mieux, plus utiles pour la philosophie des sciences cognitives.

6. TROIS CONCEPTIONS DE LA COGNITION

Essentiellement, la conception dynamique de la cognition est l'idée que les systèmes cognitifs sont des systèmes dynamiques et que la cognition est le comportement de tels systèmes. Les distinctions que nous avons tirées dans la section précédente peuvent être maintenant combinées à notre discussion du régulateur pour donner plus de chair à cette idée. Il appert que les conceptions dynamique et computationnelle de la cognition engagent chacune à un ensemble d'assertions mutuellement compatibles et se contraignant mutuellement organisées sur trois niveaux. Dans chaque cas, le cœur de la conception est une hypothèse empirique spécifique touchant le type de systèmes que constituent les systèmes cognitifs naturels. À ce noyau s'ajoutent

---

1. Relativement à quoi? Il y a différentes manières de comprendre cette question, mais dans le cas des systèmes non linéaires, dire qu'il y en a un « grand nombre » signifie en gros qu'il y en a tellement qu'il est difficile de comprendre le comportement du système.

deux postulats supplémentaires, l'un concernant les propriétés de « niveau cognitif » des systèmes cognitifs, l'autre l'appareillage conceptuel approprié pour l'étude de la cognition. Ainsi, les conceptions dynamique et computationnelle constituent toutes deux une vision richement nuancée de la nature de la cognition.

Selon la conception computationnelle, les systèmes cognitifs sont des ordinateurs (des systèmes digitaux, interprétables et gouvernés par des règles) possédant une structure interne modulaire ; ils interagissent avec leur environnement selon un procédé cyclique qui débute avec la production de représentations symboliques via des transducteurs d'inputs, et ce en réponse à l'environnement, se poursuit par une computation séquentielle interne sur les structures symboliques et se termine lorsque les transducteurs d'outputs affectent l'environnement en réponse aux spécifications symboliques. Chaque opération interne est spécifiée de manière algorithmique et se produit dans le cadre temporel arbitraire du système ; le processus complet peut être considéré indépendamment du corps et de l'environnement sauf dans la mesure où ceux-ci livrent occasionnellement des inputs et reçoivent des outputs. Puisque le système cognitif est un ordinateur fonctionnant par transformations séquentielles de représentations symboliques, la manière la plus éclairante de le décrire consiste à recourir à l'appareil conceptuel des sciences informatiques. Bref, le modèle computationnel conçoit les gens comme des régulateurs computationnels à grande échelle.

Cette conception s'oppose à tous points de vue au modèle dynamique, qui veut que les gens ressemblent davantage au régulateur *centrifuge*. Les systèmes cognitifs sont considérés comme des ensembles de quantités couplées qui évoluent en temps réel. Ces quantités peuvent être des caractères « cognitifs » abstraits (voir l'exemple ci-dessous) ou des aspects du corps ou de l'environnement. Au niveau supérieur, les systèmes cognitifs sont conçus comme des complexes de *changements* en train de se dérouler, continus et mutuellement contraignants. Le mode d'interaction fondamental avec l'environnement ne consiste pas à le représenter ni même à échanger avec lui des inputs et des outputs ; la relation à l'environnement est mieux saisie au contraire par la notion de couplage. Bien entendu, dans certains cas sophistiqués, la cognition peut impliquer des représentations et des processus séquentiels, mais il vaut mieux concevoir ces phénomènes comme émergeant sur un fond dynamique que comme constituant le niveau fondamental de la performance cognitive. En tant que complexes de changements en train de se dérouler et continus, il est plus juste de concevoir les systèmes cognitifs au moyen de l'appareillage qui a permis à la science de comprendre les processus de ce type : la modélisation dynamique et la théorie des systèmes dynamiques.

Quelle est la place du connexionnisme dans tout cela ? Étrangement, entre les deux. Certains réseaux connexionnistes sont entièrement dynamiques ; d'autres, par contre, tels que les réseaux *feed-forward* en couche, sont configurés de manière à se comporter à la manière cyclique et séquentielle des systèmes computationnels. Il n'est donc pas surprenant que les connexionnistes empruntent parfois aux sciences informatiques, parfois à la dynamique, et parfois aussi à d'autres domaines, tels que la statistique, lorsqu'ils cherchent à comprendre leurs systèmes. Parfois, les réseaux connexionnistes transforment des représentations statiques d'inputs en représentations statiques d'outputs ; en d'autres occasions, ils s'installent dynamiquement dans des attracteurs, bifurquent, et ainsi de suite. Bref, le connexionnisme est à mi-chemin entre deux conceptions de la cognition dont chacune a une plus grande cohérence théorique lorsque considérée en elle-même. Bien entendu, il pourrait s'avérer que la compréhension de la nature de la cognition nécessite effectivement un mélange éclectique d'éléments en provenance de plusieurs cadres conceptuels. D'autre part, il est aussi possible que le connexionnisme soit un mixte instable, rien de plus qu'une phase temporaire et transitoire, dans l'étude de la cognition, menant d'une approche de type computationnel à une approche de type dynamique.

7. EXEMPLE DE RECHERCHE DYNAMIQUE

À ce stade, un exemple peut nous aider à appréhender un peu plus intuitivement comment l'approche dynamique, que nous venons de décrire en des termes très abstraits, peut nous aider à comprendre la nature de la cognition. Considérons le processus par lequel nous prenons une décision parmi diverses options, chacune ayant des avantages et des inconvénients. Voilà bien une opération cognitive de haut niveau, s'il en est. Les psychologues ont étudié maintes fois la manière dont les gens effectuent des choix, et ils ont produit presque autant de modèles mathématiques pour décrire et expliquer ce comportement. L'approche dominante en modélisation provient de la théorie classique de l'utilité attendue et de la théorie de la décision statistique, telle que développée à l'origine par von Neumann et Morgenstern[1]. L'idée de base est qu'un agent prend une décision en sélectionnant l'option qui possède la plus grande utilité attendue, laquelle est calculée en combinant une certaine mesure formelle de l'utilité de chaque résultat possible avec la probabilité de réalisation de ce résultat s'il choisit cette option. D'un point de vue mathématique, le travail effectué dans ce cadre est en grande partie élégant, et il fournit une explication utile des stratégies de raisonnement optimal. Toutefois, en tant qu'explication des décisions que prennent effectivement des personnes, la théorie classique de l'utilité présente de graves imperfections ; les sujets humains s'écartent d'habitude de ses recommandations, et de diverses façons. Pour cette raison, on a développé plusieurs théories qui sont des variations à partir du noyau central. En général, celles-ci rejettent certains des présupposés habituels de la théorie, ce qui leur permet de modéliser le comportement réel de décision chez l'humain avec des succès variés. Néanmoins, presque toutes ces théories présentent d'autres désavantages :

1. *Theories of Games and Economic Behavior*, Princeton, Princeton University Press, 1944, 1980.

- Elles n'incorporent pas les *motivations* sous-jacentes qui donnent naissance à l'utilité qu'un objet ou un événement possède à un certain moment.

- Elles conçoivent les utilités elles-mêmes comme des valeurs statiques et ne peuvent offrir une explication adéquate de la manière ou de la raison pour lesquelles celles-ci changent avec le temps, ni de la raison pour laquelle dans les faits les préférences sont souvent mutuellement incompatibles et inconstantes.

- Elles n'offrent aucune explication sérieuse du *processus* de délibération, avec toutes ses hésitations, ses incohérences et l'angoisse qui l'accompagne, et elles n'ont rien à dire sur les relations mises au jour entre le temps consacré à la délibération et les choix éventuellement faits.

Curieusement, ces désavantages semblent partager un thème commun : ils concernent tous d'une manière ou d'une autre des aspects *temporels* du processus décisionnel. Il est donc pertinent de chercher à savoir si ces désavantages découlent de certains traits structurels profonds inhérents au cadre conceptualisant le comportement décisionnel en termes de calcul de l'utilité attendue.

On remarquera que les explications de la procédure décision-nelle humaine reposant sur la théorie de l'utilité (les « théories de l'utilité ») se rapprochent intimement de la solution computa-tionnelle au problème du régulateur automatique. Si on consi-dère que ces explications non seulement décrivent le *résultat* du comportement décisionnel, mais aussi qu'elles servent de guide pour montrer les structures et les processus *générant* ce compor-tement, il y a alors des ressemblances structurelles fondamen-tales avec le régulateur computationnel. Ainsi, les théories de l'utilité sont franchement computationnelles : elles reposent sur la représentation statique des options, utilités, probabilités et autres choses de ce genre, et le traitement consiste en la mani-

pulation algorithmique interne de ces représentations conduisant à une représentation finale de l'option à choisir. Il s'ensuit
que les théories de l'utilité sont strictement séquentielles ;
elles présupposent une étape initiale au cours de laquelle est
acquise l'information pertinente concernant les options, les probabilités, et ainsi de suite ; une seconde étape au cours de laquelle
l'utilité attendue est calculée ; et une troisième au cours de
laquelle le choix est effectué dans un comportement concret.
Et, tout comme le régulateur computationnel, elles sont essentiellement atemporelles ; la synchronisation des diverses opérations internes, que ce soit à l'égard les unes des autres ou à
l'égard des modifications de l'environnement, n'est nullement
contrainte.

En d'autres termes, nous avons un modèle de la cognition
humaine qui, d'une part, manifeste les mêmes structures fondamentales que le régulateur computationnel et qui, d'autre part,
semble structurellement incapable de rendre compte de certaines
dimensions essentiellement temporelles du comportement
décisionnel. À ce stade, on pourra se demander quel type général
de modèle décisionnel nous obtiendrions si nous prenions au
contraire le régulateur centrifuge comme prototype. Il s'agirait
d'un modèle comportant relativement peu de variables continues
s'influençant mutuellement en temps réel. Son comportement
serait déterminé par des équations différentielles non linéaires à
faible dimensionnalité. Et il s'agirait d'un modèle où, comme le
régulateur et la machine, l'agent et l'environnement où s'effectuent les choix sont étroitement couplés.

Il s'agirait, bref, de quelque chose de semblable au modèle
de la « théorie oscillatoire de la motivation » (*motivational
oscillatory theory*) (TOM) décrite par le [psychomathématicien]
James Townsend[1]. TOM permet de modéliser diverses propriétés qualitatives du comportement périodique du genre
de celui qui se produit lorsque les circonstances permettent

1. James T. Townsend (1992), « Don't Be Fazed by PHASER : Beginning
Explorations of a Cyclical Motivational System », *Behavior Research Methods,
Instruments and Computers*, 24, p. 219-227.

d'assouvir des désirs résultant de motivations plus ou moins permanentes. Le fait de se nourrir régulièrement en réponse à la faim naturelle récurrente en est un exemple patent. TOM est construite autour de l'idée que, dans ces situations, la motivation sous-jacente, le désir transitoire à l'égard de l'objet, la distance de l'objet et sa consommation évoluent continuellement et s'influencent les uns les autres en temps réel ; par exemple, si votre désir de nourriture est vif et que vous en êtes éloigné, vous vous en approcherez, ce qui influera sur l'assouvissement de votre désir. Le cadre conceptuel comprend donc des variables pour l'état courant de la motivation, de l'assouvissement, de la préférence et de l'action (mouvement), ainsi qu'un ensemble d'équations différentielles décrivant comment ces variables se transforment avec le temps en fonction de l'état courant du système[1].

1. Équations que l'on peut traduire en gros de cette manière : (Le changement de motivation dépend de la façon dont les niveaux actuels de motivation et de consommation se comparent à un certain niveau standard de motivation M).

$$\frac{dm}{dt} = M - m - c$$

(Le changement de préférence pour un but dépend de la motivation actuelle et de la distance séparant l'agent de l'objet de sa préférence).

$$\frac{dz}{dt} = m \times \left[\frac{1}{z_1^2 + z_2^2 + a} + 1 \right]$$

(Le changement dans la consommation dépend du niveau de préférence, du niveau de consommation et de la distance séparant l'agent de l'objet de sa préférence).

$$\frac{dc}{dt} = (x + C - c) \times \left[\frac{b}{z_1^2 + z_2^2 + r} + 1 \right]$$

(Le mouvement pour se rapprocher ou s'éloigner de l'objet dépend du niveau actuel de préférence pour lui).

$$\frac{dz_1}{dt} = -(x \cdot z_1) \qquad \frac{dz_2}{dt} = -(x \cdot z_2)$$

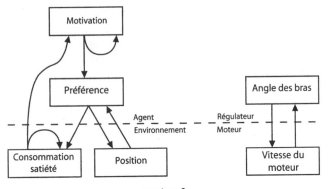

SCHÉMA 2

TOM est aux théories de l'utilité ce que le régulateur centrifuge est au régulateur computationnel. Selon TOM, la cognition
n'est pas une manipulation de symboles, mais bien plutôt l'évolution de l'espace des configurations d'un système dynamique
qui, à certains égards, ressemble au régulateur centrifuge. Il
s'agit d'un système exigeant les outils d'analyse propres à la
dynamique. TOM produit un comportement qui, si on ne le
regarde que du coin de l'œil, ressemble au processus décisionnel : après tout, l'agent posera l'acte qui offre la plus grande
récompense, ce qui, dans le cas présent, signifie se déplacer vers
la nourriture s'il a suffisamment faim. En un sens, cependant, le
processus décisionnel se déroule sans qu'il y ait décisions, car
ce modèle ne contient aucun événement discontinu que l'on
pourrait raisonnablement appeler tels. Selon cette approche, le
processus décisionnel est mieux compris comme le comportement d'un agent sous l'influence des pulsions et répulsions
émanant de résultats désirables et indésirables ainsi que des
désirs et motivations internes; quasi à la manière de la gravi-
tation, ces forces agissent sur l'agent avec une puissance variant
en fonction de la distance.

Le modèle TOM est un cas spécial du cadre dynamique plus
général que Townsend et Jerome Busemeyer (1993) appellent

« théorie du champ décisionnel » (*decision field theory*)[1]. Ce cadre, qui est trop complexe pour être décrit succinctement[2], modélise une vaste gamme de comportements ressemblant au comportement décisionnel, tel qu'étudié au sein du paradigme traditionnel de la recherche. Les auteurs affirment en effet que la théorie du champ décisionnel « couvre de manière plus détaillée une gamme plus ample de phénomènes » que la théorie classique de l'utilité, et même qu'elle va au-delà de cette dernière en expliquant tout naturellement plusieurs paradoxes importants du comportement décisionnel. Le point important, c'est que la théorie générale du champ décisionnel fonctionne selon les mêmes principes dynamiques fondamentaux que TOM. Il est donc indubitable qu'au moins certains aspects du fonctionnement cognitif de haut niveau chez les humains peuvent être modélisés avec succès au moyen de systèmes dynamiques du genre de ceux qu'a permis de faire ressortir le régulateur centrifuge.

8. LA CONCEPTION DYNAMIQUE EST-ELLE VIABLE ?

Pour réfuter convenablement un argument du type *de-quoi-d'autre-pourrait-il-s'agir?*, il faut que l'option proposée soit viable, c'est-à-dire qu'elle soit suffisamment plausible pour qu'il soit raisonnable de juger ouverte la question empirique de savoir laquelle, de l'approche orthodoxe ou de l'option de rechange, est la plus prometteuse.

Une mesure de la viabilité d'une approche, c'est la possibilité d'y réaliser des recherches de grande valeur. Selon cette mesure, l'approche dynamique est à coup sûr en bonne santé. Des

1. Jerome J. Busemeyer et James T. Townsend (1993), « Decision-Field Theory : A Dynamic-Cognitive Approach to Decision Making in an Uncertain Environment », *Psychological Review*, 100, p. 432-459.

2. Un survol nous en est fourni dans Jerome J. Busemeyer et James T. Townsend (1995), « Dynamic Representation and Decision Making », *Mind as Motion. Explorations in the Dynamics of Cognition* (sous la dir. de R. F. Port et T. van Gelder), Cambridge, Mass., Bradford/MIT Press, 1995.

modèles dynamiques ont été développés, ou le sont présentement, pour rendre compte d'aspects très divers du fonctionnement cognitif, allant des aspects (dits) de « bas niveau » ou « périphériques », tels que la perception et le contrôle moteur, aux aspects (dits) « centraux » ou « supérieurs », tels que le langage et le comportement décisionnel, en passant par des secteurs connexes tels que la psychiatrie et la psychologie sociale. Comme nous l'avons déjà mentionné, une bonne partie des travaux connexionnistes tombent sous la bannière dynamique, et ces travaux à eux seuls justifient que l'on prenne au sérieux l'approche dynamique. Toutefois, il existe aussi aujourd'hui des modèles dynamiques *non* connexionnistes de différents aspects de la cognition, et leur nombre augmente. De plus, dans nombre de disciplines appartenant au domaine plus large des sciences cognitives, la dynamique fournit le cadre conceptuel où sont développés des théories et modèles particuliers. Ceux-ci comprennent la modélisation neuronale, les agents autonomes (*animat*), la psychologie écologique et, de plus en plus, la psychologie du développement[1].

---

1. Au lieu de citer des exemples particuliers, je me contenterai de faire la liste de certains ouvrages offrant une vue d'ensemble ou de certains recueils que le lecteur intéressé peut utiliser comme passerelle vers le domaine considérable de la recherche dynamique sur la cognition. L'ouvrage de J. A. Scott Keslo (*Dynamic Patterns. The Self-Organization of Brain and Behavior*, Cambridge, Mass., Bradford/MIT Press, 1995) est à la fois un manifeste de l'approche dynamique et un résumé accessible d'un programme de recherche puissant. Un échantillonnage représentatif de la recherche courante se trouve chez Port et van Gelder (sous la dir. de) (1995), *Mind as Motion. Explorations in the Dynamics of Cognition*, *op. cit.*, qui contient aussi des guides de la littérature. Le livre de Stephen Grossberg (*Neural Networks and Natural Intelligence*, Cambridge, Mass., MIT Press., 1988) est une excellente illustration de la puissance et de la portée de la recherche dynamique en réseau neuronal. Roberto Serra et Gianni Zanarini (*Complex Systems and Cognitive Processes*, Berlin, Springer Verlag, 1990) survolent une variété d'approches dynamiques en recherche sur l'intelligence artificielle. Pour le rôle de la dynamique en psychologie du développement, on peut consulter Linda B. Smith et Esther Thelen (*A Dynamic Systems Approach to Development: Applications*, Cambridge, Mass., Bradford/MIT Press, 1993) et Esther Thelen et Linda B. Smith (*A Dynamic Systems Approach to the Development of Cognition and Action*, Cambridge, Mass., Bradford/MIT Press, 1993).

Bien entendu, il est tout à fait possible qu'un programme de recherche prospère, bien que, pour des raisons fondamentales, il se montre éventuellement inadéquat, en général ou sur des points particuliers. (Qu'on se rappelle le béhaviorisme). Ainsi, lorsqu'on évalue une option, on doit aussi déterminer si certaines considérations générales connues la soutiennent ou – plus important encore – la minent. Plusieurs considérations générales militent en faveur de la conception computationnelle de la cognition, et les contrastes étant marqués, cela pourra sembler jouer contre l'option dynamique. Il n'est pas possible d'aborder tous ces arguments ici (ou même un seul d'entre eux) de manière satisfaisante, mais je vais commenter brièvement l'un des plus puissants, non pas, cependant, dans le but de le réfuter, mais en m'efforçant plutôt de révéler une partie du potentiel de l'approche dynamique.

On distingue souvent la cognition d'autres types de processus naturels complexes (tels que les orages ou la digestion) en signalant qu'elle dépend de la *connaissance*. L'un des défis pour le chercheur en sciences cognitives est de comprendre comment le comportement d'un système physique peut manifester une telle dépendance. L'approche habituelle consiste à supposer que le système contient des structures internes qui *encodent* ou *représentent* la connaissance. De plus, on présume souvent que la meilleure façon d'encoder ou de représenter la connaissance consiste à utiliser des représentations *symboliques* manipulées par un système computationnel. Dans la mesure où l'approche dynamique renonce entièrement aux représentations ou offre des substituts représentationnels moins puissants, on pourra la croire condamnée.

Bien que le régulateur centrifuge ne soit clairement pas représentationnel, et quoique (comme nous l'avons soutenu plus haut) les représentations appartiennent à un groupe de traits fondamentaux qui sont conjointement caractéristiques des modèles computationnels, rien n'empêche en fait les systèmes dynamiques d'incorporer certaines formes de représentations. En effet, l'approche dynamique a ceci d'excitant qu'elle permet de concevoir la nature de la représentation dans les systèmes cognitifs de manière tout à fait nouvelle, même dans un cadre conceptuel en gros non computationnel. Une stratégie habituelle en modélisation dynamique est d'assigner une portée représentationnelle à quelques-unes ou toutes les variables d'états et paramètres (voir, par exemple, le modèle de la théorie du champ décisionnel de Townsend et Busemeyer dont nous avons discuté ci-dessus, ou songer à un réseau connexionniste dont les unités représentent des propriétés du domaine).

Bien qu'il soit possible que des représentations de ce genre soient exactement ce dont nous avons besoin pour *certaines* fins de modélisation, elles ne possèdent pas le type de structure combinatoire habituellement jugé nécessaire pour rendre compte d'*autres* capacités cognitives de niveau élevé. Cependant, le répertoire conceptuel de la dynamique contient une vaste gamme d'entités et de structures que l'on peut exploiter dans des rôles représentationnels ; les variables individuelles d'états et les paramètres ne sont que les plus simples d'entre elles. On sait par exemple comment construire des schémas représentationnels où des contenus complexes (tels que des structures linguistiques) sont assignés récursivement à des points dans l'espace des configurations d'un système dynamique, de façon que ces représentations forment des structures fractales dont la profondeur est potentiellement infinie et que le comportement du système puisse être considéré comme transformant les représentations d'une façon qui respecte la structure représentée. Cela dit, ces méthodes effleurent à peine l'ensemble des possibilités ouvertes par l'approche dynamique. Les représentations peuvent être des trajectoires ou des attracteurs de diverses espèces, des trajectoires obtenues par enchaînement séquentiel d'attracteurs, voire des créatures exotiques comme des transformations de la disposition des attracteurs dans l'espace des configurations en fonction de variations dans les paramètres de contrôle du système [1].

---

1. Voir Jean Petitot (1995), « Morphodynamics and Attractor Syntax », *Mind as Motion. Explorations in the Dynamics of Cognition* (sous la dir. de R. F. Port et T. van Gelder), Cambridge, Mass., Bradford/MIT Press, 1995.

Les partisans de l'approche dynamique explorent activement la façon d'incorporer ces possibilités représentationnelles, et d'autres encore, dans nos modèles cognitifs, sans toutefois devoir accepter le reste de la vision computationnelle du monde. Par conséquent, bien que l'approche dynamique soit encore loin d'avoir trouvé de véritables solutions au problème concret de la représentation de la connaissance, il est clair qu'elle est suffisamment prometteuse pour demeurer une option viable.

Quelles raisons positives permettent de croire que l'approche dynamique est effectivement sur le bon chemin? Encore une fois, l'espace nous manque pour traiter sérieusement la question, mais certains arguments sont dignes de mention. Dans la pratique, l'attrait de l'approche dynamique s'explique en partie par le fait qu'elle apporte à l'étude de la cognition des outils qui ont eu un succès extraordinaire dans plusieurs autres domaines scientifiques. Mais y a-t-il quelque chose concernant la *cognition* en particulier qui suggère qu'on aurait avantage à la concevoir de manière dynamique?

Une propriété centrale des processus cognitifs naturels est qu'ils se déroulent toujours *en temps réel*, ce qui signifie que, comme tout autre processus physique (y compris la computation digitale ordinaire), non seulement ils s'étalent dans le temps, mais que les détails temporels – durées, taux, rythmes, et ainsi de suite – sont cruciaux pour comprendre comment ils fonctionnent dans de vrais environnements ou de vrais corps. Comme nous l'avons vu plus haut, l'approche dynamique s'intéresse tout particulièrement à la manière dont les processus se produisent en temps réel, alors que les questions temporelles sont fondamentalement extrinsèques aux systèmes computationnels. La cognition présente aussi d'autres traits généraux pour lesquels l'approche dynamique paraît tout à fait appropriée. Par exemple, la cognition est une forme d'organisation comportementale complexe qui émerge de l'interaction locale d'un très grand nombre d'éléments (relativement) simples et homogènes. Elle est traversée de formes variées de changement tantôt continus, tantôt discontinus. Elle comporte à tous les niveaux des processus multiples, simultanés et interactifs. La dynamique est un cadre conceptuel naturel pour développer des théories qui rendent compte de telles caractéristiques. De plus, la description des systèmes au sein desquels se produit la cognition (le cerveau, le corps, l'environnement) requiert des outils dynamiques. Une explication dynamique de la cognition promet de minimiser les obstacles dans la voie nous menant à une compréhension de la manière dont les systèmes cognitifs sont de vrais systèmes biologiques entretenant un lien de dépendance constant, intime et interactif avec leur environnement[1].

On peut enfin étayer la viabilité de la conception dynamique en la mettant, avec la conception computationnelle, en perspective historique. En tant qu'orthodoxie des sciences cognitives, le computationnalisme n'est au fond qu'une variante sophistiquée d'une conception fondamentalement cartésienne de la nature de l'esprit. L'emprise que cette image exerce sur la manière dont la plupart des gens appréhendent l'esprit et la cognition rend la conception computationnelle intuitivement attrayante. Il n'y aurait pas de quoi fouetter un chat si la conception cartésienne était foncièrement correcte. Toutefois, des évaluations philosophiques dont on a fait l'objet le cadre conceptuel cartésien depuis trois siècles, et en particulier au cours du siècle présent, il ressort qu'elle appréhende fort mal l'esprit et sa place dans la nature.

Les chercheurs en sciences cognitives ont tendance à penser que la principale erreur de Descartes concernant l'esprit a été de souscrire à un dualisme interactionniste, doctrine voulant que le corps et l'esprit soient deux substances distinctes qui interagissent de manière causale. Toutefois, avant même la fin du XVIIIe siècle, on avait déjà exposé les faiblesses de cet aspect de la doctrine cartésienne[2] et épousé un matérialisme complet fondé

1. Pour une discussion plus détaillée de ces arguments, voir van Gelder and Port (1995), « It's About Time. An Overview of the Dynamic Approach to Cognition », *Mind as Motion. Explorations in the Dynamics of Cognition* (sous la dir. de Port et van Gelder), Cambridge, Mass., MIT Press.

2. Voir George Berkeley (1710), *A Treatise Concerning the Principles of Human Knowledge*, Indianapolis, Hackett, 1977; G. W. von Leibniz (1714),

sur le cerveau[1]. Certaines des plus grandes réalisations de la philosophie de l'esprit au XXᵉ siècle ont été de mettre au jour différentes idées erronées d'ordre épistémologique et ontologique, celles-là plus subtiles, omniprésentes et pernicieuses, inhérentes à la conception cartésienne. Ces erreurs subsistent souvent, même lorsque le dualisme de substance est rejeté en faveur d'un matérialisme fondé sur le cerveau, comme c'est le cas pour les diverses variétés de fonctionnalisme.

L'un des plus importants mouvements anticartésiens a eu pour fers de lance Ryle, pour la philosophie anglo-américaine[2] et Heidegger, pour la philosophie continentale[3]. Ce mouvement a eu pour cible l'idée d'inspiration cartésienne voulant que l'esprit soit un domaine interne de représentations et de processus et que ce soit celui-ci qui, ainsi conçu, explique causalement le comportement intelligent. Ce mouvement comprend trois volets interreliés. Le premier est la relocalisation de l'esprit. La tradition cartésienne a tort de croire que l'esprit est un domaine ou une entité interne de quelque ordre que ce soit – substances mentales, états du cerveau, etc. D'un point de vue ontologique, l'esprit se définit plutôt par ce qu'on *fait* à l'intérieur des possibilités et des limites environnementales et sociales. L'anticartésianisme du XXᵉ siècle fait *sortir* l'esprit; en particulier, il le fait sortir du crâne. L'aspect de l'esprit qui reste au-dedans, et qui *est* le fondement causal du comportement, est la *cognition*.

Le second volet consiste à concevoir à nouveaux frais notre relation fondamentale au monde qui nous entoure. D'après le cadre conceptuel cartésien, la relation fondamentale que l'esprit entretient avec le monde consiste à le représenter et le penser, ce

Monadologie (avec *Principes de la nature et de la grâce fondés en raison*), Paris, P.U.F., 1986.

1. Voir Thomas Hobbes (1651), *Leviathan*, New York, Collier Books, 1962; Julien Offray de La Mettrie (1748), *L'Homme-machine* (édition établie et présentée par P.-L. Assoun), Paris, Denoël-Gonthier, 1981.

2. Gilbert Ryle (1949), *The Concept of Mind*, Chicago, University of Chicago Press, 1984.

3. Voir Martin Heidegger (1927), *Sein und Zeit*, Tübingen, Springer Verlag, 1962; Hubert Dreyfus (1991), *Being-in-the-World. A Commentary of Heidegger's Being and Time, Division 1*, Cambridge, Mass., MIT Press.

à quoi s'ajoutent des interactions occasionnelles et «périphériques» à travers la perception et l'action. On sait depuis Berkeley que ce cadre conceptuel présente des problèmes épistémologiques fondamentaux. Mais plus récemment, on a montré qu'il est impossible d'échapper à ces problèmes si on ne conçoit pas plutôt l'agent humain comme essentiellement enchâssé dans le monde et faisant habilement face à un monde en changement, se représenter et penser le monde n'étant que secondaire et dépendant de cet enchâssement[1].

Le troisième volet consiste à attaquer la supposition que le type de comportement que nous manifestons (tel que nous *sommes* enchâssés dans le monde et pouvons être dits avoir un esprit) pourrait s'expliquer de manière causale en n'utilisant que des ressources en gros cartésiennes telles que les représentations, les règles, les procédures, les algorithmes, et ainsi de suite. Une erreur cartésienne fondamentale consiste à supposer, pour reprendre les diverses formulations de Ryle, que l'on peut rendre compte de la pratique par la théorie, que le savoir pratique (*know how*) peut s'expliquer en termes de savoir propositionnel (*know that*) ou qu'une habileté est affaire de pensée. En d'autres termes, non seulement l'esprit ne se trouve-t-il pas dans la tête, mais la cognition, le fondement causal interne du comportement intelligent, ne peut pas non plus s'expliquer par un recours aux entités fondamentales de la conception cartésienne générale.

Mon but ici n'est pas d'étoffer ces affirmations ou les conceptions post-cartésiennes de la personne qu'elles suggèrent[2]; il est simplement de retirer à la conception computationnelle de la cognition son air d'inéluctabilité en semant le doute sur le cadre conceptuel au sein duquel elle prospère. Les sciences cognitives computationnelles orthodoxes ont tiré certaines des leçons les plus importantes des réactions qu'a suscitées le cartésianisme au XVIIᵉ siècle, mais, à ce jour, elles ont négligé les critiques plus

---

1. Charles B. Guignon (1983), *Heidegger and the Problem of Knowledge*, Indianapolis, Hackett.

2. Voir par exemple H. Dreyfus (1992), *What Computers Can't Do. A Critique of Artificial Reason*, New York, Harper and Row. (Troisième edition : *What Computers Still Can't Do*, Cambridge, Mass., MIT Press).

radicales qu'on lui a adressées au XXᵉ siècle. Toutefois, si on *part* d'une approche foncièrement post-cartésienne, l'explication dynamique de la cognition paraîtra immédiatement attrayante à plusieurs égards. La conception post-cartésienne rejette le modèle de l'esprit comme constructeur atemporel de représentations et, à l'instar de l'approche dynamique de la cognition, met plutôt l'accent sur l'interaction continuelle et en temps réel des agents situés avec un monde en changement. L'agent post-cartésien est essentiellement temporel, puisque son rapport le plus fondamental au monde consiste à s'y débrouiller habilement et en temps réel ; le cadre dynamique est donc un choix naturel puisqu'il intègre le temps dès le départ. L'agent post-cartésien parvient à se débrouiller dans le monde sans nécessairement le représenter. Une approche dynamique suggère comment cela peut être possible en montrant comment les opérations internes d'un système interagissant avec un monde externe peuvent être si subtiles et complexes qu'elles *défient* toute description en termes représentationnels – comment, en d'autres termes, la cognition peut *transcender* la représentation. En bref, du point de vue philosophique qui a réussi à surmonter les structures profondes de la conception cartésienne du monde, l'approche dynamique paraîtra tout à fait attirante ; le régulateur de Watt est préférable à la machine de Turing comme archétype des modèles de la cognition.

TIMOTHY VAN GELDER

Traduit de l'anglais par Sandra Lapointe

INDEX

TABLE DES MATIÈRES

ACHEVÉ D'IMPRIMER
EN OCTOBRE 2003
PAR L'IMPRIMERIE
DE LA MANUTENTION
A MAYENNE
FRANCE
N° 278-03

Dépôt légal : 4ᵉ trimestre 2003